APEC·ASEM·ASEAN+3 Focus

이 재 기 저

청목출판사

머 리 말

1990년대 들어 세계경제는 지역주의와 관련하여 경제공동체간 제휴 · 확대 · 강화가 활발히 이루어지고 있다. 주요 선진국들은 1995년 세계무역기구(WTO) 출범에 따라 범세계적인 자유무역주의를 강조하면서도 다른 한편으로는 유럽연합(EU), 북미자유무역협정(NAFTA) 등 지역경제공동체를 구축하거나 타 경제공동체와의 제휴를 통해 지역주의를 강화하는데 앞장서고 있다. 이에 대항하여 개도국들은 개도국 나름대로 기존 경제공동체의 결속을 강화시키거나 역시 선진국들과 마찬가지로 타 경제권과의 연합을 모색하고 있다.

아시아 · 태평양지역의 경제협력 및 경제통합(economic cooperation and integration)에 관한 논의는 지난 1950년대 말부터 진행되어 왔지만 최초의 정부간 공식협의체인 아 · 태경제협력체(APEC)는 1989년에야 탄생되었다. 그러나 동 지역의 실질적인 경제통합은 역내 상호의존도의 급속한 증가를 바탕으로 이미 1970년대부터 실현되어 왔다고 할 수 있다. 1970~1980년대에는 아 · 태 지역국가들, 특히 일본 · ANIEs · ASEAN · 중국 등을 포함하는 동아시아지역의 고도성장이 실현되고 이에 따른 지역 간의 경제활력 유지와 경제적 상호의존성(economic interdependence)을 효율적으로 관리하고자 하는 필요성이 증대됨에 따라 정부차원의 협력기구가 긴요하게 되었다.

유럽연합(EU)과 북미자유협정(NAFTA)이 시장확대로부터의 이익을 추구하기 위한 경제통합인데 반해 아 · 태 지역국가들은 별다른 제도적인 틀 없이 상호의존도의 증가에 따른 실질적인 경제통합의 이익을 누려 왔다고 볼 수 있다. 이러한 아 · 태 지역의 역동적 경제발전에 부응하고 세계경제의 지역화 · 블록(bloc)화 추세에 대응하기 위해 1989년 11월 한국과 호주 주도 하에 캔버라에서 APEC이 공식 출범되었다.

ASEM은 현재 한국, 중국, 일본 등 동아시아 3개국과 인도네시아, 말레이시아, 태국, 필리핀, 브루나이, 베트남, 싱가포르 등 ASEAN 7개국 그리고 영국, 독일, 프랑스, 이탈리아 등 EU 15개국과 EU 집행위원회 등 총 26개 회원으로 구성되어 아시아와 유럽의 지역간 협력체제를 지향하는 국제기구로 출발하였다.

외교통상부에 따르면 현재 ASEM에 가입을 희망하는 국가는 호주·뉴질랜드·인도·파키스탄·터키 등 20여개국에 이르고 있다. 그러나 ASEM이 외무장관회의와 고위관리회의 등을 통해 만든 신규회원국 가입지침에 따르면 회원국 확대는 단계적으로 이루어져야 하며 가입후보국의 잠재적 기여가능성에 기초하여 가입을 검토한다고 되어 있다. 또한, 신규가입국의 결정은 해당지역내 회원국들의 지지를 얻은 후 회원국 전체의 동의를 받아야 하며 신규가입국에 관한 모든 결정은 각국 정상들의 합의에 따른다는 등 4가지 기준이 마련되어 있다.

ASEM의 창설은 정치적으로는 제2차 세계대전 이후 유지되어온 냉전체제가 독일 통일 및 구소련 붕괴로 야기된 냉전의 종식으로 국제정치질서의 다극화, 경제적으로는 1995년 WTO 출범을 계기로 형성된 미국이 주축이 된 NAFTA, EU, 한국·중국·일본이 중심인 동아시아로 나뉘는 세계경제의 3극화 현상을 배경으로 하고 있다고 볼 수 있다. 또한, 세계경제에서 차지하는 두 지역의 경제적 비중을 고려할 때 이들 두 지역의 실질적인 경제협력의 필요성 증대도 ASEM의 탄생에 기여하였다.

1990년대 이후 ASEAN은 외국인투자 유치 확대와 역내 분업 촉진에 목표를 두고 단일시장으로서의 ASEAN 자유무역지대(AFTA : ASEAN Free Trade Area)를 강화·발전시켜 왔다. 현재 ASEAN은 경제통합의 효과를 극대화하기 위하여 포괄적 무역자유화 조치로서 AFTA 외에도 투자자유화(AIA), 산업협력(AICO), 지적재산권 보호, 규격·기준의 상호인증, 관세협정 등을 포함하는 'AFTA 플러스(plus)'정책을 통해 역내경제통합을 심화시키고 있다. 이러한 가운데 2003년 10월 인도네시아 발리에서 개최된 제9차 ASEAN 정상회담에서는 2020년을 목표로 ASEAN공동체(ASEAN Community) 달성을 위한 'ASEAN 협력선언 Ⅱ(Declaration of ASEAN Concord Ⅱ, 일명 발리협약 Ⅱ)'에 합의함으로써 ASEAN 경제통합에 새로운 전기를 마련한 바 있다.

1995년 출범한 WTO체제 하에서도 유럽연합(EU), 북미자유무역협정(NAFTA), 남미공동시장(MERCOSUR) 등 지역적인 경제통합(regional economic integration)이 강화되고 있는 추세에도 불구하고 그 동안 동아시아는 역내경제통합을 진전시키기 위한 본격적인 논의를 하지 못하였으나 1997년 이후 정기적으로 개최되고 있는 'ASEAN+3 정상회의'를 통해 한·중·일 동북아시아 3국과 인도네시아·태국·말레이시아·싱가포르·베트남 등 ASEAN 10개국은 이 지역의 경제협력을 강화시키고 있다.

사실 동아시아지역은 인구·경제규모·교역면에서 거대한 시장을 형성하고 있다고 평가할 수 있다. 19억의 인구와 6조 5,000억 달러의 내수시장, 2조 6,000억 달러의 교역규모를 가지고 있으며 부존자원(natural resources) 및 경제발전단계(stage of economic development) 등에 있어서 상호 보완성(mutual complementarity)이 커서 경제협력의 가능성 및 이점이 매우 크다고 할 수 있다.

특히, 한·중·일 동북아 3국은 'ASEAN+3 정상회의'를 통하여 동북아 3국의 경제협력에 대한 논의와 더불어 동북아 3국의 대(對)동남아 경제협력을 강화하는데 더욱 큰 비중을 두고 있다. 우리의 경우에도 동남아는 교역·투자·건설분야 등에서 잠재력이 큰 시장이며 실질적으로 우리경제에 적지 않은 이익을 주고 있는 시장으로 평가할 수 있다.

본서는 APEC·ASEM·ASEAN+3 Focus와 관련한 연구에 있어서 저자를 비롯한 여러 학자들의 시각과 논리, 그리고 관련참고문헌과 자료를 될 수 있는 대로 다양하게 소개하려고 시도하였다. 경우에 따라서는 논리적인 비약도 있으리라 생각된다. 본서가 가지고 있는 내용상의 미흡함에 대해서는 넓은 아량으로 이해해 주기 바란다. 선배 제현과 독자 여러분의 아낌없는 질타와 조언을 기대해 보며 오류로 지적되는 부분이 있으면 차후에 이를 수정할 계획이다. 그 동안 본서가 나오기까지 여러 동료 교수님들의 성원과 도움이 있었으며 이에 깊은 감사의 말씀을 드리는 바이다.

끝으로 출판계의 어려운 사정에도 불구하고 본서의 출판을 흔쾌히 허락해 주신 청목출판사의 유성렬 사장님과 편집에 여러 모로 수고해 주신 편집부원 여러분에게 진심으로 감사의 말씀을 드린다. 본서의 집필기간 동안 가정에 소홀했음에도 불구하고 항상 사랑과 격려를 보내주고 편안한 안식처를 제공해 준 사랑하는 아내 경심과 아들 형진에게 무한한 감사의 마음을 전한다.

2006년 7월 10일

안서동 연구실에서 이재기

차 례

제3편 APEC

제4편 ASEM

제1편

세계경제의 동향과 전망

제1장

세계경제의 동향

제1절 개 관

세계경제는 2005년에 전년(5.1%)에 비해서는 둔화되었으나 미국 및 중국경제의 호조지속, 일본경제의 회복 등으로 인해 4% 초반의 견조한 성장세를 유지하였다. 연초 이래 고유가 영향, IT경기의 조정 등으로 성장둔화에 대한 우려 가능성이 제기되었으나 2005년 3분기 이후 각국의 성장률이 회복되고 수출도 개선되는 등 하반기에는 호전되는 모습을 보였다. 세계교역(global trade)은 성장둔화로 전년(10.3%)에 비해서는 낮아졌으나 7% 내외의 신장세를 보였다.

미국경제는 2005년 3분기 성장률(전기 대비 연율)이 4.1%로 10분기 연속 3% 이상의 성장을 기록하는 견실한 성장세를 지속하고 있다. 주택경기의 호조세 유지 및 취업자 증가 등에 따라 민간소비가 지속적으로 증가하는 가운데 고수익으로 인해 기업투자(corporate investment)와 주택건설도 활성화되었다.1)

1) 허리케인 카트리나 피해 및 유가상승에 따른 생산차질과 소비심리 위축 등으로 2005년 4분기 국내총생산(GDP) 성장률이 3%대로 낮아질 것으로 예상되고 그동안의 연방준비제도이

유로지역(Euroland)경제는 민간소비 부진 및 수출의 대폭 둔화 등으로 2005년 상반기에는 회복세가 부진하였으나 하반기 들어 수출이 호전되고 투자가 개선되면서 점차 회복되고 있다. 일본경제는 기업수익 호조, 고용증가 및 임금상승 등으로 설비투자가 크게 증가하고 민간소비도 회복되면서 내수중심의 성장궤도에 진입하는 모습을 보이고 있다. 또한, 2005년 8월 이후 소비자물가가 전월 대비 상승세를 지속하면서 일본경제의 장기 디플레이션(deflation) 상황이 해소될 것으로 전망되고 있다.

중국경제는 2004년의 9.5%에 이어 2005년에도 9.4% 정도의 고성장을 지속하고 있다. 고정투자(fixed investment)는 정부의 부동산투기 억제대책 영향으로 부동산부문이 둔화되고 있으나 제조업 및 사회간접자본(SOC)에 대한 투자 확대로 높은 증가세를 유지하고 있다. 수출과 민간소비는 2004년에 비해 소폭 둔화되었으나 여전히 견조한 모습을 지속하고 있다.

여타 아시아경제는 IT경기 둔화에 따른 수출부진, 고유가 영향 등으로 2005년 상반기에는 다소 위축되었으나 하반기 들어 주요 교역상대국의 성장세 유지, IT제품 수출 호전 등으로 회복되고 있다. 중남미경제는 원자재의 수출호조에 힘입어 견실한 성장세를 보이고 있으나 브라질 등은 금리인상 영향 등으로 성장이 둔화되었다.

제2절 주요 국가(지역)별 동향

1. 미국

1.1 경제성장

미국경제는 2005년 들어서도 10분기 연속 3% 이상의 성장률을 달성하는 등 견실한 성장세를 지속하고 있다. 1분기 중 설비투자, 주택건설 등 민간투자의 호조로 인해 3.8%를 기록하였던 GDP(Gross Domestic Product) 성장률이 재고감소 등으로 2

사회(FRB: Federal Reserve Board) 금리인상 영향 등으로 주택경기도 최근 들어 일부 둔화되는 조짐을 보이고 있다(한국은행, 조사통계월보, 2005. 12. pp. 64-91. 요약 · 재구성).

분기 중 3.3%로 낮아지면서 성장세가 다소 둔화되는 모습을 보였다. 그러나 3분기 들어 허리케인으로 인한 피해에도 불구하고 소비 및 투자의 증가세가 지속되면서 성장률은 다시 4.1%의 높은 수준으로 회복되었다.[2] 한편, 4분기에는 개인소비의 증가세가 둔화되면서 성장률이 다소 낮아지겠으나 3%대를 유지할 것으로 전망된다.

〈표 1-1〉 미국의 경제성장률[1] 추이

(단위 : 전기대비 연율, %)

	2003	2004					2005		
		연간	1분기	2분기	3분기	4분기	1분기	2분기	3분기
실 질 G D P	2.7	4.2	4.3 〈4.7〉	3.5 〈4.6〉	4.0 〈3.8〉	3.3 〈3.8〉	3.8 〈3.6〉	3.3 〈3.6〉	4.1 〈3.6〉
개 인 소 비	2.9	3.9	4.7	1.9	4.4	4.3	3.5	3.4	4.1
정부소비·투자	2.8	2.2	3.3	2.3	1.8	0.9	1.9	2.5	2.9
민 간 총 투 자	3.9	11.9	10.1	20.9	4.6	6.8	8.6	-3.7	5.3
기업고정투자[2]	1.3	9.4	7.9	13.5	11.8	10.4	5.7	8.8	8.5
(민간설비투자)[3]	3.2	11.9	12.0	15.2	15.5	12.4	8.3	10.9	10.6
민간주택건설	8.4	10.3	5.2	17.8	2.6	1.6	9.5	10.8	7.3
재 고 증 감[4]	155	520	419	656	504	501	582	-17	-133
수 출	1.8	8.4	5.0	6.9	5.5	7.1	7.5	10.7	2.5
수 입	4.6	10.7	12.0	14.5	4.7	11.3	7.4	-0.3	2.4
GDP 디플레이터[5]	2.0	2.6	3.7	3.9	1.3	2.7	3.0	2.6	3.3
개인소비디플레이터[5]	1.9	2.6	3.9	3.8	1.5	3.1	2.3	3.3	3.7

주 : 1) 계절변동조정 후, 〈 〉안은 전년동기대비 2) 건물, 구축물, 설비투자
3) 소프트웨어 포함 4) 연간 환산치 5) 가격연쇄가중치 기준(2000=100)

자료 : 미 상무부

1.2 수요

수요부문별로 보면 개인소비(personal consumption)는 유가상승에도 불구하고 내구재 및 비내구재를 중심으로 견조한 증가세를 보였으며 특히 2005년 3분기 중에는 4.1%의 높은 증가세를 기록하였다. 소매판매는 2005년 6월까지 자동차판매의 대폭 증가로 인해 급증하였으나 이후 정체되는 모습을 보였으며, 소비자신뢰지수는 허리케인으로 인한 유가상승 등으로 2005년 9~10월 중 크게 위축되었으나 유가 하락반전 등으로 다시 회복되는 모습을 보였다.

2) 미 의회예산국(CBO)은 허리케인 카트리나(8월) 및 리타(9월)로 인한 2005년 하반기 중의 실질GDP 피해액이 220~320억 달러에 이를 것으로 추정하고 있다.

1.3 투자

민간설비투자는 견실한 기업이익 증가, IT분야의 투자확대 등으로 2005년 2분기 이후 10% 이상의 높은 신장세를 기록하였다. 또한, 기업투자의 선행지표인 비방위 자본재수주(항공기 제외)는 2004년에 이어 큰 폭의 증가세를 지속하였으며 내구재 수주도 2005년 1분기 중 소폭 감소하였으나 이후 항공기를 중심으로 한 운송장비 등의 호조로 증가세를 시현하였다.

1.4 주택경기

주택경기는 연방준비제도이사회(FRB)의 지속적인 금리인상에도 불구하고 모기지금리(mortgage interest rate)의 안정세 유지 등으로 일부에서 버블(bubble) 가능성을 제기할 정도의 호황을 보였다. 신축 주택판매(연간 환산치)가 2005년 10월 중 142.4만호로 사상 최고치를 기록하였으며 기존 주택판매(연간 환산치)가 2005년 4월에 사상 처음으로 700만호를 초과한 후 6월 중 735만호로 사상 최고치를 기록하는 등 호조를 지속하였다. 주택착공호수도 2005년 3월을 제외하고는 매월 200만호를 초과하는 활황을 지속해 왔으며 건설지출액은 2005년 1~10월 중 전년동기 대비 9.1% 증가하였다. 그러나 2005년 10월 들어 주택착공호수 및 기존 주택판매가 전월대비 대폭 감소하고 주택재고도 지속적으로 증가하는 등 주택경기가 일부 둔화될 가능성도 나타나고 있다.

1.5 생산

산업생산은 2004년에 이어 증가세를 유지하고 있으나 허리케인으로 인한 멕시코만 지역생산시설의 파괴로 2005년 3분기 중 크게 둔화되었다. 2004년에 비교적 신속한 증가세를 보였던 제조업 생산은 2005년 2분기 들어 원자재부문 및 파업으로 인한 항공기관련 업종의 부진으로 증가세가 둔화되었다. 2005년 1~10월 중 제조업 가동률은 2004년 수준(77.1%)을 상회한 78.6%로 호조를 보였다. 한편, ISM 비제조업지수는 2005년 1~11월 중 평균 60.2로 기준치(50)를 상회하였으나 전년 평균 (62.4)을 하회하고 있다. 특히, 9월 중에는 허리케인으로 인해 2003년 4월(52.6) 이후 가장 낮은 수준인 53.3을 기록하는 등 다소 둔화된 모습을 보였다.

1.6 고용

고용사정은 2005년 들어서도 지속적으로 개선되는 모습을 보이고 있다. 실업률(unemployment rate)이 2004년 5.5%에서 2005년 11월에는 5.0%로 낮아졌으며 비농업부문 취업자 수도 허리케인 피해가 발생한 2005년 9~10월을 제외하고는 2004년과 유사한 수준의 높은 증가세를 유지하고 있다. 감소세를 보이던 신규실업수당 청구자수는 허리케인으로 인해 9월 중 주간 평균 38.9만 명까지 증가하였으나 이후 다시 감소로 전환되었다.

1.7 상품 및 서비스수지

상품 및 서비스수지를 살펴보면 유가상승으로 인한 수입증가 등으로 적자규모가 2005년 10월 중 689억 달러로 사상 최고치를 기록하는 등 2005년 1~10월 중 5,983억 달러로 전년 동기에 비해 18.7% 확대되었다. 지역별로는 의류 등의 수입급증으로 대중국 적자규모가 크게 확대되었다.

1.8 물가

소비자 및 생산자물가는 유가상승 영향 등으로 지속적인 상승세를 보이다 2005년 9월 중에는 허리케인으로 인한 유가급등으로 대폭 상승하였으나 이후 다소 안정되는 모습을 보이고 있다. 식료품 및 에너지가격을 제외한 근원 소비자 및 생산자 물가는 2% 내외 수준을 유지하고 있으나 전년보다는 상승세가 다소 확대되었다.

2. 유로지역

2.1 경제성장

유로지역 경제는 2005년 상반기에는 민간소비 부진 지속 및 수출증가세 둔화 등으로 분기별 성장률이 전기 대비 0.3~0.4%의 낮은 수준에 그치는 등 회복세가 둔화되는 모습을 보였다. 그러나 2005년 3분기 들어 유로(Euro)화 약세 등으로 수출이 증가하고 투자가 회복되면서 성장률이 0.6%로 확대되었다. 한편, 2005년 4분기 중에도 완만한 회복세가 이어지면서 유로지역 경제는 연간으로 1.4% 내외의 성장을 기록할 것으로 보인다.

〈표 1-2〉 유로지역의 경제성장률[1] 추이

(단위: 전기대비, %)

	2003	2004					2005		
		연간	1분기	2분기	3분기	4분기	1분기	2분기	3분기
실질GDP	0.7	2.1	0.7 (1.6)	0.4 (2.2)	0.3 (1.9)	0.2 (1.6)	0.3 (1.2)	0.4 (1.2)	0.6 (1.6)
민간소비	1.1	1.5	0.7	0.1	0.2	0.8	0.1	0.2	0.3
정부소비	1.6	1.2	0.1	0.4	0.3	-0.1	0.3	0.6	0.6
고정투자	0.8	2.2	0.4	0.2	0.4	0.6	0.1	0.8	1.6
수 출	1.2	6.5	1.8	2.5	1.2	0.3	-0.8	2.2	3.4
수 입	3.0	6.6	1.2	2.3	2.0	1.3	-1.5	2.6	2.8

주 : 1) 계절변동조정 후, ( )안은 전년동기대비
자료 : 유로 통계청

2.2 수요

수요항목별로는 민간소비가 2004년 4분기 중 0.8% 증가하였으나 2005년 들어 고유가 및 고실업 등에 따른 소비자신뢰 약화로 상반기 중 0.1~0.2%의 낮은 증가에 그쳤다. 3분기에는 0.3%로 소폭 개선되었으나 여전히 부진한 모습을 보이고 있다. 정부소비는 2005년 1분기 중 0.3% 증가한 후 2분기 및 3분기 중 각각 0.6% 증가하여 증가세가 확대되었다.

2.3 투자

고정투자는 2005년 1분기 중 0.1% 증가하는 데 그쳤으나 2분기 0.8%, 3분기 1.6%로 증가세가 급속히 확대되었으며 연간으로는 1.8% 내외 증가할 것으로 보인다.

순수출은 2004년 중 유로화 강세에 따른 수출 증가세 둔화 및 고유가에 따른 수입증가 등으로 2005년 3분기까지 전년동기에 비해 9% 이상 감소했으며 연간으로도

성장에 대한 기여도가 미미할 것으로 전망된다.

2.4 주요 국가별 경제성장

유료지역 주요 국가별로 살펴보면 독일은 2004년 하반기 마이너스 성장을 보였으나 2005년 들어 수출 호조를 기반으로 플러스 성장세를 회복하였다. 다만 민간소비가 부진하여 2005년 중 성장률은 전년에 비해 0.8% 내외를 기록할 것으로 보인다. 프랑스도 GDP의 대부분을 차지하는 민간소비의 부진으로 성장세가 1.5% 내외로 둔화될 것으로 보이며 이탈리아는 수출부진이 내수회복을 상쇄하면서 0.2% 내외의 저성장에 그칠 것으로 전망된다. 한편, 아일랜드, 룩셈부르크 등은 2004년에 이어 2005년에도 상대적으로 고성장세를 지속할 것으로 보인다.

〈표 1-3〉 유로지역 주요국의 경제성장률[1] 추이

(단위 : 전기대비, %)

	2003	2004					2005		
		연간	1분기	2분기	3분기	4분기	1분기	2분기	3분기
독일[28.8]	-0.2	1.6	0.5 (1.2)	0.2 (1.6)	-0.1 (1.1)	-0.1 (0.5)	0.6 (0.6)	0.2 (0.7)	0.6 (1.4)
프랑스[21.4]	0.9	2.1	0.5 (1.6)	0.8 (2.8)	0.0 (1.8)	0.7 (2.0)	0.3 (1.8)	0.1 (1.1)	0.7 (1.8)
이탈리아[17.5]	0.4	1.0	0.5 (0.7)	0.3 (1.2)	0.4 (1.2)	-0.4 (0.8)	-0.5 (-0.3)	0.7 (0.1)	0.3 (0.0)

주 : 1) 계절변동조정 후, ( )안은 전년동기대비
2) [ ]안은 유로지역에서 차지하는 비중(2004년 경상GDP 기준)
자료 : 독일 통계청, 프랑스 통계청, 이탈리아 통계청

2.5 심리지표

유로지역의 주요 심리지표는 고유가로 인한 경기둔화 우려에 따라 2005년 상반기 중에는 전년말보다 저수준을 나타냈으나 하반기 들어 유로화 약세에 따른 수출 증가 및 고용회복 등으로 인해 상승세로 전환되었다. 유로지역의 경기체감지수(ESI)는 2005년 6월 중 96.1까지 하락한 후 상승하여 10월에는 기준치(100)를 회복하였으며 제조업 구매관리자지수(PMI)도 7월 이후 기준치(50)를 지속적으로 상회하고 있다. 또한, 독일의 Ifo경기지수 및 프랑스의 INSEE지수도 2005년 하반기 들어 상

승세를 보이고 있다.

2.6 고용

실업률은 2004년 8.9%로 매우 높은 수준을 기록하였으나 2005년 들어 독일과 스페인 등을 중심으로 지속적으로 하락하여 2005년 10월 중에는 2002년 7월 이후 최저 수준인 8.3%를 기록하였다. 국가별로는 경제규모가 큰 독일(9.1%), 프랑스(9.3%), 스페인(8.6%) 등이 상대적으로 높은 반면에 아일랜드(4.3%), 네덜란드(4.7%), 오스트리아(5.3%) 등은 낮은 수준을 나타내었다.

2.7 경상수지

경상수지는 2005년 1분기 중 대규모의 흑자를 기록한 이후 지속적으로 악화되어 3분기에는 128억 유로의 적자로 전환되었다. 이는 고유가 등에 따른 수입 증가로 상품수지 흑자폭이 감소(1분기 212억 유로 → 3분기 111억 유로)한 데다 소득수지 및 경상이전수지가 큰 폭의 적자(3분기 중 각각 144억 유로, 156억 유로)를 지속한 데 기인하였다. 국가별로는 독일이 2005년 1~9월 중 전년동기 대비 8.1% 증가한 700억 유로의 흑자를 기록하였으나 프랑스는 동 기간 중 192억 유로의 적자를 기록하여 전년(30억 유로 적자)에 비해 적자폭이 크게 확대되었다.

2.8 물가

소비자물가 상승률(HICP[3] 기준)은 고유가에도 불구하고 2005년 상반기 중 전년동기 대비 2%를 소폭 상회하는 수준을 유지하였으나 미국의 허리케인 발생에 따른 유가급등 이후 2005년 9월 중에는 2001년 이후 최고수준인 2.6%로 확대되었다. 이후 둔화되고는 있으나 여전히 유럽중앙은행(ECB)의 물가안정목표(2.0%)를 상회하고 있다. 국가별로 살펴보면 2005년 1~11월 기준으로 룩셈부르크(3.8%), 그리스(3.5%), 스페인(3.3%) 등이 높은 상승률을 보인 반면에 핀란드(0.7%), 네덜란드(1.4%) 등은 안정세를 보여 국가별로 큰 편차를 보이고 있다. 한편, 소비자물가에

3) 유로지역 종합소비자물가지수(HICP : Harmonized Index of Consumer Prices)는 각국 HICP를 국별 민간소비지출 비중으로 가중평균하여 산출하는데 각국 지수에 포함되는 바스켓 항목은 동일하나 항목별 가중치는 경제여건에 따라 상이하다.

서 에너지 및 비가공식품 가격을 제외한 근원인플레이션율은 2% 이하 수준에서 머무는 가운데 하락세를 보여 전체 소비자물가 추세와 다소 상반되는 양상을 보였다.

3. 일본

3.1 경제성장

일본경제는 2005년 들어 전년동기 대비 성장률이 급속히 상승하는 등 현저한 회복세를 보이고 있다. 또한, 최근 재고조정이 마무리되는 가운데 가계소비(household consumption)가 회복되고 투자도 견조한 증가세를 유지하는 등 내수중심의 성장궤도에 진입하는 모습을 보이고 있다. 고유가에도 불구하고 기업수익(corporate profit)이 호조를 지속하고 고용증가 및 임금상승 지속 등으로 4분기 중에도 가계소비와 설비투자가 완만한 증가세를 유지하면서 2005년 중 연간 2% 중반의 성장을 기록할 것으로 보인다.

〈표 1-4〉 일본의 경제성장률[1] 추이

(단위 : 전년동기대비, %)

	2003	2004					2005		
		연간	1분기	2분기	3분기	4분기	1분기	2분기	3분기
실 질 GDP	1.8	2.3	3.7 (3.4)	2.8 (-1.2)	2.4 (0.5)	0.4 (-0.3)	1.4 (5.7)	2.6 (5.0)	2.9 (1.0)
민 간 소 비	0.6	1.9	2.1	2.5	2.5	0.7	1.2	2.0	2.0
민간주택투자	-0.9	1.9	1.8	2.5	0.9	2.7	0.6	-2.7	-1.2
민간설비투자	5.9	4.9	6.0	6.3	6.7	0.4	7.8	7.5	8.0
정 부 소 비	-2.3	2.0	2.8	2.2	1.7	1.4	1.8	1.4	2.0
수 출	9.0	13.9	14.2	17.5	14.0	10.3	4.7	4.9	7.4
수 입	3.9	8.5	5.1	9.3	9.7	9.7	6.3	6.2	7.7

주 : 1) 계절변동조정 후, ( )안은 전기대비 연율

자료 : 일본 내각부

3.2 소비

민간소비는 소비심리가 지속적으로 개선되는 가운데 기업의 과잉고용(overemployment) 해소에 따른 일자리 증가와 임금상승 등으로 인해 회복세를 보이고 있다. 이러한 추세는 향후 완만하나마 지속될 것으로 전망된다.

〈표 1-5〉 일본의 소비관련지표 추이

(단위 : 전기대비, %)

	2003	2004					2005					
		연간	1분기	2분기	3분기	4분기	1분기	2분기	3분기	8월	9월	10월
GDP 민간소비	0.6	1.9	0.8	0.1	0.3	-0.3	1.2	0.7	0.4	-	-	-
소매판매액	-1.9	-0.6	0.7	-1.8	0.4	0.3	2.3	0.1	-1.9	1.5	-0.8	-0.4
가계소비지출 (근로자)	-1.2	1.5	2.9	2.1	-3.7	-2.5	3.2	0.0	-3.0	3.2	-0.2	1.2
신차판매대수[1)]	1.5	-1.6	0.2	-7.0	-1.5	1.0	-1.9	8.7	-1.7	-1.5	-0.1	-3.4

주 : 1) 전년동기대비, %

자료 : 일본 내각부, 총무성, 일본 자동차판매협회

3.3 투자

민간설비투자는 2004년 2분기 이후 2005년 3분기까지 지속적으로 플러스 성장을 보였으며 기업투자실적조사(법인기업 설비투자)에서도 높은 증가율을 보이는 등 호조를 지속하고 있다. 공공투자는 재해복구사업 등에도 불구하고 공공사업 예산의 축소로 증가세가 둔화되고 있으나 주택투자는 디플레이션(deflation) 종료 기대가 제고되면서 수도권을 중심으로 완만하나마 증가하고 있다.

3.4 수출

수출은 IT관련 제품의 재고조정 등이 완료되고 대중국 수출이 회복되면서 증가세가 확대되고 있으며 최근 엔(Yen)화 약세 등 주변 환경의 개선으로 인해 이 같은 추세는 당분간 지속될 것으로 보인다.

〈표 1-6〉 일본의 수출 관련지표 추이

(단위 : 전기대비, %)

	2003	2004					2005					
		연간	1분기	2분기	3분기	4분기	1분기	2분기	3분기	8월	9월	10월
GDP 수출	9.0	13.9	5.1	2.9	0.3	1.6	-0.1	3.1	2.7	-	-	-
수출(금액)	4.7	12.1	3.9	4.0	1.5	0.9	-0.9	2.7	4.0	2.9	-0.3	3.7
수출(물량)	4.9	10.6	2.2	4.9	-0.6	-1.7	-1.0	2.1	0.6	0.4	0.2	..

자료 : 일본 내각부, 재무성

3.5 생산

광공업생산은 2005년 4월 이후 재고조정의 영향으로 다소 부진하였으나 8월 이후 회복되는 모습을 보이고 있다.

〈표 1-7〉 일본의 산업활동 관련지표 추이

(단위 : 전기대비, %)

	2003	2004					2005					
		연간	1분기	2분기	3분기	4분기	1분기	2분기	3분기	8월	9월	10월
광공업생산	3.3	5.5	0.7	1.9	-0.1	-0.9	1.7	-0.4	-0.2	1.1	0.4	0.6
재 고	-2.4	-0.3	0.1	0.1	1.7	-2.2	3.1	-0.1	2.5	1.1	0.9	-1.7
출 하	4.0	5.3	0.1	2.6	-0.3	-0.9	0.4	1.0	0.2	2.2	-0.8	1.9

자료 : 일본 경제산업성

3.6 고용

고용상황을 살펴보면 신규노동력 유입이 증가하고 있으나 기업의 채용확대에 힘입어 실업률이 계속 낮아지고 유효구인배율도 지속적으로 상승하는 등 개선추세를 이어가고 있다. 실질임금(real wage)도 기업의 임금인상과 정규직 근로자 고용확대 등으로 인해 점진적으로 상승하고 있다.

3.7 물가

소비자물가는 2005년 7월까지는 전년의 쌀값 하락과 통신요금 인하 등 특수요인의 영향으로 하락세가 지속되었으나 최근에는 고유가 영향 및 디플레이션 탈출 기대가 확산되면서 상승세로 전환되었다.

〈표 1-8〉 일본의 고용관련 지표 및 소비자물가 추이

(단위 : 전기대비, %)

	2005									
	1월	2월	3월	4월	5월	6월	7월	8월	9월	10월
실업률	4.5	4.7	4.5	4.4	4.4	4.2	4.4	4.3	4.2	4.5
유효구인배율	0.91	0.91	0.91	0.94	0.94	0.96	0.97	0.97	0.97	0.98
실질임금[1]	0.2	0.5	-0.4	0.5	0.5	2.2	1.6	-0.7	1.3	1.5
소비자물가[2]	-0.5	-0.2	0.3	0.2	0.3	-0.5	-0.1	0.1	0.3	0.1
	(-0.1)	(-0.3)	(-0.2)	(0.0)	(0.2)	(-0.5)	(-0.3)	(-0.3)	(-0.3)	(-0.7)

주 : 1) 전년동기대비, % 2) ( )안은 전년동기대비
자료 : 일본 후생노동성, 총무성

4. 중국

4.1 경제성장

중국경제는 2005년에도 전년과 비슷한 9% 중반의 고성장을 지속하고 있다. 국내총생산(GDP) 성장률은 2005년 상반기 중 전년동기 대비 9.4~9.5% 성장한 데 이어 3분기 중에도 고정자산투자의 호조로 인해 9.4%를 기록하였다. 4분기 중에도 고정자산투자 및 수출의 높은 증가세와 민간소비의 견조세가 지속되면서 연간으로는 9.4% 정도의 성장이 기대된다.

〈표 1-9〉 중국의 주요 경제지표 추이

(단위 : 전년동기대비, %)

	2003	2004					2005						
		연간	1분기	2분기	3분기	4분기	1분기	2분기	3분기	7월	8월	9월	10월
GDP성장률	9.5	9.5	9.8	9.6	9.1	9.5	9.4	9.5	9.4	-	-	-	-
고정투자[1)]	28.4	27.6	47.8	31.0	29.9	27.6	25.3	27.1	27.7	27.2	27.4	27.7	27.6
소매판매[2)]	9.1	13.3	10.7	15.0	13.4	14.2	13.7	12.6	12.6	12.7	12.5	12.7	12.8
수 출[2)]	34.7	35.4	34.1	37.2	34.8	35.7	34.9	30.9	28.9	28.7	32.1	25.9	29.7
산업생산[2)]	17.0	16.7	17.7	17.6	15.8	15.0	16.2	16.5	16.2	16.1	16.0	16.5	16.1
소비자물가[2)]	1.2	3.9	2.8	4.4	5.3	3.2	2.8	1.7	1.3	1.8	1.3	0.9	1.2
총통화(M2)[2)]	19.6	14.6	19.1	16.2	13.9	14.6	14.0	15.7	17.9	16.3	17.3	17.9	18.0

주 : 1) 누계기준(예 : 2005년 10월 중 27.6%는 1~10월 중 전년동기대비 증감률)
2) 분기수치는 해당월의 평균기준

자료: 중국 국가통계국

4.2 소비

민간소비의 경우 가전제품, 휴대폰(cellular phone), 컴퓨터 등 IT제품을 중심으로 소매판매가 지속적으로 증가하고 서비스 관련지출도 급증하는 등 활기를 보이고 있다. 소비의 호조는 고성장 지속에 따른 소비심리의 확산과 더불어 임금인상, 제세공과금 경감 등으로 가처분소득(disposable income)이 증가한 데 따른 것으로 이러한 추세는 당분간 지속될 것으로 보인다.

4.3 수출 및 수입

2005년 상반기 중 섬유쿼터제 폐지, 견실한 해외수요 등으로 예상외의 높은 증가세를 보였던 수출은 하반기 들어 점차 감속하고 있으나 여전히 높은 수준을 지속하고 있다. 특히, 전자기기의 수출이 전체 수출의 55%를 상회하는 등 수출구조도 점차 기술집약적 제품(technology-intensive product) 중심으로 변화되고 있다. 한편, 수입은 2005년 하반기 들어 다소 회복되고는 있으나 전년의 투자억제책 및 수입대체(import substitution)의 영향 등으로 상대적으로 낮은 증가율을 보이고 있다.

이에 따라 무역수지는 2005년 7월 위안(Yuan)화 평가절상 및 환율제도 변경에도 불구하고 급속히 확대되어 연간 흑자폭이 1,000억 달러를 초과하여 사상최고치를 기록할 것으로 보인다.

4.4 투자

고정자산투자는 2005년 5월 부동산투기 억제대책 영향으로 부동산 부문은 지속적으로 둔화되고 있으나 제조업 및 인프라 시설 투자가 급증하면서 증가폭이 점차 확대되고 있다. 제조업에서는 기업이윤 증가폭이 축소되고 있음에도 불구하고 중공업을 중심으로 투자가 확대되고 있으며 2004년에 공급부족을 보였던 석탄, 전력 및 철도, 운송 등에 대한 정부의 투자 장려책으로 인프라 투자 증가율이 다시 제고되었다.

산업별로는 2차산업의 투자가 가장 급속히 확대되는 가운데 1차산업 및 3차산업에 대한 투자도 전년보다 다소 높은 증가세를 보이고 있다.

〈표 1-10〉 부문별 고정자산투자 추이[1)]

(단위 : 전년동기대비, %)

	2003	2004				2005						
		1분기	2분기	3분기	4분기	1분기	2분기	3분기	7월	8월	9월	10월
고정투자	28.4	47.8	31.0	29.9	27.6	25.3	27.1	27.7	27.2	27.4	27.7	27.6
부동산개발	30.3	38.4	28.0	28.9	29.1	26.7	23.5	22.2	23.5	22.3	22.2	21.6
1차산업	-	0.4	7.2	21.4	20.3	39.3	20.8	18.7	17.7	20.2	18.7	20.7
2차산업	-	66.6	41.8	42.4	38.3	27.7	35.3	35.5	35.4	35.2	35.5	35.9
3차산업	-	37.7	25.0	22.8	21.6	23.5	21.6	22.7	21.9	22.3	22.7	22.3

주 : 1) 누계기준 (예: 2005년 10월 중 30.2%는 1~10월 중 전년동기대비 증감률)
자료: 중국 국가통계국

4.5 생산

산업생산은 국내소비 및 수출의 호조로 16%대의 높은 증가세를 유지하고 있다. 부문별로 보면 중공업이 다소 높은 성장세를 지속하는 가운데 경공업 생산도 양호한 모습을 유지하고 있다.

〈표 1-11〉 부문별 산업생산 추이

(단위 : 전년동기대비, %)

	2003	2004					2005						
		연간	1분기	2분기	3분기	4분기	1분기	2분기	3분기	7월	8월	9월	10월
생 산	17.0	16.7	17.7	17.6	15.8	15.0	16.2	16.5	16.2	16.1	16.0	16.5	16.1
중공업	18.6	18.2	19.1	19.2	16.9	16.2	16.3	17.0	16.8	17.2	16.4	16.9	16.5
경공업	14.6	14.7	13.8	16.0	15.0	13.7	16.0	15.3	14.6	13.9	15.1	14.9	15.4

주 : 분기수치는 해당월의 평균기준
자료: 중국 국가통계국

4.6 통화량 및 대출

통화량(M2) 및 대출은 투자과열방지를 위한 대출억제로 2005년 5월까지는 낮은 증가율을 보였으나 2005년 6월 이후 인민은행이 위안화 환율제도 개혁에 대비하여 위안화 평가절상속도 조절 등을 위해 유동성 공급을 확대(불태환 정책을 완화)하면서 M2 증가율이 목표증가율(15%)을 초과한 이후 통화량은 지속적으로 높은 증가세를 보이고 있다.

4.7 물가

소비자물가는 2005년 9월 전년동월 대비 1% 미만의 상승을 기록한 이후 상승하고 있으나 대체로 1%대의 안정적인 수준을 유지하고 있다. 이는 전기료, 가스비 등 서비스 요금 인상에도 불구하고 추곡 작황호조로 농산품 가격이 안정되고 공산품 가격도 공급과잉(oversupply) 영향으로 저수준상태를 보이고 있기 때문으로 풀이할 수 있다. 또한, 생산자물가도 고유가에도 불구하고 최근 과잉투자(overinvestment) 영향으로 주요 원자재 등의 가격이 하락함에 따라 2005년 9월 이후 상승폭이 급속히 축소되고 있다.

5. 아시아

5.1 경제성장

아시아 주요 국가들(중국, 일본 제외)은 IT경기 둔화에 따른 수출 위축 및 고유가로 인한 민간소비 둔화 등의 영향으로 2005년 상반기에는 성장세가 전년에 비해 전반적으로 저하되었다. 그러나 2005년 하반기 들어 IT경기가 회복되고 미국 등 주요 교역대상국의 성장이 호전되면서 인도네시아와 필리핀을 제외한 대부분의 국가에서 성장률이 다소 높아지고 있다.

〈표 1-12〉 아시아 국가의 실질GDP 성장률 추이

(단위 : 전년동기대비, %)

	2003	2004					2005		
		연간	1분기	2분기	3분기	4분기	1분기	2분기	3분기
대 만	3.4	6.1	7.6	9.0	5.5	2.5	2.5	3.0	4.4
홍 콩	3.1	8.2	7.4	12.0	6.7	7.2	6.2	7.3	8.2
싱가포르	1.4	8.4	7.9	12.3	7.2	6.5	2.7	5.4	7.0
태 국	7.0	6.2	6.7	6.4	6.3	5.3	3.2	4.6	5.3
말레이시아	5.4	7.1	7.8	8.4	6.7	5.8	6.2	4.4	5.3
인도네시아	4.9	5.1	4.4	4.4	5.1	6.7	6.1	5.8	5.3
필 리 핀	4.5	6.0	6.3	6.5	6.2	5.3	4.6	5.2	4.1
인 도	7.3	7.2	8.4	7.6	6.7	6.4	7.0	8.1	8.0

자료 : CEIC 및 각국 통계청

5.2 수출

수출은 2005년 상반기 중 주요 수출국인 미국 및 중국의 수입수요 둔화 등으로 부진하였으나 하반기 들어 IT경기 회복, 중국의 수입증가세 확대 등으로 인해 대부분의 국가에서 회복되고 있다.

〈표 1-13〉 아시아 국가의 수출 증가율 추이

(단위 : 전년동기대비, %)

	2003	2004					2005						
		연간	1분기	2분기	3분기	4분기	1분기	2분기	3분기	7월	8월	9월	10월
대 만	10.4	20.7	22.3	28.8	21.5	11.9	7.8	6.0	7.1	5.3	7.6	8.4	16.6
홍 콩	11.6	15.8	13.0	17.7	17.1	15.3	10.5	12.5	12.5	8.1	12.7	17.0	11.6
싱가포르	12.1	20.9	15.3	25.7	25.2	17.5	10.7	10.4	12.6	8.2	19.3	9.4	18.4
태 국	16.4	21.8	19.2	23.1	25.0	20.0	12.4	11.6	20.1	16.3	22.9	21.0	6.2
말레이시아	11.6	20.5	17.3	22.0	26.9	16.1	13.7	10.8	7.5	2.9	12.4	7.4	12.4
인도네시아	6.8	17.2	-0.7	9.7	27.7	32.1	32.2	24.2	11.3	19.9	13.8	1.9	4.8
필 리 핀	2.9	9.5	6.5	11.1	8.7	11.6	3.3	3.3	4.1	11.4	0.8	0.9	-3.2
인 도	16.7	32.1	38.3	35.6	29.1	26.7	20.9	22.1	19.0	26.6	24.9	7.5	27.5

자료 : CEIC 및 각국통계청

5.3 소비

개인소비는 2005년에 고유가 지속으로 인한 인플레이션 압력 증대, 정책금리 인상 등으로 소비심리가 위축되면서 전반적으로 증가세가 전년에 비해 둔화되었다. 그러나 대만, 인도네시아 등은 3분기 연속 증가세가 확대되었다. 특히, 말레이시아는 소비자 신용(consumer credit)이 크게 확대되면서 개인소비가 높은 증가세를 지속하였다.

5.4 투자

설비투자는 2005년에 수출부진으로 기업들의 투자심리가 악화되면서 전년에 비해 위축되었다. 특히, 수출부진이 컸던 싱가포르와 필리핀은 3분기 연속 마이너스 성장을 기록하였으며, 대만도 3분기 연속 증가세가 축소되었다. 다만 태국 및 말레이시아는 인프라 투자 확대, 개인소비 증가세 지속 등으로 인해 호조를 보이고 있다.

5.5 물가

소비자물가는 2005년에 유류가격의 대폭 인상으로 상승세가 전반적으로 확대되고 있다. 특히, 2005년 들어 재정부담 증가로 유류보조금을 축소 또는 폐지한 인도네시아, 태국, 말레이시아 등에서 물가가 급상승하였다. 특히, 인도네시아의 경우 2005년 10월 중 물가상승률이 17.9%를 기록하였다. 한편, 홍콩은 2005년 중 디플레이션(deflation) 상태를 탈피하여 물가가 상승세로 전환되었다.

〈표 1-14〉 아시아 국가의 소비자물가 변동 추이

(단위 : 전년동기대비, %)

	2003	2004					2005						
		연간	1분기	2분기	3분기	4분기	1분기	2분기	3분기	7월	8월	9월	10월
대 만	-0.3	1.6	0.5	1.2	2.9	1.8	1.6	2.1	3.0	2.4	3.6	3.2	2.7
홍 콩	-2.6	-0.4	-1.8	-0.9	0.8	0.2	0.4	0.8	1.4	1.3	1.3	1.6	1.8
싱가포르	0.5	1.7	1.2	1.9	1.9	1.7	0.3	0.1	0.5	0.1	0.7	0.6	1.1
태 국	1.8	2.8	1.9	2.7	3.3	3.2	2.8	3.7	5.6	5.3	5.6	6.0	6.2
말레이시아	1.1	1.4	0.9	1.2	1.5	2.1	2.4	3.0	3.4	3.0	3.7	3.4	3.3
인도네시아	6.0	6.1	4.8	6.4	6.7	6.3	7.8	7.6	8.4	7.8	8.3	9.1	17.9
필 리 핀	3.5	6.0	4.1	4.7	6.9	8.1	8.5	8.2	7.1	7.1	7.2	7.0	7.0
인 도	3.8	3.8	4.0	2.7	4.2	4.2	4.2	4.0	3.7	4.1	3.4	3.6	4.2

자료 : CEIC 및 각국 통계청

6. 중남미

6.1 경제성장

중남미경제는 원유 및 원자재가격 상승 등으로 인해 2004년에 현저한 회복세를 보인 이후 2005년 들어서도 대체로 견실한 성장세를 지속하였다. 아르헨티나와 베네수엘라는 수출증가에 힘입어, 칠레는 수출 및 투자확대에 따라 성장세를 지속하고 있다. 다만 브라질은 중앙은행의 금리인상[4] 등에 따른 가계소비 및 투자의 부진으로, 멕시코는 대미 수출 부진 등으로 성장세가 크게 둔화되었다.

---

4) 브라질 중앙은행은 2004년 9월부터 2005년 5월까지 정책금리를 16.0%에서 19.75%로 3.75% 포인트 인상하였으며, 이후 경기둔화 조짐이 나타나자 18.5%로 다시 인하한 바 있다.

〈표 1-15〉 중남미 국가의 실질GDP 성장률 추이

(단위 : 전년동기대비, %)

	2003	2004					2005		
		연간	1분기	2분기	3분기	4분기	1분기	2분기	3분기
브 라 질	0.5	4.9	4.0	5.1	5.9	4.7	2.8	4.0	1.0
아르헨티나	8.8	9.0	11.3	7.1	8.7	9.3	8.0	10.4	9.2
칠 레	3.7	6.1	4.7	5.3	7.0	7.3	6.3	6.8	5.2
멕 시 코	1.4	4.4	3.7	4.1	4.6	4.9	2.4	3.1	3.3
베네수엘라	-7.7	17.9	35.0	14.3	14.2	12.1	7.5	11.1	9.8

자료 : Bloomberg, 각국 통계청

6.2 수출

수출은 2005년에 고유가 및 원자재가격 상승으로 인해 2004년에 이어 높은 증가세를 유지하였다. 특히, 브라질은 헤알(Real)화 강세에도 불구하고 세계교역규모 확대 및 정부의 적극적인 수출진흥정책 등에 힘입어 높은 증가세를 보였다. 한편, 수출의 85% 이상이 미국에 집중되어 있는 멕시코의 경우 2005년 상반기 중 미국경제의 일시적 둔화 등으로 다소 위축되었으나 미국경제의 성장회복과 더불어 증가세가 다시 확대되었다.

〈표 1-16〉 중남미 국가의 수출증가율 추이

(단위 : 전년동기대비, %)

	2003	2004		2005						
		연간	4분기	1분기	2분기	3분기	8월	9월	10월	11월
브 라 질	21.1	32.0	29.1	25.7	22.2	22.5	25.3	19.2	12.0	32.2
아르헨티나	15.1	16.9	20.5	14.2	13.0	21.0	29.7	15.2	21.0	..
칠 레	18.1	49.2	49.5	23.0	24.4	22.4	20.3	29.8	22.4	40.9
멕 시 코	1.9	16.7	19.4	3.7	9.8	13.3	15.2	15.0	13.6	..
베네수엘라	-0.2	45.9	40.1	32.7	41.2	47.3	-	-	-	-

자료 : Bloomberg, 각국 통계청

6.3 물가

소비자물가는 브라질의 경우 중앙은행의 긴축정책으로 상승세가 다소 둔화되는 추세를 보였으나 칠레의 경우 긴축적 통화정책[5]에도 불구하고 유가상승으로 인해 상승세가 확대되고 있으며 베네수엘라는 다소 둔화되기는 하였으나 여전히 높은 상승세를 유지하고 있다. 한편, 아르헨티나는 임금상승압력 증대 등의 영향으로 2005년 들어 물가상승세가 크게 확대되었다.

〈표 1-17〉 중남미 국가의 소비자물가 상승률 추이

(단위 : 전년동기대비, %)

	2003	2004		2005						
		연간	4분기	1분기	2분기	3분기	8월	9월	10월	11월
브라질	14.8	6.6	7.2	7.4	7.8	6.2	6.0	6.0	6.4	..
아르헨티나	13.4	4.4	5.7	8.2	8.8	9.8	9.7	10.3	10.7	12.0
칠레	2.8	1.1	2.3	2.3	2.8	3.3	3.0	3.9	4.1	3.6
멕시코	4.5	4.7	5.3	4.4	4.5	4.0	4.0	3.5	3.1	2.9
베네수엘라	31.1	21.7	19.5	17.0	16.3	15.4	14.9	16.0	16.0	15.3

자료 : Bloomberg, 각국 통계청

제3절 국제금융 및 원자재가격 동향

1. 국제금융시장

국제금융시장(international financial market)은 미 달러화가 2005년 중 예상외의 강세를 보인 가운데 미국 장기금리(long-term interest rate)가 4.0~4.6%에서 유지되고 유로지역(Euroland)과 일본을 중심으로 주가가 대폭 상승하는 등 전반적으로

5) 칠레 중앙은행은 2004년 9월 이후 2005년 11월까지 정책금리를 1.75%에서 4.5%로 인상한 바 있다.

안정된 모습을 보였다. 다만 2005년 12월 중순 들어 달러화가 재차 급락하는 등 다소 불안한 모습을 나타내고 있다.

1.1 주가

미국주가는 2004년과 유사하게 2005년 들어서도 전년말 수준을 크게 탈피하지 못하는 부진한 모습을 보였다. 2005년초 미국 유가상승 부담, 연방준비제도이사회(FRB)의 금리인상 및 주택경기 둔화조짐, 허리케인 카트리나 피해와 소비심리 위축 등으로 주가가 횡보세를 보였다. 다만 2005년 10월 하순 이후 기업실적 및 소비심리 호전, FRB의 금리인상 종료 기대 등으로 주식시장이 다소 회복되었다. 다우존스(DJIA)지수는 2005년 12월 중순 기준 전년말 수준에 그쳤으며 나스닥(NASDAQ)지수는 4% 정도 상승하였다. 유로지역 주가는 2005년 초에는 미국주가에 동조하여 다소 부진한 모습을 보였으나 4월 이후 유로화 약세에 따른 수출개선 기대, 기업실적 호전 및 경기회복세 진전 등으로 인해 급상승하면서 2005년 12월 중순 기준 전년말 대비 20% 정도 상승하였다.

일본주가는 기업투자 확대 및 민간소비 개선 등으로 경제회복세가 뚜렷해진 데다 일본경제의 장기 디플레이션(deflation) 상황이 해소될 것이라는 기대감이 제고되면서 동 기간 중 33% 급등하였다.

1.2 환율

미 달러화는 2005년 들어 엔(Yen)화, 유로(Euro)화 등 주요 통화에 대해 예상외의 강세를 나타내었다. 이는 미국경제가 견실한 성장을 지속하는 가운데 FRB 금리인상에 따른 금리격차 확대, 대미 자본유입 증대 등에 주로 기인하였다고 할 수 있다. 달러화는 위안(Yuan)화 평가절상, 2005년 2분기 미국의 성장둔화 등으로 2005년 7~8월에 일시 조정을 받기도 하였으나 이후 재차 강세를 보이며 121엔/달러 및 1.167달러/유로까지 상승하기도 하였다. 그러나 2005년 12월 중순 경 FRB의 금리인상 사이클 종료 기대, 10월 미 무역수지적자(trade deficit)의 사상최고치 기록 등으로 대폭 조정되면서 달러화는 2005년 12월 19일 기준 유로화 및 엔화에 대해 116엔/달러 및 1.20달러/유로를 기록하였다.

1.3 금리

국채금리(10년만기)는 2004년 6월 이후 FRB가 13차례에 걸쳐 기준금리를 1%에서 4.25%로 인상하였음에도 불구하고 2005년에 4%대 초중반에서 큰 변동없이 등락하는 모습을 보였다. 앨런 그린스펀(Alan Greenspan) FRB 의장의 낮은 장기금리 수준에 대한 의문(conundrum) 발언 및 유가급등 등에 따라 2005년 3월에 비교적 급상승했던 장기금리는 성장둔화 우려, 주식시장 부진에 따른 자금의 채권시장 유입 등으로 하향안정세로 전환되었다. 또한, 허리케인 카트리나 피해에 따른 에너지가격 급등 및 인플레이션압력(inflationary pressure) 증대 우려 등으로 장기금리는 2005년 11월에 다시 4.66%까지 상승하였으나 이후 물가상승압력 완화, FRB의 금리인상 일단락 기대 등으로 다시 하락하여 2005년 12월 19일 기준 4.5%를 하회하고 있다.

한편, 회사채 신용스프레드는 GM 신용등급 하향조정 및 안전자산 선호경향 증대 등으로 2005년 4~6월에 크게 확대되었으나 7월 이후 안정세로 전환되었다. 2005년 12월 중순 기준 회사채 신용스프레드는 2005년 초보다 낮은 수준을 나타내었다.

2. 국제원자재 시장

2.1 유가

국제유가는 2005년초 이후 급상승하여 WTI가 2005년 8월 말에 배럴당 69.9달러의 사상최고치를 기록한 후 각국 정부의 전략비축유 방출, 고유가에 따른 석유제품 수요 둔화, 원유재고 증가 등으로 하향안정세를 보였으나 2005년 12월 들어 겨울철 한파로 낙폭이 제한되는 모습을 보였다. 2005년 12월 19일 기준 브렌트 유가는 전년말 대비 39% 상승한 배럴당 56달러의 높은 수준을 기록하고 있다. 유가가 2005년에 이처럼 높은 수준을 지속한 것은 세계원유 수요 증가세 둔화 및 석유수출국기구(OPEC) 산유국의 증산에도 불구하고 비OPEC의 원유생산 확대 차질, 허리케인에 의한 멕시코만 석유시설의 대규모 피해, 일부 산유국의 공급불안 등에 따른 여유생산능력 부족 등으로 수급불안 우려가 지속된 데 주로 기인하였다고 볼 수 있다.

2.2 기타 원자재가격

기타 원자재가격(IMF 비연료원자재가격)은 2005년에 9.4% 정도 상승하여 전년의 18.5%에 비해 크게 둔화되었으나 비교적 높은 상승세가 지속되었다. 시기별로는 2005년 상반기 중 전년동기 대비 8% 상승하였으나 하반기에는 12% 상승하여 상승세가 확대되는 모습을 보였다. 비철금속 가격은 미국, 중국 등의 성장호조, 일부 광산의 공급차질 및 재고감소, 투자펀드(investment fund) 자금유입 확대 등으로 2005년 하반기 들어 동, 알루미늄 등을 중심으로 크게 상승하였다. 특히, 동 가격은 2005년 12월 16일 톤당 4,624달러까지 상승하며 사상최고치를 경신하였다. 한편, 곡물가격은 가격하락에 따른 반발매수, 기상여건 악화 우려 등으로 2005년 2월 중순 이후 반등하기도 하였으나 8월 이후 수확호전 기대, 조류인플루엔자 우려 등으로 하향안정세를 나타내었다.

제2장

세계경제의 전망

제1절 개 관

세계경제는 2006년에는 미국과 중국의 성장감속으로 2005년보다 소폭 둔화되겠으나 유로지역(Euroland) 및 일본의 회복세 지속, 여타 지역의 성장 개선 등으로 이전 10년간 평균성장률(3.8%)을 상회하는 4% 정도의 양호한 성장세를 유지할 것으로 전망된다. 그러나 고유가 불안 지속, 국제수지의 불균형 심화 및 달러약세 압력, 미국 주택경기조정 등의 위험요인(risk factor)에 따라 세계성장세가 둔화될 가능성도 상존하고 있다.

미국경제는 설비투자 증가세가 유지되고 허리케인 카트리나의 피해복구비 지출이 증가하겠으나 주택경기 진정에 따라 개인소비 및 주택건설이 둔화되면서 성장률이 3% 초반으로 2005년(3.6% 정도)보다 낮아질 것으로 보인다.

유로경제는 고정투자를 중심으로 내수가 회복되고 수출도 확대되면서 성장률이 2005년의 1.4% 내외에서 1% 후반으로 제고될 것으로 기대된다. 일본경제는 민간소비와 설비투자 등 내수가 활기를 지속하고 수출도 지속적으로 증가함으로써 2005년과 비슷한 2% 내외의 성장을 보일 것으로 기대된다.

〈표 2-1〉 세계경제 성장률 전망

(단위 : 전년대비, %)

	세계	선진국					개도국	
			미국	일본	유로지역	NIAEs[2]		중국
2004년[1]	5.1	3.3	4.2	2.7	2.0	5.6	7.3	9.5
2005년[e]								
IMF	4.3	2.5	3.5	2.0	1.2	4.0	6.4	9.0
World Bank	4.4	2.5	3.5	2.3	1.1	-	5.9	-
EU집행위원회	4.3	2.6	3.5	2.5	1.3	-	6.4	9.3
OECD	-	2.7[3]	3.6	2.4	1.4	-	-	9.3
Global Insight	3.4[4]	-	3.6	2.4	1.4	-	-	9.3
2006년[e]		2.7						
IMF	4.3	3.0	3.3	2.0	1.8	4.7	6.1	8.2
World Bank	4.3	2.5	3.5	1.8	1.4	-	5.7	-
EU집행위원회	4.3	2.7	3.2	2.2	1.9	-	6.3	8.7
OECD	-	2.9[3]	3.5	2.0	2.1	-	-	9.4
Global Insight	3.4[4]	-	3.4	1.9	1.8	-	-	8.4

주 : 1) 국별 실적치 또는 IMF 추정치 2) 한국, 대만, 싱가포르, 홍콩
3) OECD 회원국 기준 4) 시장환율 기준

자료: IMF, World Economic Outlook. World Bank, Global Economic Prospects
EU집행위원회, Economic Forecasts. OECD, Economic Outlook
Global Insight, Global Executive Summary

중국경제는 소비가 견조한 증가세를 유지하겠으나 고정투자 및 수출 증가세가 다소 둔화되면서 성장률이 2005년의 9.4% 정도에서 8% 후반으로 다소 저하될 것으로 전망된다. 여타 아시아경제는 IT경기 회복, 중국 및 일본의 수입증가 등으로 인해 수출증가세가 확대되고 인프라 투자 확대 등 투자도 개선되면서 2005년에 비해 성장률이 다소 높아질 것으로 보인다. 중남미경제는 3~5%대의 견실한 성장세를 지속할 것으로 보이나 정치적 불안정(political instability), 원자재가격의 상승세 둔화 등이 경제성장의 위험요인으로 지적할 수 있다.[1]

1) 한국은행, 조사통계월보, 2005. 12. pp. 92-105. 요약 · 재구성

제2절 주요 국가(지역)별 전망

1. 미국

1.1 경제성장

미국경제는 기업수익(corporate profit) 호조에 힘입어 설비투자 증가세가 유지되고 허리케인 카트리나의 피해복구비 지출이 증가하겠으나 주택경기 진정 등으로 개인소비 및 주택건설이 위축되면서 성장률이 3% 초반 수준으로 2005년보다 저하될 것으로 보인다.

1.2 소비

개인소비는 고용 및 소득 증가에도 불구하고 FRB의 금리인상 영향, 고유가 지속 및 주택경기 둔화 등으로 2005년보다 증가세가 다소 둔화될 것으로 예상된다.

1.3 투자

민간설비투자는 기업수익 증가 등으로 인해 견실한 증가세를 시현할 것으로 예상되며, 정부소비 및 구축물투자는 허리케인 카트리나 피해 복구사업과 관련한 지출 확대 등으로 비교적 큰 폭의 증가를 보일 것으로 전망된다. 다만 그 동안 호황을 보였던 주택투자는 주택가격 조정 및 모기지금리(mortgage interest rate) 상승 등으로 주택수요가 둔화되면서 다소 위축될 것으로 전망된다.

1.4 수출 및 수입

순수출(net export)은 달러화 약세 반전 및 교역상대국의 경기회복 등으로 인한 수출 증가에도 불구하고 수입이 지속적으로 증가하면서 적자폭이 감소하기는 어려울 것으로 전망된다.

〈표 2-2〉 미국 경제성장률 전망

(단위 : 전기대비 연율, %)

	(전망 시점)	2004	2005					2006e		
			1분기	2분기	3분기	4분기e	연간e	1분기	2분기	연간
실적치		4.2	3.8	3.3	4.3					
전망치										
IMF	(2005. 9)						3.5			3.3
World Bank	(2005. 11)						3.5			3.5
OECD	(2005. 11)						3.6			3.5
J.P. Morgan	(2005. 12)					3.0	3.6	3.5	4.0	3.5
Goldman Sachs	(2005. 12)					3.5	3.7	3.5	4.0	3.6
Lehman Brothers	(2005. 12)					4.0	3.7	3.5	3.2	3.5
UBS	(2005. 12)					3.0	3.6	3.6	2.8	3.2
Merrill Lynch	(2005. 12)					2.5	3.6	2.2	2.0	2.6

2. 유로지역

2.1 경제성장

유로지역(Euroland) 경제는 고정투자를 중심으로 내수가 회복되고 세계경제의 견실한 성장에 따라 수출도 확대되면서 성장률이 2005년의 1.4% 내외에서 1% 후반으로 제고될 것으로 예상된다.

2.2 수요 · 투자 · 수출

수요부문별로는 민간소비가 고용증가에도 불구하고 완만한 임금상승 및 높은 에너지가격에 따른 실질구매력(real purchasing power) 약화 등으로 크게 개선되기는 힘들 것으로 보이나 고정투자는 저금리수준, 기업수익 증가 및 대체투자수요 등으로 인해 증가세가 확대될 것으로 보인다. 정부소비는 안정 및 성장협약 완화에 따른 지출여력 증대로 보다 증가하겠으며 수출도 2005년 중 유로화 약세 영향 등에 따라 증가세가 개선될 것으로 전망된다.

2.3 물가

소비자물가(HICP 기준)는 2006년에도 고유가가 지속되면서 2%를 상회하는 수준을 유지할 것으로 보이나 중기적으로는 낮은 기대인플레이션, 완만한 임금상승 등으로 인해 상승세가 점차 둔화될 것으로 보인다.

〈표 2-3〉 EU 집행위원회의 수요부문별 전망

(단위 : %)

	2004	2005e	2006e
실질GDP 성장률	2.1	1.3	1.9
민간소비	1.6	1.4	1.4
정부소비	1.2	1.3	2.0
고정투자	2.3	1.7	3.1
수 출	6.5	3.4	5.0
수 입	6.6	3.9	5.0

자료: EU 집행위원회, Economic Forecasts, 2005. 11.

〈표 2-4〉 유로지역 성장 및 물가 전망

(단위 : 전년대비, %)

	실질GDP 성장률			소비자물가 상승률		
	2004	2005e	2006e	2004	2005e	2006e
ECB(2005. 12)	1.8	1.4	1.9	2.1	2.2	2.1
EU 집행위원회(2005. 11)	2.1	1.3	1.9		2.3	2.2
OECD(2005. 11)	2.1	1.4	2.1		1.8	1.7
Deutsche Bank(2005. 12)	1.8	1.5	2.1		2.2	2.2

주 : 1) ( )안은 전망시점

2) ECB 및 Deutsche Bank 의 GDP 성장률 전망은 노동일수 조정 후

2.4 고용

실업률은 유로지역 각국의 노동시장 개혁(reform of labor market) 및 투자확대 등에 따른 고용 증대로 인해 2005년보다 개선된 8%대 초반으로 하락할 것으로 보인다.

〈표 2-5〉 유로지역 실업률 전망

(단위 : 전년대비, %)

	2004	2005e	2006e
EU 집행위원회(2005. 11)	8.9	8.6	8.4
OECD(2005. 11)		8.7	8.4
Deutsche Bank(2005. 12)		8.5	8.1

주 : 1) ( )안은 전망시점

2.5 주요 국가별 경제성장

주요 국가별로는 독일경제가 2006년에는 수출 및 고정투자 증가 확대에 따라 2005년보다 높은 1% 중반의 성장세를 보이고 프랑스도 내수호조 지속 및 수출증가세 확대 등으로 성장률이 2% 내외로 제고될 것으로 보인다.

〈표 2-6〉 주요 국가별 GDP성장률 전망

(단위 : 전년대비, %)

		2004	2005e	2006e
독 일	EU집행위원회(2005. 11)	1.6	0.8	1.2
	OECD(2005. 11)		0.9	1.6
	Deutsche Bank(2005. 12)		1.1	1.7
프랑스	EU집행위원회(2005. 11)	2.1	1.5	1.8
	OECD(2005. 11)		1.6	2.1
	Deutsche Bank(2005. 12)		1.6	2.1

주 :1) ( )안은 전망시점
2) Deutsche Bank의 GDP성장률 전망은 노동일수조정 후

3. 일본

3.1 경제성장

일본경제는 2006년에 민간소비와 설비투자 등 내수가 활기를 지속하고 수출도 지속적으로 증가함으로써 2005년(2% 중반)과 유사한 2% 내외의 성장세를 시현할 것으로 보인다.

3.2 투자 · 수출 · 소비

설비투자는 기업수익 호조 및 비제조업 부문으로의 경기회복세 파급 등으로 견실한 증가세를 지속하겠으나 그 동안 설비투자가 어느 정도 진전되었던 점을 고려할 때 증가폭은 다소 둔화될 것으로 전망된다. 특히, 과잉고용 및 과잉채무 등이 해소됨에 따라 2006년 중 상장기업의 경상이익은 3년 연속 최고수준을 보일 것으로 전망된다. 공공투자는 세출삭감 방침 등에 따라 위축되겠으나 주택투자는 디플레이션(deflation) 탈출 기대 확산 등으로 미약하나마 증가세를 보일 것으로 전망된다. 한편, 수출은 중국 등 아시아지역을 중심으로 꾸준한 증가세가 지속되겠으며 민간소비도 주가상승에 따른 자산증가, 고용 및 임금 증가 등으로 인해 완만한 회복세를 보일 것으로 전망된다.

3.3 리스크 요인

원유 등 원자재가격 상승, 주요 교역상대국의 성장감속, 엔화의 급격한 강세전환 등에 따른 수출둔화와 기업채산성 악화 등은 일본경제의 주요 리스크 요인으로 지적할 수 있다.

〈표 2-7〉 일본 경제성장률 전망

(단위 : 전기대비 연율, %)

	(전망시점)	2004	2005e					2006e
			1분기	2분기	3분기	4분기	연간	
실적치		2.3	5.7	5.0	1.0			
전망치								
IMF	(2005. 9)						2.0	2.0
OECD	(2005. 11)						2.4	2.0
World Bank	(2005. 11)						2.3	1.8
일본경제연구센터	(2005. 12)						2.4	1.6
J. P. Morgan	(2005. 12)						2.5	2.6
CSFB	(2005. 12)						2.4	1.9
Goldman Sachs	(2005. 12)						2.5	2.4
Lehman Brothers	(2005. 12)						2.7	2.8
Deutsche Bank	(2005. 12)						2.7	3.1
일본은행[1)]	(2005. 10)						2.2	1.8
내 각 부[1)]	(2005. 11)						2.3	1.9
주요 민간예측기관[1)2)]	(2005. 11)						2.8	1.9

주 : 1) 회계연도 기준(당해년 4월 ~ 익년 3월)

2) 주요 9개 기관 평균(2005. 12. 14)

4. 중국

4.1 경제성장

중국경제는 2006년에 소비가 경조한 증가세를 유지하겠으나 고정투자 및 수출 증가세가 다소 둔화되면서 성장률은 2005년의 9.4% 정도에서 8% 후반으로 다소 저하될 것으로 전망된다.[2)]

4.2 소비

민간소비는 저금리 지속, 정부의 소비장려 및 서비스업 육성을 통한 고용확대 정책 등으로 견조한 증가세를 보일 것으로 예상된다. 특히, 정부는 개인소득세

2) 중국정부는 11차 5개년 계획기간(2006~2010년)의 경제성장률 목표치를 8%로 설정한 바 있다.

(personal income tax) 면세점 인상, 농업세 폐지 확대, 농촌지역의 완전한 무상의 무교육 시행, 최저임금 및 공무원 임금 인상 등을 통해 지역격차를 축소하는데 역점을 두면서 소비증가세를 뒷받침할 것으로 보인다.

4.3 투자

투자는 중공업 및 첨단산업 등에 대한 투자가 지속되고 있고 지역간 균형발전을 위한 철도, 도로 및 전력공급 등 사회간접자본(SOC)에 대한 투자 확대로 높은 증가세가 유지될 것으로 보인다. 그러나 정부지출이 사회보장 등 소비성지출 확대로 점차 전환되고 생산능력 과잉에 따른 기업의 이익둔화 추세 및 중복투자 억제노력 등으로 증가율은 2005년에 비해 저하될 것으로 전망된다.

4.4 수출

수출은 IT 제품 등 주요 수출품에 대한 해외수요 호조에도 불구하고 무역마찰(trade conflict) 심화 가능성을 고려한 흑자규모 축소 노력 등으로 증가율은 다소 낮아질 것으로 예상된다.

〈표 2-8〉 중국 경제성장률 전망

(단위 : 전년대비, %)

	(전망시점)	2005	2006		(전망시점)	2005	2006
IMF	(2005.9.22)	9.0	8.2	HSBC	(2005.10.28)	9.3	8.3
IBRD	(2005.11)	9.3	8.7	Deutsche Bank	(2005.11.17)	9.3	8.5
ADB	(2005.9.11)	9.2	8.8	Citibank	(2005.11.25)	9.3	8.0
Goldman Sachs	(2005.11.23)	9.4	9.0	중국사회과학원	(2005.12.8)	9.4	8.9
Merrill Lynch	(2005.11.14)	9.3	8.3	국가정보센터	(2005.11.11)	9.3	8.3~9.3
Morgan Stanley	(2005.12.5)	9.3	7.8	국가통계국	(2005.12)	9.4	9 내외

5. 아시아

5.1 경제성장

아시아경제는 2006년에 IT경기 회복, 중국 및 일본의 수입증가 등으로 인해 수출증가세가 확대되고 인프라 투자 확대 등 투자도 호조를 보이면서 2005년에 비해 성장률이 다소 제고될 것으로 보인다. 국가별로는 대만, 싱가포르, 태국 등의 성장이 비교적 큰 폭으로 개선되겠으나 홍콩, 인도 등은 다소 둔화될 것으로 전망된다.

5.2 리스크 요인

인플레이션 압력 증대 및 금리인상에 따른 소비위축, 조류인플루엔자 확산 등은 아시아경제의 리스크 요인으로 지적할 수 있다.

〈표 2-9〉 아시아국가 경제성장률 전망

(단위 : 전년동기대비, %)

		(전망시점)	2004	2005				2006e
				1분기	2분기	3분기	연간e	
홍콩	실적치		8.2	6.2	7.3	8.2		
	IMF	(2005. 9)					6.3	4.3
	ADB	(2005. 9)					5.4	5.0
	Global Insight	(2005. 11)					5.5	5.0~5.5
	투자은행[1]	(2005. 12)					6.0~7.4	
대만	실적치		6.1	2.5	3.0	4.4		
	IMF	(2005. 9)					3.4	4.3
	ADB	(2005. 9)					3.7	4.1
	Global Insight	(2005. 11)					3.5	3.3
	투자은행[1]	(2005. 12)					3.0~3.9	3.6~5.0
싱가포르	실적치		8.4	2.7	5.4	7.0		
	IMF	(2005. 9)					3.9	4.5
	ADB	(2005. 9)					4.0	4.7
	Global Insight	(2005. 11)					3.9	4.7
	투자은행[1]	(2005. 12)					4.9~5.2	4.7~6.0
태국	실적치		6.2	3.2	4.6	5.3		
	IMF	(2005. 9)					3.5	5.0
	ADB	(2005. 9)					4.0	5.0
	Global Insight	(2005. 9)					3.9	4.5
	투자은행[1]	(2005. 12)					3.7~4.6	4.5~6.0
말레이시아	실적치		7.1	6.2	4.4	5.3		
	IMF	(2005. 9)					5.5	6.0
	ADB	(2005. 9)					5.1	5.3
	Global Insight	(2005. 11)					5.0	5.2
	투자은행[1]	(2005. 12)					4.8~5.5	4.2~6.0
인도네시아	실적치		5.1	6.1	5.8	5.3		
	IMF	(2005. 9)					5.8	5.8
	ADB	(2005. 9)					5.7	5.9
	Global Insight	(2005. 11)					5.3	4.8
	투자은행[1]	(2005. 12)					4.4~5.3	3.7~6.0
필리핀	실적치		6.0	4.6	5.2	4.1		
	IMF	(2005. 9)					4.7	4.8
	ADB	(2005. 9)					4.7	4.8
	Global Insight	(2005. 11)					4.5	4.4
	투자은행[1]	(2005. 12)					4.4~4.6	4.3~5.0
인도	실적치		7.2	8.0	8.1	8.0		
	IMF	(2005. 9)					7.1	6.3
	ADB	(2005. 9)					6.9	6.8
	Global Insight	(2005. 11)					7.1	6.7
	투자은행[1]	(2005. 12)					7.3~8.0	6.4~7.0

주 : 1) 5개 투자은행 전망치 2) 회계연도 기준(당년 4.1~ 익년 3.31) 3) 3개 투자은행 전망치

6. 중남미

6.1 개황

중남미경제는 2006년에 3~5%대의 견실한 성장세를 지속할 것으로 보이나 정치적 불안정(political instability) 증대 가능성, 유가 및 원자재가격의 상승세 둔화 등이 경제성장의 장애요인으로 작용할 것으로 보인다.

6.2 주요 국가별 경제성장

브라질 경제는 금리인하 및 고용여건 개선 등으로 인한 소비 및 투자의 회복으로 3% 중반의 성장을 지속할 것으로 전망되나 대통령선거(2006년 10월)를 앞두고 불확실성(uncertainty)이 제고될 것으로 보인다. 칠레는 구리를 중심으로 한 원자재 수출 호조 등으로 2005년과 비슷한 수준의 성장이 기대되나 원자재가격 상승세 지속여부가 경제성장의 관건으로 작용할 것으로 보인다. 멕시코 경제는 2006년 대통령선거 및 총선(7월)과 관련하여 정치적 불안정이 증대될 가능성이 있으나 대미 수출호조, 원유수출 관련 세입증대 및 정부지출 확대 등으로 3% 후반으로 성장이 개선될 것으로 보인다. 아르헨티나와 베네수엘라는 상대적으로 높은 5%대의 성장이 예상되는 가운데 아르헨티나는 원자재가격 상승 둔화 및 공공요금 동결에 따른 투자부진 등으로, 베네수엘라는 유가상승 둔화로 인한 재정지출 제약으로 성장세가 2005년 보다는 둔화될 것으로 예상된다.

〈표 2-10〉 중남미 주요 국가의 경제성장률 전망

(단위 : 전년동기대비, %)

		(전망시점)	2004	2005				2006e
				1분기	2분기	3분기	연간e	
브라질	실적치		4.9	2.8	4.0	1.0		
	IMF	(2005. 9)					3.3	3.5
	OECD	(2005. 11)					3.2	3.7
	Global Insight	(2005. 11)					3.4	3.8
	J. P. Morgan	(2005. 12)					2.4	3.5
	Morgan Stanley	(2005. 12)					2.5	3.5
	Goldman Sachs	(2005. 12)					2.7	2.8
아르헨티나	실적치		9.0	8.0	10.1			
	IMF	(2005. 9)					7.5	4.2
	Global Insight	(2005. 11)					7.8	4.2
	J. P. Morgan	(2005. 12)					8.2	5.0
	Morgan Stanley	(2005. 12)					8.8	5.4
	Goldman Sachs	(2005. 12)					8.6	5.7
칠레	실적치		6.1	6.3	6.8	5.2		
	IMF	(2005. 9)					5.9	5.8
	Global Insight	(2005. 11)					6.2	5.6
	J. P. Morgan	(2005. 12)					6.2	6.0
	Morgan Stanley	(2005. 12)					5.9	5.3
	Goldman Sachs	(2005. 12)					6.0	5.4
멕시코	실적치		4.4	2.4	3.1	3.3		
	IMF	(2005. 9)					3.0	3.5
	OECD	(2005. 11)					3.0	3.9
	Global Insight	(2005. 11)					3.1	3.3
	J. P. Morgan	(2005. 12)					2.9	3.9
	Morgan Stanley	(2005. 12)					3.2	3.5
	Goldman Sachs	(2005. 12)					2.8	3.5
베네수엘라	실적치		17.9	7.5	11.1	9.8		
	IMF	(2005. 9)					7.8	4.5
	Global Insight	(2005. 11)					9.0	5.1
	J. P. Morgan	(2005. 12)					9.5	6.5
	Morgan Stanley	(2005. 12)					9.0	8.0
	Goldman Sachs	(2005. 12)					8.5	4.9

제 3 절 세계교역, 환율 및 국제원자재 가격 전망

1. 세계교역

세계교역은 2006년에 세계경제가 양호한 성장세를 지속할 것으로 예상되고 2005년 하반기의 세계 IT경기 회복세도 당분간 이어지면서 과거 10년간 평균증가율(6.8%)과 유사한 견실한 신장세를 지속할 것으로 보인다. 다만 미국의 무역수지적자(trade deficit) 확대 및 보호무역주의(trade protectionism) 강화, 테러위협 증가, 조류인플루엔자 우려 등이 교역증가의 주요 장애요인이 될 전망이다.

〈표 2-11〉 세계교역 신장률 전망

(단위 : 전년대비, %)

2003[1)]	2004[1)]	2005e				2006e			
		IMF	World Bank	OECD	EU 집행위원회	IMF	World Bank	OECD	EU 집행위원회
5.4	10.3	7.0	6.2	7.3	6.9	7.4	7.0	9.1	7.4

주 : 1) IMF기준

자료: IMF, World Economic Outlook, 2005. 9.
World Bank, Global Economic Prospects, 2005. 11.
OECD, Economic Outlook, 2005. 11.
EU, Economic Forecasts, 2005. 11.

2. 환율

미 달러화는 미국의 상대적인 성장 호조와 연방준비제도이사회(FRB : Federal Reserve Board)의 금리인상 지속에 따라 당분간 강세가 유지될 가능성이 큰 편이다. 그러나 미국의 대규모 경상수지적자(current account deficit), 성장 및 금리격차의 점진적 축소, 위안(Yuan)화 평가절상 등 잠재적인 달러약세 요인들이 부각되면서 2006년 중에는 달러화가 다시 약세로 전환될 것으로 전망된다. 시기별로는 2006년 상반기에 FRB 금리인상 사이클 종료, 유럽중앙은행(ECB : European Central Bank) 및 일본은행(BOJ : Bank of Japan)의 통화정책 조정가능성 등이 주요 변수로 작용하고 하반기에는 미국의 성장감속 및 경상수지적자 문제가 다시 부상할 것으로 보인다.

〈표 2-12〉 엔화 및 유로화의 대미달러 환율 전망

(단위 : 기말기준, 엔/달러, 달러/유로)

		(전망 시점)	2005				2006			
			1분기	2분기	3분기	4분기	1분기	2분기	3분기	4분기
유로화	실적치(기간평균)		1.31	1.26	1.22	1.19[1)]				
	CSFB	(12. 9)				1.13	1.14	1.13	1.10	1.08
	Lehman Brothers	(12. 9)				1.16	1.15	1.18	1.22	1.25
	Morgan Stanley	(12. 8)				1.16	1.18	1.20	1.22	1.24
	Goldman Sachs	(12. 7)				1.18	1.10	1.25	1.28	1.30
	J. P. Morgan	(12. 9)				1.18	1.23	1.24	1.25	1.26
	Merrill Lynch	(12. 9)				1.18	1.23	1.28	1.34	1.29
	HSBC	(12. 8)				1.20	1.23	1.27	1.30	1.35
	평균[2)]					1.17	1.18	1.23	1.24	1.27
	최고					1.20	1.28	1.34	1.34	1.36
	최저					1.13	1.10	1.13	1.10	1.08
엔화	실적치(기간평균)		104.5	107.7	111.1	117.4[1)]				
	J. P. Morgan	(12. 9)				121	125	130	128	125
	CSFB	(12. 9)				121	125	126	128	130
	Morgan Stanley	(12. 8)				120	124	122	120	115
	HSBC	(12. 8)				120	120	117	115	110
	Lehman Brothers	(12. 9)				118	118	115	112	108
	Goldman Sachs	(12. 7)				118	109	102	98	95
	Merrill Lynch	(12. 9)				115	110	105	100	101
	평균[2)]					120	120	116	114	109
	최고					123	126	130	128	130
	최저					115	109	102	98	95

주 : 1) 10. 1~12. 5 기준 2) 12개 투자은행 평균

3. 유가

국제유가는 2006년에 세계 원유수요 증가세 확대, 석유수출국기구(OPEC)의 생산여력 부족, 일부 산유국의 지정학적 위험(geopolitical risk) 등 현재의 수급여건이 지속되면서 2005년과 유사한 높은 수준이 유지될 것으로 보인다. 2006년 중 세계 원유수요(IEA)는 미국과 중국의 수요회복 등으로 전년 대비 2.2% 증가하여 2005(+1.4%)에 비해 증가세가 보다 확대될 것으로 보인다. 원유공급 측면에서 비OPEC의 원유공급이 증가하고 OPEC의 여유생산능력도 개선되겠으나 공급확대로 유가하락이 가시화될 경우 OPEC의 적극적인 대응이 전망된다. 또한, 이라크 상황, 허리케인 등 기상이변, 미국과 이란 또는 베네수엘라 간의 마찰가능성 등에 따른 공급차질 위험도 상존하고 있다.

〈표 2-13〉 국제유가전망(Brent유 기준)

(단위 : 기간중평균, 달러/배럴)

(전망시점)		2005			2006e				2005e	2006e
		상반기	3분기	4분기e	1분기	2분기	3분기	4분기	연간	연간
실적치		49.8	61.6	56.8[1)]						
		[44.6]	[55.6]	[52.8]						
CERA	Base(11월)			59.0	56.5	54.5	51.5	49.5	55.0	53.0
				[53.8]	[51.5]	[49.5]	[46.5]	[44.5]	[49.5]	[48.0]
	저유가[2)]			55.4	47.5	40.5	37.5	39.5	54.1	41.3
				[52.4]	[44.5]	[37.5]	[35.5]	[37.5]	[49.2]	[38.8]
	고유가[3)]			63.3	70.0	73.0	76.0	78.0	56.0	74.3
				[56.3]	[63.0]	[66.0]	[69.0]	[71.0]	[50.1]	[67.3]
CGES	Base(11월)			58.0	55.9	51.2	50.7	55.8	54.7	53.4
	저유가[4)]			58.0	55.0	47.4	43.5	44.1	54.7	47.5
	고유가[5)]			59.1	60.6	58.7	57.0	57.2	54.9	58.3
OEF(12.16)				56.8	60.0	60.0	60.0	60.0	54.5	60.0
Barclays Capital(12.5)				60.2	55.9	59.7	57.8	60.7	55.8	58.5
Deutsche Bank(12.9)				69.0	69.0	63.0	53.0	48.0	58.0	58.0
EIA (WTI 기준)(12.6)		51.5	63.3	60.2[1)]	62.4	63.0	63.9	66.0	56.5	63.3
J. P. Morgan(12.2)				58.5	55.8	53.8	55.3	53.3	55.4	54.5
선물유가(12.9)				56.8	58.0	59.8	60.8	61.2	54.4	59.9

주 : 1) 10. 1 ~ 12. 15일 평균 2) 원유수요 부진, 원유생산능력 증대
3) 산유국 공급차질, 견조한 수요 4) 비OPEC 생산증가
5) 견조한 세계수요 지속 6) [ ]안은 Dubai 가격 기준

자료: 캠브리지에너지연구소(CERA), 세계에너지연구소(CGES), 옥스퍼드경제연구소(OEF)

4. 기타 원자재가격

기타 원자재가격은 2003~2005년 중 높은 상승세를 지속하였으나 2006년에는 소폭이나마 하락세로 전환될 것으로 보인다. 소맥 등 곡물가격이 반등할 가능성이 있으나 미국, 중국 등 주요 원자재 소비국의 성장감속에 따른 수요둔화, 일부 비철금속의 공급능력 확대 등으로 가격하락 압력이 제고될 것으로 전망된다. 또한, 투자편

드(investment fund) 등의 자금유출입 확대로 동(銅) 등 일부 품목의 가격변동성(price variability)이 제고될 것으로 전망된다.

〈표 2-14〉 기타 원자재가격 전망

(단위 : 전년동기대비, %)

	2003	2004	2005		2006e	2007e
			1~11월	연간e		
IMF	6.9	18.5	9.5	8.6	-2.1	..
World Bank	10.2	17.5		11.9	-5.9	-6.3
EU집행위원회	6.3	15.7		7.4	1.3	-0.9
OEF	6.9	18.5		9.2	-3.9	-5.7

주 : 1) 전망기관별 실적치의 편차는 포괄범위 가중치 등의 차이에 기인

자료 : IMF, World Economic Outlook, 2005. 9.
World Bank, Global Economic Prospects, 2005. 11.
EU, Economic Forecasts, 2005. 11.
OEF, Commodity Price Monitor, 2005. 12.

제2편

경 제 통 합

제3장

경제통합의 기초

제 1 절 경제통합의 의의

경제통합(economic integration)이란 용어의 공식 사용은 지난 1949년 10월 31일 폴 호프만의 유럽경제협력기구(OEEC : Organization for European Economic Cooperation)에서의 연설에서 시작되었다고 볼 수 있다.

일반적으로 경제통합이란 지리적으로 인접한 2개국 또는 그 이상의 국가들이 대등한 지위 하에서 경제적 이익(economic interest)의 공동추구를 목적으로 동맹을 결성하여 회원국에게는 어떠한 차별적인 대우를 하지 않는 하나의 경제권을 형성하는 것을 의미한다. 즉, 경제통합의 목적은 지리적 인접성 · 역사적 공통성 · 문화적 배경 · 경제적 긴밀도 등 이해를 공유하는 특정국가들을 대상으로 무역상의 무차별 원칙을 적용하는데 있다.

경제통합에 대해 발라사(B. Balassa)는 여러 국가 간에 속해 있는 거액단위 간의 차별을 제거하는 수단이며 각종차별이 없는 상태로 정의하고 있는 반면 틴버겐(J. Tinbergen)은 경제의 최적 활동을 저해하는 인위적인 장애를 제거하고 조정과 통일

에 필요한 모든 요소를 의식적으로 도입함으로써 국제경제의 구조를 만들어 내는 것으로 보고 있다.[1)]

제2절 경제통합의 추이

지역적인 경제통합은 제2차 세계대전 이후 전후 부흥을 위한 유럽제국 간의 상호협력과정에서 시작되었다. 선진국 간의 지역경제통합은 1947년에 설립된 베네룩스(Benelux) 관세동맹을 시작으로 1950년대 말에서 1960년대에 걸쳐서 크게 확산되었다. 유럽지역에서는 1957년에 EU의 전신인 유럽경제공동체(EEC)가 출범하였고 1960년에는 유럽자유무역연합(EFTA)이 설립되었으며 개도국 간에도 1960년에 중남미지역에 남미자유무역지역(LAFTA : Latin American Free Trade Area), 1969년에 안데안 협정(Andean Pact) 등이 출범되는 등 전세계적으로 급속히 확산되었다. 특히, 1980년대 들어 GATT 주도 하에 추진되어 온 우루과이라운드(UR) 협상의 지연과 구소련 몰락 후 냉전체제 붕괴후의 세계 각국간 경제력 대결의 격화 등으로 기존 통합체는 결속력을 더욱 강화하는 한편 NAFTA, EU와 같은 대규모의 새로운 경제통합체가 결성되었다.

1) 이종원 외, 『국제지역경제』, 비봉출판사, 1996. 8. p. 10. 참조

〈표 3-1〉 연대별 경제통합 현황

구분	통합체수	내 역
1970년대 이전	22	· 베네룩스관세동맹(1944) → 베네룩스경제동맹(1958 → EC로 흡수)* · ECSC(1951 → EC, 1967)* · EEC(1958 → EC로 통합, 1967)* · EFTA(1960 → EEA로 흡수, 1994) · EC(1967, ECSC + EURATOM + EEC)* · OAU(아프리카통일기구, 1963) · EAC(동아프리카공동체, 1967) · UDEAC(중부아프리카관세경제동맹, 1964) · Arab Economic Union(아랍경제동맹, 1964) · 호주 - 뉴질랜드자유무역지역(1965 ~ 1982) · ASA(1961)* + Malphilindo(1963)* → ASEAN(1967) · LAFT(1961 → LAIA, 1980)* · UMA(마그레브제국연합, 1962) · CACM(중미공동시장, 1961) · ANCOM(안데안 공동시장, 1969) · CARIFTA(1968 → CARICOM, 1973)* · EC - 튀니지자유무역지역(1969) · EC - 모로코자유무역지역(1969)
1970년대	15	· EC - 스페인자유무역지역(1970 → EC에 흡수, 1986)* · EC - 오스트리아자유무역지역(1972 → EEA로 흡수, 1992)* · EC - 아이슬란드자유무역지역(1972 → EEA로 흡수, 1992)* · EC - 포르투갈자유무역지역(1972 → EC에 흡수, 1986)* · CARICOM(1973 ← CARIFTA, 1968) · EC - 핀란드자유무역지역(1973 → EEA로 흡수, 1992)* · EC - 노르웨이자유무역지역(1973 → EEA로 흡수, 1992)* · 마노강동맹(MRU, 1973) + 서아프리카경제공동체(CEAO, 1974) → 서아프리카경제공동체(ECOWAS, 1975) · 핀란드 - 헝가리자유무역지역(1974) · 핀란드 - 체코자유무역지역(1974) · EC - 이스라엘자유무역지역(1975) · ECGLS(대호수국경제공동체, 1976) · PTA(동남부아프리카 특혜관세지역, 1978)
1980년대	8	· SADDC(남부아프리카개발조정회의, 1980) · LAIA(중남미통합연합, 1980 ← LAFTA) · GCC(페르시아만협력위원회, 1981) · ANZCERTA(호주 - 뉴질랜드자유무역지역, 1983) · ECCAS(중부아프리카경제공동체, 1983) ← UDEAC + ECGLS

〈표 3-1〉 이어서

1990 ~1993년	8	· EU(1994 ← EC) · G-3(1992) · EEA(1992, EC + EFTA) · AFTA(1992~2008년 완성 ← ASEAN) · NAFTA(1991) · EAEC(1990) · MERCOSUR(1991) · G3-CACM(1993)

주 : *는 현존하지 않음
자료 : 한국무역협회, 지역경제통합요람, 1994, pp. 15-16.

제 3 절 경제통합의 형태

경제통합은 역내가맹국 간에는 관세 및 기타 무역장벽(trade barrier)을 제거함으로써 자유무역의 이익을 공동으로 추구하여 시장규모 확대로 인한 규모의 경제효과와 역내국간 자원의 효율적 배분으로 인한 경쟁력 제고를 도모하게 된다.

경제통합의 초기단계로 부문별 특혜무역협정(Sectoral Preferential Trade Arrangements)을 지적하는 학자도 있다. 부문별 특혜무역협정은 협정체결국 간에 특정상품의 교역에 대해서만 제한적으로 특혜를 부여하는 것인데 대표적인 예로는 1952년 설립된 유럽석탄철강공동체(ECSC : European Coal and Steel Community), 1965년에 체결된 미국-캐나다 자동차무역협정(U.S.-Canada Steel Automotive Products Trade Agreement) 등이 있다. 이러한 부문별 특혜무역협정은 성공적으로 추진되는 경우에는 더욱 높은 단계의 경제통합형태로 발전하게 된다. 이러한 예로는 ECSC는 EU로, 미국-캐나다 자동차무역협정은 NAFTA로 각각 발전하는데 그 기초가 되었다고 볼 수 있다.[2)]

경제통합체의 경우 대부분 초기에는 역내국간 경제협력 강화 및 관세를 철폐하는 단순한 형태로 시작하나 점차 결합의 정도를 강화해 나가고 있으며, 통합의 정도와

2) 김완순 외, 국제경제기구론, 박영사, 1998. 참조

진행과정에 따라 다음과 같이 5가지 단계로 구분하고 있다.[3)]

1. 자유무역지역(free trade area)

자유무역지역이란 통합에 참가한 각 가맹국 상호 간에는 상품이동에 대한 일체의 무역제한조치를 철폐하여 역내에서는 자유무역을 보장하는 한편, 역외의 비가맹국에 대해서는 각국이 독자적인 관세정책 및 무역제한조치를 취하는 형태의 경제통합이다. 따라서 자유무역지역은 각 회원국의 경제주권을 제약하는 별도의 의사결정기구가 필요없는 역내국 간에 결속의 정도가 미약한 경제통합이라고 할 수 있다.

자유무역지역의 대표적인 예로는 유럽자유무역지역(EFTA : European Free Trade Area), 미국-캐나다 자유무역지역(U. S. - Canada Free Trade Area), 미국-이스라엘 자유무역지역(U. S. - Israel Free Trade Area), 아세안 자유무역지역(AFTA : ASEAN Free Trade Area), 북미자유무역협정(NAFTA), 호주-뉴질랜드 자유무역연합(CERTA : Closer Economic Relations Trade Agreement) 등을 들 수 있다.

2. 관세동맹(customs union)

관세동맹은 자유무역지역에서 한 걸음 더 나아가 역외공동관세(CET : Common External Tariff)를 부과하는 형태의 경제통합이다. 즉, 가맹국 상호 간에는 상품의 자유이동이 보장될 뿐만 아니라 역외 비가맹국으로부터의 수입에 대해서는 공통의 수입관세를 부과하는 등 공동의 무역정책을 채택하는 경제통합형태를 의미한다.

따라서 관세동맹의 가맹국들은 각국이 경제주권을 완전히 포기하지는 않지만 대부분의 무역정책에서는 독자적인 의사결정권한이 없게 된다. 관세동맹의 대표적인 예는 1834년 독일관세동맹과 1947년 설립되었다가 1958년에 유럽공동체(EC : European Community)에 흡수된 베네룩스(Benelux : Belgium, Netherlands and Luxembourg) 그

3) B. Balassa, The Theory of Economic Integration, George Allen & Unwin Ltd, London, 1961, pp. 2-3. 참조
한국무역협회, 지역경제통합요람, 1994, pp. 4-5. 참조

리고 1960년대의 유럽경제공동체(EEC : European Economic Community)라고 할 수 있다.

3. 공동시장(common market)

공동시장은 관세동맹이 더 발전하여 역내국가간 생산요소의 자유이동이 보장되고 있는 형태의 경제통합이다. 즉, 가맹국 상호 간에는 재화뿐만 아니라 노동, 자본과 같은 생산요소의 자유이동이 보장되며 역외 비가맹국에 대해서는 각국이 공동의 관세제도를 채택한다. 따라서 공동시장을 성공적으로 운영하기 위해서는 관세동맹에서보다 더욱 많은 영역에서의 공동의사결정이 필요하기 때문에 가맹국들의 경제정책에 대한 자율적인 권한이 많이 상실된다고 볼 수 있다.

한편, 공동시장의 형성에 있어서 가맹국 간의 경제・정치・사회・문화적인 동질성이 가장 중요한 요소가 되며 궁극적으로 가맹국간 경제정책의 조정을 통하여 경제동맹으로의 발전을 모색하게 된다. 공동시장의 예로는 유럽공동체(EC)를 비롯하여 중앙아메리카공동시장(CACM : Central American Common Market), 안데안공동시장 (ANCOM : Andean Common Market), 카리브공동시장(CARICOM : Caribbean Common Market) 등이 있다.

4. 경제동맹(economic union)

경제동맹은 공동시장을 더욱 발전시킨 형태로서 역내 상품 및 생산요소의 자유이동과 역외공동관세를 부과하는 외에도 각 가맹국간 경제정책의 조정과 협력을 강화하기 위해 공동경제정책을 실시하는 형태의 통합이다. 경제동맹 결성의 목적은 역내 각국의 독자적인 경제정책의 실시로 인해 역외국과의 무역마찰을 피하기 위해 역내국 간에 경제정책 전반에 관한 협정을 체결하여 경제 각 부문의 정책을 상호 조정하는데 있다. 현재의 유럽연합(EU : European Union)은 이 단계에 와 있다고 볼 수 있다.

5. 완전경제통합(complete economic integration)

완전경제통합은 가맹국 상호 간에 초국가적 기구를 설치하여 그 기구로 하여금 각 가맹국의 모든 사회 · 경제정책을 조정, 통합, 관리하는 형태의 통합이다. 경제통합의 형태 중 가장 완벽한 형태의 통합유형으로 재정 · 통화정책을 위시한 공동의 경제정책을 수행하기 위해서는 국가고유의 경제적 주권이 초국가적인 기구로 이양되어야 한다. 즉, 완전경제통합이란 경제동맹의 가맹국들이 개별국가로서의 경제적 주권을 완전히 포기하고 경제분야에 관한 한 완전한 단일경제단위(single economic unit)가 되는 경제통합의 최종단계를 의미한다. EU는 완전경제통합을 목표로 마스트리히트조약을 체결하는 등 완전경제통합의 방향으로 움직이고 있다.

〈표 3-2〉 경제통합의 단계

<table>
<tr><th>역내관세 철폐</th><th>역외공동관세 부과</th><th>역내 생산요소 자유이동 보장</th><th>역내 공동경제 정책 수행</th><th>초국가적 기구 설치 · 운영</th></tr>
<tr><td>자유무역지역
(EFTA, AFTA, AFTA, CERTA 등)</td><td></td><td></td><td></td><td></td></tr>
<tr><td colspan="2">관 세 동 맹
(베네룩스관세동맹[1])</td><td></td><td></td><td></td></tr>
<tr><td colspan="3">공 동 시 장
(EC, CARICOM, ANCOM 등)</td><td></td><td></td></tr>
<tr><td colspan="4">경 제 동 맹
(EU)</td><td></td></tr>
<tr><td colspan="5">완 전 경 제 통 합</td></tr>
</table>

주 : 1) 1944년 9월 베네룩스 3국간 관세협정에 의거 창설되었음. 그 후 1958년 2월 베네룩스 경제동맹으로 발전하였으나, 1967년 EC의 설립으로 이에 흡수됨

자료 : 한국무역협회, 전게서, p. 6.

한편, 경제적 통합 이외에 외교 · 군사분야에까지 통합이 이루어지면 합중국(United States)이 되어 현재 미국과 같은 경제 및 정치구조가 형성된다. 유럽의 경우에는 유럽합중국(United States of Europe)으로의 발전을 기대해 볼 수 있으나 이 경우에는 개별국가로서의 모든 주권이 완전히 포기된 상태이기 때문에 현실적인

실현 가능성은 희박하다고 할 수 있다.

제 4 절 경제통합체 현황

세계무역기구(WTO)에 따르면 1948~1994년까지 전세계적으로 109개의 각종 지역통합협정(RIAs : Regional Integration Agreements)이 체결되었으며 이 가운데 1/3에 가까운 31건이 1990~1994년까지 4년간 집중적으로 이루어졌다. 1995년에 출범한 세계무역기구의 지향이념인 다자주의(multilateralism)체제가 최근 들어 약화되는 조짐을 보이고 있는 가운데 지역주의(regionalism)가 전세계적으로 확산되고 있다. 그 결과 일부 동아시아 국가를 제외한 대부분의 선진국과 개도국들은 이미 한 개 이상의 경제통합체에 소속되어 있는 실정이다.

이 같이 경제통합체 수가 증가할 뿐만 아니라 기존의 통합체는 결속력을 더욱 강화(자유무역지역→관세동맹→공동시장→경제동맹 등으로 발전)하는 한편, 인접국가를 흡수·통합하고 있으며 유럽과 북미대륙의 경우는 이미 대륙전체가 하나의 통합체를 이루고 있다.

또한, 경제통합은 그 동안 경제발전단계가 비슷한 선진국 간이나 또는 개도국 간의 수평적 경제통합이 주종을 이루었으나, 최근에는 동일한 경제블록 안에 선진국과 개도국이 혼재된 상태의 수직적 경제통합이 추진되고 있으며 그 대표적인 예는 북미자유무역협정(NAFTA)이다. 이 같은 추세는 경제발전 수준의 차이로 인해 통합이 지연되어 온 동북아·중남미·EU 지역의 통합을 고무시킴으로써 지역별 경제통합은 더욱 가속화될 전망이다.

〈표 3-3〉 세계 주요 지역경제통합체 현황

	지역경제통합체	회 원 국	성 격	서명일자	발효일자	비 고
유럽	유럽연합 (EU : European Union)	프랑스, 독일, 이탈리아, 베네룩스 3국, 영국, 덴마크, 아일랜드, 그리스, 스페인, 포르투갈, 오스트리아, 핀란드, 스웨덴(15국)	경제동맹	1992년 2월 7일 (마스트리히트조약)서명	1993년 11월 1일	종전의 EC에서 발전
	유럽자유무역연합 (EFTA : European Free Trade Association)	영국, 덴마크, 스웨덴, 노르웨이, 스위스, 오스트리아, 포르투갈 (7개국)	자유무역지역	1960년 1월 4일	1960년 5월 3일	
	유럽경제지역 (EEA : European Economic Area)	EU와 EFTA(스위스 제외)	자유무역지역	1992년 5월 2일	1993년 1월 1일	
	중부유럽자유무역연합 (CEFTA : Central European Free Trade Association)	체코, 헝가리, 폴란드, 슬로바키아(4개국)	자유무역지역	1992년 12월 21일	1993년 4월 1일	
미주	북미자유무역협정 (NAFTA : North American Free Trade Agreement)	미국, 캐나다, 멕시코(3개국)	자유무역지역	1992년 12월 17일	1994년 1월 1일	
	남미공동시장 (MERCOSUR : Mercado Comun del Sur)	브라질, 아르헨티나, 파라과이, 우루과이(4개국)	공동시장	1991년 3월 26일	1995년 1월 1일	
	중미공동시장 (CACM : Central American Common Market)	과테말라, 엘살바도르, 니카라과, 코스타리카, 온두라스(5개국)	공동시장	1960년 12월 13일	1990년 6월 17일	
	라틴아메리카통합연합 (LAIA : Latin American Integration Association)	아르헨티나, 볼리비아, 브라질, 칠레, 콜롬비아, 에콰도르, 멕시코, 파라과이, 페루, 우루과이, 베네수엘라(11개국)	특혜무역협정	1980년 8월 12일	1981년 3월 18일	종전의 LAFTA에서 변경
	안데안 그룹 (Andean Group)	볼리비아, 콜롬비아, 에콰도르, 페루, 베네수엘라(5개국)	관세동맹	1987년 5월 12일	1988년 5월 25일	
	카리브공동시장 (CARICOM : Caribbean Common Market)	안티구아 바부다, 바하마, 바베이도스, 벨리즈(온드라스), 도미니카, 그레나다, 가이아나, 자마이카, 몬세레트, 세인트 크리스토퍼 네비스, 세인트 루시아, 세인트 빈센트 그레나디네스, 트리니다드 토바고(13개국)	관세동맹	1973년 7월 4일	1973년 8월 1일	

〈표 3-3〉 이어서

아시아·중동	아세안자유무역지역 (AFTA : ASEAN Free Trade Area)	태국, 말레이시아, 인도네시아, 필리핀, 싱가포르, 브루나이, 베트남(7개국)	자유무역지역	1992년 1월 28일	1993년 1월 1일	
	서아시아 특혜무역협정 (SAPTA : South Asian Preferential Trade Arrangement)	방글라데시, 부탄, 인도, 몰디브, 네팔, 파키스탄, 스리랑카(7개국)	특혜관세협정	1995년 5월	1995년 12월 7일	
	걸프만 연안국 협력위원회 (GCC : Cooperation Council of the Arab States of the Gulf)	사우디아라비아, 쿠웨이트, 아랍에미리트 연합(UAE), 카타르, 바레인, 오만(6개국)	특혜무역협정	1981년 6월 8일	1983년 3월 1일	
	아랍공동시장 (Arab Common Market)	이집트, 이라크, 요르단(3개국)	자유무역지역	1964년 8월 13일	1965년 1월 1일	
아프리카	서부아프리카제국 경제공동체 (ECOWAS : Economic Community of West African States)	베냉, 부르키나파소, 케이프베르데, 코트디부아르, 감비아, 가나, 기니, 기니비사우, 라이베리아, 말리, 모리타니, 니제르, 나이지리아, 세네갈, 시에라리온, 토고(16개국)	공동시장	1975년 5월 8일	미상	
	중부아프리카 관세동맹 (UDEAC : Central African Customs and Economic Union)	콩고, 가봉, 차드, 중앙아프리카공화국, 카메룬, 적도 기니(6개국)	관세동맹	1964년 12월 8일	1966년 1월 1일	
	남부아프리카 개발공동체 (SADC : Southern African Development Community)	앙골라, 보츠와나, 레소토, 말라위, 모잠비크, 모리셔스, 나미비아, 스와질란드, 남아프리카 공화국, 탄자니아, 잠비아, 짐바브웨(12개국)	관세동맹	1980년 4월	1992년 8월	
	아랍·마그레브연합 (AMU : Arab Maghreb Union)	알제리, 리비아, 모로코, 모리타니, 튀지니(5개국)	자유무역지역	1989년 2월	미상	
오세아니아	호주-뉴질랜드 경제관계긴밀화협정 (ANZCERTA : Australia-New Zealand Closer Economic Relations Trade Agreement)	호주, 뉴질랜드(2개국)	자유무역지역	1983년 3월 28일	1983년 1월 1일 (소급 발효)	

주 : 1996년 12월 31일 기준임

자료 : 김완순 외, 국제경제기구론, 박영사, 1998, pp. 344-345.

제 5 절 경제통합의 효과

역내국은 통합으로 인한 역내교역의 확대뿐만 아니라 규모의 경제효과, 투자증대, 기술진보, 자원의 효율적 이용 등으로 인해 경쟁력과 대외교섭력이 강화되고 수출기회도 확대된다. 역외국의 경우 역내시장에서의 상대적인 차별조치로 인해 불이익을 받을 것이며, 또한 중장기적으로 역내국의 경쟁력이 강화될 경우 역내시장은 물론 제3국 시장과 심지어 자국시장에서도 이들 국가와 더욱 치열한 경쟁에 직면하게 된다.

그러나 경제통합은 역내국의 경제성장을 촉진시켜 수입수요를 증대시킬 것이며 통합과정에서 역내국 간은 물론 역외국에 대해서도 관세 및 비관세장벽을 완화할 경우 역외국의 수출증대에 기여하는 긍정적인 면도 있다.[4)]

1. 역내국에 대한 효과

1.1 정태적 효과

(1) 무역창출효과

경제통합으로 인해 역내관세가 철폐되면 역내 각국의 비교우위상품의 상호교역에 의한 교역량이 증대된다. 즉, 회원국 사이에 관세가 철폐됨에 따라 역내에서 상품의 생산지가 생산비용이 상대적으로 높은 회원국으로부터 상대적으로 저렴한 회원국으로 이동하고 이에 따라 무역이 증가하게 되는 이른바 무역창출효과(trade creation effect)가 발생한다.

따라서 무역창출효과는 역내에서 회원국들이 비교우위에 따라 생산에서 특화(specialization)를 할 수 있게 되어 역내의 효율적인 자원배분(efficient distribution

4) 한국무역협회, 전게서, pp. 9-12. 참조
김완순 외, 전게서, pp. 337-339. 참조

of resources)을 가능하게 해줌으로써 역내 회원국들의 후생을 증대시키는 역할을 하게 된다.

(2) 무역전환효과

경제통합이 이루어지기 전에 역외국으로부터 수입하던 상품이 경제통합으로 인해 역외국에 대하여 차별적인 관세가 부과됨에 따라 생산비가 높은 역내 회원국에서 생산이 이루어지는 이른바 무역전환효과(trade diversion effect)가 발생하게 된다. 따라서 무역전환효과가 발생하면 상품의 생산지가 생산비가 상대적으로 저렴한 역외국으로부터 생산비가 높은 역내국으로 이동하게 되므로 자원의 비효율적인 배분이 이루어져 역내회원국의 후생은 감소하게 된다.

경제통합이 형성되게 되면 무역창출효과 및 무역전환효과는 회원국의 경제상황에 따라 또는 제조상품의 성격에 따라 함께 나타나게 되는데 이 두 효과만을 가지고 경제통합의 성과를 분석하면 회원국들은 무역창출효과가 무역전환효과 보다 큰 경우에만 경제통합으로 인한 혜택을 본다고 할 수 있다.

(3) 교역조건효과

경제통합으로 인한 무역창출효과와 무역전환효과에서는 역외국의 공급곡선이 완전탄력적인 것으로 가정하고 있어서 경제통합의 가맹국들은 개별적으로나 집단적으로 세계수요에 영향을 미치지 않는다. 그러나 상품에 따라서는 각 가맹국이 세계수요에 개별적으로는 영향을 미치지 않지만 경제통합을 통해 역외국에 대한 공동무역정책을 펴는 경우에는 가맹국들의 집단적인 수요패턴이 세계수요에 영향을 미칠 수 있게 된다. 예를 들면, 경제통합의 가맹국들은 역외국에 대해 공동관세를 부과하게 되는데 이렇게 되면 역내 상품이 보호되게 된다. 따라서 역내국에서 수입전환효과(import diversion effect)가 발생하여 역외국으로부터의 수입수요가 감소한다.

이 경우 역내 회원국들의 수입수요가 세계시장에서 가격에 영향을 미칠 정도로 크게 줄게 되면 역외국으로부터 공급되는 제품의 감소를 가져와 경제통합 이전보다 저렴한 가격으로 수입이 가능해 진다. 따라서 경제통합으로 인해 역내국들은 역외국과의 교역에서 수입수요의 감소를 통하여 교역조건이 개선되는 효과를 얻을 수 있다.

경제통합으로 인한 교역조건의 개선효과는 역외국으로부터의 수입상품에 대한 공급의 가격탄력성(price elasticity of supply)이 비탄력적일수록 크다고 할 수 있다. 왜냐하면 공급의 가격탄력성이 낮을수록 수요의 변화에 대하여 가격이 더욱 큰 폭으로 변화하기 때문에 수입전환효과 등으로 인하여 수입수요가 감소하는 경우에 수입가격이 크게 하락하기 때문이다.

(4) 생산효율성 증대효과

경제통합의 결성으로 역내국 간의 노동과 자본 등 생산요소의 자유로운 이동이 이루어져 보다 효율적인 자원의 이용이 가능해지므로 생산의 효율성이 증대되고 생산량 또한 증가하게 된다.

(5) 거래비용의 감소효과

경제통합은 가맹국 사이에 존재하는 각종 무역장벽을 제거해주기 때문에 역내 국가 간의 교역에서 수출입관리나 행정절차에 소요되는 거래비용(transaction cost)을 감소시킬 수 있으며 역내국 간에 기술·규격 등의 표준화가 이루어짐에 따라 제조 및 마케팅 비용을 절감하는 효과도 발생된다.

(6) 자본 및 기술이전 촉진효과

경제통합으로 인한 시장확대로 역내 투자에 대한 불확실성이 상당히 감소됨과 더불어 수요의 증대와 기업간 경쟁의 심화는 역내기업의 투자를 촉진시킨다. 이와 함께 역외국가들에 대한 차별적 관세부과는 역외국 기업들로 하여금 관세장벽을 피하기 위해서 역내국에 대한 생산기지 이전과 합작투자를 증가시키게 되어 역외로부터의 자본유입이 활발해져서 자본 및 기술이전(technology transfer)을 촉진시키게 된다.

(7) 대외협상력 제고효과

경제통합으로 인해 역내국들은 역외국과의 협상에서 집단적인 대응이 가능해질 뿐만 아니라 시장규모 및 경제력의 확대를 배경으로 대외관계에서 발언권이 제고되고 무역협상에서도 일치된 단결력을 바탕으로 한 대외협상력을 발휘할 수 있어서 역내국들의 공동이익을 극대화할 수 있다.

1.2 동태적 효과

(1) 규모의 경제효과

경제통합에 따른 시장규모의 확대로 생산의 특화와 대규모 생산(mass production)이 가능하게 되어 규모의 경제효과가 발생한다. 일반적으로 상품생산에 있어서는 그 생산공정과 경영관리면에서 적정규모가 존재하는데 경제통합 이전에는 그 최적단위에 미달함으로써 생산단위당 생산비용이 높았으나 통합 후 시장규모가 확대됨으로써 생산비용이 낮아져서 소비자들에게 보다 저렴한 가격에 상품을 공급할 수 있을 뿐만 아니라 역외시장에서 역내국 상품의 가격경쟁력이 강화되는 효과를 가지게 된다.

(2) 역내경제의 효율성 증대

경제통합으로 인한 각종 무역장벽의 철폐로 역내시장이 확대되면 역내기업들의 경쟁이 치열해지기 때문에 비효율적인 산업이 도태되고 소규모시장에서 가능했던 독점(monopoly)이 제거되는 등 경제적 효율성이 증대된다.

(3) 역내기업의 경쟁력강화 효과

경제통합 후 가맹국들 간에 관세장벽이 제거됨에 따라 각국의 기업들은 보다 치열한 경쟁에 직면하게 되며 기업들이 경쟁에 이기기 위해 또는 생산성의 향상을 통한 원가의 절감과 신제품개발을 위해 기술혁신에 대한 투자를 늘리게 된다. 이러한 기업들의 활동은 기업의 체질을 강화시키게 되고 역내의 경제성장을 촉진시키게 된다. 기업간 치열한 경쟁은 제품가격의 인하와 서비스 개선을 초래하게 되어 역내소비자들에게도 경제적인 혜택을 가져다주게 된다.

2. 역외국에 대한 효과

지역경제통합이 역외국에 미치는 영향은 역내국과 역외국의 산업구조 및 각국이 처한 경제환경에 따라 다양하게 나타나게 된다. 특히, 국가의 특성에 따라 긍정적인 효과와 부정적인 효과가 상이하게 나타나기 때문에 그 효과를 종합적으로 판단하기는 어려우나 일반적으로 나타날 수 있는 효과는 다음과 같다.

2.1 긍정적 효과

(1) 수출 및 투자기회의 확대

경제통합으로 역내 회원국들의 경제성장이 촉진되고 국민소득이 증가하게 되면 역내 회원국의 수입수요가 증가함으로써 오히려 수출 및 투자기회가 확대될 수 있다.

(2) 교역 촉진

역내의 기술 및 규격 등 규제장벽이 표준화되는 경우에는 수출비용 감소로 인하여 역내국과의 교역을 촉진시키는 효과를 가져온다.

(3) 규모의 경제효과

산업에 따라서 역외국도 역내시장의 확대로 인하여 발생하는 규모의 경제효과를 역내국과 함께 공유할 수 있다.

2.2 부정적 효과

(1) 무역전환효과로 인한 수출감소

지역경제통합이 결성되면 역내의 기업들에게 통합된 시장에 선점할 수 있는 기회를 제공하도록 적어도 단기적인 측면에서는 역내시장에 보호조치를 강화하는 경향이 있다. 또한, 역외국에 대해 역외공동관세가 부과되면 역내국 간의 수입가격이 역외국으로부터의 수입가격보다 상대적으로 혹은 절대적으로 하락하게 된다. 그 결과 종래 역외국에서 수입하던 상품을 이제는 역내 타국에서 수입하게 되는 무역전환효과(trade diversion effect)로 인해 역외국의 역내국에 대한 수출은 감소할 가능성이 있다.

(2) 교역조건의 악화

경제통합의 결과로 역내국간 교역이 증대하여 역외국으로부터의 수입이 크게 감소하는 경우 역외국은 교역조건 악화를 겪게 되며 시장 확대 등 역내국의 투자환경이 개선되어 역외국에 대한 투자가 역내국으로 전환되는 효과가 발생할 수도 있다.

(3) 통합지역내 기업들과 치열한 경쟁에 직면

경제통합의 경쟁력 강화효과로 인해 통합지역내 기업의 경쟁력이 강화될 경우 역외국 기업들은 통합지역 내에서는 물론 제3국시장과 심지어 자국시장에서도 통합국 기업들과 치열한 경쟁에 직면하게 된다. 또한, 경제통합으로 인해 역내국들의 협상력이 강화됨에 따라 역외국들은 무역협상에서 상대적으로 피해를 입게 될 가능성도 존재한다.

3. 세계교역에 미치는 효과

3.1 긍정적 효과

(1) 세계교역 자유화에 기여

경제통합은 일반적으로 역내국에는 유리하게 작용하나, 역외국에는 상대적으로 불리하게 작용한다는 견해가 지배적이다. 그러나 경제통합으로 역내국의 경제효율성을 높여 성장을 촉진시킬 경우 세계교역은 더욱 확대된다. 또한, 역외국에 대해 관세 및 비관세장벽을 완화할 경우 세계교역 자유화에 기여한다.

(2) 세계전체 후생증대에도 기여

특히, 범세계적인 자유무역이 제한을 받고 있는 현실적 제약여건 하에서 국지적으로나마 자유화 영역을 확대할 경우 역내국은 물론 나아가서 세계전체의 경제적 이익을 제고시킬 수 있는 긍정적 측면도 있다.

3.2 부정적 효과

경제통합으로 인한 역내국 상호 간의 장벽완화는 그 자체가 역외국에 대한 차별조치이며 이 같은 차별조치가 강화될 경우 배타적인 경제블록화를 가속시켜 세계교역의 자유화를 저해하는 요인으로 작용할 가능성이 있다.

〈표 3-4〉 지역경제통합의 효과

<table>
<tr><td rowspan="9">역외국에 미치는 영향</td><td rowspan="8">역외국과 역내국간 무역에 미치는 영향</td><td rowspan="5">정(+)의 효과</td><td rowspan="4">1. 역내국 경제성장으로 인한 무역증가 효과</td><td>무역창출 효과(역내)</td><td>국내상품 대신에 상대적으로 싸진 역내국으로부터의 수입증가로 무역창출</td></tr>
<tr><td rowspan="2">역내국의 규모경제달성 경쟁촉진 효과</td><td>시장확대, 규제의 표준화, 시장접근의 안정 등에 의한 실현</td></tr>
<tr><td>역내국으로부터의 수입이 용이하게 되어 역내 수입품과의 경쟁강화</td></tr>
<tr><td colspan="2">기술력, 산업 네트워크의 이용가능성 증대</td></tr>
<tr><td>2.비용절감 효과</td><td colspan="2">역내국의 규제장벽기준 등의 표준화 및 간소화 등으로 인한 역외국의 역내국에 대한 수출비의 절감</td></tr>
<tr><td rowspan="3">부(-)의 효과</td><td>3.무역전환 효과</td><td colspan="2">역외국으로부터 수입이 상대적으로 싸진 역내국의 수입으로 전환</td></tr>
<tr><td>4.교역조건 효과(대국이 통합에 참여하는 경우)</td><td colspan="2">역내 수입이 세계 수입에서 차지하는 비중이 높은 상품의 경우 역외국으로부터의 수입감소로 해당상품의 가격하락으로 인한 역외국의 교역조건 악화</td></tr>
<tr><td>5.무역장벽 조정 효과(관세동맹의 효과)</td><td colspan="2">관세동맹으로 역내국이 공통의 대외무역 정책을 실시하는 경우</td></tr>
<tr><td></td><td></td><td>6.투자전환 효과</td><td colspan="2">역외 생산이 역내 생산에 비해 불리할 경우 역외국으로부터 역내 투자증가</td></tr>
<tr><td colspan="3" rowspan="3">역내국에 미치는 영향</td><td>7. 역내 경제의 구조 조정 효과</td><td colspan="2">역내국 기업과 경쟁강화를 위한 산업구조 조정</td></tr>
<tr><td>8. 관세수입의 감소</td><td colspan="2">관세동맹으로 인한 관세수입의 감소</td></tr>
<tr><td>9. 행정비용의 감소</td><td colspan="2">무역정책 각종 행정규제의 폐지, 간소화, 표준화 등으로 인한 행정비용의 절감</td></tr>
</table>

자료 : 이종원 외, 전게서, p. 42.

제4장

경제통합의 이론

제 1 절 지역주의

1. 지역주의의 배경

지역주의(regionalism)란 지리적으로 인접하고 경제적으로 상호의존도(the degree of interdependence)가 높은 국가들이 공통의 이해증진을 도모하기 위해 경제블록(economic bloc)을 형성하는 것을 의미한다.

지역주의는 역내 국가간 관세의 인하와 무역제한의 철폐를 통해서 역내무역의 자유화를 추구하지만 역내우선, 역외차별이란 행동양식을 취하기 때문에 역외국가로서는 그만큼 이들 국가와의 교역에 있어서 불리한 입장에 처하게 된다. 지역주의는 기본 성격상 협정당사국에 대해서만 양허(concession)가 부여되기 때문에 무차별과 최혜국대우를 원칙으로 하고 있는 GATT의 기본원칙에 위배되나 GATT는 쌍무협정(bilateral agreement)이 다음 3가지 조건을 충족시키는 한 GATT의 최혜국

(MFN : Most Favored Nation)대우 원칙을 준수하지 않아도 되도록 예외를 인정하고 있다.[1)]

① 상세한 협정내용을 관세 및 무역에 관한 일반협정(GATT)에 통고해야 한다.
② 협정이 참가국 간의 거의 모든 교역(substantially all trade)에 적용되어야 한다.
③ 협정이 제3국과의 거래(third-country trade)에 대한 장벽으로 작용하지 않아야 한다.

서유럽에서 대두되기 시작한 지역주의는 1980년대 이후 GATT를 중심으로 추진되어 온 범세계적 자유무역주의가 회원국간 이해대립으로 인해 인접지역끼리 또는 경제적 이해관계를 같이 하는 국가끼리 자유무역주의를 실현하려는 지역주의가 심화되고 있는 양상을 보이고 있으며 이러한 현상은 1995년 세계무역기구(WTO)의 출현 이후 새로운 양상으로 전개되고 있다. EU 통합의 가속화, 동남아시아 국가연합(ASEAN : Association of Southeast Asian Nations)의 ASEAN 자유무역지대(AFTA : ASEAN Free Trade Area) 체결 합의, 미국·캐나다·멕시코의 북미자유무역협정(NAFTA : North American Free Trade Agreement), 아시아·태평양 경제협력체(APEC : Asia Pacific Economic Cooperation), 그리고 남미공동시장(MERCOSUR : Mercado Comun del Sur)의 확대 등이 새로운 지역주의의 전개양상으로 볼 수 있다.

2. 지역주의의 특징

1980년대 이후에 전개되고 있는 지역주의의 특징은 그 동안 GATT 무역체제의 주도국이었던 미국·EU 등 주요 선진국들의 지역경제공동체 결성 및 확대와 함께 개도국들의 지역무역협정 체결 움직임도 활발하게 전개되고 있다는 점을 지적할 수 있다.

1) 이종원 외, 국제지역경제, 비봉출판사, 1996, pp. 6-11. 참조

미국은 어떠한 교역상대국도 협정대상국이 될 수 있다는 개방적 지역주의(open regionalism) 정책을 표방하고 있는데 1985년 9월 발효된 미·이스라엘 자유무역지역(FTA : Free Trade Area) 협정과 미·캐나다간 FTA 협정에 이어 1992년 조인된 미국·캐나다·멕시코 간의 NAFTA 및 최근에는 중남미지역을 포함한 범미주 지역경제권의 형성을 추진하고 있다. 유럽연합(EU : European Union) 역시 1993년 11월 발효된 마스트리히트(Maastricht) 조약에 따라 유럽의 완전경제동맹을 추진하고 있다. 1998년 5월에는 EU 15개 회원국 중 11개 회원국(독일·프랑스·이탈리아·스페인·네덜란드·벨기에·오스트리아·핀란드·포르투갈·아일랜드·룩셈부르크)의 유럽 단일통화 가입이 확정되었다. EU는 또한 유럽통합의 실질적이고 구체적인 단계로 1999년 1월부터 통화동맹(EMU : European Monetary Union)을 실시하였는데 EMU 출범에 따른 단일통화의 도입으로 유럽의 시장통합은 더욱 촉진되어 유럽은 세계최대의 거대 단일시장이 될 전망이다.

아시아·중남미를 비롯한 개발도상국의 지역주의 움직임도 미주 및 유럽의 지역주의 움직임에 대항하여 활발히 전개되고 있다. 한·중·일 및 동남아 국가들은 아시아·유럽 정상회의(ASEM : Asia-Europe Meeting)를 통해 양 대륙 간의 경제협력 증진을 도모하고 있고 한·중·일간 및 한·중·일 3국과 동남아시아지역 간의 경제협력체 형성도 심도있게 논의되고 있다. 중남미지역 역시 최근 들어 Mercosur를 중심으로 중남미 전역을 경제공동체로 포괄하려는 움직임을 가시화하고 있다.

〈표 4-1〉 지역주의의 특징

EU	미 국	개발도상국
· 역내 경제의 균형있는 발전과 지속적인 성장을 위한 유럽합중국의 건설 · 회원국을 유럽국가에 한정하는 폐쇄성 지역주의 · 역사 · 문화적 동질성 · 경제뿐만 아니라 궁극적으로 정치통합 지향 · 주변지역과 특혜무역 협정체결로 시장확대 도모함 · 국가주권에 유사한 고유기능을 지닌 경제통합체(이사회, 의회, 사법부)	· 무역수지 적자해소, 세계경제에 있어서 지위회복 · 회원국을 모든 교역 상대국에 개방한 개방성 지역주의 · 역사적 · 문화적 동질성이 타 지역주의에 비해 낮음 · 각국 경제의 상호 보완성이 큼 · EU 통합 및 아시아 지역에서의 일본 중심의 경제권 형성에 대비	· 공업발전 및 자립경제 달성 · 역사 · 문화적 동질성 · 국내 정세의 불안으로 통합 속도 느림 · 자본, 기술 부족과 운송 및 통신망 미비로 역내 교역 증진 저해 · 높은 인구밀도 · 경제구조 및 발전단계의 유사성(1차 상품 중심)

자료 : 이종원 외, 국제지역경제, 비봉출판사, 1996, p. 8. 참조

제 2 절 비교지역주의

최근 지역주의에 대한 연구가 활발히 이루어지고 있음에도 불구하고 비교지역론적 관점에서 시도된 연구는 상대적으로 미미한 편이다. 지역주의의 특정이론에 대한 실증분석을 시도하거나 이에 기초한 정책방향을 제시하고 있는 연구는 다수 이루어지고 있으나 대부분의 연구는 개별지역 차원에서 논의되고 있다. 비교지역론의 기본적인 입장에 대해 살펴보고자 한다.[2)]

2) Mattli(1999)는 지역통합을 '국가집단의 내부에 있는 경계를 넘는 외부성을 내부화하는 과정'이라고 정의하였는데 이러한 정의는 지역주의 논의에 중요한 변수가 되는 역사성과 지역성에 대한 비교분석을 가능하게 한다. Payne(1998) 또한 지역간 비교연구에 초점을 두는 지역적 발전과정의 연구가 지역연구와 지역주의 연구에 큰 의미를 갖는다고 지적하였다. 이러한 관점에서 Vellinge(1999)는 글로벌화에 대한 지역차원에서의 대응에 초점을 두면서 아시아, 유럽 및 라틴아메리카에 대한 비교지역론적 연구를 시도하였고, Mansfield & Milner(1997)는 주요 지역에 있어서 지역통합(regional integration)의 심화와 차별적인 지역통합의 전개를 제도적 변화에 초점을 두고 분석한 바 있다. 한편, Gamble(1995)과 Gamble & Payne(1996)은 '신정치경제(new political economy)'의 분석틀 내에서 교차적인 비교지

1. EU와 비교지역론

지역주의의 논의는 역사적이고 공간적인 제약을 크게 받고 있으며 이에 대한 면밀한 검토가 전제가 될 때 적절한 방향제시가 이루어질 수 있다. 북미에서의 비교지역주의(comparative regionalism)는 이러한 점에서 NAFTA를 EU 및 APEC과 비교하는데 초점을 맞추어 왔다. 동일한 맥락에서 동북아시아에서의 지역주의에 대한 논의가 1990년대 이후에 활발히 이루어지고 있는 이유와 그것이 EU와 NAFTA 등에 대하여 갖고 있는 차별성은 어떠한 것인가를 규명하는 것은 동북아 지역주의의 발전을 위해서 큰 의미를 부여할 수 있다.

비교지역론적 접근의 연구성과를 살펴보면 현재 동아시아에서 논의되는 경제통합 논의가 유럽의 경험에 비추어 설명될 수 있는지가 관심이 된다. 이것은 '유럽의 현재가 아시아의 미래'라는 것을 의미하는 것은 아니다(Higgot, 1998). 비교지역론에 있어서 중요한 과제는 어느 특정지역에서 의미를 갖는 변수가 타 지역에서도 동일한 작용을 하는가 하는 점이다. 이러한 지역주의의 역사성과 지역적 차별성은 비교분석에서 가장 중요하게 고려하여야 한다.[3)]

Breslin(Breslin, Higgot & Rosamond, 2002) 등은 이러한 비교지역론적 논의가 다음 2가지의 정성화 과정을 통해 이루어질 수 있다고 지적하였다.

역연구를 시도하였고, 이를 기초로 Hook & Kearns(1999)는 '주변국가(non-core states)' 간의 지역주의에 대한 비교연구를 시도하였다. Grubel & Hout(1998)는 선후진국간의 다양한 지역주의적 관계에 대하여 연구하였고, Acharya(1997)는 제 지역주의의 주권제약적인 특성과 내부침투적인 유형의 특성을 규명하였다(박석근, 신지역주의와 동북아경제통합의 비교지역론적 접근, 한국무역통상학회, 무역통상학회지, 제3권 제2호, 2003. 12. pp. 188-198. 요약·재구성).

3) 예를 들면, 1950년대 유럽의 지역주의와 2000년대 동아시아의 지역주의가 유사한 발전단계에 있다라고 하는 논지는 단선론적 역사발전사관에 치우친 지나친 일반화론이라고 지적할 수 있다. 이러한 맥락에서 W. Wallace(1994)는 유럽지역통합의 경험은 다른 지역의 지역주의 논의에 비교되어서는 안 된다고 주장하였다. 그 취지는 1940년대 후반과 1950년대 초반의 역사적 특수성과 서유럽의 지정학적 및 지경학적 상황에 비롯된 제도적 특수모형은 타 지역에서의 상이한 시대적 상황논리에 구속되는 지역주의 논리에 적용될 수 없다는 점을 지적하고 있는 것이다. 이러한 주장은 유럽 이외의 지역에서 요구되는 지역통합정책에 EU의 유사정책이 고려될 수 있는가 하는 점에 신중한 검토가 필요하다는 것을 내포하고 있다.

① 분석의 추상수준(level of abstraction)을 일정하게 제고시키는 과정을 통해 이루어져야 한다는 것임

이는 일국의 국민시장이 세계시장 또는 지역시장으로 대체되고 분업(division of labor)과 생산의 국제화(internationalization of production)가 이루어지고 다국적 정책결정구조의 강화가 진행되고 있는 상황에서 이에 대응하는 일국적 논리가 어떻게 지역주의의 논리로 통합되어 가는지를 파악하기 위해서는 일정한 추상화의 작업이 선행되어야 한다는 것으로 이해할 수 있다.

② 현대 지역주의의 흐름에는 지역간 정책학습과 정책모방이 흔히 확인되고 있다는 점을 인식하여야 한다는 것임

특히 유럽통합(European integration)의 발전과 여타 지역통합의 형성 간에 상당한 시차가 존재한다는 것은 여타지역에게는 유럽의 경험을 학습하거나 모방할 수 있는 기회를 제공하며 시행착오(trial and error)를 회피할 수 있는 교훈을 제공한다는 것을 의미한다.

이러한 맥락에서 지역통합의 한 사례로서의 유럽연합(EU)은 지역통합연구와 통합이론의 발전에 주요 장애요인으로 작용하고 있다는 역설적인 주장도 제기되고 있다(Breslin, Higgot & Rosabond, 2002). 예를 들면, 동아시아와 라틴아메리카의 지역주의를 '비공식적' 혹은 '느슨한' 지역주의로 규정하는 것은 지역적 조직화가 반드시 'EU형 제도화'의 길을 지향해야 한다는 가정에 의해 비롯된 목적론적 편견을 반영하고 있다고 볼 수 있다. 비교지역론의 입장은 상대주의적 접근의 관점을 취한다고 할 수 있다. 그러나 지역연구에서 EU의 지배적 위치는 비교지역주의적 접근에 있어서 신중하게 취급하여야 할 다음 3가지의 큰 난제를 제기하고 있다.

① EU에 국한된 EU통합논의는 1990년대 이후 유럽전체를 규정해온 글로벌한 차원에서의 광범위한 정치경제적 질서의 조정과정을 고려할 수 없게 한다는 것임(Wallace, 2000)

이러한 시각은 EU가 복잡한 경제적 지배체제(a system of economic governance)로서의 기능을 갖고 있다는 점을 인정하더라도 EU 통합자체가 현대세계경제

에서 진행되고 있는 글로벌화의 부분적인 과정이며 역으로 글로벌화에도 또한 영향을 미치고 있다는 글로벌화와 지역주의적 동향의 상호관계를 고려할 수 없게 한다는 것이다.

② EU 통합은 지역주의의 극단적인 모범적인 사례(the paradigmatic case of regionalism)라는 점에서 여타의 지역주의 논의의 방향설정에 대하여 왜곡된 평가를 제시할 수 있다는 것임

예를 들면, EU와 동아시아 지역주의(예 : APEC)를 비교할 경우 항상 강조되는 점은 왜 APEC은 EU와 상이한가 하는 점이지 EU가 APEC과 상이한 점에 대한 논의는 강조되지 않는다. 이러한 점은 현재의 지역주의 연구가 지역통합의 공식적인 제도화에만 초점을 두고 있기 때문이라 판단된다. EU의 경험에 비추어 성숙한 지역주의의 단계에 접어들면 초국가적 기구가 자동적으로 창출될 것이라는 견해는 새로운 세계질서(new global order)가 지역의 초국가적 기구에 기초하여 형성될 것이라는 일방적인 선입견에서 비롯된 것일 수 있다.

③ EU는 이미 고도로 통합된 정치체제(highly integrated political system)로 보아야 한다는 점임(Hix, 1999)

이러한 견해는 실제로 'EU를 지역통합과 지역주의의 한 사례로 볼 수 있는가'라는 과제에 대한 논쟁에서 극단적인 입장을 표명한 것이라고 할 수 있다. 이러한 논지의 근거로서 Hix는 EU 내부의 대부분의 이해 당사자들은 통합과제의 해결을 위해 행동하는 것이 아니라 이미 자기이익의 충족을 지향하면서 행동하고 있다는 점을 지적하고 있다. 이러한 점에서 EU는 이미 독자적인 정치체제(independent political system)로 형성되었고 따라서 여타의 지역통합기구와는 성격이 상이하다는 Hix의 평가는 비교지역주의와 지역통합의 과제해결을 위해 EU를 연구하는 유용성에 대해서도 의구심을 야기시키고 있다.[4)]

상기한 견해들은 EU통합의 역사적 · 지역적 특수성을 전제로 EU와 여타 지역주의적 논의의 비교분석에 대해서는 신중한 자세를 필요로 하고 있다. 최근 이루어져 온 비교지역주의적 논의가 현상과 결과에 대한 비교를 중심으로 진행되어 온 점을

4) 이러한 견해는 Balassa(1961)가 제기한 경제통합의 단계적 이행론의 현실적 적용에 이의를 제기하는 견해와 맥락을 같이 하는 것이다.

비추어 볼 때 이러한 지적이 갖는 일정한 의의를 무시할 수 없다. 그럼에도 불구하고 이러한 신중론이 비교지역주의론을 특정한 영역에 한정시키는 것은 전혀 과학적인 입장이 아니라고 할 수 있다. 그러한 행위는 지역주의론과 정책과학 간에 장벽을 형성시킴으로써 이를테면 EU론 또는 여타 지역통합의 전개과정에서 창출되는 새로운 정책이나 신이론의 보편적 의의를 인정하지 못하는 결과를 야기하고 지역주의적 접근의 비교과학적 발전을 저해하는 것이 될 수 있기 때문이다.5)

2. 지역통합의 두 가지 유형

상기한 제(諸)견해에도 불구하고 지역통합이 '적절한 지역주의(a proper regionalism)'로 발전하기 위해서는 EU형 제도화의 수준에는 도달해야 한다는 견해가 있다. 이것은 40여 년 전 Balassa(1961)에 의해 개발된 경제통합의 고전적 모형의 핵심에 자유무역지대, 관세동맹, 공동시장, 경제동맹, 그리고 완전한 경제통합의 단계로 경제통합이 발전되어 간다고 하는 단계론이 제기되어 있다는 이론적 배경이 크게 작용하고 있다. 이러한 단선적 발전모형이 폭넓게 인식되고 있는 것은 지역통합 연구에서 흔히 확인되는 목적론적 입장과 신기능주의적 통합이론에 영향을 받은 비교지역적 입장과 일정한 관계를 갖고 있는 것으로 보인다.

그러나 주목할 만한 사실은 성숙한 EU형이든 시작단계에 있든 오늘날의 지역주의는 정치와 경제, 국가와 시장, 나아가 공식적 권위와 비공식적 권위 간의 상호관계와 그 기능에 있어서 변화를 경험하면서 발전되어 가고 있다는 것이다. 예를 들면, Balassa 모형의 FTA는 경제통합이 심화되는 과정 속에 순차적으로 관세동맹과 공동시장으로 발전하는 기능적 압력을 받게 되는데 이때에 일국적 권위체제와 조정과 규제의 범위는 경계를 넘어 지역적 수준으로 재조정되면서 비공식적 권위와 시장의 논리에 직접적인 영향을 받게 된다.

이러한 사고의 핵심에는 1990년대 이후 제2차 지역주의 파동의 본질에 관련된 과제가 존재하고 있다. 이것은 William Wallace가 말하는 공식적 통합(formal integ-

5) 이와 관련하여 Simon Lee(2002)는 국제정치경제학의 개념적 도구를 활용하면서 EU의 정책결정과정이 갖는 다양한 의의를 설명한 바 있다.

ration)과 비공식적 통합(informal integration) 간의 관계로 설명할 수 있다. Wallace는 일국의 정부기관이 협정이나 조약 등을 체결하면서 주도해온 전통적인 지역통합의 방식을 공식적 통합으로 규정하였다. 이에 반해 비공식적 통합은 시장경제 내부의 힘에 의해 초국적 공간에서 민간부문의 주도하에서 형성되는 사실상(de facto)의 통합을 의미한다. 여기서 공식적 통합이 비공식적 통합을 선행하며 주도하느냐, 아니면 그 반대이냐 하는 양자간의 종속관계가 논의의 대상이 될 수 있다.[6] 이러한 논의는 과거의 지역주의가 목적론적 한계에 치중했던 것과는 달리, 현재의 신지역주의는 특화되어 있는 다양한 과제에 직면하여 상이한 유형의 지역통합을 추구하고 있는 점을 이해하는데 기여할 수 있다.

이러한 문제의식을 가지고 개념적 유형화를 보다 구체적으로 하기 위하여 Higgott 등이 취한 개념화를 검토해 본다. 이들은 지역주의와 지역화를 광의로 해석하기보다는 실용적인 의미에서 재개념화하여 비교지역론의 연구에 활용하고 있다. 그 내용을 살펴보면 우선 지역주의란 개별국가의 정부간 조약과 협정 등에 의해 전개되는 국가주도의 지역통합 사업의 정책과 방향으로 규정하고 있다. 또한, 지역화(regionalization)를 국가나 지방정부의 사전적 계획의 결과가 아니라 무역과 투자의 흐름과 같은 시장기능에 의해 추동되는 통합의 과정으로 정의한다. 따라서 일반적으로 국가 간의 협력으로 추진되는 공식적 통합은 지역주의와 조응되어 공식적 지역주의(formal regionalism)의 형태를 나타내게 되고, 시장논리에 크게 영향을 받는 비공식적 통합은 대체로 지역화와 조응되어 비공식적 지역화(informal regionalization)의 형태로 나타나게 된다.

지역화와 지역주의의 흐름과 관련하여 비교지역론의 입장에서는 크게 다음 3가지의 유의사항이 지적될 수 있다.

2.1 지역의 경계에 대한 개념이 불명확할 수 있음

신지역주의의 흐름이 지역통합의 내부적 시장논리에 의해 크게 영향을 받고 있다

---

6) 멕시코-미국간 국경지대의 발전사례가 공식적 통합의 선도에 의해 이루어진 것이라면 동남아시아에서 일본과의 FTA가 체결되기 이전에 이미 1980년대 후반부터 경제적 상호의존성(economic interdependence)이 심화되고 역외생산의 네트워크체제가 구축되어 온 것은 비공식적 통합이 선행된 것으로 볼 수 있다.

면 공식적 지역주의와 비공식적 지역화 간의 불일치가 지역의 경계를 두고 발생할 수 있다. 즉, 비공식적 지역화가 협정이나 조약이 없이 이루어져 기능하고 있는 사실상의 지역통합이 있을 수도 있는데 이 경우 지역은 규정되어 있는 '지역'보다도 광의의 개념으로 사용될 수도 있고 하나의 통합되어 가는 과정으로 파악할 수도 있다.7)

이와 관련되어 논의할 수 있는 것이 지역화와 글로벌화(globalization)의 관계이다. 흔히 지역화를 논의할 때 이 양자를 서로 배타적인 관점(exclusive perspective)에서 거론하게 되나 양자가 반드시 배타적인 것만은 아니라고 할 수 있다. 지역화와 글로벌화 상호 간에 존재하는 변증법적 관계를 제대로 파악하지 못할 경우 본질을 잘못 이해할 수 있다. 예를 들면, 1990년대 이후 동아시아 역내무역의 급부상과 이 지역에서의 지역화로 인해 글로벌주의(globalism)가 피해를 입었다는 주장이 제기된 바 있다(Calder, K. 1996). 이러한 주장은 역내무역의 증가로 인해 역외지역과의 무역이 상대적으로 감소되고 이로 인해 발생하는 부정적 결과를 부각시키고 있다.

그러나 1980년대 중반 이후 동아시아 역내무역의 증가는 일반적으로 이 시기에 일본을 위시하여 한국 등 국가의 다국적기업들(MNCs)이 생산의 분절화를 이용한 자본수출을 증대하고 역내생산 네트워크체제 구축을 통한 자본재 및 중간재 무역이 급증하는 과정에서 나타난 결과로 볼 수 있다. 따라서 이 지역에서 생산된 완성재(final goods)의 가장 중요한 시장으로서 미국과 유럽지역은 여전히 중요한 의미를 갖고 있었다. 이러한 점을 고려할 때 지역화와 글로벌화를 서로 대립되는 개념으로 인식하는 것은 현대세계경제 발전의 본질을 간과할 수 있는 측면을 내포하고 있다고 할 수 있다. 오히려 긴밀한 지역경제통합은 글로벌화의 결과로 성립될 수도 있고 더욱이 글로벌화를 촉진시킬 수도 있다고 인식하는 것이 오늘날 신지역주의의 한 특성으로 이해할 수 있다.8)

---

7) '플라자합의' 이후 동남아시아로 크게 진출한 일본자본에 의해 형성된 일본자본 중심의 수직적 생산네트워크체제(vertical production network system)는 일본과 ASEAN 간의 공식적 지역주의가 형성되고 이전에 구축된 비공식적 지역화의 한 사례라고 지적할 수 있다.

8) 이러한 맥락에서 지역화는 글로벌화가 전개되고 있는 현대세계경제가 내포하고 있는 보편적인 또 하나의 경향이라고 할 수 있다. 과거 영국주도의 자유무역체제(free trade system)가 구축되었던 19세기에 미국과 대다수의 후발국가들이 자국산업보호정책을 시행하였고, 제

2.2 경제적 공간과 정치적 공간의 구분

지역화가 추진되어 갈 때에는 일국적 변수와 지역적 변수 간의 관계와 일국의 지역내 계층과 계급의 이해관계가 복잡하게 얽히게 된다. 이에 따라 지역 내에서 이루어지는 초국가적인 계급간 제휴와 연대는 지역화의 방향설정에 중요한 의미를 가질 수 있다. APEC 등의 경우를 보면 역내 초국적기업과 관료엘리트집단 등의 입장과 비이해관계 당사자들이 갖는 지역주의 방향에 대한 열정에 있어서는 현저한 격차가 있었음을 상기할 수 있고 NAFTA의 경우에는 통합의 추진방향에 있어서 배치되는 견해가 제기된 적이 있었다는 점은 이러한 지적이 갖는 의의를 확인하게 한다.[9)]

2.3 지역화 및 지역주의와 관련하여 최근 증대하고 있는 하위국가적 혹은 초국가적 경제지역(sub-national or cross-national economic area)에 대한 관심

이들 지역은 정치 · 사회적으로는 전혀 통합되어 있지 않으나, 경제적으로는 강력한 통합관계를 보여주는 높은 수준의 지역화를 보이는 통합의 유형에 속한다. 예를 들면, 미국-멕시코 국경지역, 싱가포르 남부 황금의 삼각지대 등이 여기에 속한다. 한편, 동아시아를 대상으로 경제통합을 논의할 때 최근까지는 지역주의보다는 지역화가 더 뚜렷한 추세를 보여 왔다고 지적되고 있다. 그 동안 국내의 국제정치경제학계에서는 그 배경으로 〈표 4-2〉에서 정리된 견해를 주로 제시해 왔다.

2차 세계대전 이후 미국주도의 브레튼우즈체제(Bretton Woods System) 하에서 유럽국가들이 IMF 14조국에서 8조국으로 전환되면서 EEC를 결성하여 역내산업보호에 나선 것은 자유무역의 보편적 질서가 형성되어 있는 시기에 생산력의 열위에 있는 국가나 지역은 일반적으로 방어적 입장에서 보호정책을 함께 시행하면서 세계시장에서의 경쟁에 임하였으며 동일한 맥락에서 글로벌화가 보편적 세계경제질서(global trade order)로 구축되고 있는 현대세계경제에서 일부 국가나 지역은 일부 취약한 산업이나 경제시스템을 보호하기 위하여 혹은 생산력을 제고시킬 수 있는 가능성을 보유하고 있는 산업이나 지역의 성장을 도모하기 위하여 국내자본 및 주변국가와 연계를 취해 지역화의 전략을 채택할 수 있는 것이다.

9) 지역주의 및 지역화에 대한 계급분석은 신그람시적 접근의 지역주의론에서 빈번하게 이루어지고 있다. 유럽통합의 계급분석에 대해서는 A. Bieler(2002)를 참조할 수 있다. 한편, 역사적 유물론과 마르크스주의적 관점에서 글로벌화를 해석한 제 견해에 대해서는 Rupert, M. & Smith, H. ed.(2002)를 참고할 수 있다.

〈표 4-2〉 동북아 경제통합의 저해요인

주요 접근	주요 입장	지역통합 저해요인
신현실주의	정치경제적 상호의존관계의 심화에 주목	냉전체제 유지 미국의 영향력
신기능주의	초국가적 이해관계를 보유하는 이해집단의 존재에 주목	정치경제적 및 사회적으로 강한 이질성 과대민족주의
신제도주의	제도화와 관련하여 동아시아 경제통합의 한계를 지적	경제적 자유주의(economic liberalism) 향유 제도와 합의에 대한 개념적 전통의 부재 속에 비공식적 제도화의 지향

이러한 경향은 최근에 이르기까지 동아시아의 지역화에서 확인되는 차별성인데 현재 중요한 변화의 시점에 직면해 있다고 할 수 있다. 즉, 오늘날 동아시아에서는 지역주의와 지역화 흐름에 있어서 새로운 전기를 맞이하고 있다고 할 수 있다.

제 3 절 신지역주의

신지역주의의 등장 배경을 검토하고 그 결과로 나타나는 새로운 지역통합의 내용을 살펴본다.

1. 신지역주의의 정치경제학

이제까지 동아시아에서는 지역화가 지역주의보다 더 강력하게 전개되어 왔다고 할 수 있다. 그러나 신지역주의는 이러한 경향을 새롭게 변화시키고 있다. 우선 1990년대 이후 신지역주의가 등장하게 된 배경을 살펴본다.

1.1 정치적 배경

(1) 냉전체제의 종식

정치적 배경으로 우선 지적할 수 있는 것은 세계체제에 있어 양극체제의 종식과 냉전(Cold War)의 해체이다. 이것은 기능주의적 관점에서 중요하게 인식되어 오던 지역통합의 조건을 근원적으로 변화시켜 새로운 환경을 조성하였다.

(2) 신자유주의적 지역정책의 채택

1990년대 이후 미국은 신자유주의적 사고를 반영하는 지역정책을 새롭게 채택하는 정책적 변화를 보였다. 이것은 전통적으로 지역기구의 형성이나 지역통합에 큰 관심을 보이지 않았던 미국의 입장에서는 새로운 정책변화이고 대외적으로도 지역기구 형성에 미국이 반대 입장을 표명하지 않을 뿐만 아니라 NAFTA와 APEC 등의 기구에 회원국으로 가입함으로써 대외적으로 지역통합에 대한 강한 의지를 보여주는 것이 되었다. 또한, 신자유주의적 사고에 기초하고 지역통합을 지렛대로 하는 미국의 수출확대정책과 전략은 여타 지역의 국가에게도 새로운 지역통합 움직임의 직접적인 모멘텀으로 작용하였다고 할 수 있다.

그러나 상기(上記)의 논리는 1990년대 이후 지역주의의 양적인 변화를 설명할 수는 있어도 정성적인(qualitative) 차원에서의 내용적 변화를 설명하는 데에는 한계가 있다. 이를 설명하기 위해서는 Sholte(2000)가 제시하는 글로벌경제에서의 국가성격의 변화에 대한 이해가 필요하다. Sholte는 현대 글로벌경제에서는 기존의 민족국가 중심의 영토개념이 쇠퇴하면서 국가적 차원에서의 대응이 이루어지는데 글로벌경제에 어떠한 형태로든 적극적으로 참여하는 유형과 글로벌화에 대해 어떠한 형태이든 소극적으로 대응하는 유형으로 구분된다고 보고 이러한 과정에서 대내적으로는 국가의 기능과 성격이 강화되거나 혹은 약화되고 대외적으로는 신지역주의가 부상하게 되었다고 지적하였다.

성경륭(2003)은 국가변동의 전체과정과 국가형성(state formation)을 통시적으로 구분할 때 제1차 고대국가형성에 이어 17세기 중반부터 최근에 이르기까지 국민국가가 형성되는 제2차 국가형성기, 그리고 글로벌화 · 정보화 · 민주화 등에 의해 전통적인 국민국가가 위기를 맞이하여 지금까지 내정과 외치에서 최고단일행위자 지위에 있던 국민국가가 초국적기업, 국내기업, 국내외 NGO, 국제기구 등에 의해 무력화되어가고 있는 제3차 형성기로 구분하였다. 지금의 제3차 국가형성기에 국민국가는 효과적인 경계통제(border control)의 능력을 상실하게 되고 경제부문에서는 다양한 민간기구와 지역의 지방자치단체에게 그 역할이 이전되는 연성국가(soft-border state)로의 이행과정에 있다.

〈표 4-3〉 제3차 국가형성의 주요내용

	제2차 국가형성	제3차 국가형성
시 기	17세기 후반 국민국가 형성	1990년대 이후 글로벌화 · 정보화에 의한 국가위기
영토와 경계	경계가 명확한 국경	hard border에서 soft border로 재영토화(re-territorialization)
기 구	분화(교육, 복지 등)	고도로 분화(국제기능 확대)
지 배 방 식	중앙에 의한 직접지배	직접지배체제에서 분권형 지향
주 권	대내 및 대외주권 모두 강화	대내 및 대외주권의 상대적 약화
국 민	동질성 높은 국가의식	내적 이질성 심화, 복합적 정체성 증대
하부구조적 권력	강한 사회침투 및 동원력	강력하나 사이버공간에는 취약
대 표 학 자	C. Tilly, P. Anderson	E. C. Kamarck(분권형국가론) R. Rosecrance(가상국가론) M. Castells(네트워크국가론) S. Sassen(재영토화론)

1.2 경제적 배경

경제적 측면에서 볼 때 1990년대 이후에 나타난 국가성격의 변화는 동일한 시기에 전개된 경제적 글로벌화(economic globalization)와 함께 맞물려 지역경제통합(regional economic integration)의 새로운 추진력으로 작용하게 된다. 이를테면 이 두 요인은 현대세계경제에서 자본의 경우에는 이동성을 저하시키고 국가의 경우에는 역으로 공간적 고정성을 해체시키는 경향을 발생시킴으로써 그 사이에서 위치하고 있는 지역경제의 의의를 부각시키는 결과를 야기시킨다는 것이다. 이러한 내용을 마르크스주의적 입장을 취하고 있는 비판적 국제관계이론에서는 다음 3가지 측면에서 설명하고 있다.

(1) 글로벌 경쟁(global competition)이 격화되면서 세계경제를 과점적으로 지배하고 있는 초국적자본의 경우 역으로 안정적인 시장을 추구하게 되는데 이러한 과정에서 지역경제를 추구하게 됨

기업은 자신의 생산물의 가치를 실현하기 위해서는 안정적인 시장의 확보가 필수적인데, 정부가 안정적인 시장을 제공할 수 없다면 기업이 정부와 적극적인 타협을 통해 이를 해결해 나갈 수밖에 없다. 그러나 글로벌경제에서 초국적기업들(TNCs : Transnational Corporations)은 다음과 같은 문제에 직면한다. 우선 초국적기업들은 스스로 만들어 놓은 글로벌화의 무한경쟁(unlimited competition)상황 속에서 시장과 이윤을 둘러싼 경쟁이 더욱 격화되고 있음을 인식하게 된다.

초국적기업의 시장조건이 점차 불확실해지고 있다는 것은 1980년대 이후 자본의 규모를 증대시키고자 하는 M&A와 전략적 제휴(strategic alliance) 등이 세계적 규모로 활성화되고 있음에서도 확인된다. 이러한 상황에서 가치실현의 문제에 직면하게 된 초국적기업들은 이 문제를 고정된 공간에서의 독점적 지위(monopolistic status)를 활용하여 해결하고자 하는 전략을 모색하게 되었다는 것이다(Cawson, 1990).

(2) 초국적기업이 선택하는 장소의 질이 균등하지 않음

고도로 통합된 자본 흐름의 세계에서 공간 내부 장소의 질적인 차이(생산요소의 질, 시장의 규모 및 경제외적인 조건 등)는 자본을 유치하는 동기를 차별화하게 된다. 특히, 장소에 고착되어 있는 노동력의 재생산 문제까지 고려할 경우 초국적기업의 공간선택의 폭은 더욱 제약되는데, 이 경우 초국적기업은 불가피하게 국가에 의존하게 된다는 것이다.

(3) 현실적으로 초국적기업이 당면한 모든 문제를 현존하는 국제기구들인 UN, OECD, WTO, IMF 등이 해결할 수 없음

이러한 상황은 초국적기업의 이동성을 제약하면서 자국정부에 의존하게 하는 요인으로 작용하고 있다. 따라서 초국적기업은 재생산에 필요한 노동력과 안정적 시장을 공급해 줄 수 있는 국가를 필요로 하게 되면서 글로벌화가 진전될수록 역으로 국내에서의 정부-기업간 관계를 강화해 나가게 된다.

1980년대 이후 더욱 격화되어 가는 세계경제환경 속에서 초국적기업들은 새롭게 직면하게 된 이상의 제약요인들을 더 이상 세계경제와 국민경제라는 공간에서는 해결할 수 없다는 것을 인식하게 되었다. 즉, 세계경제는 초국적기업에게 효율적으로 경영할 수 있는 여건을 제공해주기는 하지만 안정적 시장을 공급해주지는 못하고 있으며, 이와는 반대로 국민경제는 안정적이기는 하지만 초국적기업을 위한 시장으로서는 너무 협소하다고 할 수 있다. 이러한 문제의식 속에서 초국적기업과 국가는 동맹적 입장에서 국민국가들의 내부에 설치되어 있던 기존의 각종 관세와 비관세장벽의 제거(removal of tariff and nontariff barrier)를 통해 자본과 주요 생산요소의 흐름을 완벽하게 보장하는 지역경제통합체를 국민경제와 세계경제의 중간영역에 구축해 나가는 시도를 하게 되는데 이러한 시도가 1990년대 이후의 신지역주의로 구체화되었다고 할 수 있다.

2. 신지역주의와 하위국가의 부상

신지역주의적 접근방법을 다른 시각에서 살펴볼 경우 1990년대 이후 패권안정이론이나 정부간주의적 통합이론의 영향력이 감소하게 되면서 등장한 새로운 지역주의의 접근방식으로 이해할 수 있다. 신지역주의의 특징은 다음 2가지로 살펴볼 수 있다.

2.1 국가를 지역통합에 영향을 주는 다수의 요인 중 하나로 파악하게 되었으며 하위국가와 지방정부가 주요 요인으로 인식됨

Gamble & Payne(1996)은 이러한 접근을 지역주의 연구에 대한 '신정치경제' 접근(new political economy approach)라고 지칭했는데 여기서 이 접근이 새로운 의의를 갖는 것은 비로소 국가를 지역통합에 영향을 미치는 다수의 핵심세력 중 하나의 변수로 인식하게 되었다는 점이다. T. M. Shaw(1998) 또한 지역통합에 있어 낡은 국가주의적 접근을 탈피하는 것이 신지역주의의 주요 특징이라는 견해를 제시하였다. 요컨대 1960년대 이후의 지역주의 1차 파동이 국가중심적 시각에 집중했다면, 1990년대 이후의 지역주의 2차 파동은 국가와 글로벌기구 및 국가간 기구 그리고 다국적기업과 시민사회기구 및 NGO 등을 포괄하는 비국가세력 등이 일정한 지역에서의 성과에 영향을 미치면서 지역통합에 나서는 개별주체가 된다는 것이다.

그러나 여기서 유의해야 할 점은 지역의 발전방향에 영향을 미치는 제 세력의 관계를 일획적인 틀 속에서 이해해서는 안 되고 지역에 따라 세력의 비중과 세력간 균형은 상이하게 나타나고 이것이 각 지역의 통합의 방향과 내용에 차별적인 영향을 미치게 된다는 점이라고 할 수 있다(Hettne, Inotai & Sunkel, 1999). 따라서 신지역주의에는 하위국가(sub-nation)와 지방정부(local authority)가 중요한 세력으로 포함된다. 이들 기구는 신지역주의의 단계에는 공식적 지역주의(formal regionalism)와 비공식적 지역화(informal regionalization) 모두의 발전에 영향을 더 많이 미치며 적극적으로 참여하고 있다. 또한, 때로는 이들 지방정부의 기구는 독자적인 추진계획을 설정하여 지역화를 추진하기도 하고 그 과정에서 중앙정부와 마찰을 일으키기도 한다(Breslin, S., Hughes, C., Phillips, N. & Rosamond, B., 2002, Ch. 4).

2.2 신지역주의에서는 다양한 형태의 지역이 공존하는 양상을 나타냄

현대국가는 다양한 형태의 권위체제와 분산화된 사회경제적 관리체제 속에서 후기국가적 유형의 공치(post-national form of governance)를 취하고 있다. 즉, 현대국가는 다양한 지역주의의 유형과 함께 중층적인 구조를 이루고 있다. 예를 들면, 무역과 투자의 국가간 연계를 통한 경제통합이 이루어진 경우에도 면밀히 살펴보면 거기에는 다양한 수준의 공식적 지역주의와 비공식적 지역화가 중첩되어 교차하고 있음을 인식할 수 있다.[10)]

동아시아의 경우에는 글로벌화에 의해 최근까지 지역내 시장에서의 미시적 통합(microregional integration)이 추진되어 왔다고 할 수 있다. 특히, 동북아시아에서는 공식적 지역주의는 진전되지 않았으나 최근 중국의 경제적 발전과 한국과 일본 자

10) 이의 적절한 사례가 멕시코의 Tijuana 지역이라고 할 수 있다. 이 지역은 미국과 멕시코의 국경지대에 위치해 있다. 즉, NAFTA의 내부에 있으면서도 특히 NAFTA의 출범으로 미국 자본과 해외자본을 크게 유치하여 여러 가지 측면에서 개발이 촉진된 지역이다. 한편, 이의 반대의 경우로 프랑스와 스페인 국경지대를 지적할 수 있다. 이 지역은 EU 통합의 결과 전개된 공식적 지역주의의 결과 양국정부의 권한과 기능은 부분적으로는 EU로 상향이동하고 부분적으로는 지방정부로 하향이동하여 국가간 무역이 EU 내부교역의 형태로 용해되는 형태로 변형되면서 새로운 유형의 지역간 경제발전의 네트워크체제를 형성하였다.

본의 적극적인 중국진출과 부분적인 동북아 생산네트워크체제의 형성으로 인해 거시적 차원의 경제적 지역화(macro-level economic regionalization)가 상이한 지역을 대상으로 중층적으로 진행되고 있다고 할 수 있다. 이러한 동아시아에서의 지역화와 지역주의의 전개양상은 이 지역에서의 시장과 국가, 지역과 세계의 관계에 대한 새로운 차원의 인식을 필요로 하고 있다.

제 3 편

APEC

1990년대 들어 세계경제는 지역주의와 관련하여 경제공동체간 제휴 · 확대 · 강화가 활발히 이루어지고 있다. 주요 선진국들은 1995년 세계무역기구(WTO) 출범에 따라 범세계적인 자유무역주의를 강조하면서도 다른 한편으로는 유럽연합(EU), 북미자유무역협정(NAFTA) 등 지역경제공동체를 구축하거나 타 경제공동체와의 제휴를 통해 지역주의를 강화하는데 앞장서고 있다. 이에 대항하여 개도국들은 개도국 나름대로 기존 경제공동체의 결속을 강화시키거나 역시 선진국들과 마찬가지로 타 경제권과의 연합을 모색하고 있다.

아시아 · 태평양 지역의 대표적인 경제협력체인 APEC(아 · 태경제협력체, Asia Pacific Economic Cooperation)와 아 · 태경제협력 민간부문 이니셔티브(ABAC, PBEC, PECC), 그리고 APEC 주요 회원국의 경제동향과 투자환경에 대해서 살펴보고자 한다.*[1)]

* 수출입은행, APEC 회원국의 경제동향과 투자환경, 2005. 11. pp. 36-370. 요약 · 재구성

제5장

APEC 개관

제 1 절 APEC의 설립배경

아시아 · 태평양지역의 경제협력 및 경제통합(economic cooperation and integration)에 관한 논의는 지난 1950년대 말부터 진행되어 왔지만 최초의 정부간 공식협의체인 아 · 태경제협력체(APEC)는 1989년에야 탄생되었다. 그러나 동 지역의 실질적인 경제통합은 역내 상호의존도의 급속한 증가를 바탕으로 이미 1970년대부터 실현되어 왔다고 할 수 있다. 1970~1980년대에는 아 · 태 지역국가들, 특히 일본 · ANIEs · ASEAN · 중국 등을 포함하는 동아시아지역의 고도성장이 실현되고 이에 따른 지역 간의 경제활력 유지와 경제적 상호의존성(economic interdependence)을 효율적으로 관리하고자 하는 필요성이 증대됨에 따라 정부차원의 협력기구가 긴요하게 되었다.

유럽연합(EU)과 북미자유협정(NAFTA)이 시장확대로부터의 이익을 추구하기 위한 경제통합인데 반해 아 · 태 지역국가들은 별다른 제도적인 틀 없이 상호의존도의 증가에 따른 실질적인 경제통합의 이익을 누려왔다고 볼 수 있다. 이러한 아·태 지역의 역동적 경제발전에 부응하고 세계경제의 지역화·블록(bloc)화 추세에 대응하기 위해 지난 1989년 11월 한국과 호주 주도 하에 캔버라에서 APEC이 공식 출범되었다. APEC의 최초 회원국은 12개국(한국·미국·일본·캐나다·호주·뉴질랜드·싱가포르·인도네시아·말레이시아·브루나이·필리핀·태국)이었으나 1차로 중국·홍콩·대만이, 2차로 멕시코·파푸아 뉴기니·칠레가, 3차로 러시아·베트남·페루가 추가되어 2002년 말 기준 APEC의 회원국은 21개국이며 사무국은 싱가포르(1993. 2. 12. 설치)에 위치해 있다.

제 2 절 APEC의 전개과정

APEC은 1989년 11월 호주 캔버라에서 개최된 제1차 각료회담에서 출범한 최초의 정부간 다자협의 포럼이다. 그 이후 17차례의 각료회담과 13차례의 정상회담을 거치면서 처음에는 회원국간 대화와 협력을 주요 목적으로 하는 구속력이 약한 비공식적 형태의 협력체였던 APEC이 1994년 11월 인도네시아의 보고르에서 선진국은 2010년까지, 개도국은 2020년까지 2단계로 나누어 각각 무역자유화를 달성한다는 정상들의 선언이 있었다. 1996년 11월 마닐라에서 개최된 4차 정상회담에서는 3차 오사카 정상회담에서 채택된 행동지침에 따라 구체적인 행동계획인 마닐라 실행계획(MAPA : Manila Action Plan for APEC)을 승인하였는데 MAPA의 채택으로 회원국들의 관세인하는 물론 비관세장벽(non-tariff barrier)의 제거를 통하여 역내무역 및 투자 활성화를 이루게 됨으로써 APEC은 내실 있는 경제협력체로 발전할 수 있는 계기를 마련하게 되었다.

또한, APEC의 17차례의 각료회담을 거치면서 조직 및 활동에 있어서 상당한 발전을 이루었는데 각료회담의 주요 내용은 간략히 서술하면 다음과 같다.[1)]

1) 노재봉, 지역주의 심화와 한국의 선택, 대외경제정책연구원, 1993, pp. 34-36. 참조
김완순 외, 국제경제기구론, 박영사, 1998. pp. 456-461. 참조

〈표 5-1〉 APEC의 정상회담의 주요 내용

구분	개최일자	개최지	주요내용
1차	1993. 11.	미국 시애틀	· UR 연내타결 · APEC의 무역 · 투자 기본방향 선언
2차	1994. 11.	인도네시아 자카르타	· 보고르선언 채택 (선진국 2010년, 개도국 2020년까지 무역 · 투자 자유화) · 각국의 투자에 대한 규제완화 및 투명성제고를 위한 APEC 투자준칙 제정
3차	1995. 11.	일본 오사카	· 무역 · 투자 자유화 행동지침 발표 · APEC 경제인 자문회의 설치 · 개방적 지역주의의 유지
4차	1996. 11.	필리핀 마닐라	· 무역 · 투자 자유화 이행계획 · 가입제한 철폐 · WTO 체제의 지지
5차	1997. 11.	캐나다 밴쿠버	· 동아시아 외환 · 금융위기 해결위한 역내 금융체제의 구축 · 신규가입조건 결정 · 역내 인프라개발과 경제 · 기술협력의 강화
6차	1998. 11.	말레이시아 쿠알라룸푸르	· 아시아 금융위기 공동 극복(100억 달러 지원) · 헤지펀드 · 투자은행의 투명성 · 정보 공개
7차	1999. 9.	뉴질랜드 오클랜드	· 세계무역기구(WTO) 뉴라운드 일괄타결 · 지역금융시장의 강화
8차	2000. 11.	브루나이 반다르 세리 베가완시	· WTO 뉴라운드 2001년 출범 · 정보격차 해소 노력
9차	2001. 10.	중국 상하이	· WTO 뉴라운드 출범을 지지하는 정상선언문 채택 · 9 · 11 미 테러사태와 관련 APEC 정상 반테러 결의 · APEC 회원국간 e-APEC 추진
10차	2002. 10.	멕시코 로스카보스	· 테러척결과 경제발전, 투자 · 교역 활성화 등을 주요 내용으로 하는 정상선언문 채택 · 역내국가의 자본시장 육성방안 수립 · 전자세관신고서 제정키로 합의
11차	2003. 10.	태국 방콕	· 정상회의의 대주제로 '미래를 향한 파트너십'을 선정함 · 2005년 보고르 목표의 진전사항에 대한 중간점검
12차	2004. 11.	칠레 산티아고	· 무역 · 투자자유화, 인간안보 강화, 지식기반경제 논의
13차	2005. 11.	한국 부산	· 하나의 공동체를 향한 도전과 변화

1차 각료회의(1989년 11월, 캔버라)에서는 각료회의와 이를 지원하는 고위실무회의(SOM : Senior Officials Meeting)가 중심이 되었으나 2착 각료회의(1990년 7월,

싱가포르)에서는 무역 및 투자데이터 검토, 무역진흥, 투자 및 기술이전, 인적자원 개발, 에너지, 수산, 해양자원 보존 등의 7개 협력사업을 추진하기 위한 실무반의 활동이 본격화되었다. 3차 각료회의(1991년 11월, 서울)에서는 교통, 통신, 관광 등 3개 협력사업이 추가되었고 한국의 조정으로 중국 · 대만 · 홍콩의 가입문제가 해결되었으며 APEC의 목표와 활동범위 등을 규정한 서울선언을 채택하여 본격적인 협력기구로서의 활동이 시작되었다고 볼 수 있다. 4차 각료회의(1992년 9월, 방콕)에서는 소규모 사무국 설치가 합의되었으며 자문기관인 저명인사그룹(EPG : Eminent Persons Group)이 발족하였다.

5차 각료회의 및 1차 정상회담(1993년 11월, 시애틀)은 아 · 태 경제협력의 차원을 각료회의에서 정상회의로 격상시켜서 APEC의 위상을 제고시키는 계기가 되었으며 무역투자위원회(CTI : Committee on Trade and Investment)가 설립되었다. 시애틀 회의를 계기로 APEC은 비로소 역내 무역자유화를 위한 프로그램을 시작하게 되었다. 우선 5차 각료회담에서 미국이 제안한 무역 및 투자협력을 위한 기본합의서를 채택함으로써 아 · 태 지역내 실질적인 무역 및 투자협력을 위한 기틀을 마련하였다.

1994년 11월 인도네시아 자카르타에서 개최된 6차 각료회담 및 2차 정상회담은 진정한 의미의 APEC 무역 · 투자 자유화의 시작이라고 볼 수 있을 만큼 중요한 의미를 가지는 보고르 선언(Bogor Declaration)을 채택하였다. 보고르 선언의 내용은 3가지로 요약할 수 있는데 첫째, 무역자유화시기이다. 개도국은 2020년, 선진국은 2010년으로 확정하였다. 둘째, 회원국간 동등한 동반자 관계를 통한 교역그룹을 지향하였다. 셋째, 새로운 무역장벽을 세우지 않는 개방적 지역주의(open regionalism)의 표방이다. 7차 각료회담 및 3차 정상회담(1995년 11월, 오사카)은 보고르 선언을 이행하기 위한 구체적인 방안이 거론되어 역내 무역 · 투자자유화를 위한 오사카 행동지침이 채택되었는데 오사카 행동지침은 자유화 작업을 인도하기 위한 매우 명확한 원칙들을 설정하고 있으며 이러한 자유화 원칙과는 별도로 인적자원개발 · 중소기업 · 무역진흥 등 13개 경제 · 기술협력분야를 제시함으로써 보고르 선언상의 무역 · 투자자유화를 향한 균형되고 포괄적인 지침을 제공하고 있다.

〈그림 5-1〉 APEC의 조직도

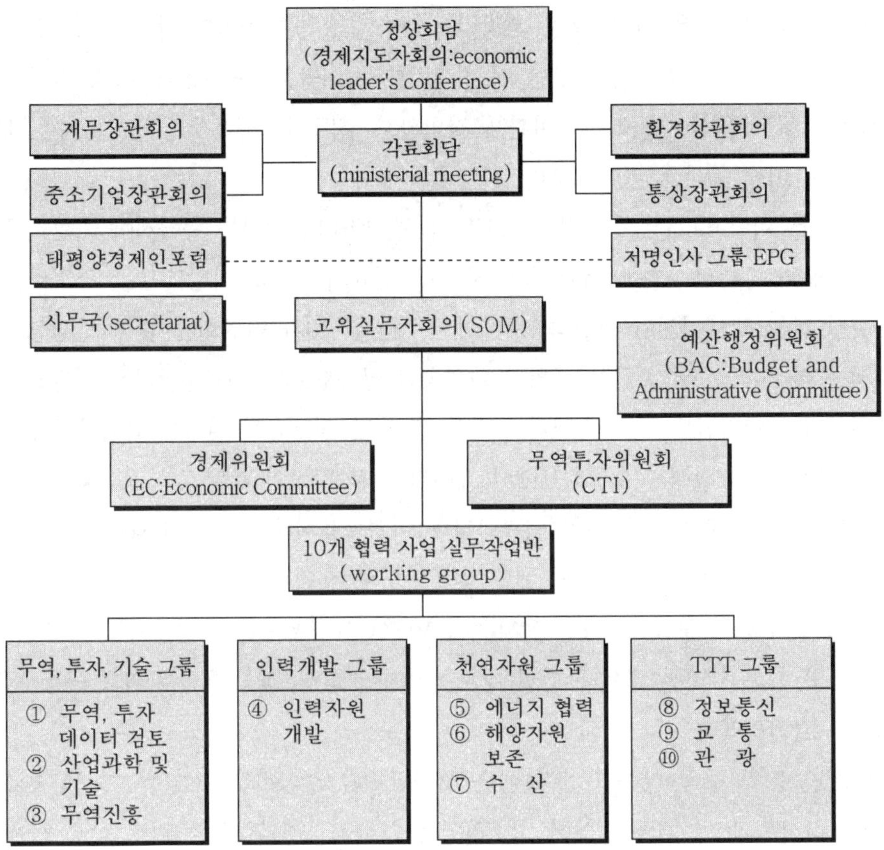

자료 : 김완순 외, 국제경제기구론, 박영사, 1998. p. 458.

1996년 11월 필리핀 마닐라에서 개최된 각료회담 및 4차 정상회담에서는 무역 및 투자자유화·원활화의 구체적인 실행계획을 담고 있는 마닐라 실행계획(MAPA)과 회원국간 불균형 해소를 위한 '경제협력·개발 확대에 관한 선언문' 등을 채택하였다. MAPA는 1994년 정상회담에서 채택된 '보고르 선언'과 1995년 정상회담에서 채택된 '오사카 선언' 등 종전의 무역·투자자유화에 대한 선언적 지침을 구체화한 것인데 선진국은 2010년, 개도국은 2020년까지 구체적인 실행계획으로서 공동실행계획(CAP : Collective Action Plan)과 개별실행계획(IAP : Individual Action Plan)을 포함하고 있다.

CAP는 APEC 회원국들이 공동으로 추진해야 할 사항들에 대한 실행계획으로 민간기업의 자유로운 기업활동을 보장함으로써 경쟁력을 높이고 거래비용을 절감하는데 목적을 두고 있으며 IAP는 무역 및 투자 자유화 · 원활화를 위해 각국별로 1997년 1월부터 실시할 관세 · 비관세 장벽완화, 지적재산권보호, 기업인 이동, UR 합의사항 이행 등과 관련한 구체적 실행계획이다.

9차 각료회담 및 5차 정상회담(1997년 11월, 밴쿠버)에서는 동아시아 외환 · 금융위기 해결을 위한 역내금융체제의 구축과 신규회원국의 가입조건을 결정하였고 1998년 11월 말레이시아 쿠알라룸푸르에서 개최된 10차 각료회담 및 6차 정상회담에서는 아시아금융위기 극복을 위한 회원국의 공동협조로 100억 달러를 지원하기로 합의하였고 헤지펀드 · 투자은행의 투명성 제고 및 정보공개 원칙을 확립하였다.

1999년 9월 뉴질랜드 오클랜드에서 개최된 11차 각료회담 및 7차 정상회담에서는 세계무역기구 뉴라운드에 대한 일괄타결과 지역금융시장의 강화에 대해 정상 간에 합의를 이루었으며 2000년 11월 브루나이 반다르 세리 베가완시에서 열린 12차 각료회담 및 8차 정상회담에서는 2001년에 WTO 뉴라운드를 출범시키는 것과 함께 세계화의 진전에 따른 회원국 간의 정보격차(digital divide) 해소를 위해 공동 노력하기로 결의하였다.

2001년 10월 중국 상하이(上海)에서 개최된 9차 정상회담은 한국 · 미국 · 중국 · 일본 · 러시아 등 20개국 정상이 참여하였는데 세계경제활성화를 위해 상호 정책공조를 강화하고 테러방지를 위한 실질협력 방안을 마련했다는 점에서 높은 평가를 받고 있다. 9차 정상회담에서는 '상하이합의(Shanghai Accord)'를 채택하였는데 상하이합의는 2001년 6월 회원국고위관리회의(SOM2) 및 통상장관회의(MRT)에서 논의된 내용을 최종 정리한 것이라 할 수 있다. 즉, 1994년 APEC 보고르 정상회의 선언의 실현방안을 구체화한 것이라 할 수 있다.

2002년 10월 멕시코 로스카보스에서 개최된 10차 정상회의에서는 무역원활화 행동계획, 투명성 성명, 디지털경제 성명이 채택되었다. 또한, 반테러(anti-terror)와 경제성장 성명, APEC 회원국 내 테러사태에 관한 정상성명, 북한관련 별도 정상성명이 채택되었다.

2003년 10월 태국 방콕에서 개최된 11차 정상회의에서는 무역·투자자유화, 인간안보(human security) 강화, 세계화(globalization)의 혜택에 대해 논의하였다. 또한, 보건안보에 관한 정상성명이 채택되었으며 의장에 북한관련 구두 발표가 있었다.

2004년 11월에 칠레 산티아고에서 개최된 12차 정상회의에서는 무역·투자자유화, 인간안보 강화, 지식기반경제(knowledge-based economy)에 대해 논의하였다. 또한, 무역확대를 위한 산티아고 구상이 채택되었고 인간안보 증진, Good Governance와 지식기반사회 촉진을 위해 노력하기로 합의하였다.

제 3 절 APEC의 특징

APEC은 역외국가들에 차별적인 대우를 취하고 있는 EU나 NAFTA 등과는 달리 기본적으로 역내무역·투자자유화 및 기술·경제협력의 성과와 혜택이 역외국가에 차별적으로 부여되어서는 안 된다는 개방적 지역주의를 표방하고 있으나 APEC이 역내 무역·투자자유화의 혜택을 역외국가에도 동등하게 부여할 것인가의 문제는 회원국 간에 논란이 되고 있다. 회원국간 이러한 논란의 근거는 APEC 회원국들의 다양한 경제적 배경에서 찾을 수 있다. 즉, APEC의 21개 회원국들 간에 존재하는 상이한 경제발전단계 및 시장개방 그리고 이러한 상황을 참작한 각국의 국가별 무역자유화 이행일정에 차등을 두자는데 있다.

APEC에는 개방적 지역주의의 실천방법과 관련하여 상반된 2가지 입장이 존재하고 있다.[2)]

1. ASEAN 국가들의 견해

ASEAN국들의 지역주의에 대한 입장은 APEC 지역차원의 무역자유화의 이익이 최혜국(MFN : Most Favored Nation)대우원칙의 무조건부적 기준으로 역외국에도

---

2) 김완순 외, 전게서, pp. 462-464. 참조

적용되어야 한다는 포괄적인 최혜국대우원칙을 의미하는데 역외국가들에 대한 무조건부적 MFN 대우는 무임승차(無賃乘車)의 문제를 야기하게 된다.[3] 현실적으로 APEC에서 거래되는 상품교역의 73% 이상이 역내에서 이루어지기 때문에 역외국의 무임승차의 정도는 미약하여 역외국가에 무조건부적인 기준으로 무역자유화를 실시하더라도 역내국의 경제적 피해는 크지 않을 것으로 전망된다.

2. 미국의 견해

미국은 EU를 견제하기 위해 개방적 지역주의의 혜택을 EU가 APEC이 추진하는 정도의 자유화 조건을 준수하는 경우에만 상호 호혜적으로 부여하자는 입장이다. 역외국가에 대해 상호주의에 입각한 역내자유화 혜택을 부여하기 위해서는 APEC으로 하여금 역외공동무역조치를 취하도록 해야 하는데 이것은 현재 역내 회원국간의 상이한 경제발전단계에 따른 상충되는 이해관계를 고려할 때 실질적인 자유무역지역의 형성을 요구하는 이 같은 미국의 제안은 비현실적이라고 평가할 수 있다.

EPG는 이러한 상반되는 입장에 대해 이 2가지 입장을 충분히 반영하고 있는 다음 4가지 실천방안을 제시하고 있다.

① APEC 회원국들은 독자적 자유화(unilateral liberalization)를 최대한 실시해야 한다. 이는 각국의 경제발전단계, 문화 · 사회 · 정치적 여건에 맞게 자유화 일정 및 범위를 자율적으로 결정하도록 하는 것이다.

② 독자적 자유화와 병행하여 상호주의(reciprocity)에 입각한 역내외 자유화를 실시하는 것이다. 즉, 아 · 태 지역의 완전무역자유화를 이룩하기 위해서는 구속력 있는 협상을 통해 상호주의적 원칙에 입각한 자유화가 실시되어야 한다는 것이다.

③ 역외국에 대한 무역과 투자의 장벽을 상호주의 원칙에 입각하여 지속적으로

3) 최혜국대우원칙은 일명 무차별원칙이라고도 하며 통상관계 및 관세부여에 있어서 제3국에 부여하고 있는 제(諸) 조건보다 불리하지 않은 대우를 타 국가들에게도 해 주어야 한다는 원칙을 의미한다.

낮추어 나가는 것으로 역외국으로 하여금 APEC에 상응하는 자유화를 이행하게 함으로써 APEC이 범세계적 무역자유화를 선도한다는 의미를 가지고 있다.

④ APEC 수준 이상의 자유화는 각 회원국이 역외국에 대한 MFN 대우 여부를 자율적으로 결정하게 하는 것으로써 역내 선 · 후진국 간의 마찰을 방지할 수 있게 된다.

아시아 · 태평양 지역의 다양성에 비추어 볼 때 역내국 간에 무역자유화를 위한 통일된 의견을 도출한다는 것은 매우 어려운 일이다. 역내국가 간에는 다양한 경제적 · 사회적 · 문화적 · 역사적 · 언어적 · 인종적 · 정치적 배경이 존재하고 경제발전단계의 차이, 즉 미국 · 일본을 위시한 선진국과 개도국과의 의견차이가 상존하고 지역 간의 차이인 아시아 지역과 비아시아 지역의 입장차이도 존재하여 APEC이 하나의 통합된 경제권으로 발전하는 데에는 상당한 시일이 소요될 것으로 보인다.

제 4 절 주요국의 입장

1. 미국의 입장

1989년 1월 호주가 아 · 태 경제협력체 구상을 제안하였을 때 미국은 즉각적인 반응을 유보하였다가 1989년 6월에 동참의사를 밝혔는데 APEC 출범 당시 미국의 참여의도는 미국을 배제하는 아시아 지역협력체의 성립을 방지하고 APEC을 통해 UR 타결을 촉구하여 EU와의 협상력을 제고시키는 것이었다.[4] 따라서 당시 미국은 APEC을 UR 타결을 위한 보조수단 정도로 인식하여 APEC의 활동에 소극적이었으나 UR 타결이 계속 지연되고 협상결과도 기대에 못 미칠 가능성이 커지자 미국은 APEC을 주요 대외정책수단으로 새롭게 인식하게 되었다. 즉, 1990년대 초반을

4) 노재봉, 전게서, pp. 37-39. 참조

기점으로 미국은 동아시아의 성장잠재력이 세계에서 가장 크다는 점을 중시하여 APEC 내에서의 무역·투자자유화가 미국경제의 성장에 주요한 요인으로 작용할 것이라는 인식을 하게 되었다.

현실적으로 미국 무역적자의 대부분이 일본을 비롯한 아시아 국가들과의 교역에서 발생하고 있기 때문에 무역적자의 개선과 APEC의 역내무역자유화가 직결된다고 보고 있고 UR의 성과가 만족스럽지 못한 부문의 경우 아·태 지역에서의 자유화 협상을 통해 미국의 국익을 증대시키려 하고 있으며 EU를 견제하는 방편으로써 APEC의 발전을 기도할 것으로 보인다. 또한, 아·태 지역에서 미국을 배제한 지역경제권이 형성되는 것을 방지하고 동 지역에서 경제적 주도권을 장악하겠다는 의욕을 가지고 있다. 그러나 현재의 APEC 체제가 회원국 간의 다양한 존중, 대화와 협의를 위주로 하는 협의체 지향 등으로 인해 이러한 미국의 의도가 제대로 충족될 수 있을 지는 의문시된다.

2. 일본의 입장

일본은 호주의 아·태 경제협력체 구상제안에 대해 처음부터 지지입장을 표명하였다. 일본의 지지입장의 근거는 동 구상이 역내국과의 무역 및 투자관계 강화에 도움을 준다는 것과 미·일 무역마찰을 회피하기 위한 방안으로써 유용하다는 것이다. 일본은 APEC을 아·태 지역내 경제협력의 발판으로 삼아 역내 경제교류를 증대해 나간다는 입장이나 미국이 APEC을 통해 아·태 지역의 경제적·정치적 주도권을 장악하는 것에 대해서는 경계하고 있다.

일본은 미국이 APEC을 강화하여 지금의 경제협력체에서 경제공동체로 발전시키려는 의도에 대해 APEC이 개방경제연합(OEA : Open Economic Association)으로 지향하기를 바라고 있다. 이는 자유무역지역의 결성과 같은 포괄적인 무역자유화 추진이 아·태 지역의 다양성을 고려할 때 현실적으로 적합하지 않다고 판단하기 때문이며 APEC의 바람직한 추진방향으로 가능한 부문부터의 점진적인 경제협력을 지적하고 있다.

3. 중국의 입장

중국은 1980년대 이후 본격적으로 사회주의 경제체제에서 자본주의 시장경제체제로 전환하면서 세계경제에 활발히 진출하고 있다. 이러한 세계경제로의 순조로운 진출을 위해서 미국 · 일본 · ANIEs · ASEAN 등이 참여하고 있는 APEC의 결성을 지지하고 있다. 즉, 중국은 APEC을 통하여 자국의 시장경제화를 촉진시키고 경제개발을 가속화시키려 하고 있으며 선진국으로부터의 기술이전이 활발히 이루어지기를 바라고 있다.

그러나 중국도 일본과 같이 APEC이 경제협력체 이상으로 발전되기를 원치는 않고 있다. 이는 APEC이 미국의 주장대로 지역경제공동체로 발전될 경우 중국을 비롯한 동아시아에 대한 미국의 통상압력이 더욱 거세질 것을 우려하고 있기 때문이다.

한편, 중국은 APEC에 3중국의 하나로서 가입하기는 하였으나 APEC 내에서 홍콩이나 대만의 입지가 커지는 것을 경계하고 있다. 특히, 대만이 자국과 같은 정치적 입지를 가지는 것을 강력히 견제하고 있는 입장이다.

4. ASEAN의 입장

ASEAN은 아 · 태 경제협력의 필요성에 동의하여 APEC에 참여하기는 하였으나 APEC의 급속한 진전이 ASEAN 국가 간의 결속력을 약화시킬 것을 우려하여 APEC의 급속한 추진에 소극적인 입장을 보였으나 최근에는 APEC에 적극적으로 참여하여 ASEAN의 이익을 옹호하려는 입장도 나타내고 있다. 이러한 입장의 변화에는 ASEAN의 대(對)APEC 무역비중이 70% 이상에 이르고 있고 주요 투자국의 대부분이 APEC 국가라는 현실적인 인식이 배경으로 작용하고 있다.

한편, 말레이시아를 비롯한 일부 ASEAN 국가들은 APEC의 무역 · 투자자유화 과정에서 개도국의 입장반영에 대한 의문, 미국 주도의 APEC 추진으로 인한 ASEAN 회원국의 결속력 약화, APEC 내 미국의 입지강화로 인한 ASEAN 회원국의 미국경제에 대한 종속, APEC의 대선진국 협상력 약화 등을 우려하여 APEC이 구속력 있는 경제공동체로 발전하는 것에 대해 반대하고 있다.

제5절 13차 APEC의 성과

1997년 APEC 외교·통상장관회의가 서울에서 개최된 이후 14년 만에 회원국 대통령과 총리 등 각국 정상들이 참여하는 회의가 부산에서 2005년 11월 12~19일까지 개최되었다. 이번 13차 APEC의 성과를 경제부문을 중심으로 살펴보고자 한다.

1. 주요 행사 개관

1.1 투자환경설명회

(1) 투자환경설명회 및 상담회 : 한국·미국·중국·일본 등 17개 회원국의 국별 투자환경 설명·홍보 및 1:1 상담회가 개최되었다.

(2) APEC-OECD 세미나 : 투자관련 국제전문가 200여명이 참석하여 세계경제의 글로벌화, 경제개발 및 투자활성화 등을 논의하였다.

(3) 세계투자진흥기관연합(WAIPA) 아·태지역회의 : Invest KOREA, JETRO 등 15개 기관 200여명이 투자유치전략을 논의하였다.

(4) CEO 지상간담회(산자부장관, eBay 사장, Citi그룹 부회장 등 5인) 및 명사강연(OECD 사무총장, 먼델 교수)

1.2 기업자문위원회(ABAC)

역내 기업인들의 관심사항 발굴 및 정상회의 건의(APEC 회원국 80여명의 CEO 참석)사항들을 논의하였다.

1.3 CEO SUMMIT

'기업가정신과 번영 : 아태지역의 성공적인 파트너십 구축'을 주제로 세계 각국의 주요 CEO 800여명이 참석하였다. 한국・중국・러시아 등 9개국 정상세션과 7개 토론 세션으로 진행되었다.

1.4 IT전시회

8개 주제관(로봇관, U-Port관, E-Learning관, E-Health관, 전자정부관 등) 및 4개의 기업관(삼성, LG, KT, SKT)으로 구성되었다.

1.5 양자 정상회담(미국, 중국, 러시아 등 10개국), 한・중 투자협력위원회(산자부장관, 중국 상무부장) 및 한・러 산업자원장관 회담

2. 경제부문 성과

2.1 개관

(1) 한국은 13차 APEC을 통해 경제 분야에서 전반적으로 커다란 성과를 거둔 것으로 평가할 수 있음

의장국으로서 Bogor 목표인 '역내 무역・투자 자유화'를 위한 선도적 역할 수행 및 선진통상국가로서의 위상을 제고하였으며 한국경제의 건전성 및 한국제품의 우수성 등을 적극적으로 홍보함으로써 국가 및 기업 브랜드가치(country and corporate brand value)를 제고시켰다고 평가할 수 있다.

(2) 세계적 유력인사 약 6,000여명이 이번 APEC 행사에 참가하였음

해외 34개 거점무역관에서 발굴된 300여명의 잠재투자가를 비롯하여 약 1,000여명의 주요 외국인 CEO 등이 참석하였다. 회원국 투자환경설명회(17개국 참여) 및 투자상담회를 마련하였으며 연인원 2,000여명의 국내외 기업인과 투자가들이 참가하였다.

(3) IT 전시회 등을 통해 IT 강국으로서의 한국의 역동적 투자 환경을 세계에

전달함으로써 국가이미지가 크게 제고되었음

(4) 주요 회원국과의 정상회담 및 한·중 투자협력위원회 등을 통해 무역·투자, 기업교류, 자원개발 등 경제협력을 강화하였음

2.2 주요 성과

(1) 5.1억 달러 상당의 외국인투자 유치(MOU 체결)

① 국별 투자환경설명회를 계기로 미국의 ITW(자동차부품, 3,000만 달러) 등 12개사로부터 5.1억 달러의 외국인투자를 유치(MOU 체결)하였음

34개 해외 거점무역관을 통해 방한한 300명의 해외투자가와 1 : 1 투자상담회를 개최하여 2.2억 달러의 투자상담 성과를 도출하였다.

② 세계최대의 전자상거래업체인 eBay의 아·태지역본부를 유치하여(MOU 체결) 동북아 전자상거래허브(E-Commerce Hub)로서의 위상을 구축하였음

③ 개성공단의 투자환경을 최초로 세계에 소개함으로써 새로운 차원의 한반도 투자 메리트(investment merit)를 홍보하였음

외국인 투자자들은 한국의 첨단기술 인프라와 북한(개성)의 저렴한 노동력·입지·외국자본을 결합하는 '남북연계 삼각투자'에 관심을 표명하였으며 한국의 안보상황에 대한 우려를 불식시키고 남북경제협력기반 강화 등의 계기를 마련하였다고 평가할 수 있다.

④ 한국기업의 해외진출을 위한 신규 비즈니스기회를 발굴하였음

삼성·LG·SK 등 300여 국내기업이 중국·베트남 등 17개국 투자환경설명회 및 1 : 1 상담을 통해 해외진출기회를 모색하였다.

⑤ 다국적기업 CEO 1,000여명과 국내기업인간 네트워크 구축을 통해 중장기적 투자 유치 가능성을 확보하였음

(2) IT 강국으로서의 국가이미지 제고

① 위성 DMB·와이브로 단말기, 알버트 휴보 등 로봇기술 체험등 IT 전시회를 통해 최첨단기술을 홍보하였음

한국 기업의 홍보 및 IT강국 KOREA의 국가브랜드가치를 제고시켰다.

② 전자정부 관련 기술의 우수성을 전파함으로써 페루, 인도네시아, 브루나이 등

해외진출에 유리한 여건을 조성하였음

(3) 에너지 · 자원협력 강화

① 러시아와의 에너지 · 플랜트협력기회를 확대하였음

한 · 러 가스산업협력방안을 협의(산자부장관, 러시아 산업에너지부장관 및 러시아 국영가스회사 Gazprom 사장과 면담하였음)하였다.

② 한국 원전기술의 우수성 홍보

중국 · 베트남 · 인도네시아 · 멕시코 등에 한국 원전의 우수성을 홍보함으로써 이들 국가의 원전건설 참여에 유리한 여건을 조성하였다.

(4) 양자 및 다자간 경제협력 강화

① 중국, 러시아에 대한 시장경제지위(MES) 인정으로 우호적 경제협력 여건을 조성하였음

역내의 경제대국으로 부상하고 있는 중국과 러시아에 대한 시장경제지위 부여를 통해 교역확대의 전기를 마련하였다.

② 고위급 검역협의체의 조기 가동(중국), 명태잡이 쿼터문제(러시아)의 원만한 타결

③ 중국과의 포괄적 경제협력관계 강화 합의

양국간 무역투자분야의 전략적 협력목표 및 주요 과제에 합의하였으며 정상회담시 산업자원부 장관과 중국 상무부 부장간 '한 · 중 무역투자협력 확대 MOU'를 체결하였다. 또한, 2012년 한중 교역 2,000억 달러 달성, 중국 시장경제지위 부여, 무역마찰 사전예방, 양방향 투자협력 강화 등에도 합의하였다.

④ ASEAN과의 FTA 체결 진전

양자정상회담, 한 · ASEAN 통상장관회담을 통해 개성공단 생산제품의 원산지 인정 등 FTA 체결을 위한 여건을 조성하였다.

⑤ DDA 협상의 진전 계기 마련

APEC 21개 회원국이 2010년까지 선진국의 농업수출보조금을 폐지하기로 합의함에 따라 그 동안 교착상태를 보였던 도하개발아젠다(DDA) 협상을 진전시킬 수 있는 계기를 마련하였다.

(5) 부산권 경제활성화를 통한 지역균형발전

① 관광수입 증가와 컨벤션산업(convention industry) 발전 등 부산지역 경제발전에 획기적 전기 마련

방한(訪韓) 인사의 지출경비 등으로 약 3,000만 달러의 관광수입을 유발하였으며 동북아 물류항만 중심도시로서의 부산에 대한 이미지를 제고시켰다.

제6절 APEC의 역할 및 과제

1. APEC의 역할

향후 APEC은 현재 심화되고 있는 범세계적인 지역주의 경향을 완화시키며 비배타적이고 무차별적인 개방적 지역주의 정책(open regionalism policy)을 계속 견지할 것으로 보인다. 이와 같은 맥락에서 볼 때 아·태 지역은 경제협력의 과실을 역외국가와 공유할 것이며 이는 다자주의의 원칙에도 부합된다고 할 수 있다.

경제전문가들 사이에 지역주의와 다자주의의 관계가 대립적인지 보완적인지에 대한 논쟁이 벌어지고 있다. 지역주의가 다자주의의 약화를 초래한다는 논리는 지역주의의 속성인 보호주의적 특성에 중점을 두고 있으며 일정지역에 적용되는 지역주의가 기타 지역에서 대항적인 성격의 지역주의 성립을 가져온다는 측면을 강조하고 있다. 반면에 양자 간의 보완성을 중시하는 견해는 일부지역의 역내국가 간에 실질적인 모든 무역장벽이 합리적인 기간내에 제거된다면 적어도 해당지역 내에서는 교역이 활성화되며 이는 다자주의의 활성화에 기여하게 된다고 보고 있다.[5]

APEC의 역할을 3가지 측면에서 살펴보고자 한다.

① 아·태 경제협력의 진전은 기존의 지역주의를 개방적으로 만드는 압력요인으

5) 노재봉, 전게서, p. 44. 참조

로 작용하게 된다. 예를 들면, EU가 배타적인 경제블록(exclusive economic bloc)으로 발전할 경우에는 APEC이 집단적인 대항수단을 취함으로써 EU를 견제할 수 있고 NAFTA 회원국들을 보다 폭넓은 아·태 경제협력의 틀로 유도함으로써 NAFTA의 비회원국에 대한 차별을 완화할 수 있다.

② APEC은 미국과 일본의 무역마찰에서 야기된 양국시장의 보호무역주의적 경향을 완화시켜 줄 수 있다. 예를 들면, 역내 무역자유화가 이루어질 경우 미국의 일본시장에의 접근이 용이해질 수 있고 미국도 반덤핑(anti-dumping) 판정 같은 불공정 무역관행을 겨냥한 정책을 자제할 수 있다.

③ APEC의 협력사업의 진전은 역내 회원국의 경제적 이익의 증대를 가져오게 된다. 아·태 지역은 경제적 특성상 각 경제 간의 상호보완성이 크며 경제적 잠재력도 매우 높다고 할 수 있다. 따라서 APEC의 진전은 이 지역전체의 경제적 번영은 물론 다자간 무역질서(multilateral trade order)를 기본이념으로 하는 WTO의 정신에도 부합되어 새로운 국제무역질서의 창출에 기여하게 된다.

2. APEC의 과제

APEC은 향후 무역·투자자유화의 추진속도를 적절히 조절해 나감으로써 회원국 간의 이해관계의 차이에서 오는 갈등을 최소화하면서 회원국 간의 결속력을 제고시켜 나갈 것으로 기대되고 있다. APEC의 발전과 관련하여 현재 APEC이 당면하고 있는 과제를 다음 2가지 측면에서 살펴보고자 한다.

2.1 상호보완적인 경제협력체의 지향

APEC은 회원국들의 경제발전단계가 상이하여 수평적인 국제분업(international division of labor)에 기초한 협력체라기보다는 수직적인 국제분업에 기초하는 협력체라고 할 수 있다. 이러한 경제협력의 틀 하에서 바람직한 상호보완적 경제협력체가 되기 위해서는 역내 회원국들의 경제적 주권(economic sovereignty)이 가능한 한 평등하게 보장되어 특정 국가의 독주를 견제할 수 있어야 한다. 이를 위해 민주적 의사결정을 위한 제도적 장치가 마련되어야 하며 이렇게 될 때 역내 국가들의 호혜평등이 유지되어 진정한 의미의 역내 회원국들의 공동번영이 가능하게 된다.

2.2 정상선언의 실효성 제고

현재 APEC 정상회담은 13차까지 진행되었지만 정상 간의 합의사항 실효성에 한계를 노출시키고 있는 것이 사실이다. 정상선언의 내용은 3개월마다 개최되는 고위관리회의(SOM) · 재무장관 및 통상장관회의 등 각료회담에서 검토되지만 APEC이 당초 집행기구가 아닌 협의기구로서 출범했기 때문에 그다지 큰 구속력을 가지지 못하고 있다. 따라서 APEC의 효용성을 제고시키기 위해서는 정상선언의 실효성과 그에 따른 후속조치에 대한 근본적인 개선책이 요구되고 있다.

제6장

아 · 태경제협력 민간부문 이니셔티브

정부간 경제협력채널인 APEC이 1989년 출범하기 이전부터 아시아 · 태평양지역 경제협력에 대한 논의는 민간부문에서 진행되고 있었다. 즉, 이미 일부 협력기구들이 형성되어 활발한 활동을 하고 있었다. 예를 들면, 1967년 창설된 태평양경제협의회(PBEC : Pacific Basin Economic Council)와 1980년 설립된 태평양경제협력위원회(PECC : Pacific Economic Cooperation Council)를 지적할 수 있다.[1] 또한, APEC의 공식 민간자문기구인 APEC 기업인자문위원회(ABAC : APEC Business Advisory Council)는 1996년 설립된 이후 매년 APEC 정상회의에 권고안을 제출하며 기업인들의 직접적인 정책제안채널로서 원활한 기능을 하고 있다.

상기한 민간협력기구들은 각국 정상들이 매년 회동하는 APEC에 비해 인지도나 관심도 면에서 낮을 뿐만 아니라 APEC이 정부가 주도하는 협력체임에 비해 민간부문의 자발적인 참여에 의존하는 순수 민간기구라는 점에서 국가간 정책결정에 있어 실질적인 영향력을 행사하기는 어려운 편이다. APEC을 위시하여 역내 다양한

1) 이러한 민간협력기구들은 APEC의 출범에 상당한 기여를 하였을 뿐만 아니라 현재까지도 정부간 채널인 APEC을 보완하기 위한 민간협력의 통로로서 기능하고 있다(대외경제정책연구원, 한국의 태평양경제협력외교 : 병행과 전략, 2002. 10. pp. 155-175. 요약 · 재구성).

협력채널이 창설되면서 이전에 비해 현실적으로 활동이 많이 위축되어 있다고 할 수 있다. 그러나 아·태지역의 대표적인 민간외교채널로서 APEC 등 정부채널에 직·간접적인 영향력을 행사함으로써 오히려 정부차원에서 실행되기 어려운 사안들에 대해 이니셔티브(initiative)를 행사할 수 있는 좋은 수단이 되기도 한다.

제1절 APEC 기업인자문위원회

(ABAC : APEC Business Advisory Council)

1. ABAC의 구성과 주요 기능

1.1 구성

APEC 기업인자문위원회는 APEC 회원국의 저명 기업인들로 구성된 APEC 정상 자문기구로서 정부간 기구인 APEC에 민간경제계의 의견을 반영하자는 정상들의 합의에 따라 1996년 출범되었다. ABAC는 APEC 각 회원국을 대표하는 3인의 위원으로 구성되어 21개 회원국에서 총 60여명이 참여하고 있다.[2)]

ABAC는 매년 3차례의 정기회의를 통해 주요 의제에 관한 민간경제계의 의견을 집약하여 매년 APEC 정상회의에 연례보고서를 제출한다. ABAC의 주요 논의사항은 전년도 정상회의 선언내용, 주요 국제경제 이슈, 해당연도 ABAC 의장국의 주요 관심사항 등에 의해 결정된다. 특히, 의장국이 회의조직과 의제선정에 있어 주도적 역할을 하는 관계로 의장국의 관심사항과 경제여건에 따라 논의내용이 상당부분 결정된다고 할 수 있다.[3)] 의장은 당해연도 APEC 개최국에서 자동적으로 담당하게 되며, 2명의 부의장은 전년도 의장국과 다음 해 의장국에서 담당한다.

---

2) 각 국별 3명의 위원 중 1명은 중소기업을 대표하도록 하고 있다.
3) ABAC는 필리핀 마닐라에 상설사무국을 두고 있으나 회비징수 등 단순업무에 그치고 있어서 실질적 회의조직과 운영은 해당연도의 의장국에서 실행한다.

1.2 주요 기능

ABAC의 주요 기능은 매년 APEC 정상회의에 연례보고서를 제출하여 민간기업인의 의견이 정책에 반영되도록 권고하는 것이다. ABAC는 APEC 각료회의, 고위관리회의 등 주요 APEC 회의에 참석하여 민간경제계의 입장을 개진하며 ABAC 의장 명의로 APEC 관련 분과위원회 사무국에 ABAC 건의사항을 전달하기도 한다. ABAC의 활동은 APEC의 합의나 ABAC 건의사항에 대한 APEC 및 회원국의 이행사항을 검토하는 1개의 상설위원회(Action Plan Monitoring Committee)와 구체적인 주제별 분과위원회로 구성된다. 현재 기업활동 여건 개선(Business Facilitation Task Force), 금융(Finance Task Force), 기술관련 조치(Technology Task Force) 등 3개 분야에서 작업반이 운영되고 있으며 중소기업(SME Caucus)에 대한 논의도 활발히 진행되고 있다.

2. ABAC의 최근 동향 및 문제점

2.1 최근 동향

ABAC의 2002년도 논의동향을 살펴보면 의장국인 멕시코의 입장이 강하게 반영되어 영세기업(microenterprise)에 대한 금융, 조세지원에 대한 논의가 활발하며 2001년도에 이어 국제적 이슈인 테러 대응조치와 동 조치가 국제경제에 미치는 영향 등도 주요 관심사가 되고 있다.

ABAC가 2002년 보고서를 통해 APEC 정상에 제안한 사항들은 상당히 구체적인 요구를 포함하고 있다. 예를 들면, 과거 ABAC의 건의에도 불구하고 APEC내 추진이 미미한 6가지 사항에 대해 APEC이 즉시 논의를 재개해 줄 것과 ABAC 건의사항에 대한 APEC의 검토 및 이행조치가 사실상 부재한 상황을 고려하여 향후 APEC 사무국이 ABAC 건의사항에 대한 논의결과와 조치 등을 ABAC에 공식적으로 통보하는 채널을 구축할 것을 요청하고 있다.[4)]

4) APEC내 추진이 미비한 6가지 사항은 회원국 내 표준화 제도 확립, APEC Food System 정립, 회원국 정부서비스에 관한 온라인 정보제공 계획수립, IMF 및 World Bank의

2.2 문제점

ABAC 활동에 대한 APEC 회원국과 사무국의 관심이 저조하여 ABAC 건의사항이 APEC에 충분히 반영되지 못하는 것이 문제점으로 지적되고 있다. 특히, 과거 ABAC의 연례보고서는 APEC 정상회의 직전에 제출되어 APEC 정상 및 각료들이 동 보고서를 미리 검토할 수 있는 시간적 기회를 갖지 못할 뿐만 아니라 다음 해에는 의장국의 교체에 따라 APEC 논의사항이 새로이 설정됨으로써 보고서가 사장되는 결과를 야기시켰다. 이에 대해서 ABAC는 2002년부터 매년 5월경 개최되는 2차 정기회의에서 연례보고서의 초안을 작성하고 있으며 이를 APEC 사무국 및 APEC 2차 고위관료회의, 통상장관회의 등에 사전 제출하여 10월 중 발표되는 APEC 정상선언에 포함되도록 변경하여 실행 중에 있다.

매년 APEC 정상회의 시기에 개최되는 ABAC와 APEC 정상과의 대화가 형식에 치우쳐 관료주의화되고 있는 점도 지적되고 있다. 또한, ABAC의 요구사항들은 APEC지역내 민간기업의 입장을 대변하기보다는 ABAC에 적극적인 회원국들의 영향력에 크게 좌우되기도 한다. ABAC 위원들이 민간기업의 입장보다는 각 회원국의 정부입장에 보다 동조하는 경향을 보이고 있으며 이로 인해 APEC 회원국들이 정부간 제안하기 용이하지 않은 사업을 정상회의에 요구하는 통로로 ABAC를 활용할 가능성이 크다. 이것은 현재 ABAC 위원을 회원국 정부가 선정하거나 ABAC 사무국이 정부 지원을 받는 구조적인 문제에 따른 것으로 단기간내에 해결되기는 어려울 것으로 보인다.

상기한 운영상의 문제점에도 불구하고 ABAC는 APEC의 공식 자문기구로서 APEC을 통해 논의사항을 정책화할 수 있다는 점에서 그 중요성과 활용가치가 매우 크다고 할 수 있다. 특히, 'APEC Means Business'라는 APEC의 기본취지에서 알 수 있듯이 APEC에 민간부문의 참여가 더욱 요구될 것으로 예상할 수 있다. ABAC 내부적으로도 기업인들의 실제적인 의견을 반영한 성공적인 정책개발을 위해 APEC의 공식기구로서의 역할 재정립에 지속적인 노력을 경주할 것으로 보인다.

Observance of Standard and Codes(ROSCs)와 Financial Sector Assessment Programs(FSAPs) 보고서에 대한 회원국 참가, 채권시장 고위 감독기구의 설립, 지적재산권(IPR) 강화와 이를 위한 정보수집센터 설립이다.

3. ABAC 한국위원회

한국은 1996년 이후 한국 측 ABAC 위원들이 매년 정기회의에 참여하고 있다. 1997년 5월 ABAC 2차 회의를 서울에서 개최한 바 있으며 한국이 2005년에 APEC을 개최하게 됨에 따라 ABAC 한국위원회는 자동적으로 2004년 부의장국, 2005년 의장국, 2006년 부의장국 역할을 하게 된다. 현재 ABAC 한국위원회 사무국은 전국경제인연합회에서 담당하고 있다.

ABAC 한국위원회의 기본적인 역할은 APEC 여타 회원국가에서 우리 기업이 직면하게 되는 애로요인을 종합적으로 파악하고 이러한 문제들을 APEC을 통해 해결하도록 정부와 ABAC 위원들이 유기적으로 협조할 수 있는 체제를 지원하는 것으로 이해할 수 있다. 그러나 한국의 ABAC 참여는 현재까지 위원의 개인적 활동에 그쳐 의제설정과 주제토론 등에 있어서 체계적인 참여가 미흡한 편이다. 무엇보다도 ABAC에 대한 국내기업들의 인지도가 대단히 낮아 ABAC를 국내 의견을 수렴하는 채널로 활용하지 못하고 있는 실정이다.

2002년부터 ABAC 기술분과위원회 의장을 한국측이 맡고 있어 정보통신, 생명공학(유전자변형 물질 등), 정보격차(digital divide) 등에 관한 논의를 주도하게 되면서 점차 한국의 ABAC 참여가 활성화될 것으로 기대된다. 이에 따라 사무국을 담당하고 있는 전국경제인연합회 차원에서도 ABAC 활동을 체계적으로 지원하기 위해 정부와의 입장조율 강화, 주요 이슈에 대한 한국 측 입장 설정 등 필요한 조치를 취하고 있다. 특히, 2002년에는 5월에 제2차 ABAC 회의에 앞서 ABAC 위원들이 외교통상부 조정관 등과 의견 조율을 거쳤으며, 제2차 시드니 ABAC 회의결과를 즉시 외교통상부에 전달함으로써 직후에 개최된 APEC 고위관료회의 및 통상장관회의에 대응토록 조치한 바 있다.

ABAC 위원들이 한국 기업인들의 공통된 의견을 수렴하여 이를 ABAC에 반영하기 위해서는 ABAC 한국위원회가 회원사를 포함하는 관련 기업에 ABAC 논의사항을 수시로 전달하고 의견을 수렴·체계화하여 ABAC 위원들에게 전달하는 지원시스템이 강화되어야 한다. ABAC 내에서 한국의 위상 강화와 역할 증대는 기본적으로 위원에 선정된 기업인이 영어에 능통하고 국제경제와 한국경제에 정통하여 스스로 활발히 활동하여 ABAC 내 영향력을 확대시킴으로써 가능하다고 할 수 있다.

전술한 바와 같이 한국은 2005년 APEC 유치에 따라 ABAC 한국위원회는 이제 2005년 ABAC 의제 설정과 ABAC 총회 및 CEO Summit의 성공적인 개최를 위한 대ABAC 전략수립이 필요하다. 2005년 의장국을 수행하기 위해서는 ABAC 한국위원회가 의장 지원을 위한 사무국 체제를 갖추어야 한다. 이에 현재 ABAC 한국위원회 사무국의 인력을 보강하거나 별도 전담기구를 설립하는 문제를 검토하는 것이 시급하다고 할 수 있다.[5] 2005년 이전에 한국이 ABAC 회의를 유치하여 2005년 총회에 대응할 수 있는 실무능력을 비축하는 것도 필요하다.

제2절 태평양경제협의회

(PBEC : Pacific Basin Economic Council)

1. PBEC의 구성과 주요 활동

1.1 구성

태평양경제협의회는 1967년 4월 은행가, 경제인 및 기업대표들의 주도로 창설된 역내 최고(最古)의 순수 민간협력기구로서, 태평양지역의 호혜적인 경제협력과 지역사회 발전을 위해 설립되었다. 출범당시 5개 국가(호주, 캐나다, 일본, 뉴질랜드, 미국)의 회원국위원회로 구성되었던 PBEC은 2002년 기준 20개 정회원국으로 확대되어 1,000여 개 다국적기업(MNCs) 대표들이 참여하는 다자경제포럼(Multilateral Economic Forum)으로 발전하여 역내 민간경제계의 구심체로서의 역할을 하고 있다.[6]

5) 대부분의 회원국은 ABAC 활동을 위한 독립된 기구를 설립하여 운영하고 있으며, 이 경우 예산은 정부 또는 기업으로부터 지원받고 있다. 현재 ABAC 한국위원회 사무국을 맡고 있는 전국경제인연합회 아주협력팀의 ABAC 담당 인원은 2명으로, 전담기구를 운영하고 있는 주요 회원국위원회의 수준(평균 5명 이상)에 크게 못 미치는 실정이다.

1.2 주요 활동

PBEC는 자유기업체제(free enterprise system)의 유지 및 강화, 기업경영환경의 개선, 신사업기회 확대, 기업인 상호간 친교 및 유대 강화, 역내 교역 및 투자자유화를 위한 행정장벽의 축소, 신기술개발 촉진 및 이용 활성화, 환경보호를 위한 균형적인 경제개발의 추구(pursuit of a balanced economic development for an environmental protection) 등을 기본 활동방향으로 채택하고 있다.

PBEC는 매년 700여 명 이상의 역내 기업인들과 각국 정상, 정부고위관료 등이 참가하는 연차총회(IGM : International General Meeting)를 개최하고 있다. 연차총회를 통해 PBEC는 태평양지역 내 민간경제인 사이의 교류와 협력을 증진시킬 뿐만 아니라, 역내 주요 경제현안에 대한 정책제안서를 발표함으로써 정부와 기업간 의견교환의 장을 제공한다. 제1차 총회는 1968년 호주의 시드니에서 개최되었으며, 2003년까지 36차에 걸쳐 연차총회를 개최한 바 있다.

PBEC의 주요 활동 중 대정부 건의 및 정책제안은 민간경제계의 대변자라는 PBEC의 성격을 고려할 때 매우 중요하다고 할 수 있다. PBEC는 기업과 정부간 중개자 역할을 함으로써 역내 경제개발에 영향을 미치는 주요 현안에 대해 정부측에 자문과 조언을 제공하며, 매년 총회 및 운영위원회에서 주요 아·태경제 현안에 대한 정책제안서를 발표함으로써 민간측의 정책 제안기능을 수행하고 있다.

PBEC는 주요 국제경제 현안에 대한 회원들의 관심과 이해를 증진하고 역내 교역 및 투자자유화(trade and investment liberalization) 등 기업경영환경을 개선하기 위해 실무운영위원회를 설치·운영하고 있다. 현재 해외투자, 전자상거래·기술, 환경, 서비스, 농산물, 사업개발, 투명성, 반덤핑 등 8개 실무위원회가 활동 중에 있으며 환경이나 지적재산권, 그리고 금융서비스(financial service) 등의 주요 경제현안에 대한 정책세미나 등 다양한 국제행사를 개최하고 있다.

---

6) 20개 회원국은 호주, 캐나다, 칠레, 중국, 콜롬비아, 에쿠아도르, 홍콩, 인도네시아, 일본, 한국, 말레이시아, 멕시코, 뉴질랜드, 페루, 필리핀, 러시아, 싱가포르, 대만, 태국, 미국으로 구성되어 있다.

2. PBEC의 위상변화와 대응과제

2.1 위상변화

PBEC는 아·태지역 내 가장 오래된 다자경제포럼으로 민간경제계의 구심체로서의 역할을 하며 역내 경제환경에 영향을 미치는 주요 현안에 대한 민간경제계의 입장을 정립해왔다. 특히, 역내 무역 및 투자자유화와 경제의 개방화를 선도하고 1990년대 초 중국, 러시아 등 구사회주의 경제권의 개방화에 기여했다고 평가할 수 있다. 정부와 기업간 의견교환의 장으로서 뿐만 아니라 선진국과 개도국 기업간 정보교류포럼으로서 PBEC의 활용가치는 매우 크다고 할 수 있다.

그러나 최근 세계경제환경이 급변하고 역내 다양한 전문포럼이 설립되면서, 아·태지역 내 중심 경제포럼으로서 PBEC의 위상을 재정립해야 할 필요성이 대두되고 있다. 미국, 일본이 선도하던 기존 PBEC 구도에서 중국이 핵심 경제권으로 부상하면서 미국과 일본 기업의 참여 비중이 크게 감소하는 경향을 보이고 있다. 또한, 동남아 국가의 성장둔화로 발언권과 참여의욕이 급속하게 저하되어 회원국간 균형있는 참여가 점차 어려워지고 있는 것도 문제점으로 지적되고 있다. 따라서 PBEC가 민간 경제인의 교류와 협력을 도모하기보다는 국가를 대신한 정책 대결의 장으로 변질될 가능성이 커지고 있다.

또한, 역내 특정한 분야와 지역을 대상으로 전문화된 유사 포럼이 다수 등장하면서 PBEC의 역할과 존재이유에 대한 회의적인 시각이 대두되고 있다. 아·태지역에 대한 관심이 제고되고 정보교환의 채널이 다양화됨에 따라 PBEC와 같은 종합경제포럼보다는 특정 분야에 전문화된 포럼을 통해 다양한 방식으로 정보를 교환하게 되었다. 우선 1996년 APEC의 공식 민간자문기구로서 ABAC가 창설됨에 따라 PBEC의 정책제안 기능이 ABAC와 중복되면서 민간경제계의 대변자로서 역할이 불가피하게 축소되는 경향을 보이고 있다. 하와이에 위치한 PBEC 국제사무국은 내부적인 문제로 인해 현재 그 기능을 제대로 못하고 있다.

2.2 대응과제

이러한 위상변화에 대응하여 PBEC는 민간경제계의 대변자로서 정책제안과 정보교환 네트워크로서의 기능을 활성화하기 위해 내부적으로 역내 타(他) 연구기관과의 제휴관계를 모색하는 등 PBEC 개혁과 역할 정립을 위해 노력하고 있으며 글로벌 시대(global era)의 기업 수요에 부응한 의제 개발에도 역량을 결집시키고 있다. 아·태경제협력을 추진함에 있어 민간의 참여를 확대하려는 APEC의 노력에 부응하여 APEC과 보다 긴밀한 협력관계를 구축함으로써 PBEC는 역내 경제협력의 증진에 더욱 기여할 수 있게 된다.

3. PBEC 한국위원회

한국은 1980년대 초 대외개방을 시도하면서 아·태지역 국가들과의 사업기회 확대(expansion of business opportunities)와 상호이해 증진(increase of mutual understanding)의 중요성을 인식하고 아·태지역 유일한 민간국제기구인 PBEC에 가입하여 우리 경제의 대외개방 채널과 민간통상외교의 훈련장으로 활용해왔다.

1982년 5월 설립된 PBEC 한국위원회는 1984년 제17차 캐나다 밴쿠버 총회에서 PBEC 정회원국으로 승인된 이후 1986년 제19차 총회와 1993년 제26차 PBEC 총회를 서울에서 개최한 바 있다.

PBEC 한국위원회의 주요 활동목표는 크게 4가지로 요약될 수 있다.

① 아·태지역 민간경제협력의 창구로서 한국경제계와 역내 주요 국가들과의 경제협력관계 강화 및 증진에 기여한다.

② 역내 기업경영 환경개선을 위한 민간경제계의 의견을 수렴하여 이를 정부관계 부처에 전달하는 정책건의 기능을 수행한다.

③ PBEC 정책의사결정에의 적극적인 참여를 통해 한국경제계의 의견을 반영하고 향후 PBEC가 아·태지역의 영향력있는 민간경제협력단체로 위상을 제고시키는데 기여한다.

④ 역내 경제현안과 관련한 다양한 회의 및 행사에 적극 참여함으로써 PBEC 내에서 한국위원회의 위상을 강화하고 주도적인 역할을 수행한다.

PBEC 한국위원회는 한국 민간경제계의 의견을 PBEC라는 다자간 협력기구를 통해 정부에 전달함으로써 한국의 기업경영 환경 개선창구로서 활용함과 더불어 주요국과의 교역 및 투자장벽(trade and investment barriers)을 해소하는 데 있어 PBEC를 활용하는 역할을 하고 있다.

한국은 1990년대 초 국제회장국으로서 중국 및 러시아의 PBEC 가입을 유도하는 등 사회주의경제권 접촉 창구로서 활용한 바 있는데 2002년 다시 한 번 PBEC 국제회장국으로 활동하게 되면서 상기한 PBEC의 여러 과제들을 해결하는 데 주도적인 역할을 하여 그 위상을 재정립하는 데 나름대로 기여했다고 평가할 수 있다.

제3절 태평양경제협력위원회

(PECC : Pacific Economic Cooperation Council)

1. PECC의 구성과 주요 활동

1.1 구성

태평양경제협력위원회는 아·태지역 정부, 학계, 경제계의 인사들이 참여하여 역내 경제현안과 협력방안을 논의하는 민간협력기구로 이해할 수 있다. 1980년 9월 호주에서 창립된 이후 PECC는 아·태 경제협력에 대한 구상을 실현하며 체계적인 기구로 발전하였으며 점차 그 가입국이 증가하여 2002년 기준 25개 회원국과 2개 기관회원이 참여하고 있다.[7] PECC는 아·태 경제협력에 대한 각계의 의견수렴과

7) PECC는 호주, 브루나이, 캐나다, 칠레, 중국, 콜롬비아, 에쿠아도르, 홍콩, 인도네시아, 일본, 한국, 말레이시아, 멕시코, 뉴질랜드, 페루, 필리핀, 러시아, 싱가포르, 남태평양포럼, 대만, 태국, 미국, 베트남 등 23개 정회원국과 프랑스(태평양연안 프랑스령 국가)와 몽고 등 2개 준회원국으로 구성되어 있으며 태평양무역개발회의(PAFTAD)와 태평양경제협의회(PBEC)

정부참여의 채널로서 중요한 역할을 하며 후일 APEC 출범에 큰 역할을 하였고, 현재까지 APEC의 공식 옵서버(official observer)로서 긴밀한 관계를 유지함으로써 역내 경제협력에 지대한 기여를 하고 있다.

1.2 주요 활동

PECC는 아 · 태지역 경제발전 도모를 위한 협력과 정책조정의 기능을 수행하는 지역포럼을 기본 목표로 3자 참여 원칙(Tripartite Participation)에 따라 정부, 학계, 경제계 인사들이 개인자격으로 참여하여 역내 경제협력 이슈에 대한 종합적이고 정책지향적인 연구프로그램을 개발 · 시행하는 것을 주요 활동으로 하고 있다. 이를 위해 무역 및 투자, 금융, 능력개발 등 역내 경제협력의 구체적인 주제에 대한 연구그룹을 구성하여 학술회의를 개최하고 연구결과를 각 회원국과 APEC 등의 국제포럼에 정책자료로 제공한다. 현재 PECC의 활동프로그램은 크게 무역, 금융 및 지역공동체 등 3대 포럼(Forum)으로 구성되어 있으며 각 포럼 산하에 2~3개의 연구그룹(Task Force) 및 프로젝트(Project)를 두어 각 주제에 대한 세부적인 연구와 정책 개발을 진행하고 있다. 또한, 태평양경제구조 및 전망, 태평양식량체제 등 3개 아웃룩(Outlook) 연구그룹은 독립적인 연구프로그램에 따라 매년 보고서를 발행하여 정책자료로서 배포하고 있다.

여타 국제기구와의 협력 및 연대를 통해 민간의 국제교류와 참여를 주도하는 것도 PECC의 주요 활동이 되고 있다. 1989년 정부간 협력기구인 APEC의 출범에 상당히 기여한 바 있는 PECC는 이후 APEC의 유일한 민간 옵서버로서, APEC 무역자유화의 주요 원칙 등 APEC 정책의제를 개발하는 Think Tank의 역할을 해왔으며 APEC의 주요 연구사업을 수행하기도 한다. 민간부문에 있어서도 ABAC, PBEC 등의 역내 협력기구, 또한, APEC Study Centers, Asia-Pacific Rim Universities Network, PAFTAD 등 학계와 연계하여 활동하고 있다. 이 외에도 다수의 국제기구, 즉 UN 산하기구, ADB, World Bank, OECD 등의 활동에 분야별로 참여하고 있다.

PECC의 활동성과는 2년마다 개최되는 총회(General Meeting)에서 종합 · 발표된

가 기관회원으로 참여하고 있다.

다. PECC 총회는 회원국 정상 또는 장관급 고위관리, 기업총수, 저명한 학자 등이 대규모로 참석하는 종합학술세미나로서 2년 동안의 연구성과를 토대로 주요 경제현안에 대한 다양한 토론을 거쳐 PECC의 향후 연구활동에 대한 방향을 제시한다.[8] 연 2회 개최되는 상임위원회와 운영위원회에서는 PECC의 활동방향을 설정하고 연구프로그램을 감독·평가하게 된다. PECC 국제사무국은 상임위원회와 운영위원회를 도와 연구프로그램을 운영하고 각 회원국 활동을 지원하며 홍보 및 대외업무를 총괄하는 역할을 담당하고 있다.[9]

2. PECC의 최근 동향과 향후 과제

2.1 최근 동향

1980년대 태평양지역 경제협력논의를 주도해온 PECC는 1990년대 이후 APEC의 확대와 여타 유사한 국제 및 지역경제기구(international and regional economic institutions)의 설립으로 인해 각 회원국의 지원과 관심이 저하되면서 그 역할과 활동이 상당부분 위축되었다. 이에 PECC 상임위원회는 설립 20년이 지난 PECC를 활성화할 새로운 비전을 제시하고 경제협력을 위한 지역공동체로서의 모멘텀(momentum)을 재정립할 필요성을 인식하고 2000년 4월 대련에서 특별위원회(PECC Vision Group)를 구성하여 PECC의 종합적인 개혁 방향을 모색하기 시작하였으며 이후 PECC의 위상제고와 신뢰회복을 위해 노력하고 있다.

8) 2001년 11월 홍콩에서 개최된 제14차 PECC 총회에는 1,000여 명의 재계, 학계 및 정부 측 인사들이 참석하여 성황을 이루었다. 2002~2003년간 PECC의 활동주제는 "Securing the Future"로서 2003년 11월에 브루나이에서 제15차 총회가 개최된 바 있다.

9) PECC 국제사무국은 싱가포르에 위치하고 있으며 현재 사무총장(David Parsons)을 비롯한 직원 7명이 상근하고 있다.

2.2 과제

PECC의 과제는 크게 3가지 측면에서 살펴볼 수 있다.

(1) PECC의 구조개편

2000년 10월 자카르타 상임위원회에 제출된 비전그룹 보고서는 당시까지 독자적으로 활동하고 있던 PECC 산하 연구그룹들을 체계적으로 관리하고 PECC 신뢰회복을 위한 명확한 목표와 구체적인 연구주제 개발, 효과적인 재원 확보 및 분배 방안 모색 등에 중점을 둔 구조개혁 모델을 제시하였다.[10] 2001년 4월 교토(京都)상임위원회는 비전그룹의 3차 보고서에 따라 당시 17개이던 PECC 연구그룹을 3대 포럼(무역, 금융, 지역공동체)으로 재편성하는 방안을 주요 내용으로 하는 'New PECC Structure'를 승인하였고 2001년 11월 홍콩 총회를 통해 새로운 구조의 PECC가 출범하게 되었다. 이에 따라 PECC 산하 연구그룹들은 Forum, Task Force, Project 등 일관된 명칭을 사용하며 전략적이고 방향성있는 구조로 재편되었다. 2002~2003년간 PECC는 무역, 금융, 지역공동체 등 3대 포럼을 중심으로 연구사업을 시행하고 있으며 포럼별 관련 APEC 프로세스에 참여하여 활동을 보고하고 정책방향을 제안하는 등 다양한 관련 국제기구 및 포럼과의 연계활동을 추진하고 있다.

그러나 3대 포럼 중심의 구조조정에 따라 일부 문제점도 대두되었다. 일례로 무역, 금융 분야 이외에 과거 안정적인 재원과 인적 네트워크(human network)를 바탕으로 활발한 활동을 해오던 기존 연구그룹들은 PECC 연구프로그램의 우선순위에서 밀려나 회원국의 참여 및 국내적 재정지원 감소 등으로 인한 활동위축을 지적하고 있다. 또한, APEC 분야별 작업반과 PECC 연구그룹간 관계가 모호해져서 다양한 APEC 포럼과의 채널을 유지하는 데 어려움이 있다는 지적도 제기되고 있다. 따라서 3대 포럼 이외 기존의 활발한 연구그룹들의 네트워크 유지와 지속적인 활동지원이 필요하다. 무엇보다도 구체적인 경제협력현안에 대한 시의적절한 연구주제

10) 당시 16개 이상 활동하던 연구그룹은 forum, network, project group, task force 등 다양한 명칭을 사용하여 PECC 전체 Work Program 운영에 일관성이 부족하고 연구분야가 중복될 문제점을 가지고 있다.

개발과 안정적인 연구기금 확보를 위해 PECC 차원에서 지속적인 노력이 있어야 한다.

(2) 지도층과 국제사무국의 역할 강화

PECC는 상임위원회, 운영위원회 및 국제사무국간 조정기능을 강화하고 연구프로그램을 내실있게 운영하며 지도층의 역할을 강화하기 위해 다각적인 노력을 기울이고 있다.

PECC 상임위원회는 주요 경제현안에 대한 이해가 부족하고 PECC의 대변인으로서 역할을 충분히 수행하지 못하고 있다는 지적을 받아왔다. 최근 상임위원회가 단순히 활동보고를 받는데 그치지 않고 아·태지역 경제, 정치, 안보 환경에 영향을 주는 핵심이슈에 대해 회원국간 자유롭게 의견을 개진하는 위치에 있어야 한다는 인식 하에 2002년 4월 말레이시아 쿠알라룸푸르에서 개최된 상임위원회에서는 형식적인 부분을 가능한 배제하고 retreat를 열어 위원간 실질적인 논의를 유도한 바 있다.[11)]

PECC 국제사무국 역시 단순한 행정지원 업무가 아닌 연구프로젝트의 개발과 홍보, 연구기금조성 등으로 역할을 확대하는 방안이 모색되고 있다. 국제사무국 구조개혁은 PECC 연구프로그램의 전체적인 관리와 각 Forum 및 Task Force 활동 지원과 APEC, PBEC, ABAC, ADB, World Bank 등 외부 기구와의 협력적 관계 정립 및 강화에 있어 구심적 역할을 할 수 있도록 운영구조를 개편하고, PECC Fund를 효율적으로 운영하여 연구활동을 강화하는 데 중점을 두고 있다. 현재까지 PECC Fund는 회원국의 분담금에 의존하고 있으나 미국, 러시아, 멕시코, 콜롬비아, 베트남, 몽고 등의 회원국은 재정악화로 분담금을 체납 중에 있으며 다수의 동남아시아 회원국들 역시 자금 확보에 어려움을 겪고 있는 상황이다. 이에 국제사무국은 각 회원국의 행정업무를 지원하고 연구프로그램 개발에 참여를 독려하는 등 각 회원국이 자력으로 재원을 확보할 수 있도록 지원하는 한편, 효과적인 홍보전략을 수립하여 PECC 차원의 지속적 재원확보를 위한 방안을 모색하고 있다.

11) PECC는 역내 경제협력에 있어 좀더 효과적인 리더십을 발휘할 수 있는 방안에 대해 각국의 의견을 유도하도록 하였다. 특히, 상임위원회는 실제적으로 PECC 연구프로그램을 조직·감독하는 운영위원회와의 관계를 강화하여 PECC의 활동방향 제시라는 원래 기능에 충실해야 한다는 데 공통된 인식을 하고 있다.

(3) 역내 네트워크 강화

아시아·태평양지역 내 회원구성과 목적이 유사한 기구들이 많이 설립되면서 회원들 간에 PECC의 존재이유와 역할에 대한 회의적인 시각이 대두되기 시작했다. 이에 PECC는 학계와 재계, 정부라는 독특한 3자 참여구도와 20년 이상 유지해온 폭넓은 경험과 인적 네트워크를 장점으로 역내 다양한 기구간 네트워크 구축에 PECC가 중심적인 역할을 하기 위한 'Networking the Networks'전략을 수립하여 지역내에서 PECC의 역할 강화에 노력하고 있다.[12)]

특히, 최근 구성과 성격면에서 유사한 기구인 PBEC와의 연계 또는 통합을 고려하자는 제안을 바탕으로 PBEC와의 협력강화와 향후 통합가능성에 대한 논의가 활발히 이루어지고 있다. 회원국위원회 중 캐나다, 미국, 대만 등은 이미 국내위원회를 통합하여 운영하고 있으며 통합을 검토 중인 회원국도 상당수에 이르고 있다. PECC·PBEC 국내위원회의 통합운영은 독자적인 재원마련에 어려움이 있는 회원국의 자금확보와 대아시아 관계에 대한 전략적인 접근(strategic approach)이 가능하다는 점에서 주목할 만하다. 캐나다의 경우 2001년 말에 ABAC, PECC, PBEC를 통합한 Asia-Pacific Foundation of Canada를 설립하여 국내외적으로 활발한 활동을 계획하고 있다. 현재 PECC 상임위원회에서는 각 회원국마다 두 조직의 성격과 상황이 상이함을 인식하여 PECC와 PBEC 양 기구 차원의 협력을 보다 강화하는 것으로 논의가 진행 중에 있다.

네트워크의 강화는 외부기구와의 관계에서뿐만 아니라 회원국의 참여에 있어서도 중요하다고 할 수 있으며 PECC 조직개편에 따라 회원국위원회의 인적네트워크를 재정비할 필요가 있다. 특히, 정부나 연구소에 부속되어 수동적인 역할에 그치고 있는 동남아시아 및 남아메리카 국가의 위원회가 체계적으로 운영될 수 있도록 PECC 차원의 지원이 필요하다.

---

12) 동 전략은 APEC, PBEC, ABAC, ADB, World Bank 등 현재 협력관계를 유지하고 있는 국제기구뿐만 아니라 향후 활용가치가 있는 UN 산하 지역기구, WTO, ASEM, ASEAN 등 다양한 성격의 지역기구와도 분야별 네트워크를 구축하여 역내 연구사업과 정책제안활동에 활용하기 위한 것으로 이해할 수 있다. 이를 위해서 PECC는 다양한 국제기구 및 연구기관과의 관계를 강화하려는 노력을 지속하고 있다.

3. KOPEC의 역할과 과제

3.1 역할

한국태평양경제협력위원회(KOPEC : Korea National Committee for Pacific Economic Cooperation)는 1981년 6월 PECC의 한국위원회로서 PECC의 결성 움직임과 정부의 적극적 태평양외교에 부응하여 정부, 경제계 및 학계의 인사들을 위원으로 하는 3원적 구성의 원칙 하에 조직되었다.

KOPEC은 PECC에서 한국을 대표하고 이에 따른 국내외 사업을 추진하는 것을 기본활동으로 한다. 1985년 제4차 PECC 총회를 서울에서 개최하였고 1996년에는 PECC 무역정책포럼을 개최한 바 있다. 설립초기부터 현재까지 KOPEC은 PECC의 활동방향을 설정하고 운영을 총괄하는 데 있어 지속적인 지도력을 발휘해 왔다. 특히, 2001년 새로 개편된 PECC 구조 하에서 가장 중요한 분야라고 할 수 있는 금융포럼(Finance Forum)의 의장국이 되면서 회원국의 신뢰와 지지를 바탕으로 금융분야 연구프로그램의 개발과 시행을 주도하고 있다.

국내적으로는 APEC 협력사업을 추진하여 정부의 APEC 외교활동을 지원하고 민간의 의견을 수렴하여 정부에 전달하는 역할을 하고 있다. 매년 APEC 세미나 개최, 연구용역 실시, 비즈니스포럼(Business Forum) 개최 등을 통해 정부의 APEC 외교성과를 민간에 홍보하며 APEC 정상제안사업에 대한 정책의제를 개발하고 자문활동을 활발히 전개하고 있다. 또한, ABAC 및 PBEC 한국위원회와의 유대를 통해 정보를 교환하고 공동세미나를 개최하는 등 업계와의 협력관계를 강화하기 위해 노력하고 있다.

3.2 과제

국제무대에서 KOPEC은 회장단의 개인역량에 의존하여 위원회 차원에서의 체계적인 지원과 후속 업무가 수반되지 못하는 경향이 있어서 관련 정부부처 및 국내 3대 경제단체, 각 정부출연 연구원으로 구성된 이사회는 KOPEC의 사업방향에 대한 실질적인 input을 제공하기에는 이사기관들의 관심과 협조가 저조한 편이라고 할 수 있다. PECC 연구프로그램에 맞추어 조직되는 국내 분과위원회도 현재로서는 형식적인 활동에 그치고 있어서 PECC의 분야별 활동에 보다 조직적이고 지속적인 참여가 요구되고 있다. 사무국 역시 과거 국제회의 참석자들의 업무를 단순 보조하는 등의 수동적인 역할에서 탈피하여 KOPEC 자체의 사업을 창의적으로 확대·개발할 필요가 있다.

KOPEC은 회장단의 풍부한 경험과 지도력, 보유하고 있는 전문가 네트워크 등을 고려할 때 그 활용가치와 잠재력이 매우 크다고 할 수 있다. 이를 충분히 활용하기 위해서는 보다 체계적이고 조직적인 활동이 필요하다고 할 수 있다. 민간외교의 장이라 할 수 있는 PECC에서 지속적으로 지도력을 발휘하여 한국의 위상을 강화시킬 뿐만 아니라 PECC 사업을 전략적으로 국내 연구사업과 연결하여 활용할 수 있다. 특히, KOPEC이 의장역할을 담당하고 있는 PECC 금융포럼(Finance Forum)은 동아시아의 금융중심지로 발전하려는 우리로서는 적극적으로 활용해야 한다. 금융포럼을 통해 지역금융협력(regional financial cooperation)에 대한 토론과 정책제안을 주도하면서 한국이 이 분야에서 리더십을 발휘하는 계기로 삼아야 한다.

국내적으로도 APEC, PBEC, ABAC 등 분산되어 있는 아·태지역 경제협력기구들의 국내활동에 시너지효과의 극대화(maximization of synergy effect)를 이루기 위해 KOPEC이 조정자(coordinator)로서의 역할을 할 수 있다. 특히, 2003년 PBEC 총회, 2005년 APEC 정상회의 등 한국의 아·태경제협력외교에 있어 의제개발을 위한 토론기반을 마련하고 관련 정부부처 및 경제계와의 협조를 공고히 하는 한편 아·태경제협력 논의에 있어 KOPEC이 시의적절하고도 유익한 아이디어를 제공하는데 있어서 제 기능을 다할 수 있도록 자체적인 연구 사업을 강화해야 한다.

제4절 시사점

1970~1980년대 아·태지역의 경제협력논의를 주도해 온 민간부문은 아·태경제협력기구의 구상을 실현하는데 크게 기여하였고 현재까지 민간부문의 교류와 협력 증진에 상당한 역할을 하고 있다고 평가할 수 있다. 그러나 1989년 APEC의 창설로 민간기구의 활동이 상당부분 위축되었고 설립 초기에 아·태경제협력에 있어 실질적인 진전을 가져올 것으로 기대되었던 APEC 역시 실질적인 성과를 거두고 있다고 판단하기에는 미흡하다고 평가할 수 있어서 민간협력기구의 위상이 더욱 약화되고 있는 실정이다. 또한, 각 기구의 역할과 기능이 명확히 구분되지 않고 회원들도 중복되는 경향이 있어 재원과 노력이 불필요하게 낭비되는 것으로 지적되고 있다.

민감한 외교사안을 취급하는 정부간 협의기구와는 달리 민간협의체는 보다 자유로운 의견교환이 가능하다는 점에서 오히려 실용적일 수 있다. 아시아·태평양지역의 경제현안을 다루고 있는 협력기구들로서 APEC과 상기(上記)한 민간기구들은 결국 관심사항이 동일하다고 볼 수 있다. 따라서 각 기구간 성격과 기능을 분명히 하고 활동의 중복성으로 인해 초래될 수 있는 불필요한 낭비를 방지하기 위해 적절한 조정노력이 필요하다. 이에 민간기구간 유대를 강화하고 내부적으로 역할을 재정립하고 개혁하려는 움직임은 매우 바람직하다고 할 수 있다. 한국의 민간부문 활동도 한정된 재원과 인력, 저조한 관심으로 인해 수동적이고 단편적인 수준에 그치고 있다고 평가할 수 있다. 국가적으로 볼 때 ABAC나 PBEC, PECC 모두 한국의 아·태경제협력외교를 대표한다고 할 수 있다. 이러한 맥락에서 국내적으로 APEC과 각 민간기구의 활동 간에 연계가 미흡하고 공동의 목표의식이 결여되어 있다는 점은 매우 우려할 만하다.

한국은 2003년 PBEC 총회, 2005년 ABAC 회의 등 대규모 국제회의를 개최한 바 있으며 이를 우리의 외교역량을 발휘할 수 있는 좋은 기회로 활용하였다. 따라서 이제는 아·태경제협력외교의 목표를 재정립하고 각 사업을 종합적으로 활용하는 방안을 모색해야 할 시점이다. 이를 위해 각 기구 국내위원회 간에 적절한 역할 분담과 체계적인 협력을 통해 비용을 절약하고 시너지효과를 극대화하는 전략이 요구된다. 또한, 전체적인 방향을 설정하고 사업을 추진하는 데 있어 정부의 지속적인 지원과 관심도 필요하다고 할 수 있다.

〈표 6-1〉 아·태지역 민간경제협력기구 비교

	ABAC	PBEC	PECC
명 칭	APEC 기업인자문위원회 (APEC Business Advisory Council)	태평양경제협의회 (Pacific Basin Economic Council)	태평양경제협력위원회 (Pacific Economic Cooperation Council)
회원국 구성	21개 APEC 회원국	20개 회원국	25개 회원국 및 2개 기관 회원
설립연도	1996년	1967년	1980년
성 격	국가가 선정한 3인의 기업인 대표가 참여	기업인 회원이 참여	경제계와 학계 인사 및 정부관료가 개인자격으로 참여
주요회의	1년 3회 정기회의와 APEC 정상과의 대화	매년 5월 총회개최	2년마다 총회개최, 연 2회 상임·운영위원회 개최
2002년 의장국	멕시코(APEC 개최국)	한국	브루나이(~2003년)
국제 사무국	필리핀 마닐라	미국 하와이	싱가포르
홈페이지	www.abaconline.org	www.pbec.org	www.pecc.net
한국위원회 사무국	전경련 국제부 아주협력팀	전경련 국제부 미주협력팀	사단법인으로서 독립된 사무국 운영

제7장

APEC 주요 회원국의 경제동향과 투자환경

제 1 절 뉴질랜드

1. 일반개황

일반	위 치 :	남서 태평양
	면 적 :	271천km² (한반도의 1.2배)
	기 후 :	온대 해양성
	인 구 :	406만 명 (2004)
	수 도 :	Wellington (34만 명)
	민 족 :	유럽계 (80%), 마오리족 (10%) 등
	언 어 :	영어, 마오리어
	종 교 :	영국성공회, 가톨릭

정치	독 립 일 :	1907. 9. 26 (영국)
	정 부 형 태 :	입헌군주제
	국 가 원 수 :	명목상으로는 영국 여왕과 그녀를 대신하는 Silvia Cartwright 총독, 실제적으로는 Helen Clark 수상
	의 회 :	단원제 (121석)
	주 요 정 당 :	노동당 (LP), 국민당 (NP)
	국제기구가입 :	UN, IMF, OECD, World Bank, ADB, 영연방, WTO
경제	G D P :	997억 달러 (2004)
	1인당 GDP :	24,745달러 (2004)
	화 폐 단 위 :	New Zealand Dollar (NZ $)
	회 계 연 도 :	7. 1~6. 30
	산 업 구 조 :	(2003) 금융 · 보험업 24.5%, 제조업 15.3%, 농림어업 7.4%
	주요수출품 :	(2003) 낙농제품 16.6%, 육류 14.7%, 임산업 7.3%
	주요수입품 :	(2003) 기계류 22.3%, 차량 15.9%, 석탄 9.1%
	주요부존자원 :	가죽, 원목, 석탄, 천연가스, 철광
	경제개발계획 :	-
	경제적강점 :	풍부한 자원
	경제적약점 :	제조업 취약

2. 경제동향

2.1 국내경제

(1) 경제성장

2004년에는 4.3%의 비교적 높은 경제성장률을 기록하였으나 2005년 들어서면서 성장세 둔화가 현저하게 나타나고 있다. 이자율 상승에 따른 내수 위축과 뉴질랜드 달러화의 평가절상(appreciation)에 따른 수출 감소로 인해 2005년과 2006년에 각각 2.5%와 2.2%의 낮은 성장률을 보일 것으로 전망된다. 이는 최근 5년 중 가장 낮은 성장률을 보였던 2001년(2.3%)에 근접한 수준이다.

(2) 재정

재정수지가 지속적인 흑자기조를 보이면서 재정수지/GDP의 비율이 최근 3년간 3~4%대를 기록하고 있다. 2004년 6월말 기준 GDP 대비 국채 발행 규모도 여타 경제협력개발기구(OECD) 국가에 비해서 매우 낮은 25.3% 수준에서 2006년 중반에는 21.3%로 더욱 하락할 것으로 전망되는 등 건실한 재정지출 양상을 보이고 있다.

2005년 5월 노동당 정부는 새로운 예산안을 발표한 바 있다. 재정수지 흑자 규모가 누적되면서 획기적인 세금 감면(tax reduction) 조치가 발표될 것이라는 대다수 국민들의 기대와는 달리 세금 감면 규모가 소폭에 불과하고 시기도 2008년부터 발효될 것으로 발표되었다.

뉴질랜드 정부는 상기조치의 배경으로 사회간접자본(SOC) 시설에 대한 투자와 사회보장 재원을 마련하기 위한 세금 감면 규모 축소를 지적하였다.

(3) 물가

2004년 중 세계적인 고유가의 영향으로 소비자물가 상승률이 2.3%로 상승하였고, 2005년에도 상승세가 지속되었다. 이는 고유가 이외에도 전기요금, 담배 및 주류가격, 교통비, 음식료품비 등 생활필수품의 가격 인상이 연이어 발생한 데 따른 것이다.

〈표 7-1〉 주요 국내경제지표

(단위 : %)

구 분	2001	2002	2003	2004	2005f
경제성장률	2.3	4.7	3.6	4.3	2.5
재정수지/GDP	1.8	2.7	4.9	3.5	3.1
소비자물가상승률	2.6	2.7	1.8	2.3	2.8

자료 : EIU, Country Report

2.2 국제경제

(1) 상품수지

뉴질랜드의 국내총생산(GDP) 중 농림어업 및 광업이 차지하는 비중은 7.3%에 불과(2004년 기준)하나 총수출 중 낙농제품, 육류, 임산물 등의 비중이 44.3%에 이르고 있다. 수입의 경우에는 기계류 및 전기제품(23.0%), 운송장비(15.6%), 유류 등 연료(10.5%) 등이 주요 품목이 되고 있다.

2003년과 2004년 들어 세계경제가 비교적 높은 성장률(2003년 3.9%, 2004년 5.1%)을 보였고, 낙농 제품을 포함한 세계 원자재 가격이 지속적으로 상승하였음에도 불구하고 뉴질랜드의 수입수요가 급증하면서 2003년 들어 적자로 반전된 상품수지 적자 규모가 급증하고 있다. 이 같은 상품수지 적자 누적은 설비투자를 포함한 경제 전반의 성장을 위해 기계류 등 자본재와 석유 등 연료를 상당부분 수입에 의존해야 하는 뉴질랜드의 경제구조에 기인한 것으로 해석할 수 있다.

(2) 경상수지

경상수지도 적자 규모가 지속적으로 증가하면서 경상수지/GDP 비율이 2005년 말에는 7%에 육박할 것으로 전망되고 있다. 경상수지 적자(current account deficit) 누적의 가장 핵심적인 요인으로 뉴질랜드에 투자한 해외기업으로의 배당금 송금의 증가가 지적되고 있다.

(3) FTA

뉴질랜드는 GDP 대비 수출비중이 29.2%(2004년)로 여타 선진국(미국, 10.0%)에 비해 그 비중이 상당히 높은 편이다. 이는 수출을 목적으로 가축을 사육하고 낙농제품을 집중적으로 생산하는 뉴질랜드의 산업적 특성에 기인한다고 할 수 있다. 이 같은 산업적 특성에 따라 뉴질랜드는 주요 교역 상대국과의 FTA를 지속적으로 추진하고 있다. 2006년부터는 뉴질랜드, 칠레, 브루나이, 싱가포르의 4자간 FTA가 발효될 예정으로 있는데 이를 통해 4자간 수출되는 품목의 약 90%가 무관세로 거래될 전망이다. 낙농제품 및 의류제품에 있어서 아직 타결되지 않은 부분이 존재하나 중국과의 FTA(자유무역협정, Free Trade Agreement) 협상도 꾸준히 진행되고 있으며, 호주 및 ASEAN과의 협상도 진행 중에 있다. 이외에도 일종의 자유무역협정인 경제협력관계협정(CEPA : Closer Economic Partnership Agreement)을 태국과 체결하여 2005년 7월부터 발효되었으며, 말레이시아와의 협정 체결이 논의되고 있다.

〈표 7-2〉 주요 국제경제지표

(단위 : 백만 달러, %)

구분	2001	2002	2003	2004	2005f
경상수지	-1,253	-2,235	-3,357	-6,232	-7,200
경상수지/GDP	-2.5	-3.8	-4.3	-6.5	-6.7
상품수지	1,472	167	-456	-1,432	-1,700
수출	13,921	14,518	16,835	20,456	21,700
수입	12,449	14,351	17,291	21,888	23,400
외환보유고	3,009	3,739	4,907	5,294	..
총외채잔액(억달러)	322	326	381	473	542
총외채/GDP	..	..	..	..	..
D. S. R.	26.8	24.9	21.5	24.4	..

자료 : EIU, Country Report

3. 정치 · 사회동향

2005년 9월 실시된 총선에서 노동당 정부가 힘겹게 승리함으로써 제1당의 위치를 지키며 3연임에 성공하였다(총 121석 중 노동당 50석, 국민당 48석, 마오리 당 4석 등 기타 정당 19석).

2005년(52석 획득)에 이어 이번 총선에서도 과반수를 획득하지 못한 노동당은 Progressive Party(1석), New Zealand First Party(7석), United Future Party(3석) 등 소수 정당과 연정을 구성키로 결정함으로써 의회 내 과반수(61석) 확보에 성공하였다.

4. 국제신인도 및 대외지급능력

4.1 주요 기관별 신용도 평가 순위

① Moody's : Aa3(2002. 10)
② S&P : AA+(1996. 1)

③ I.C.R.G. : 26/140(2004. 7) → 30/140(2005. 6)
④ I. I. : 21/173(2004. 9) → 21/173(2005. 3)
⑤ Euromoney : 21/185(2004. 9) → 21/185(2005. 3)

4.2 주요 ECA의 지원태도

미국 EXIM 등 주요 수출신용기관이 최고 부보율을 적용하고 있다.

5. 전망

법인세 인하(33%→30%)와 개인소득세 감면을 강력하게 주장했던 국민당이 비록 제1당이 되지는 못하였으나 지지도가 확산되고 있어 향후 노동당 주도의 연립정부의 조세정책을 포함한 경제정책에 상당한 영향을 미칠 것으로 보인다.

2005년과 2006년에는 비교적 낮은 경제성장률을 보일 것으로 전망되며 상품수지 및 경상수지 적자 기조가 지속될 것으로 보인다. 다만 재정수지 규모 및 재정수지/GDP 비율이 안정적인 상황을 유지할 것으로 예상된다.

6. 투자환경

6.1 개황

(1) 자연자원 등 천연조건은 양호하나 내수시장 규모는 협소함

뉴질랜드는 청정자연을 보유하고 있으며 이를 활용한 관광레저업, 농축수산 및 임업 등 환경친화적 산업이 경제의 근간을 이루고 있다. 다양한 종류의 다국적기업(MNCs)도 투자를 실시하고 있으나 인구가 약 400만명에 불과하여 내수시장 규모가 협소한 편이다.

(2) 외국인투자 장려

뉴질랜드는 외국인 투자유치에 적극적인 편으로 투자진흥청(Investment New

Zealand)을 통해 외국인기업 유치에 노력하고 있다.

투자진흥청(www.investmentnz.govt.nz)에 따르면 정보통신, 바이오산업, 영화산업, 특수제조업(요트 건조, 반도체 생산설비, 음식료품 가공용 온도조절 시스템 등), 제재업(wood processing), 콜 센터(call center) 설치 등을 중점적으로 유치하고 있다.

6.2 외국인투자여건

IMD가 발표한 2005년 세계경쟁력지수에서 조사대상 총 60개국 중 16위를 차지(2004년 18위)하였다. 뉴질랜드가 비교적 상위에 오른 항목은 '외국회사에 대한 공평한 대우', '노동 쟁의 발생 빈도', '물가수준' 등 외국인 투자기업의 활동에 직접적인 영향을 미치는 항목인데, 이외에도 뉴질랜드는 2005년 국제투명성기구(Transparency International)의 투명성지수 조사에서 아이슬랜드에 이어 2위로 선정되기도 하였다.

(1) 조세제도

법인세율은 33%(R&D 비용 100% 세금 감면)이며 개인소득세율은 연간 소득 중 38,000NZD(미화 약 19,300달러)을 초과하는 부분에 대해서는 33%, 60,000NZD(미화 약 30,500달러)을 초과하는 부분에 대해서는 39%이다. 부가가치세율은 12.5%이며 상속세와 자본소득세는 없다.

(2) 노동제도

① 노동시장의 유연성

유연한 노동제도를 보유하고 있으나 성별, 인종, 출신국가, 연령, 노조활동 여부 등을 기준으로 차별적인 임금을 지급하는 것은 법적으로 금지되어 있다(Equal Pay Act of 1972, Human Rights Act of 1993 및 Employment Relations Act of 2000).

② 최저임금제도 시행

가. 16~17세 : 시간당 6.80NZD(미화 약 3.46달러)로 주당 45시간
노동시 306.00NZD(미화 약 156.00달러)

나. 18세 이상 : 시간당 8.50NZD(미화 약 4.32달러)로 주당 45시간

노동시 382.50NZD(미화 약 194.00달러)

제 2 절 대만(Chinese Taipei)[1)]

1. 일반개황

일반	위 치:	중국 동남부 해상
	면 적:	36천km^2 (한반도의 1/6)
	기 후:	아열대(북부), 열대(남부)
	인 구:	22.5백만 명 (2004년)
	수 도:	Taipei (260만 명)
	민 족:	한족 98%(대만계 84%, 대륙본토 14%), 고산족 2%
	언 어:	중국어
	종 교:	불교, 도교, 기독교
정치	독 립 일:	1911. 10. 10 (중화민국 건국)
	정 부 형 태:	입헌민주공화제
	국 가 원 수:	陳水扁 총통
	의 회:	단원제 (입법원 225석)
	주 요 정 당:	국민당(KMT), 민주진보당(DDP), 신당(NP)
	국제기구가입:	ADB, APEC, EBRD, CABEI 등
경제	G D P:	3,053억 달러 (2004년)
	1인당 GDP:	13,569달러 (2004년)
	화 폐 단 위:	New Taiwan Dollar(NT $)
	회 계 연 도:	7. 1~6. 30
	산 업 구 조:	(2004년) 제조업 25.5%, 금융 · 부동산업 21.5%
	주요수출품:	기계 및 전자, 철강, 섬유 및 의류
	주요수입품:	기계 및 전자, 광석, 석유 등 화학제품
	주요부존자원:	천연가스, 금, 대리석
	경제개발계획:	산업구조고도화, 아 · 태지역 경제중심지 육성
	경제적강점:	효율적 경제운용, 중소기업 위주의 탄탄한 경제구조
	경제적약점:	부존자원 빈약

1) 대만의 정식국명은 Republic of China이나 APEC 내에서의 명칭인 Chinese Taipei로 표기했다.

2. 경제동향

2.1 국내경제

(1) 경제성장

대만은 2003년까지 SARS 여파 등으로 인한 수출 및 소비심리 위축 등으로 연 4% 미만의 부진한 경제성장률을 보였으나, 2004년에는 수출 호조 및 내수경기 회복으로 5% 대의 성장률을 기록하였다. 2003년 상반기 이후 경기가 저점을 통과했다는 공감대가 형성되어 실업률도 저하되고 있으며(2003년 5% 대에서 2004년 4%로 하락), 내수경기도 회복국면을 보이고 있다. 특히, 주요 산업인 전자 및 기계산업의 회복으로 공업생산지수가 2003년 평균 9%에서 2004년에는 평균 15% 상승했으며, 국내총투자도 상승세로 전환되고 있다.

(2) 재정

재정수지 적자(fiscal deficit)도 2003년에는 SARS로 인한 정부지출 부담 가중과 대통령선거를 앞둔 경기부양책 추진의 영향으로 GDP의 3.2% 수준을 기록했으나 2004년부터는 세수 확대 등으로 적자폭이 다소 감소하는 추세를 보이고 있다.

(3) 물가

지속적인 고유가의 영향에 따른 물가상승 압력은 제조업 부문에서의 임금안정, 정부의 점진적인 경제자유화(economic liberalization) 조치에 따른 경쟁력(competitiveness) 제고, 그리고 대만달러의 환율 하락 등으로 흡수되는 양상을 보이고 있는 가운데, 최근 5년간 소비자물가 상승률은 ±1% 수준에서 안정적인 추세를 보이고 있다.

(4) 금융

금융시장 개방 확대에 따른 경쟁격화, 금융기관의 대출경쟁 및 경기침체(recession)로 인한 대출자산 부실화(2002년 기준 국내은행의 전체 대출자산 대비 무수익 여신 비중, 8.8%)로 금융위기(financial crisis)의 발생가능성이 우려되기도 하였다.

〈표 7-3〉 주요 국내경제지표

(단위 : %)

구 분	2001	2002	2003	2004	2005f
경제성장률	-2.2	3.9	3.3	5.7	3.7
재정수지/GDP	-2.3	-2.1	-3.2	-2.7	-2.7
소비자물가상승률	0.0	-0.2	-0.3	1.6	1.4

자료 : EIU, Country Report

그러나 금융개혁(financial reform)을 위한 정부의 적극적인 노력으로 인해 무수익 여신이 축소되는 등 금융구조 조정의 성과가 나타나고 있다.

2.2 국제경제

(1) 무역수지 및 경상수지

주력수출 품목인 정밀기계 및 전자제품을 중심으로 수출은 증가하는 추세를 보이고 있으나 국내소비 회복과 함께 수입도 같이 증가하는 추세를 보이고 있다. 특히, 원유가격 인상과 원자재 수입 증가로 수입증가율이 수출증가율을 초과하는 양상을 보이고 있어 무역수지 및 경상수지 흑자폭은 감소되는 추세를 보이고 있다.

(2) 중국에의 경제의존도 심화

대만이 '남진정책'과 '과학기술 보호법' 제정 등을 통해 동남아시아에 대한 해외투자를 장려하고 첨단기술(high-tech)의 중국 유출을 방지하기 위해 노력하는 등 중국의 영향력 증대를 경계하여 왔으나 대만경제의 중국 의존도는 지속적으로 제고되고 있다. 중국 정부가 정경분리 원칙 하에 대만기업 유치에 적극적이며, 대만정부 역시 2003년 10월 '중국과 대만 주민관계법'을 제정하여 직교역, 비자 요건 완화 및 금융기관 투자 등 경제 분야의 '삼통'(통항, 통상, 통우)을 적극적으로 실시하고 있다. 경상수지도 지속적인 적자 추세를 보이고 있다. 그러나 2004년 해외근로자 송금 유입액이 전년 대비 20% 증가한 25.5억 달러를 기록하는 등 경상이전수지 흑자가 지속적으로 증가함에 따라 국내총생산(GDP) 대비 경상수지 적자 규모는 다소 축소될 것으로 보인다.

(3) 향후 대만 경제의 안정적 성장의 주요 요인으로 세계경기 회복, 국내산업 구조조정 및 정치 안정이 지적될 수 있음

〈표 7-4〉 주요 국제경제지표

(단위 : 백만 달러, %)

구 분	2001	2002	2003	2004	2005f
경상수지	18,239	25,630	29,266	18,923	15,000
경상수지/GDP	6.5	9.1	10.2	6.1	4.4
상품수지	19,864	24,193	24,899	16,525	12,200
수출	122,079	129,850	143,447	173,176	185,100
수입	102,215	105,657	118,548	156,651	172,900
외환보유고	122,211	161,656	206,632	241,738	..
총외채잔액	34,336	45,033	63,054	73,700	83,000
총외채/GDP	12.2	16.0	22.0	23.2	23.4
D. S. R.	2.6	2.5	2.5	2.9	..

자료 : EIU, Country Report

3. 정치 · 사회 동향

3.1 천수이볜의 총통 당선으로 양안갈등 고조

2004년 3월 총통 선거에서 민진당의 천수이볜(陣水扁) 후보가 국민당의 롄잔(連戰) 후보를 누르고 0.2%의 표차로 당선되어 재집권에 성공한 바 있다. 그러나 선거기간 도중 발생한 총격사건 조작설 및 부정선거 시비로 선거 무효화와 재선거를 요구하는 시위가 발생하는 등 정치적 혼란이 발생하였다. 이에 야당의 요구에 따라 실시된 재검표 결과 양 후보 간의 표차보다 많은 무효표가 나왔으나 선거 결과를 번복시키지는 못하였다. 한편, 총통 선거와 함께 실시된 대만 최초의 국민투표에서는 '국방강화안'과 '대등담판안' 양 의제 모두 과반수 미달로 부결된 바 있다. 상기 의제들이 부결됨으로써 중국과의 긴장관계가 다소 진정되었다.

① 국방강화안 : 중국이 대만을 목표로 한 수백 기의 미사일을 철거하지 않고 대만에 대한 무력 위협을 포기하지 않을 경우 대만이 미사일방어무기를 구입, 방어능력을 강화하는 안을 의미한다.

② 대등담판안 : 대만 정부가 중국과 협상을 재개하여 평화적이고 안정적인 양안 관계를 설정해 나가자는 안이다.

3.2 야당의 총선 승리로 양안갈등 완화

2004년 12월 11일 실시된 입법원 선거에서 야당연합인 국민당과 친민당이 전체 225석 중 114석을 얻어 과반수를 확보하였다. 천수이볜 총통은 총선 패배 책임을 지고 민진당 주석직을 사임한 바 있다. 그 결과 천수이볜 총통이 추진하던 국회 과반수 획득을 통한 대만 독립과 건국이라는 정책이 차질을 빚게 되었으며 천수이볜 총통의 재집권 이후 지속적으로 위험수위에 이르렀던 양안갈등은 다소 완화되었다. 그러나 야당이 국회를 장악함에 따라 행정부와 입법부가 분열되는 양상이 전개되어 정국 혼란이 심화될 가능성도 배제할 수 없는 가운데 대다수 대만국민은 중국과의 긴장고조를 원치 않고 있는 것으로 파악되고 있다. 양안의 대미관계 및 중국경제의 현안 등을 고려할 때 현재로서는 전쟁발발 가능성은 매우 낮다고 볼 수 있다. 또한, 중국의 경우에도 최고위층에서 대만 야당연합과 직접 대화를 시도하거나, 향후 대만의 집권세력의 성격과 관계없이 양안 관계 개선에 노력할 것이라고 천명하는 등 우호적인 태도를 견지하고 있다.

4. 국제신인도 및 대외지급능력

4.1 주요 기관별 신용도 평가 순위

① Moody's : Aa3(1994. 3)
② S&P : AA-(2002. 12)
③ OECD : 1등급(2005. 9)
④ I.C.R.G. : 18/140(2005. 9)
⑤ I. I. : 24/173(2005. 3)
⑥ Euromoney : 25/185(2005. 9)

4.2 주요 ECA의 지원태도

미국 EXIM, 영국 ECGD 등 대부분 ECA 기관들은 최고 부보율을 적용하고 있다.

4.3 대외지급 능력

총외채(2004년말 기준)는 737억 달러로, 이 중 75% 정도가 단기외채이나 민간채무가 대부분을 차지하고 있다. 이전에 연체 및 리스케줄링(rescheduling) 경험은 없다. 경상수지 흑자폭은 감소추세를 보이고 있으나 대외경제 기반이 탄탄하고 세계 3~4위의 외환보유고(foreign exchange reserves)를 기록하고 있는 등 대외지급 능력은 양호한 편이다.

5. 전망

5.1 정치적 안정 유지

2007년 중반까지 선거와 같은 주요 정치 일정이 없는 가운데(2007년 12월 총선, 2008년 3월 대선) 정치적으로는 안정을 유지할 것으로 보인다. 다만 대중국 관계에 있어 대만의 독립 및 대미 무기구매 등과 같은 이슈와 관련하여 여당(민주진보당)과 야당(특히 국민당)과의 소모적인 정치적 충돌의 발생 가능성이 상존하고 있다.

5.2 경제적 안정 유지

최근 수년간 지속되고 있는 고유가가 경제성장의 장애요인이 될 수 있으나 세계경제의 회복으로 수출이 증가하는 등 대외 여건의 호전으로 인해 향후 1~2년간 경제성장률은 4% 수준에서 안정을 유지할 것으로 전망된다.

6. 투자환경

6.1 외국인투자 정책 및 제도

(1) 외국인투자 정책

대만의 회사법(공사법)에 따르면 회사형태는 4종류(무한책임회사, 유한책임회사, 양합공사, 고분유한공사(주식회사))로 구분되며, 이 중 외국인투자기업은 주로 고분유한공사와 유한책임공사의 형태로 설립된다.

(2) 외국인투자 우대 조치

'산업고도화 촉진조례'에 따라 내국인과 외국인 기업은 동등하게 대우하며 투자우대업종으로는 하이테크 업종, 중공업, 연구개발(R&D), 해외자원개발 및 가공광업 등이다. 이들 업종은 세제상의 우대 외에 저리자금 지원, 수업관세 면제 등의 혜택이 부여된다.

지역간 균형발전을 촉진하기 위해 저개발지역 투자, 일정 수의 현지인 고용 등의 경우에는 투자총액의 20%를 세액 공제하며 공제부족액이 발생할 경우에는 4년간 이연을 인정하고 있다.

또한, 과학공업구(Science-based Industrial Park)에 투자한 기업에 대해 조세 및 수입관세 면제, 정밀기기, 컴퓨터, 기계 및 전자 부문에의 투자 시 법인세 20% 감면 등의 혜택을 부여하고 있으며 이외에도 기술투자, 자동화설비 등 첨단설비 등에 투자하는 경우 세제상의 혜택 외에 가속감가상각, 저리자금 지원 등 각종 혜택을 부여하고 있다.

(3) 외국인투자 절차

외국인투자기업은 경제부 투자심의위원회에 신청서를 제출하며 동 위원회는 신청서류를 접수하여 신청업체의 기술 및 재정 상태 등을 검토하고 허용여부를 결정한다. 설립인가 후 외국인 투자자는 동 위원회에 승인 후 15일 이내에 회사등기를 하고 투자지역의 행정기관(주로 지방건설국)에서 공장설립 및 공장등기를 마친 후 정상조업이 가능하다.

투자절차 등에 대한 구체적인 정보는 투자진흥센터(Industrial Development & Investment Center)에서 얻을 수 있다.

6.2 외국인투자 여건

(1) 무역 및 관세제도

수출입 관리기관은 경제부 국제무역국이며 수입자유화(import liberalization)가 점차적으로 시행되고 있으나 아직 모든 수입품의 경우 3가지(① 수입허가 품목(Permissible List), ② 수입통제 품목(Controlled List), ③ 수입금지 품목(Prohibited List))로 분류되어 수입규제가 이루어진다. 자국 기업의 수출 과당경쟁 지양, 수출경쟁력 강화 및 국내수급상의 이유 등으로 일부 품목에 대해서는 수출규제(export regulation)와 수출금지 조치를 취하고 있다.

대만은 1989년 1월부터 국제기준의 HS분류를 시행해 왔으며 세목은 종량세와 종가세가 있으나 대부분의 상품은 종가세를 적용하며 과세기준은 C.I.F.이다. 2002년 세계무역기구(WTO) 가입 이후 평균 관세율을 지속적으로 인하하고 있으며 2004년 기준으로 전체 평균 수입관세율은 4.1%를 나타내고 있다.

수입관세율은 0~50%까지 다양하나 통상적으로 공산품은 평균 5.1%, 농산품은 평균 12.2%의 관세율을 적용하고 있다. '산업고도화 촉진조례'에 의거하여 첨단산업 및 철강, 구리, 알루미늄 등 주요 원자재에 대해서는 무관세를 적용하고 있다. 수출관세는 없으나 무역촉진(trade promotion)을 위한 명목으로 수출상품에 대해 0.0425%의 수수료를 부과하고 있다.

(2) 외환제도

금융국제화의 진전으로 무역 및 무역외 거래가 완전 자유화되고 로열티(royalty), 배당금, 이자소득 및 임금 등의 해외송금에 제한이 없는 편이다. 최근 대만 정부는 외환제도를 총괄하는 새로운 외국환 법령의 제정을 계획하고 있다.

개정 법령에서는 국내외 송금에 대한 제한을 철폐하는 등 각종 외국환 거래에 대한 규제를 제거할 예정이다. 외환업무는 국내은행에 한해서만 취급되고 있으나 외환업무를 위임받은 국내은행이라 하더라도 현재 외환업무 전종목을 취급하는 은행은 국제상업은행뿐이고, 여타 은행들은 부분적으로 외환업무를 취급하고 있다. 그러나 최근 금융시장의 개방(opening of financial market)이 확대되면서 외국은행들에 대한 업무 제한이 점차 완화되고 있다.

(3) 금융제도

대만의 금융체계는 일반 개도국에서 보편적으로 존재하는 공금융과 사금융으로 구분되는 이원적 형태(financial dualism)로 운용되고 있다. 상업은행은 주로 단기금융을 취급하나 주무기관의 승인 하에 저축성 예금 취급과 장기 대출 등 투자신탁 업무도 가능하다.

사금융은 제도금융시장의 제한적인 자금배분 기능을 보완해 왔으며 주로 중소기업들이 많이 이용하고 있으나 금리는 제도권 금융보다 높은 편이다. 빈번한 금융사고로 인해 1990년대 초반부터 금융개혁(financial reform)이 본격적으로 추진되면서 사금융은 점차 제도권으로 흡수되는 양상을 보이고 있다.

(4) 조세제도

대만의 조세체제는 크게 국세와 지방세로 분류된다. 지방세는 다시 성(省)·직할시·현할시 세금으로 구분된다. 국세에는 소득세, 관세, 상품세 및 증권거래세 등이 있으며 지방세는 부가세, 인지세, 자동차 면허세 등이 있다.

조세를 총괄하는 기본법은 없으며 소득세법, 관세법, 토지세법 등 조세 항목별로 각각의 세법이 별도로 존재하고 있다. 이 중 가장 근간이 되는 법은 소득세법이라 할 수 있다.

세제 종류 및 세율은 다음과 같이 정리될 수 있다.

① 영업세

대만 내에서 생산 및 판매되는 물품 및 용역과 수입물품에 부과된다. 세율은 4가지(영업자에게 부과되는 기본세율(5%), 특정업종에 부과되는 특별세율(예 : 유흥업소 15~25%), 수출입업자에게 부과되는 영세율, 면세)로 구분된다.

② 영리사업소득세(법인세)

공사법에 따라 영리사업체로 등기된 법인체(외국법인 포함)가 대만 국내 및 전세계에서 벌어들인 연간 총소득에 대해 부과되는 법인세로서 속인주의를 적용한다.

③ 종합소득세(개인소득세)

대만 내에서 발생하는 거주자 및 비거주자의 개인소득에 대해 부과(속지주의)한다. 대만에서 연 183일을 초과하여 거주하는 외국인은 본국인과 동일하게 부과하며 183일 미만 거주 외국인에 대하여는 소득의 20%를 원천징수한다.

〈표 7-5〉 대만의 법인세율 구조

소득액(NT$)	세율(%)
50,000 이하	0
50,001~100,000	15
100,001 이상	25

〈표 7-6〉 대만의 종합소득세율 구조

개인소득(NT$)	세율(%)
0~370,000	6
370,001~990,000	13
990,001~1,980,000	21
1,980,001~3,720,000	30
3,720,001 이상	40

(5) 노동제도

1984년 8월(1998년 1월 전면 개정) 노동기준법(Labor Standard Laws)을 시행함으로써 노동자들에 대한 처우개선 및 권리강화 등의 효과가 발생하기도 하였으나 법령 자체의 개선 여지가 여전히 많고 노동자들의 의식구조가 전환됨에 따라 파업이 확산되는 가운데 임금상승, 제조업종의 노동력 부족 등의 문제점도 함께 발생하고 있다.

대만은 최저임금제를 시행하고 있으며 현재 최저임금은 월 NT$16,000 정도인 것으로 알려지고 있다. 2004년 노동자 1인당 월평균 수입은 NT$40,015이며, 제조업은 이보다 다소 낮은 NT$38,369 수준을 보이고 있다. 초과근무 수당은 통상임금의 약 2배 정도이며 1일 3시간, 1개월 46시간을 초과할 수 없다(남자근로자 기준). 공휴일의 경우에는 통상임금의 2배 수준이 지급된다.

노동조합은 공회법에 의거하여 동일 산업 내 각 부서의 근로자에 의해 결성된 산업노동조합과 동일 직업근로자들이 연합하여 결성된 직업 노동조합으로 구별된다. 근로자 수가 30명 이상인 작업장에 한해 노조 결성을 인정하고 있으며 30명 미만인 경우 주변 타 작업장과 합병하여 설립이 가능하다.

고용계약은 근로기준법에 의거하여 고용 시 견습공 및 일용직을 제외하고는 이면계약 또는 조합간 단체협약을 작성해야 하며 그 계약 및 협약은 법령이나 관련 규정을 위반할 수 없다. 근로자 해고시에는 사전에 예고해야 하며 근무연수에 따라 소정의 위로금을 지급해야 한다.

제 3 절 러시아(Russian Federation)

1. 일반개황

일반	위 치:	북유라시아
	면 적:	17,075천 km^2 (한반도의 77.4배)
	기 후:	대륙성
	인 구:	143백만 명 (2004)
	수 도:	Moscow (1,010만 명)
	민 족:	러시아인 (81.5%), 타타르인 (3.8%), 우크라이나인 (3%)
	언 어:	러시아어, 다수의 소수민족 언어
	종 교:	러시아 정교, 회교, 유대교
정치	독 립 일:	1991. 6. 12 (구소연방)
	정 부 형 태:	대통령중심제 (연방공화제)
	국 가 원 수:	Vladimir Putin 대통령 (Fradkov 총리)
	의 회:	양원제 (상원 178석, 하원 450석)
	주 요 정 당:	통합러시아당, 공산당, 조국-애국연합, 자민당
	국제기구가입:	UN, World Bank, IMF, CIS, EBRD, OSCE, MIGA 등

경제	G D P:	5,824억 달러 (2004)
	1인당 GDP:	4,040달러 (2004)
	화 폐 단 위:	1 Rouble=100 kopeks
	회 계 연 도:	1. 1~12. 31
	산 업 구 조:	(2004) 서비스업 58.9%, 제조업 36.0%, 농업 5.0%
	주요수출품:	석유 · 가스, 금속류, 기계 · 운송장비
	주요수입품:	기계 · 운송장비, 음 · 식료, 화학제품
	주요부존자원:	원유, 가스, 철광석, 석탄, 비철금속
	경제적강점:	풍부한 부존자원, 우수한 인력, 첨단기술분야 발달
	경제적약점:	에너지 산업 편중, 관료주의, 외국인투자 환경 미흡

2. 경제동향

2.1 국내경제

(1) 경제성장

러시아는 2001~2002년 중 일시적으로 성장세가 주춤했으나 1998년 경제위기 이후 국제경쟁력(international competitiveness) 회복과 국제유가 강세에 힘입은 원유생산 증대로 1999~2004년 중 연평균 6.8%의 고도 성장세를 기록하였다.

그러나 2004년 하반기부터 석유생산이 정체되면서 성장률 둔화에 대한 가능성이 제기되어 왔으며, 2005년 상반기 전년동기 대비 성장률은 5.6%로 둔화되었다. 하반기 이후 국내소비 증가에 힘입어 경제성장률이 다소 회복될 것으로 전망된다.

세계적인 투자은행인 골드만삭스(Goldman Sachs)의 'BRICs 보고서'에 의하면 러시아 GDP는 2000~2010년(4.1~10.0%), 2011~2020년(3.3~4.0%), 2021~2030년(3.3~3.4%)로 성장할 것이며, GDP 규모도 2018년 이탈리아, 2024년 프랑스, 2027년 영국, 2028년에는 독일을 추월하여 세계 5위로 부상할 것으로 전망된다.

국제통화기금(IMF)은 러시아의 경제성장과 관련하여 단기적으로 긍정적인 전망(2005년 6.5% 성장)을 제시하였으나 경제개혁이 미진할 경우 중기적으로는 높은 경제성장 달성이 힘들 것으로 지적한 바 있다.

(2) 물가

경제위기(economic crisis) 이후 물가는 안정세를 보이고 있으나 고유가가 지속되면서 해외로부터 유입되는 막대한 유동성으로 인해 물가관리의 어려움에 직면해 있다. 러시아 정부는 2005년 물가상승률 목표를 8%로 설정했다가 다시 10%로 완화했으나 전체 물가상승률은 11~12% 수준을 기록할 것으로 전망된다.

(3) 재정

재정수지는 고유가의 영향으로 2000년 흑자로 전환된 이후 흑자 기조를 유지하고 있으며 2004년부터는 흑자폭이 확대되고 있는 가운데 2005년 재정수지 흑자는 GDP의 6% 수준에 이를 것으로 보인다.

(4) 경제구조

① 풍부한 부존자원, 높은 수준의 기초과학기술, 우수하고 저렴한 노동력 등을 보유하여 성장잠재력이 큰 편임

석 유	· 전세계 매장량의 약 11%(세계 7위). 생산량 및 수출량 세계 2위
천연가스	· 전세계 매장량의 약 33% 차지(세계 1위)
기타 광물자원	· 니켈, 철, 석탄, 비철금속, 다이아몬드, 백금(Platinum) 등의 세계적인 자원 보유국임

석유, 천연가스, 석탄, 철광석, 금 등 풍부한 부존자원이 경제성장의 동력 역할을 해 왔으며 향후에도 국제원자재 가격의 상승추세 하에서 이러한 부존자원에 바탕을 둔 성장잠재력(growth potentials)은 매우 큰 편이다.

② 석유·가스 등 자원 부문과 거대기업그룹에 편중된 산업구조

정부 통계에는 서비스산업 비중이 국내총생산(GDP)의 60%를 초과하는 것으로 나타나고 있다. 이는 에너지 유통관련 부문이 포함된 결과이며 실질적으로 석유 및 가스분야를 포함한 2차 산업의 비중이 GDP의 50%를 초과하고 있다(석유·가스 등 에너지 분야는 GDP의 30%, 수출의 55%를 차지하고 있음).

20여개의 거대기업그룹이 산업생산의 40%를 차지하는 산업구조의 편중현상을 보이고 있어서 러시아 정부는 '2005~2008년 사회·경제개발 계획'에 따라 비석유부문 제조업으로의 다각화와 첨단 지식정보화사회(knowledge-informationized society)로

의 전환을 추진 중에 있다.

③ WTO 가입 추진

2004년 5월 개최된 EU와 러시아간 정상회담에서 EU가 러시아의 세계무역기구(WTO) 가입 동의안에 서명함으로써 러시아의 WTO 가입이 가속화될 것으로 예상된다. 향후 미국, 일본, 인도 등과의 쌍무협상(bilateral negotiations)이 필요하나 EU의 가입지지를 기폭제로 하여 러시아 정부가 WTO 가입을 적극적으로 추진하고 있어 2007년까지는 가입이 가능할 것으로 전망된다.

러시아의 WTO 가입과 관련하여 에너지 이중가격 제도 해소, 농업 보조금 철폐, 금융·보험·통신 등 서비스시장 개방 문제 등 러시아 정부 입장에서 국내산업 보호를 위해 양보하기 힘든 사안도 존재하나 푸틴(Putin) 대통령은 WTO 가입 추진을 구조개혁(structural reform) 추진의 핵심으로 활용할 가능성이 큰 편이다.

향후 러시아의 WTO 가입시 러시아 국내 법·제도·관습의 변화는 물론 외국인 투자 및 교역환경에도 상당한 변화가 예상되며 세계은행(WB : World Bank)은 WTO 가입으로 러시아는 640억 달러의 경제적 혜택을 볼 수 있을 것으로 평가하고 있다.

④ 선진화된 금융시스템의 필요성 대두

금융부문에 있어서도 기업투명성(corporate transparency) 부족, 담보제도의 미비 등으로 금융부문이 실물부문에 대한 자금중개 기능을 제대로 수행하지 못하고 있다. 국제적인 상관습, 법규 및 감독제도 도입이 지연되고 은행부문에 대한 구조조정이 지연되는 등 다수의 문제점을 가지고 있다.

러시아 금융위기(financial crisis) 이후 은행들은 주로 은행과 특수관계(지배주주)에 있는 대기업을 위주로 대출을 취급하고 있으며, 중소기업에 대한 대출은 투명성 부족, 담보 부족, 신용평가(credit evaluation)의 어려움 등으로 인해 활성화되지 못하고 있다.

⑤ 투자관련 법제 미비 등 투자 및 사업 환경이 열악한 편임

투자관련 법제 미비와 각종 규제 강화 등으로 인해 투자 및 사업환경이 대체로 열악한 것으로 평가할 수 있다. 자원개발과 관련된 외국인투자를 규정하는 생산물 분배법(PSA)의 경우 외국인 투자자들에게 불리한 형태로 개정되었으며 통신 및

보험 등 서비스시장에 대한 외국인투자를 제한하는 등 외국인투자에 대한 제한이 강화되고 있다.

러시아가 WTO에 가입되지 않은 상태로 비즈니스 관련 제반 제도가 아직 국제기준(international standard)과 격차가 있어 비즈니스 환경의 공정성(fairness of business environment)이 보장되지 않고 있다.

외자유치와 관련한 연방정부와 지방정부간 갈등(조세감면, 경제자치권, 외자유치조건 등), 관료주의(bureaucratism), 부정부패(마피아 개입 등)와 탈세, GDP의 30~40%에 달하는 지하경제(underground economy), 연간 약 120억 달러에 이르는 순자본 유출 등과 같은 문제가 경제발전에 장애가 되고 있다.

〈표 7-7〉 주요 국내경제지표

(단위 : %)

구 분	2001	2002	2003	2004	2005f
경제성장률	5.1	4.7	7.3	7.1	5.9
재정수지/GDP	3.1	1.7	2.4	4.2	5.6
소비자물가상승률	21.5	15.8	13.7	10.9	11.0

자료 : EIU, Country Report

2.2 국제경제

(1) 교역구조(2004년 기준)

에너지 및 금속제품이 전체 수출의 70%를 차지하여 국제원자재 가격 변동에 크게 좌우되는 취약한 수출산업구조를 가지고 있으며, 수입비중이 높은 품목은 기계장비(38%) 및 식품류(17%) 등이다.

국가별로는 EU가 전체 교역의 50% 이상을 차지하고 있으며, CIS지역은 러시아 수출의 16%, 수입의 23%를 차지하여 EU 다음의 교역상대국이 되고 있다. 특히, 석유·천연가스는 EU가, 금속 제품은 CIS 지역이 주요 수입지역이다. 한편, 최근에는 중국이 점차 주요 교역상대국으로 부상하고 있다.

(2) 경상수지

서비스 수지는 소폭의 적자를 기록하고 있으나 대규모 상품수지 흑자에 힘입어 구소련 붕괴 이후 1997~1998년을 제외하고 경상수지는 흑자가 지속되고 있다. 특히, 1999년 이후 국제유가 상승에 따른 원유수출의 호조로 인해 2000년에는 GDP의 18%에 달하는 흑자를 기록한 바 있다.

고유가의 지속에 힘입어 2004년에 이어 2005년에도 GDP의 10%를 초과하는 큰 폭의 경상수지 흑자를 기록할 것으로 전망되는 가운데, 이 같은 양호한 추세는 외환보유고의 증가로 이어져 러시아의 거시경제 안정(macroeconomic stability) 및 국가신인도 개선의 주요 요인이 되고 있다.

(3) 외국인직접투자(FDI)

유코스(Yukos) 사태에 따라 투자심리의 악화가 우려되었으나 푸틴 정권의 재집권 및 권력 기반 강화에 따른 정치적 안정(political stability)과 고도 경제성장 등으로 인해 외국인직접투자(FDI)는 2004년 117억 달러로 사상 최고치를 기록하였다. 간접투자를 포함한 외국인투자의 주요 국가는 네덜란드, 독일, 미국, 키프러스, 영국 등이며 석유·가스부문(판매 및 생산 법인), 소매 부문, 음식료 부문 및 건설 부문 등에 외국인직접투자가 활발하게 이루어지고 있다.

독일과 미국은 에너지 생산 및 건설 부문, 네덜란드는 석유 및 가스판매부문, 그리고 영국과 프랑스는 상품 및 용역 부문에 대한 투자비중이 높은 편이며 키프러스의 경우 해외 유출된 러시아 자금의 역투자가 활발한 것으로 인식되어 있다.

2003년 러시아의 국가신용등급이 투자적격등급으로 상승한 이후, 경상수지 등 대외거래 부문의 호조로 국제신인도(international credibility)가 제고되고 향후 2~3년 안에 WTO에 가입할 경우 경제자유화에 따른 투자여건 호조로 외국인투자가 증가할 것으로 보인다.

(4) 외환보유고

외환보유고(2004년말 기준)는 1,200억 달러를 초과하였으며 2005년 말에는 1,700억 달러를 넘어설 것으로 전망되는 가운데 러시아는 세계 5위의 외환보유국의 위치를 유지하고 있다.

〈표 7-8〉 주요 국제경제지표

(단위 : 백만 달러, %)

구 분	2001	2002	2003	2004	2005f
경상수지	33,795	29,116	35,410	60,600	76,100
경상수지/GDP	11.0	8.4	8.2	10.4	10.6
상품수지	48,120	46,335	59,859	87,200	102,900
수출	101,884	107,301	135,929	183,500	224,600
수입	53,764	60,966	76,070	96,300	121,700
외환보유고	32,538	44,051	73,172	120,805	175,000
총외채잔액	152,491	147,437	175,257	192,800	180,800
총외채/GDP	50.4	43.5	41.8	33.1	25.1
D. S. R.	14.3	11.2	11.8	8.7	13.3

자료 : EIU, Country Report

3. 정치 · 사회동향

3.1 정치동향

1999년 12월 전임 옐친 대통령의 사임에 따라 대통령 권한대행으로 출발한 푸틴은 2000년에 이어 2004년 대통령선거에서도 압승을 거두며 연임에 성공하였다. 푸틴은 강력한 리더십(powerful leadership)을 바탕으로 정치적 안정을 유지하며 과감한 개혁과 국가발전정책을 추진하고 있다. 그러나 대통령에게 상당한 권한이 집중된 러시아의 정치체제와 푸틴의 강력한 리더십이 맞물려 푸틴 1인에 대한 과다한 권력집중에 대한 우려가 커지고 있다.

2004년 말에는 직선으로 선출하던 지방정부 주지사도 중앙정부가 임명토록 제도를 변경함에 따라 대통령의 권력 집중에 대한 우려가 더욱 증대되고 있는 가운데, 2008년 3월 대통령선거를 앞두고 현재 헌법으로는 불가능한 푸틴의 3선 도전 가능성에 대한 관심이 제고되고 있는 실정이다.

3.2 사회동향

체첸 반군에 의한 반복적이고 강력한 테러활동은 이미 상당한 불안요인이 되고 있는 가운데, 최근에는 급속한 경제성장 과정에서 확대된 지역간, 계층간 빈부격차도 상당히 심각한 수준이 되고 있다.

3.3 대외관계

(1) 다면적이고 실리적인 외교노선 추구

9·11 미 테러사태 이후 부시(George W. Bush) 대통령의 대테러 전쟁에 적극적인 협력태도를 표방하면서 미국과 긴밀한 협력관계를 형성하는 한편, 미국의 이라크 전쟁에 대해서는 반대하는 태도를 견지하고 있다. 또한, 유럽, 중국 등과도 협력관계를 강화하며 미국의 패권추구를 견제하는 양면전략을 구사하고 있다.

대테러 전쟁을 명분으로 우즈베키스탄, 키르기즈스탄, 카자흐스탄 등 중앙아시아 지역에 미군기지가 설치되는 것을 용인했던 러시아는 CIS 지역에 대한 영향력 행사와 관련하여 미국과 대립하고 있다.

러시아는 EU와 NATO의 영역이 우크라이나 등 CIS지역으로 확대되는 것에도 민감한 반응을 보이고 있으나 경제적으로 미국과 EU와의 협력 필요성을 고려할 때 사안에 따라 미국 및 EU와 갈등관계에 있으나 전면적인 관계 악화의 가능성은 크지 않을 것으로 판단된다.

(2) 6자회담 일원국으로 북핵문제에 적극적으로 참여하는 등 아시아 지역에 대한 영향력 확대 추구

러시아는 최근 중국, 인도, 일본, 남북한과 경제, 정치, 외교, 군사 각 분야에서 밀접한 관계를 유지하고 있다. 북핵문제와 관련하여 6자회담의 일원으로 미국의 대북한 강경 태도를 완화시키는 한편 북한에 대해서는 외교적 압박을 가하면서 조정자적인 역할을 강화하고 있다.

4. 국제신인도 및 대외지급능력

4.1 주요 기관별 신용도 평가 순위

(1) 3대 신용평가기관 투자적격등급 부여

① Moody's : Baa3(2003. 10) → Baa2(2005. 10)

외환보유고 증가, 안정기금 확충, 신중한 재정정책, 정치안정 등의 요인을 긍정적으로 평가하고 있다.

② S&P : BB + (2003. 5) → BBB - (2005. 1)

러시아의 정치·제도·구조적 취약성에 대해서는 부정적인 입장이나 국제유가 상승에 힘입은 대외유동성 확대, 국가채무(national debt) 부담 감소 등으로 2005년 1월 등급을 상향조정한 바 있다.

③ Fitch : BB + (2004. 1) → BBB - (2004. 11) → BBB (2005. 8)

대외지급능력 개선 및 적극적인 대외채무 상환 등을 사유로 2005년 8월 등급을 상향 조정하였으나 여전히 러시아경제의 구조적 취약성을 지적하고 있다.

(2) 주요 기관 평가순위 및 등급

① OECD : 4 등급 (2004. 1) → 4 등급 (2005. 1)
② I.C.R.G. : 46/140 (2004. 5) → 45/140 (2005. 5)
③ I. I. : 58/172(2004. 9) → 58/173 (2005. 3)
④ Euromoney : 64/185 (2004. 9) → 61/185 (2005. 3)

4.2 주요 ECA 인수태도

① 미국 EXIM : 중장기 건별심사
② 영국 ECGD : 중장기 건별심사
③ 독일 Hermes : 중장기 정상인수
④ 일본 NEXI : 중장기 정상인수

4.3 대외지급능력

경제여건 개선과 함께 민간기업의 해외 기채활동이 증가하면서 외채규모는 늘어나고 있으나 국내총생산(GDP) 대비 외채비율은 지속적으로 하락하고 있다. 2005년 1월말 국제통화기금(IMF)의 구조조정차관 33억 달러를 조기상환한 데 이어, 2004년부터 적립되어 최근 그 규모가 크게 확충된 안정기금(파리클럽채무 상환으로 인해 동 기금 잔액이 2005년 5월말 340억 달러에서 8월초에는 252억 달러로 감소하였음)을 재원으로 2005년 중 파리클럽채무 150억 달러 등 총 170억 달러의 대규모의 외채 조기상환을 시행하고 있어 2005년 말에는 외채의 절대규모가 다소 감소할 것으로 보인다.

5. 투자환경

5.1 외국인투자 정책 및 제도

(1) 상업적 분야에 대한 제한은 없으나 일부 전략적 분야는 투자제한이 존재함

일반적으로 상업적 분야에 대한 외국인직접투자(FDI)는 사전허가를 필요로 하지 않는다. 다만 전력, 가스, 은행, 보험, 언론·방송, 다이아몬드 광산, 민간 항공사 등 국익에 민감한 일부 전략적 분야나 금융 분야에 대해서는 FDI에 제한이 수반된다.

(2) 외국인투자 우대조치

〈사례 1〉 러시아 투자 외국기업에 대한 우대조치

① 은행 및 보험 : 금융서비스에 대해서 부가가치세가 면제됨
② 방송·언론 및 서적 : 2002년 1월 1일부터 광고를 전문으로 하는 신문을 제외한 모든 방송·언론사는 10%의 부가가치세(value-added tax)가 적용되고, 인쇄서비스는 18%의 부가가치세가 적용됨. 다만 교과서, 선정성과 광고가 없는 학술지 등은 면세혜택이 유지됨
③ 필름 생산 및 유통 : 러시아산 필름의 생산, 인쇄, 전시에 관한 계약은 부가가치세 면제대상임
④ 자동차산업 : 특정 수입부품은 부가가치세가 면제되며 러시아산 부품에 대한 면세혜택이 점차 확대되고 있음
⑤ 국제운송업체, 항공사, 병원, 농업 등도 부가가치세 면제대상임
⑥ 발틱해 연안의 Kaliningrad와 시베리아 극동 지역의 Magadan에 경제자유지역(Free Economic Zone)을 설치하였음. St. Petersburg, Novgorod, Leningrad Oblast 등 일부 지역의 조세감면 혜택이나 보조금 지급 등 일부 지역에 대한 우대 조치가 있으나 대체로 제한적임

외국인 투자자에게 특정한 투자우대조치를 부여하기 보다는 조세, 법규, 은행, 관세, 경제개혁 등 전반적인 투자환경 개선에 치중하고 있다. 외국인투자법(제160-FZ호)은 외국인 투자자가 내국인보다 불리한 대우를 받지 않음을 명시하는 한편, 일부 외국인 투자자를 위한 특정한 우대조치를 규정하고 있다. 최근 법인세율과 부가가치세율을 각각 24%와 18%로 인하하였으며, 생산물분배협전(PSA : Production Sharing Agreement)을 통한 석유·가스 등 자원분야의 투자를 촉진하고 있으며 일부 산업분야의 우대조치가 시행되고 있다.

(3) 외국인투자 규제조치

모든 기업 지분의 인수는 연방금융시장국에 등록해야 하며 20%를 초과하는 지분취득은 연방 반독점국(Federal Anti-Monopoly Service)의 사전허가를 얻어야 한다.

러시아 정부는 법령, 포고령에 의하거나 또는 지배주주의 자격으로 가스, 전력 등 전략적 분야와 민감 분야 기업에 대한 외국인의 지분취득을 제한하고 있다. 기업은 공장건설, 확장 등에 있어 지역, 환경, 건축, 위생, 소방, 기타 관련기관으로부터 필요한 사전허가를 얻어야 한다.

일례로 모스크바의 경우 통상 3단계(1단계 디자인 개념, 2단계 상세계획, 3단계

최종검토 등)의 사전허가 절차를 거치게 되는데, 이에 소요되는 시간은 프로젝트의 성격, 지역, 관할 단체와의 관계 등에 따라 짧게는 수개월에서 길게는 수년 간의 기간이 소요되기도 한다.

러시아 법에서는 토지와 건물을 분리해서 취급하고 있으며 양자의 권리는 상당한 차이가 존재한다. 토지에 비해 건물 소유권에 관한 규정은 단순한 편이며 연방토지법이 기존 지방정부의 토지관련 규정에 우선함에 따라 지방정부의 제도 및 규정이 연방법에 위배되는지를 면밀하게 확인할 필요가 있다.

농지거래법(제101호-FZ호)은 농지에 대한 외국인 또는 외국법인의 권리에 제한을 두고 있는데 외국인 및 외국인이 50% 이상 지분을 갖는 러시아 법인은 토지임차권만을 보유할 수 있다. 러시아 민법이나 토지법은 비농업용 토지의 임차기간에 대한 제한을 두고 있지 않으나 통상적으로 토지임차권은 49년을 초과하지 않고 있으며, 연방민영화법은 국가 및 지방정부 소유 토지의 임차기간을 49년 이내로 명시하고 있다. 농업용 토지의 최장 임차기간은 49년이다. 일반적 제한으로서 농업용 토지는 등기된 경우에만 임차 대상이 될 수 있다.

2003년 6월에는 기존 PSA를 개정한 생산물분배법(Product-Sharing Law 제225-FZ호, 1995. 12. 30) 개정안이 발효된 바 있다. 동 개정법안은 PSA 방식이 적용될 대상을 크게 축소시켰으며, 투자자 선정 자격도 매우 엄격하게 규정하는 한편, 러시아 국산품 투입요건은 한층 강화하고 기존에 PSA 방식으로 투자자가 향유하던 각종 혜택을 크게 축소시키는 등 PSA 방식에 의한 러시아 자원개발권 획득이 현실적으로 어렵게 되었다.

생산물분배법은 러시아 법인에 하청계약자로서 계약수행을 위한 우선적 권리를 부여하고 있어 러시아 관계자를 고용할 수 없는 경우에만 외국노동자나 전문가를 고용할 수 있다. 설비생산 주문의 최소 70%는 러시아 기업이나 러시아에 납세자로 등록된 외국기업이 담당해야 하며 고용 인력의 80%는 러시아인이어야 한다. 정부령 531호(1993)는 국가가 발주하는 건설계약의 경우 30% 이상을 국내 하청계약자에게 할당하고 우선적으로 국내자재를 사용할 것을 강제하고 있다.

(4) 외환제도

2004년 7월 14일에 발효된 신외환관리법(Law on Currency Regulation and Currency

Control 제 173-FZ호)에 따라 외환거래 자유화가 확대되었다. 이전에는 기업들에게 허용되는 외환거래와 중앙은행의 허가가 요구되는 거래 리스트가 사전에 결정된 데 반해 신법은 특별히 금지되지 않은 한 기업들에게 어떠한 외환거래도 허용하고 있다.

러시아의 외환규제는 외화도피(capital flight)와 자국경제의 달러라이레이션(달러화, dollarization)을 억제하는 데 중점을 두고 있다. 외화도피, 달러화 등을 방지하기 위해 중앙은행은 수출자에게 수출대전의 국내송금과 수출대전 수취 후 7일 이내에 수취외환의 25% 매각을 요구할 수 있다.

러시아는 자국경제의 달러화를 방지하기 위해 1994년 1월 1일 이후 외화현금의 국내사용이 금지되어 왔다. 면세점 사용액, 외국 항공사(또는 운송회사)의 항공권 구입(단, 해당국과 러시아간 협약이 체결된 경우에 한함) 등 예외적인 사항 외에는 신용카드 결제액도 루블화만 허용되고 있다.

예를 들면, 자금세탁법(제115-FZ호, 2001. 8. 7) 및 자금세탁에 관한 대통령령 제1263호(2001. 11. 1)는 60만 루블(2만 달러 상당) 이상의 외환 매매거래에 관여하는 은행, 증권거래기관, 보험사, 리스회사, 기타 금융기관 등은 재무부(Ministry of Finance) 산하 금융감시위원회(Financial Monitoring Committee)에 해당 거래를 보고해야 하며, 미화 10,000달러까지의 외환은 별도의 승인 없이 반출될 수 있다. 또한, 세관 증명에 의해 이전에 반입된 금액까지도 별도승인 없이 반출될 수 있으며, 개인의 반출 시 3,000달러 초과금액은 세관에 신고해야 하고 3,000달러 이내 금액은 신고 의무가 면제된다.

러시아법은 외국인 투자자에게 외국인직접투자(FDI)와 포트폴리오투자(portfolio investment) 등에서 발생한 투자 원금, 발생 수익, 기타 이익 등의 본국송금 권리를 보장하고 있으며 투자원금 송금의 보고 의무는 없다. 외환관리법에 위배되지 않는 한 해외차입금의 원리금 상환에 대한 제약이나 별도의 보고 의무가 없으며 송금은 자금이체일의 중앙은행 고시환율을 적용하고 있다. 해외모기업, 금융기업, 기타 기관 등에 대한 이자지급에는 20%의 이자소득세를 원천징수한다. 다만 국내기관이나 국내 수취자에 대한 이자지급은 원천징수 하지 않고 있다.

한편, 로열티(royalty) 및 수수료 송금에 대한 제한이나 별도의 보고 의무는 없으며 저작권, 특허권 등에서 창출된 로열티 및 소득, 러시아에서 발생한 리스료 지급 등은 20%의 소득세 원천징수 대상이며 로열티에 대해서는 16.67%의 부가세도 원천징수 대상이다. 수출에서 발생한 외환 수입(收入)에 대한 주요 제한사항은 수출자가 수취외환의 일정비율을 본국(러시아)의 거래은행에 송금하여 루블화로 환전해야 한다. 이전에는 수출자의 거래은행은 수출자 이체계정에 입금된 외환은 7일 이내에 매각해야 했으나, 법개정으로 수출자의 지시가 있는 경우에만 매각하면 된다.

수취외환의 의무매각 비율은 25%(중앙은행령 제111-I호, 2004. 3. 30)이며 외국인투자기업을 포함한 모든 러시아 법인에 적용된다. 수출자는 수취외환 매각의무를 충족하면 나머지 수취외환은 환전하지 않고 자신의 계정에 보유할 수 있다. 거액 수출자들은 의무매각 비율을 낮추는 우대조치를 적용받을 수도 있다.

(5) 조세제도

① 법인세 및 기업활동 관련 조세

1990년대 기업들이 정상적인 방법으로는 조세의무를 다할 수 없을 정도로 심한 징벌적 조세제도 운영으로 탈세를 더욱 확산시켜서 탈세는 이제 러시아에서 가장 심각한 조세문제로 인식되어 있다.

이에 푸틴(Putin) 대통령의 집권 2기 개혁정책의 주요 목표 중 하나는 조세징수율을 제고시키고, 기업들이 지하경제(underground economy)에서 탈피하도록 유도하는 것이다. 일례로 2002년 1월 1일 종합세법 제2부를 도입하여 조세제도(tax system)를 개선하였으며 이후에도 조세체제 정비 및 세율 인하 정책을 지속하고 있다.

2002년 1월 1일 발효된 러시아 종합세법 제2부에 따라 러시아의 법인세율은 24%로 동 유럽 지역에서는 상당히 낮은 편이다. 그러나 각종 사회보장세와 비공식적인 조세(등록, 검사, 수입관세, red tape 등)를 포함하면 실질적인 기업의 부담은 상당한 수준으로 평가된다. 수출품 제조용 원부자재에 과세된 부가가치세 환급이 법으로 보장되어 있으나 수출기업이 실질적으로 법인세를 환급받기는 어려운 것이 문제점으로 지적된다. 대표 사무소는 외환관리법 상 비거주자로 취급되며 이중과세방지협약 상 장점이 있어 다른 사업형태보다 세법상 유리한 형태라고 할 수 있다.

로열티, 선급 법인세, 환급대상 영업활동에 투입된 재화·용역에서 발생한 VAT

등은 차감항목이며, 외국에서 발생한 소득에 대해 지급한 조세에 대하여 외국세액공제(foreign tax credit)를 받을 수 있다. 부동산의 자본이득은 정상소득으로 취급되어 24%의 표준세율 적용대상이다. 자본손실(capital loss)은 10년까지 이연상각처리할 수 있으나, 특정연도 과세대상 이익을 30%까지만 감소시킬 수 있다. 조세협정에 다른 규정이 없으면 외국 모기업에 대한 러시아 기업의 배당에 대해서는 15%의 원천징수세가 적용된다. 지점은 본사의 일부이기 때문에 지점이익의 송금은 배당으로 취급되지 않으며, 러시아에는 별도의 지점이익 송금세는 없다.

러시아 자회사의 이익에 대한 해외 모기업의 실효세율은 법인세 24%에 배당원천징수세율 15%를 감안한 약 35%이며, 러시아 기업에 대한 국내주주의 실효세율은 법인세 24%에 배당원천징수세율 9%를 감안하여 약 31~33% 수준이다. 조세협정에 다른 규정이 없으면, 외국조직에 대한 이자지급에는 20%의 원천징수세가 부과되며, 국내조직에 대한 이자지급에는 조세가 부과되지 않는다. 러시아는 현재 66개국과 이중과세방지협정을 체결하고 있다. 일반적으로 러시아 내 영구조직을 갖지 않는 외국기업의 러시아 내 영업활동에 의한 소득에 대해서는 원천징수를 하지 않고 있다.

〈사례 2〉 한국과의 이중과세방지협정에 따른 원천징수 세율

① 배당금 지급 : 5%, 10%
조세납부 러시아 기업 지분의 30% 이상을 보유하고 실제 투자액이 10만 달러 상당액 이상을 투자한 한국기업에 대한 배당금 지급에는 5% 원천징수세율을 적용한다. 기타 기업에 대한 배당금 지급에는 10% 원천징수세율을 적용하고 있다.

② 이자 지급 : 10%

③ 로열티 지급 : 0%

총매출에서 부가가치세를 차감한 잔액에 대해 부과되는 매출세(turnover tax)와 물품세는 종합세법 1, 2부가 도입되기 전까지 기업에게는 독소 조항이 되어 왔다. 기업명에 '러시아', '러시아연방' 또는 유사표현이 포함된 경우 매출세 과세대상이며, 판매업종에 속한 기업에 대해서는 총매출의 0.05%, 기타 업종의 기업에 대해서는 총수익의 0.5%가 과세된다.

2004년 1월 1일부터 부가가치세율은 20%에서 18%로 인하되었다. 또한, 일부 식품 및 의약품에는 10%의 세율이 적용되고, 은행 및 수출업에는 0% 세율이 적용된

다. 그밖에 공식적인 외교업무 수행, 외교관 및 가족의 사적 용도에 사용되는 재화 및 용역도 부가가치세 면제대상이다. 물품세 과세대상 품목은 사치품이나 정책적인 통제가 필요한 품목으로 자동차, 오토바이, 주류, 담배류, 일부 석유류 제품 등이 있다.

종합세법 제2부는 러시아의 4대 사회기금(국가연금, 사회보험기금, 고용기금, 강제의료보험기금)의 개별 징수체제를 대체하는 통합사회세(unified social tax) 납부제도를 도입하고 있다. 고용주는 러시아의 연금, 사회보장, 의료보험 수혜대상 피고용자를 위해 통합사회세를 납부해야 한다. 통합사회세는 누진과세 방식으로 피고용자의 연간소득에 대해 과세되며, 납부세액은 고용주의 과세대상 소득의 차감항목이다.

〈표 7-9〉 피고용자 소득구간과 통합사회세율

2005. 1. 1 이후		2005. 1. 1 이전	
소득구간	세율	소득구간	세율
28만 루블 이하	26%	10만 루블 이하	35.6%
60만 루블 이하	10%	30만 루블 이하	20%
60만 루블 초과	2%	60만 루블 이하	10%
		60만 루블 초과	2%

2003년 1월 1일부터 모든 외국인 피고용자의 임금에 대해서 통합사회세가 부과되고 있으며, 이는 이중과세방지협정에 따른 면세 적용을 받지 않음으로써 이중과세가 발생할 수 있다. 차량에 대한 과세는 모든 법인 및 개인에게 적용되며, 2003년 1월 1일부터 종합세법의 운송세(transport tax) 관련 규정이 발효되면서 운송세가 마력당 5~30루블로 인상된 바 있다. 지방정부는 동 세율을 5% 단위로 인상할 수 있다.

② 개인소득세

러시아 거주자에 대한 개인소득세율은 세계 평균에 비해 낮은 수준(13%의 단일 세율)을 보이고 있다. 여기에다 2005년 1월부터 26%(한 때 35.6%)의 사회보장세를 납부해야 한다. 2001년 1월 발효된 종합세법 제1부는 과세목적상 러시아 거주자를

'국적에 관계없이 연간 183일 이상을 러시아에 거주하는 개인'으로 규정하고 있다.

비거주자에 대한 개인소득세율은 30%이다. 2003년 1월 1일부터 비거주자인 외국인기업 근로자에게 통합사회세가 적용되고 있다. 과세대상소득은 현금, 현물 등으로 수취한 임금 및 상여금, 배당금 및 이자수익, 은행이자, 보험금, 지대, 자산처분이익, 연금소득, 기타 소득 등 모든 보상물을 포함하며, 부유세는 없다.

지방정부가 부과하는 재산세는 토지 및 부동산을 대상으로 하며, 1999년 7월 17일 발효된 168호 법률(Law 168-FZ)에 따라 2000년부터 50만 루블 이상의 자산 소유자는 자산가액의 0.3~2%를 재산세로 납부해야 한다.

(6) 금융제도

러시아에는 1,300개 정도의 은행이 영업하고 있으며 상위 200개 은행이 전체 자산의 91%를 차지하고 있다. 은행산업의 대다수를 차지하는 자산규모 100만 달러 미만의 영세은행들은 향후 통폐합 등 구조조정이 이루어질 것으로 보인다. 2004년 중반 약 1,900억 달러에 달한 러시아 은행산업의 자산규모는 GDP 대비 42%로 멕시코, 카자흐스탄, 우크라이나 등과 비슷한 수준이나, 동 비율이 80~100%에 이르는 미국과 유럽 선진국에는 못 미치고 있다.

중앙은행 자료에 따르면 은행산업 전체 자본규모(2004년 기준)는 GDP의 6% 수준인 300억 달러로 2003년(183억 달러)에 비해 64%나 증가하였다. 러시아 기업의 전체 고정자본투자에서 은행대출이 차지하는 비중은 5.2%에 불과한 실정이며 기업자체자금이 46%를 차지하고 있다. 러시아 은행산업은 영세성으로 인한 높은 리스크에다 불투명한 조직 및 자금운용, 취약한 경영관리 능력, 비효율적인 채권자 보호능력 등으로 러시아 경제를 뒷받침할 만큼 충분한 금융 중개기능을 수행하지 못하고 있다. 최근 예금보험제도 시행 및 신용정보 이용 법안(credit-histories bill) 추진 등 은행개혁이 진행 중에 있다.

단기자금은 국내, 국제은행 모두로부터 이용 가능하다. 특히, 최대 국영소매은행인 Sberbank는 소매금융의 약 1/3을 차지하고 있다. 그밖에 시장을 선도하는 은행을 자산규모로 보면 Vneshtorgbank(대외무역은행), Gazprombank(가스독점기업 Gazprom의 자회사), Alfabank(Alfa 그룹 산하 러시아 최대 민간은행), International Moscow Bank(독일 HypoVereinsbank가 최대주주), Rosbank(Interros 그룹산하), Bank of

Moscow(모스크바 시 소유) 등이 있다.

대다수의 외국인 투자자들은 외국은행 국내지점과 거래하고 있는데 외국은행이 100% 지분을 소유한 은행으로 러시아에 등록된 주요 은행은 Citibank(미국), Raiffeisenbank(오스트리아), ING Bank(네덜란드), ABN Amro Bank(네덜란드), Deutsche Bank(독일), CSFB(스위스) 등이 있다. 중장기금융은 점차 확산되고 있으나 아직 러시아에서 장기자금 확보는 제한적이며, 기업의 최대 투자재원은 자체자금이다.

러시아 기업들의 가용재원 중 국내 은행대출이 차지하는 비중은 4% 수준에 불과한 것으로 추정하고 있다. 한편, 외국은행들의 차관단 대출(syndicated loan)은 1997년 개시된 이래 2004년에는 총 140억 달러(2004년 주요 차관단 대출 건으로는 Rosneft의 5억 달러(4월)와 7억 달러(9월) 차입. Gazprom의 6월과 9월 각각 11억 달러의 차입이 있음)에 이를 정도로 활성화되고 있다. 이는 주요 외국인 투자기업들이 러시아 국내은행과의 거래를 기피하고 있고, 거대 러시아 기업들도 차관단 대출 시장에 적극적으로 참여하면서 발생하고 있다.

한편, 리스금융은 아직은 초기단계를 보이고 있으나, 일부 중소기업에게는 긴요한 중기 자금원이 되면서 급속히 성장하고 있다. 부동산 담보대출(mortgage loan)도 아직 초기 단계에 있으나 역시 급속히 성장하고 있다. 현재까지 Sberbank가 동 시장을 선도하고 있으나 외국계 은행들도 동 시장의 영업을 강화하고 있는데 특히 Raiffeisenbank Austria와 DeltaCredit Bank의 활동이 두드러지고 있다.

러시아 금융시장에는 국내 금융기관 및 외국계 민간금융기관들 뿐만 아니라 국제금융기관(international financial institutions)의 참여도 활발한데, 가장 대표적인 금융기관은 EBRD로서 약 10억 달러(2004년말 기준)를 러시아 시장에 투입하고 있다. 그 밖에 세계은행의 자매기관인 국제금융공사(IFC : International Finance Corporation), 미국의 해외민간투자공사(OPIC : Overseas Private Investment Corporation), 미국수출입은행(USEXIM) 등도 러시아 시장에 높은 우선순위를 두고 러시아와의 금융거래를 증대시키고 있다.

(7) 노동제도

구소련 시절부터 유지되어 온 양호한 교육체제로 인해 러시아는 교육수준이 높은 양질의 노동력을 보유하고 있다. 체제전환 이후 등록학생 수도 증가하고 교육체제도 서구화되고 있으며 법률, 회계, 경영 등 분야의 교육이 더욱 중시되고 있다. 구소련 시절 보편적이었던 평생직장 개념이 점차 사라지고 있으며, 높은 이직률이 문제가 될 수 있는데 이는 이직을 방지하기 위한 보상체제(reward system)가 점차 복잡하고 어려운 문제가 되고 있음을 의미하는 것으로 해석할 수 있다. 또한, 휴일근무에 대한 우호적인 근로조건을 제시하더라도 휴일을 중시하는 경향이 강해 고용주가 어려움에 직면할 수 있다.

2002년 1월 1일 발효된 신노동법(제197-FZ호)은 2003년 6월 30일과 2004년 4월 27일 2차례 개정된 바 있다. 신법의 특징은 이전보다 고용주의 권리를 확대하고 시장경제체제(market economic system)에 맞도록 법체계를 정리한 것이다. 그러나 러시아 노동법은 아직도 친근로자 성향의 노동제약이 많이 남아 있으며 영미법 보다는 대륙법 체계에 가깝다고 할 수 있다.

노동법 3조는 성별, 민족, 인종, 국적, 종교, 신념, 특정단체 회원여부 등의 사유로 인한 근로자 차별대우를 금지하고 있으며 아직은 러시아 근로자 사이에 차별대우에 대한 논란은 크지 않은 편이다.

러시아 노동법의 중요한 특징은 형식주의 성격이 강한 것이며 고용주는 필요한 서류를 잘 구비해 주는 것이 중요하다. 노동관행상, 노동 감독기관들은 실질적인 노동여건보다 법규준수의 형식요건을 더욱 중시하고 있다. 민영화(privatization)와 구조조정 과정을 거치면서 다수의 근로자들이 노조에서 이탈하고 있으며 최근 도소매, 금융, 서비스 분야를 중심으로 러시아 근로자의 노동조합 참여율은 급속히 낮아지고 있다. 노조는 지역별, 산업별 연합체제를 형성하고 있으나 기업단위 노조가 활동의 중심이 되고 있다.

러시아 정부는 최저임금제(월 단위)를 시행하고 있으며 최저임금 수준을 통상 1년에 2회씩 조정하고 있다. 러시아의 임금 수준이 최근 급속히 상승하고 있으나 아직도 상대적으로 낮은 수준을 보이고 있다. 국가통계위원회(Goskomstat)의 자료에 의하면 러시아의 월평균 임금수준(2004년 7월 기준)은 7,143루블(약 245달러)을 보이고 있다. 최저임금은 실질 최저임금(2004년 10월 기준 월 600루블. 2005년 1월부로 720루블로 상향 조정)과 행정용 최저임금(2004년 10월 기준 100루블, 행정당국이 벌과금 부과 등 행정처리 목적으로 사용할 때 기준이 되는 임금으로 실질임금보다는 상당히 낮게 책정됨)으로 구분된다.

임금 및 부가급여(fringe benefit)는 산업별, 지역별, 업종별로 편차가 큰 편이며 석유·가스, 전력, 비철금속 등의 분야가 높은 수준을 보이고 있다. 한편, 기업별로는 외국인기업, 합작투자기업의 임금수준이 국내 민간기업의 2~4배에 이르는 것으로 조사되고 있으나 지역별, 기업별 편차는 큰 편이다. 모스크바와 St. Petersburg를 벗어나면 임금수준은 일반적으로 크게 낮아진다. 러시아 근로자들은 주 5일 근무, 연간 28일의 유급휴가, 병가수당, 출산휴가, 사회복지수당 등 법적 부가급여가 주어진다.

법정 부가급여 외에 서구기업들을 중심으로 일반직원에게는 의료보험(가족 포함), 중식대, 이동전화 등 제공, 관리자급 직원에게는 차량, 체육시설 이용권, 스톡옵션(stock option) 등 제공이 점차 확산되고 있다. 그밖에 사적 연금과 생명보험 등은 아직 초기단계에 있으며 통상 러시아의 부가급여 비용은 기본임금의 약 3~5% 수준을 보이고 있고, 정상근무시간은 주 40시간이다. 다만 근로자의 조건에 따라 근로시간에 차등을 두고 있는데, 16세 미만은 주당 24시간 이내, 16~18세이고 법규에 정해진 위험작업에 종사하는 경우는 주당 36시간 이내, 병약자는 주당 35시간 이내, 18세 미만의 재학생은 재학기간 중 주당 18시간 이내이다. 초과근무는 2일당 4시간, 연간 120일을 초과할 수 없으며 첫 2시간의 초과근무에 대해서는 정상임금의 1.5배 이상, 추가적인 초과근무에 대해서는 정상임금의 2배 이상의 수당이 지급되어야 한다.

외국인지위법(Law on the Legal Status of Foreign Citizens in the Russian Federation 제115-FZ호, 2002. 11 제정 및 2003. 6. 30 개정)은 러시아 내에서 취업하는 외국인 법적 지위를 규율하고 있다. 취업허가는 갱신되지 않으며 필요한 경우 신규발급을 신청해야 한다. 새로운 취업허가서가 발급되면 외국인은 러시아를 떠나지 않고도 취업비자를 갱신할 수 있다.

(8) 무역 및 관세제도

미국과 EU는 2002년 러시아에 대해 '시장경제국' 지위를 부여함에 따라 철강, 화학 등을 미국과 EU에 수출 시 반덤핑(anti-dumping)논란을 피할 수 있게 되었으며 서방세계로부터 러시아의 시장개혁(market reform) 성과를 인정받을 수 있게 되었다.

세계무역기구(WTO) 가입추진을 계기로 제반 제도 및 법규를 WTO 체제에 일치시키려는 국내개혁이 보다 강도 높게 촉진되고 있다. 특히, 관세, 물품표준, 인증, 지적재산권(intellectual property rights) 보호 등과 관련된 법규가 새로이 정비되고 있다.

① 관세 및 수입품 과세

수입품은 통상적으로 수입관세, 부가세 과세대상이며 경우에 따라서는 물품세 과세대상이 되기도 한다. 러시아는 HS(Harmonized Commodity Description and Coding System) 방식을 상품분류코드로 채택하고 있다. 이에 따라 모든 상품은 97개 카테고리 중 하나에 포함되고 있다. 관세는 통관가액 또는 단위당 유로화 금액의 일정률, 즉 기초관세율(base import-tariff rate)로 부과되며 러시아의 관세체제는 4개 분류대상에 따라 상이한 관세율이 적용되고 있다.

〈사례 3〉 러시아의 관세율 체제

① CIS 국가로부터의 수입은 관세가 면제됨
② 최혜국(MFN : Most Favored Nation) 지위를 가진 국가로부터의 수입은 기초관세율 적용하고 있으며 약 130개 국가가 MFN 대우를 받고 있음
③ 104개 개도국으로부터의 수입은 기초관세율의 75%를 적용함
④ 47개 저개발국으로부터의 수입은 관세가 면제됨. 정부령 제413호(1996. 4. 11)와 정부령 제414호(2000. 5. 25)에 해당국가 명단이 포함되어 있음
⑤ 위 우대국 범주에 포함되지 않는 수입에 대해서는 기초관세율의 2배가 적용됨

러시아 정부는 WTO 가입노력의 일환으로 2001년 1월 1일부터 이전 7단계의 관세율을 4단계로 간소화하였다. 즉, 기초관세율은 4가지(5%, 10%, 15%, 20%)이나, 백설탕(40%), 담배(30%), 자동차(25%), 가금류(25%) 등은 예외적으로 높은 관세을 적용하고 있다. 현재 러시아의 평균관세율은 11% 수준으로 국제적 기준에 비해 높지 않은 편이다. CIS 국가 외의 지역에서 수입되는 대부분의 품목은 18%의 부가세 과세대상이며 러시아 정부는 2006년까지 2~3%의 세율을 추가 인하할 것임을 표명한 바 있다.

② 수입제한

다수의 경제전문가들은 대러시아 수출의 가장 큰 장애요인으로 공식적인 수입규제 제도(관세, 쿼터, 허가제 등)보다는 비효율적인 수입행정, 부패 등을 지적하고 있다. WTO 가입 노력의 일환으로 통관제도의 자유화를 목적으로 한 새로운 통관법이 2004년 1월 1일 발효된 바 있다.

수입업자들은 그 동안 통관절차 지연, 과도한 행정편의주의, 세관원들의 부패 등을 주요 통관 애로사항으로 지적해 왔다. 따라서 새 법령은 관세청(State Customs Committee, Gosstandart)과 기업계와의 관계를 개선할 수 있는 다수의 조항을 포함하고 있다. 통관처리 기간도 이전 10일 이내에서 3일 이내로 단축하고, 3일 초과시 지연사유를 문서로 통보하도록 변경하였다. 또한, 새 법령은 세관행정의 모호성을 축소시키고 뇌물관행을 억제하기 위해 통관을 위해 제출해야 하는 서류를 명시하였다.

2005년 3월 29일부터 러시아 법규를 성실히 준수한 대외경제활동 참가자에 대해서는 통관절차를 간소화하여 그에 상응한 통관비용을 감소시키도록 하는 '특별 통관 간소화 조치'가 시행되고 있다. 러시아의 표준 및 인증제도도 수입업자에게 커다란 장애요인이 되고 있다. 통관 시 수입품에는 지방 국세청이 발급한 안전인증서가 첨부되어야 한다. 모든 수입식품류의 레벨이나 포장지에는 러시아어로 제품명, 생산자, 중량, 성분, 유효일자, 기타 정보 등이 표기되어야 하며 비식품류에는 레벨이나 설명서 등에 제품명, 제조자, 원산지 등이 표시되어야 한다. 러시아는 국제적으로 인정된 안전 및 품질 인증제도를 인정하고 있지 않으며 인증이 요구되는 모든 제품은 국세청의 인가를 받은 검사소의 검사를 통과해야 한다. 러시아에는 각종 무역규제가 존재하고 있으나 공식적인 무역장벽(trade barrier)은 주류, 무기류, 마약류 등 특정한 품종에 한정되어 상대적으로 적은 편이다. 수입허가가 필요한 품목은 무기류, 무기 제조용 원료, 군사 목적의 기술, 폭발물, 핵·방사능 관련 물질, 귀금속류, 마약류, 독극물, 암호 해독 프로그램, 원당 및 설탕, 컬러 TV 등이 있다.

모든 수입허가는 경제발전통상부가 발급하고 세관이 통제 및 관리하고 있다. 다만 예외적으로 운동용 무기류 수입 허가는 내무부(Ministry of Internal Affairs)가 관장하며 암호해독 데이터 수입은 일반허가 외에 연방통신국(Federal Agency of Government Communications)의 승인이 필요하다. 수입쿼터제는 아주 예외적인 경우에만 적용되는데 2002년에는 알코올 제품, 어류, 설탕 등에 적용된 바 있다. 또한, 대외교역법은 정부가 필요한 경우 전면수입금지 조치를 발동할 수 있도록 하고 있는데, 2002년 3월 보건상 이유로 미국산 가금류 가공육 수입을 전면 금지시킨 바 있다.

수입업자는 거래 은행으로부터 수입거래증(Import Transaction Passport)을 획득해야 하는데 동 서류는 상세한 수입 계약 내용을 기재하고 있으며 통관 시 수입자는 동 허가증을 세관에 제출해야 한다. 통관법 172조에 따라 러시아 조직만이 통관절차를 수행할 수 있으며 수입계약의 러시아측 당사자가 없는 경우 외국인 수입자는 수입물품을 세관 보세창고에 맡기거나 러시아 국적의 통관대행자를 선정해야 하는데 대행료가 상당히 비싼 편이다.

③ 수출세

여러 품목이 수출관세 납부 대상이다. 여기에는 원유 및 가스 생산물, 금속 및 광물, 임산물, 주류, 수산물, 동물가죽, 귀금속 등이 포함된다. 수출품은 부가가치세 및 물품세 부과대상이 아니며 기 납부세액은 환급된다.

제 4 절 멕시코(United Mexican States)

1. 일반개황

일반	위 치:	북으로 미국, 남으로는 과테말라, 벨리즈와 접경
	면 적:	1,964천 km^2 (한반도의 9배)
	기 후:	열대성(남부), 온대성(고지대)
	인 구:	104백만 명 (2004)
	수 도:	Mexico City (1,780만 명)
	민 족:	메스티조 (60%), 인디언 (30%), 백인 (9%), 기타 (1%)
	언 어:	스페인어, 마야어 등
	종 교:	가톨릭 (89%), 기독교 (6%), 기타 (5%)

정치	독 립 일:	1810. 9. 16 (스페인)
	정 부 형 태:	대통령중심제
	국 가 원 수:	Vicente Fox Quesada 대통령
	의 회:	양원제 (상원 128석, 하원 500석)
	주 요 정 당:	제도혁명당 (PRI), 국민행동당 (PAN), 민주혁명당 (PRD)
	국제기구가입:	UN, IMF, OECD, IDB, WTO, APEC, CDB, NAFTA 등
경제	G D P:	6,765억 달러 (2004)
	1인당 GDP:	6,443달러 (2004)
	화 폐 단 위:	Peso (Ps)
	회 계 연 도:	1. 1~12. 31
	산 업 구 조:	(2004) 농업 4.1%, 제조업 26.4%, 서비스업 69.5% 등
	주요수출품:	공산품, 원유, 농산품, 광물
	주요수입품:	중간재, 자본재, 소비재
	주요부존자원:	석유, 은, 동 등 지하자원
	경제개발계획:	긴축재정, 무역자유화 정책
	경제적강점:	석유, 은 등 광물자원 풍부, NAFTA 회원국
	경제적약점:	과중한 대외채무

2. 경제동향

2.1 국내경제

(1) 경제성장

1996년 이후 호조를 보이던 멕시코 경제는 미국의 경기침체(recession)와 9·11 테러 발생 등의 영향으로 국내경제가 급속히 둔화되어 2001년에는 마이너스 성장을 기록한 바 있다. 2002년 이후 플러스 성장으로 전환되기는 하였으나 미국의 경기회복 속도 둔화에 따른 마낄라 산업침체와 내수 및 투자 부진 등으로 2003년까지 저성장 기조가 지속되었다.

그러나 2004년에는 국제원자재 수요 증가와 미국 경제활성화(economic vitalization)에 따른 수출 증가, 해외 거주 멕시코 근로자들의 본국 송금 증가에 따른 내수호조, 고유가 지속으로 인한 석유산업 호황 등으로 인해 이전 3년 간의 침체에서 탈피하여 4.4%의 높은 경제성장을 시현하였다.

2005년에는 미국경제의 성장세 둔화와 국제금리 인상 그리고 2006년의 대통령선거로 인한 불확실성(uncertainty) 증가 등으로 경제성장세가 다소 둔화되어 정부 목표 3.8%에 못 미치는 3.3% 성장에 그칠 것으로 보인다.

(2) 물가

물가는 최근 수년간 하향 안정화 추세를 지속하고 있다. 2004년에는 공공요금 동결, 긴축 통화정책 기조 유지 등 정부의 물가억제 노력에도 불구하고 경기회복에 따른 소비수요 증가로 소비자물가상승률은 정부 목표치인 4.0%를 소폭 상회하는 4.7%를 기록하였다.

향후 소비자물가는 내수경기 회복에 따른 물가상승 압력에도 불구하고 정부의 강력한 물가관리정책으로 인해 4%대를 보일 것으로 전망된다.

(3) 재정

재정수지는 전반적으로 안정된 수준을 유지하고 있다. 2002년에 내수 부진에 따른 세원 감소 등으로 GDP의 1.8%까지 적자규모가 증대되었으나 2003년에는 재정수입의 1/3을 차지하는 원유수입 증가, 정부의 긴축정책 시행 등으로 인해 적자규모가 다시 축소되었다(GDP의 0.7%). 2004년에도 원유수입 증가와 긴축정책 지속 등 정부의 재정적자 억제 노력으로 인해 재정수지 적자규모는 GDP의 0.3%로 축소되었다.

멕시코 정부는 2005년 재정수지 적자규모를 GDP 대비 0.1%로 축소하고, 2006년 이후 재정수지 흑자(fiscal surplus)를 달성하여 공공부문 기채수요(PSBR : Public Sector Borrowing Requirement)를 지속적으로 감소시키는 한편, 공공부채 규모를 2008년까지 GDP의 35% 이내로 줄일 것으로 보인다.

(4) 경제정책

폭스 정부는 2000년 출범 이후 현재까지 조세, 에너지, 노동부문의 개혁정책을 지속적으로 추진하고 있으나 거대 야당인 제도혁명당(PRI)과 좌파정당인 민주혁명당(PRD)의 반대로 가시적인 성과를 거두지 못하고 있으며 대통령선거를 앞두고 향후 개혁정책 추진이 큰 진전을 보이기는 어려울 것으로 보인다.

〈표 7-10〉 주요 국내경제지표

(단위 : %)

구 분	2001	2002	2003	2004	2005f
경제성장률	-0.3	0.9	1.3	4.4	3.3
재정수지/GDP	-0.7	-1.8	-0.7	-0.3	-0.2
소비자물가상승률	6.4	5.0	4.5	4.7	4.1

자료 : EIU, Country Report

2.2 국제경제

(1) 수출 · 수입

수출(2004년 기준)은 전년 대비 14.7% 증가한 1,891억 달러, 수입은 전년 대비 15.7% 증가한 1,973억 달러를 기록하였다. 수출증가는 국제 고유가 지속으로 인한 석유수출 증가가 크게 기여하였는데, 멕시코의 평균 원유수출가격(2004년 기준)은 배럴당 31.08달러로 사상 최고치를 기록하였다.

(2) 경상수지

수출 및 해외 근로자 송금 증가에도 불구하고 2004년은 내수경기 회복에 따른 자본재 및 소비재 수입의 증가로 경상수지 적자규모가 전년도와 비슷한 88억 달러(GDP의 1.3%)를 기록하였다. 향후 경기 회복에 따른 수입 증가 등의 영향으로 상품수지 적자 규모가 확대될 것으로 예상되고 있다.

2004년 멕시코의 해외거주자의 송금액(2004년 기준)은 전년 대비 24% 증가한 166억 달러로 사상 최고치를 기록하였다. 해외거주자 송금액은 수출을 제외하고 외국인 관광수입(108억 달러)과 함께 멕시코의 가장 중요한 외화 가득원이 되고 있다.

(3) FDI

최근 수년간 감소세를 보였던 FDI 유입액이 2004년에는 크게 증가하였다. 2004년 FDI 유입액은 스페인 BBVA의 Bancomer은행 인수대금(42억 달러) 유입 등으로 인해 전년 대비 46% 증가한 166억 달러를 기록하였다. 2005년 1분기 중 멕시코에 유입된 FDI는 약 38억 달러로 동 기간 원유 수출액(58억 달러) 및 해외거주자 본국 송금액(41억 달러)에 이어 제3의 외화수입원이 되었다.

〈표 7-11〉 주요 국제경제지표

(단위 : 백만 달러, %)

구 분	2001	2002	2003	2004	2005f
경상수지	-17.8	-13.4	-8.7	-8.8	-9.6
경상수지/GDP	-2.9	-2.1	-1.4	-1.3	-1.3
상품수지	-9.7	-8.0	-5.1	-8.2	-9.5
수출	158.5	160.7	165.4	189.1	213.8
수입	168.3	168.7	170.5	197.3	223.3
외환보유고	44.7	50.6	59.0	64.1	65.0
총외채잔액	145.7	141.3	142.9	143.3	146.5
총외채/GDP	23.4	21.6	21.9	21.2	20.2
D. S. R.	25.5	22.7	20.9	17.0	16.3

자료 : EIU, Country Report

3. 정치 · 사회 · 외교동향

(1) 정치동향

2000년 7월 실시된 대통령선거에서 국민행동당(PAN)의 폭스(Vicente Fox)후보가 제도혁명당의 라바스티다(Francisco Labastida) 후보를 누르고 대통령에 당선됨으로써 제도혁명당의 장기집권을 종식시키고 71년 만에 평화적인 정권교체를 달성한 바 있다. 그러나 집권 초기부터 제도혁명당이 의회를 장악하였고 2003년 7월에 실시된 총선에서도 집권당이 하원 500석 중 153석을 획득하는데 그쳐(제도혁명당 224석 차지) 전력 민영화, 통신규제 철폐 등 폭스 행정부의 경제개혁정책(economic reform policy) 추진이 지연되고 있다.

(2) 사회동향

멕시코는 빈부격차, 높은 실업률, 부정부패 등에 대한 우려는 있으나 전국적인 내란 발발 가능성은 희박하다고 할 수 있다. 멕시코의 심각한 사회불안 요인 중의 하나인 남부 치아파스 반군 문제는 여전히 해결해야 할 과제가 되고 있다.

(3) 외교동향

폭스 대통령은 불간섭주의 대외정책에서 탈피하여 UN 안전보장이사회 의석 확보, G8 가입 추진 등 국제사회에서의 역할을 제고하고 멕시코를 북미자유무역협정(NAFTA)에서 미국 및 캐나다와 대등한 파트너로 만들기 위해 외교적 노력을 경주하고 있다.

미국과의 관계에서는 마약거래, 불법이민 등의 문제가 상존하고 있으나 부시(George W. Bush) 대통령이 취임 이후 최초로 멕시코를 방문하고 9·11 테러 이후 적극적으로 반테러(anti-terror) 및 반마약 정책에 동참하여 양국 관계 개선을 이루었다.

4. 국제신인도 및 대외지급능력

(1) 주요 기관별 신용도 평가 순위

① Moody's : Baa1(2005. 1)
② S&P : BBB(2005. 1)
③ OECD : 3등급(2004. 6) → 2등급(2005. 6)
④ I.C.R.G. : 55/140(2004. 9) → 50/140(2005. 8)
⑤ I. I. : 47/173(2004. 9) → 46/173(2005. 3)
⑥ Euromoney : 48/185(2004. 9) → 49/185(2005. 3)

(2) S&P와 Moody's의 멕시코 신용등급 상향 조정

2000년 3월 Moody's가 멕시코의 국가신용등급을 이전 Ba1에서 투자적격등급인 Baa3로 상향 조정하였으며, 2002년 2월에 Baa2로 다시 1단계 상향조정한 바 있다. S&P도 2002년 2월에 조세개혁안 의회통과, 부채비율 축소, 재정·통화정책의 개선 등을 근거로 멕시코의 국가신용등급을 BB+에서 투자적격등급인 BBB-로 상향조정하였다.

Moody's도 2005년 1월에 다시 멕시코의 신용등급을 Baa1로 한 단계 상향조정한 바 있으며, 동 월 S&P도 BBB로 한 단계 추가 상향조정하였다(S&P, Moody's로부터 투자적격등급(BBB-이상)을 부여받은 중남미 국가는 칠레와 멕시코뿐임).

한편, 2005년 6월 경제협력개발기구(OECD)도 멕시코의 신용등급을 이전 3등급에서 2등급으로 한 단계 상향조정한 바 있다.

(3) 주요 ECA의 지원태도

미국 EXIM, 영국 ECGD 모두 특별한 제한없이 지원하고 있다.

(4) 해외자금조달

총외채규모(2004년말 기준)는 국내총생산(GDP)의 21.2%인 1,433억 달러, D.S.R.은 17.0%로 양호한 수준을 보이고 있다. 신중한 거시경제 운영과 긴축정책 지속, 그리고 수출 증가와 외국인직접투자(FDI)의 지속적인 유입 및 외환보유고 수준 등을 고려할 때 외채상환불능(default) 가능성은 매우 낮은 것으로 판단되고 있다.

또한, 멕시코는 해외 채권발행을 통한 외자도입에 어려움이 없는 편이며, 2019년 만기의 브래디 본드 잔여분을 모두 조기 상환하는 등 국제금융시장(international financial market)에서 양호한 평가를 받고 있다. 한편, 폭스 정부는 2006년 대통령 선거를 앞두고 정권교체기에 반복되어 온 경제위기의 재발 가능성을 사전에 방지하기 위해 2006~2007년에 도래하는 정부외채의 원리금 상환재원 48억 달러를 조기에 확보하는 등 신중한 외채관리정책을 시행하고 있다.

5. 전망

(1) 멕시코 경제는 2004년에 4.4% 성장한 데 이어 2005년에도 3% 대의 경제성장이 가능할 것으로 전망되며 재정, 물가, 경상수지, 외채 등 여타 거시경제 지표도 전반적으로 양호한 수준을 유지할 것으로 보임

(2) 2006년 7월 대통령선거를 앞두고 선거정국이 시작되었으며 제도혁명당 또는 민주혁명당으로의 정권교체 가능성이 매우 큰 것으로 평가되고 있다. 선거정국으로 인해 폭스정부의 조세, 노동, 에너지 개혁정책 추진은 사실상 중단된

상태임

(3) 대외채무 규모는 다소 과다한 편이나 국제금융시장에서 양호한 신인도를 유지하고 있고 수출 증가 및 FDI 유입 지속 등으로 외환보유고도 증가 추세에 있어 과거 정권교체기에 발생했던 경제위기(economic crisis)가 재발할 가능성은 매우 낮은 것으로 평가할 수 있음

6. 투자환경

(1) 외국인투자 정책 및 제도

① 외국인투자 정책

멕시코는 투자재원의 확보, 선진기술 도입에 따른 멕시코 산업의 국제경쟁력(international competitiveness) 제고, 고용창출 및 외화획득 확대의 목적으로 외국인투자를 적극적으로 유치하고 있다.

② 외국인투자 우대 및 규제 조치

주요 인센티브로는 수출촉진을 위한 수입관세 면제 및 가속감가상각 인정 등을 통한 간접적인 조세감면 인센티브, 개발은행의 우대금융 지원 및 창업투자 지원 등 금융 인센티브(financial incentive)가 있다.

③ 외국인투자 절차

일반적으로 외국인이 기업을 설립하기 위해서는 다음 4가지 절차(ⓐ 외무부의 허가, ⓑ 공증인에 의한 설립증서 작성, ⓒ 법원의 승인, ⓓ 설립등기)를 거쳐야 한다.

(2) 외국인투자여건

① 무역 및 관세제도

WTO 체제의 출범에 따라 수출허가, 수출세, 수출보조금, 수출인센티브 등 자유무역을 저해하는 제도가 폐지되었으나 아직도 수출을 촉진하기 위한 각종 인센티브 제도가 운용되고 있는 실정이다. 관세는 수출입 상품의 운임 · 보험료를 포함한 가격인 CIF 가격에서 보험조건을 제외한 가격인 C&F 가격을 기준으로 부과하며 관

세율은 품목에 따라 0~35% 수준을 보이고 있다.

② 외환제도

모든 외환거래자는 시장에서 거래되는 환율로 외환을 매매할 수 있으며 수출입거래와 관련된 외환보유에는 제한이 없다. 또한, 자본유입, 자본회수, 이익 재투자, 이익 및 배당소득의 해외송금, 해외차입, 원금 및 이자상환, 로열티 및 수수료 지급 등 각종 자본거래에 대해서 외국인투자등록, 세금납부, 이익분배 등 소정의 법규를 위반하지 않을 경우 제한을 두지 않고 있다.

③ 금융제도

상업은행은 44개 국내은행을 비롯하여 다수의 외국은행이 진출하여 있으며 특히 3대 은행(Banco Nacional de Mexico(Banamex), Banco de Comercio(Bancomer), Banco Serfin)이 전체 여 · 수신고의 50% 이상을 차지하고 있다.

④ 조세제도

2002년 법률 개정으로 당시 35%인 법인세율을 매년 1%씩 인하하여 2005년에는 32%로 인하되었다. 개인 소득세율은 월 급여 수준에 따라 상이하며 소비자물가지수를 감안하여 분기별로 결정된다. 또한, 부가가치세(value-added tax)는 예외품목을 제외한 모든 재화와 용역에 15%를 과세하고 있다.

⑤ 노동제도

멕시코의 연방노동법은 노동자 권익보호를 중시하고 있으며 연방노동법이 규정한 강제 규범을 준수하지 않는 모든 계약은 무효로 간주되는 등 노동자에게 유리하게 규정되어 있어 이를 악용하는 사례가 다수 존재하고 있다. 노동력은 비교적 풍부하고(특히 청년층 인구비율이 높은 편임) 임금도 낮은 수준을 보이고 있으나 숙련공의 확보에 어려움이 있고 노동생산성(labor productivity)도 낮은 편이다.

제5절 미 국(United States of America)

1. 일반개황

일반	위 치:	북미대륙
	면 적:	9,159천 km^2 (한반도의 41배)
	기 후:	온대, 아열대
	인 구:	294백만 명 (2004)
	수 도:	Washington D.C. (7.3백만 명)
	민 족:	백인(80%), 흑인(12%), 아시아계(3%), 인디언(1%)
	언 어:	영어
	종 교:	기독교, 가톨릭, 유태교, 그리스정교 등
정치	독 립 일:	1776. 7. 4. (영국)
	정 부 형 태:	대통령중심제 (연방공화제)
	국 가 원 수:	George W. Bush 대통령
	의 회:	양원제 (상원 100석, 하원 435석)
	주 요 정 당:	민주당, 공화당
	국제기구가입:	UN, IMF, IFC, OECD, IDB, NATO 등
경제	G D P:	11조 6,675억 달러 (2004)
	1인당 GDP:	40,047달러 (2004)
	화 폐 단 위:	US Dollar (US $)
	회 계 연 도:	10. 1~9. 30
	산 업 구 조:	(2003) 금융·보험업 20.3%, 제조업 12.7%, 교통·운수업 4.8%
	주요수출품:	자본재, 공업부품, 소비재, 자동차부품
	주요수입품:	자본재, 공업부품, 소비재, 자동차부품
	주요부존자원:	석탄, 석유, 천연가스, 동, 철강, 목재
	경제개발계획:	인플레 억제, 무역 및 재정적자 감소
	경제적강점:	부존자원 풍부, 각종 기술 및 산업 발달
	경제적약점:	과중한 무역 및 재정수지 적자

2. 경제동향

2.1 국내경제

(1) 경제성장

미국경제는 2001년 IT 버블(bubble) 붕괴에 따른 경기침체(recession)를 경험했으나 저금리와 감세(tax reduction)를 통한 경기부양책에 힘입어 비교적 단기간에 경기회복세를 시현하였다.

2004년 4.2%의 높은 경제성장세를 보였고, 2005년 상반기에는 민간소비와 기업의 고정투자 및 주택투자가 견조한 증가세를 지속해 재고감소에도 불구하고 3%대 중반의 양호한 성장을 시현하였다

그러나 2005년 들어서서 경기부양을 견인한 초저금리 시대가 종료되고 있고 고유가의 부담이 점차 가중되는 가운데 소비활력(consumption vitality)도 약화되고 있어 2006년에는 3.3~3.4%로 경제성장세가 소폭 둔화될 것으로 전망된다.

(2) 재정

부시 행정부의 감세정책으로 인해 재정수지 적자(fiscal deficit)가 지속되고 있다. 미국 재정수지는 2002년에 GDP 대비 1.5% 적자로 전환되었고 2004 회계연도에는 적자 비율이 3.6%에 이르렀다.

그러나 호경기에 따른 세수증가에 힘입어 2005 회계연도에는 재정적자가 큰 폭으로 감소하였다. 미국 재무부 발표에 따르면 2005년 9월말에 종료된 2005 회계연도 중 미국의 재정적자는 GDP의 2.6%인 3,190억 달러로 감소하였으나 2006 회계연도 중 허리케인 카트리나(Katrina)로 인한 피해복구 지원을 위해 300억 달러가 지출될 예정이며, 의회는 조만간 지출규모를 확대하는 것을 승인할 것으로 보여 재정수지 개선추세가 지속되기는 어려울 것으로 전망된다.

(3) 물가

고유가에 따른 인플레이션(inflation) 가능성이 증대되면서 미 연방준비제도이사

회(FRB)가 통화정책 기조를 긴축으로 전환하였다. 그러나 소비자물가 상승률은 2004년 2.7%에서 2005년에는 3.2%로 상승할 것으로 전망되는 등 고유가로 인한 물가상승 압력이 지속되고 있다.

(4) 경제정책

부시 행정부는 공급위주의 이론에 기반을 둔 과감한 세금감면정책을 추진해 왔다. 2001년 소득세 감세를 시작으로 2002년 투자에 대한 세제상 특혜를, 2003년에는 배당소득세와 자본이득세를 인하하는 등 대규모 감세정책을 추진하였다. 이와 함께 9·11 테러 이후에는 군사비 지출을 증대시키면서 국가재정 지출도 확대되었다.

이 같은 팽창적인 재정정책(expansionary fiscal policy)으로 미국경제가 고도성장을 이룩하였으나 인플레이션 우려로 인해 2004년 6월 이후 미 연방준비제도이사회(FRB)가 지속적으로 금리를 인상하는 등 통화정책 기조는 긴축으로 전환되었다.

(5) 금리

미 FRB는 2005년 9월 20일 허리케인 카트리나의 인플레이션에 대한 영향이 경제성장에 미치는 영향보다 더욱 우려된다는 판단하에 11번째 연속 금리인상을 단행한 바 있다. 이에 따라 단기금리는 기존 3.5%에서 3.75%로 0.25%포인트 인상조정되었다.

FRB는 금리가 여전히 정상적인 상황보다 낮은 수준을 보이고 있음을 지적하고 신중한(measured) 속도로의 금리인상을 지속할 것임을 표명하였다.

〈표 7-12〉 주요 국내경제지표

(단위 : %)

구 분	2001	2002	2003	2004	2005f
경제성장률	0.8	1.6	2.7	4.2	3.5
재정수지/GDP	1.3	-1.5	-3.5	-3.6	-2.6
소비자물가상승률	2.8	1.6	2.3	2.7	3.2

자료 : EIU, Country Report

2.2 국제경제

(1) 경상수지

수출(2004년 기준)은 전년보다 14.9% 증가한 8,075억 달러, 수입은 전년보다 16.8% 증가한 1조 4,729억 달러로 상품수지는 6,654억 달러의 대규모 적자를 기록하였다.

경상수지도 대규모 적자가 지속되고 있는데 2004년에는 경상수지 적자규모가 GDP의 5.7%인 6,681억 달러를 기록하였으며 2005년에는 6.7%인 8,291억 달러로 적자 폭이 더욱 확대될 것으로 보인다.

미국이 경상수지 적자(current account deficit)를 감축할 목적으로 달러화 약세를 유도하기 위해 선진국 중앙은행간 공동 외환시장 개입을 했던 1985년 플라자협정(Plaza Agreement) 때에도 미국의 경상수지 적자규모는 GDP의 4%를 초과하지 않았던 것을 고려할 때 현재의 경상수지 적자규모는 세계경제의 주요 불안요인으로 작용하고 있다.

(2) 환율

달러화 가치는 미 FRB의 지속적인 금리 인상과 유로지역(Euroland)과 일본에 비해 견실한 미국경제의 성장으로 인해 최근 유로(Euro)화와 엔(Yen)화에 대해 강세로 전환되고 있다.

〈표 7-13〉 주요 국제경제지표

(단위 : 십억 달러, %)

구 분	2001	2002	2003	2004	2005f
경상수지	-389.5	-475.2	-519.7	-668.1	-829.1
경상수지/GDP	-3.8	-4.5	-4.7	-5.7	-6.7
상품수지	-427.2	-482.3	-547.3	-665.4	-799.7
수 출	718.7	682.4	713.4	807.5	927.5
수 입	1,145.9	1,164.7	1,260.7	1,472.9	1,727.2

자료 : EIU, Country Report

미 FRB의 추가적인 금리인상이 예상되는 가운데 당분간 달러 강세가 지속될 것으로 전망된다. 그러나 다수의 국제경제 전문가들은 미 경상수지 적자와 재정수지 적자의 구조적인 문제의 진행, 유로지역과 일본의 경제성장률 상향 예상, 2006년 미국 경제성장률이 둔화될 경우 지속적인 금리인상에 한계가 있다는 점 등을 달러화 약세요인으로 지적하고 있다.

3. 정치 · 사회동향

3.1 정치동향

(1) 대통령중심제 연방공화국

미국의 정부는 연방주의(Federalism)와 권력분립(Separation of Powers)이라는 2가지 기본원칙에 의하여 구성되어 있다. 연방정부는 50개 주로 이루어져 있으며 대통령의 임기는 4년이고 3선은 금지되어 있다.

의회는 양원제도(상원과 하원)이며 상원은 100명(각 주에서 2명 선출)이며 임기는 6년이다. 하원은 435명으로 각 주에서 인구비례로 선출하며 2년마다 전원을 새로 선출한다. 주요 정당은 민주당과 공화당으로 양당정치를 하고 있다.

(2) 부시 대통령에 대한 지지도 하락

2004년 11월 재선에 성공한 부시(George W. Bush) 대통령의 직무 수행에 대한 지지도가 지속적으로 하락하고 있다. 2004년 11월 재선 직후 55% 수준에서 2005년 5월 50%선으로 하락하였으며 이후 '반전 어머니' 신디 시핸의 이라크전 반대시위가 절정이던 8월 중순과 카트리나에 대한 대처 미흡에 대한 여론 악화가 심화되면서 9월 중순에 각각 40%까지 급락하였다.

부지 대통령의 지지도가 이처럼 추락한 주요 요인으로 카트리나 대처 미흡, 휘발유값 폭등, 이라크 사태 교착 등이 지적되고 있으며, 2006년 의회 선거에 미칠 영향이 주목되고 있다.

(3) 구소련 붕괴 이후 세계 유일 초강대국의 일극체제 지속

미국은 탈냉전 이후 확고한 일극체제(unipolar system)를 구축하고 있다. 냉전(Cold War) 종식 후 일부에서 예측했던 것과 같은 미국의 패권(hegemony)을 위협하는 새로운 경쟁자나 반미국 연합은 나타나고 있지 않으며 현재 미국은 세계최대의 무역국, 전세계 총생산의 32.5%를 차지하는 경제대국으로서의 위치를 확고히 구축하고 있다.

특히, 9·11 테러 사태 이후 미국의 대외정책은 반테러 전쟁(anti-terror war)의 수행과 대량살상무기 확산의 방지, 그리고 필요한 경우 일방주의적 선제공격도 가능하다는 강경노선을 고수하고 있다.

3.2 사회동향

미국은 국민의 77%가 도시에 살고 있으며, 도시 중에서도 인구 100만 이상의 대도시에 63%의 인구가 집중하여 세계에서도 가장 도시화(urbanization)가 진전된 사회로 평가할 수 있다. 자유(freedom)와 평등(equality)을 헌법에 명시하고 있는 미국이지만 앵글로색슨(Anglo-Saxon)의 우월성은 사회전체적으로 볼 때 암묵적으로 존재하고 있으며, 흑인과 황색 인종에 대한 백인의 차별의식도 강한 편이다.

4. 국제신인도 및 대외지급능력

4.1 국제신인도

(1) 주요 기관별 신용도 평가 순위

① Moody's : Aaa(1961. 1)
② S&P : AAA(1992. 12)
③ I.C.R.G. : 42/140(2004. 9) → 49/140(2005. 8)
④ I. I. : 3/173(2004. 9) → 6/173(2005. 3)
⑤ Euromoney : 4/185(2004. 9) → 4/185(2005. 3)

(2) 대외지급능력

존 스노우(John Snow) 미 재무부 장관은 정부의 재정운영과 누적된 적자를 효과적으로 운영하기 위해서 2006년 1분기 중에 30년 만기 국채를 재발행할 것이라고 표명한 바 있다.

미국은 1990년대의 고도성장에 따른 세수증가로 재정수지가 흑자를 보임에 따라 2001년 10월 이후로 장기국채 발행을 중단한 바 있다. 그러나 이후 미국 정부의 재정이 적자로 전환되었으며 현재까지 대규모 적자를 기록하고 있다.

2001년 이후 부시 행정부 재정적자의 원인으로는 감세정책과 테러와의 전쟁이 지적되어 왔다. 부시는 감세정책으로 2001년 이후부터 경제가 회복되고 있다고 주장해 왔고, 재선의 주요 선거공약이었던 지속적인 감세정책을 시행하여야 하기 때문에 장기채권 발행을 계획한 것으로 보인다. 또한, 부지 재선의 중요한 역할을 했던 테러 및 국가안보(national security)에 소요되는 막대한 자금 조달의 필요성도 부시 행정부가 장기채권 재발행을 하게 된 주요 요인으로 지적할 수 있다.

미국 정부는 30년 만기 국채 발행으로 얻은 재원으로 단기의 고이율 국채 및 다른 채권 등을 상환할 수 있게 되어 재정적자(fiscal deficit) 폭을 감소시킬 수 있을 것으로 보인다.

5. 전망

미국 경제는 2004년 4.2%의 고도성장을 기록한 데 이어 2005년에도 3.5~3.6% 성장할 것으로 기대되나, 인플레이션 발생가능성에 따른 금리인상과 고유가의 부담으로 인해 향후 경제성장세가 둔화될 것으로 보인다.

정치적으로는 허리케인 카트리나에 대한 대처 미흡 등으로 인한 부시 대통령의 직무수행에 대한 지지도가 하락되어 있으며 9·11 테러사태 이후 시행되고 있는 강력한 반테러 전쟁과 대량살상무기 확산의 방지노력을 지속하는 한편, 세계 유일 초강대국의 일극체제가 유지될 것으로 보인다.

제 6 절 싱가포르(Republic of Singapore)

1. 일반개황

일반	위 치:	말레이반도 남단
	면 적:	682 ㎢ (한반도의 1/330)
	기 후:	고온다습한 열대성
	인 구:	4.3백만 명(2004)
	수 도:	Singapore
	민 족:	중국계, 말레이계, 인도계
	언 어:	영어, 중국어, 말레이어, 타밀어
	종 교:	불교, 이슬람교, 기독교, 힌두교
정치	독 립 일:	1965. 8. 9 (말레이시아)
	정 부 형 태:	내각책임제
	국 가 원 수:	S. R. Nathan 대통령(Lee Hsien Loong 수상)
	의 회:	단원제(84석)
	주 요 정 당:	인민행동당(PAP), 노동당(WP), 싱가포르 민주당(SDP)
	국제기구가입:	UN, IMF, ADB, WTO, WHO, ASEAN, ILO, IFC 등
경제	G D P:	1,068억 달러(2004)
	1인당 GDP:	25,440달러(2004)
	화 폐 단 위:	Singapore Dollar (S$)
	회 계 연 도:	4. 1~3. 31
	산 업 구 조:	(2004) 서비스업 12.4%, 제조업 27.1%, 금융업 11.1%
	주요수출품:	(2004) 기계 ·장비류, 석유류, 화학제품
	주요수입품:	(2004) 기계 ·장비류, 원유, 공산품, 화학제품
	주요부존자원:	-
	경제개발계획:	역내비즈니스 금융서비스 중심지 지향 및 고부가가치산업 중심으로 산업구조 개편
	경제적강점:	자유무역항, 금융산업 발달
	경제적약점:	부존자원 부족, 높은 대외의존도

2. 경제동향

2.1 국내경제

(1) 경제성장

2000~2001년 중 전자제품에 대한 국제수요 감소의 영향으로 싱가포르의 경제는 크게 위축되었다. 그러나 석유정제, 화학 및 의약제품의 국제수요 증가세와 국내투자의 활성화(vitalization of domestic investment)로 경제성장세는 다시 회복되어 2004년에는 실질GDP 성장률이 8.4%를 기록한 바 있다.

그러나 2005년 들어 경제협력개발기구(OECD) 국가들의 수입수요 감소 등의 영향으로 의약제품, 중간재 등 주요 수출품목의 수출이 부진하여 실질GDP 성장률이 4.0%로 하락할 것으로 보인다. 싱가포르는 대외개방형 소규모 고도 산업경제로 대외여건 변화에 민감하다고 평가할 수 있다.

(2) 재정

재정수지가 2002~2004년 기간에는 적자상태를 보였으나 2005년은 경제성장세 등을 고려할 때 GDP 대비 약 0.4% 흑자를 시현할 것으로 전망된다. 그러나 국제경쟁력 유지 및 외국인 투자유치 활성화 등을 위해 세수확대에 의한 재정수입 증대는 도모하지 않을 것으로 보인다. 따라서 향후 재정수지의 대규모 흑자가 발생할 가능성은 낮은 것으로 평가할 수 있다.

(3) 물가

2004년 중 물가수준은 국제고유가, 국내투자의 활성화 등으로 인해 2003년에 비해 다소 상승세를 보였다. 그러나 2005~2006년에는 싱가포르 달러의 강세, 국내외 수요 증가세의 둔화 등으로 물가상승률은 0.3%로 하락할 것으로 전망된다.

〈표 7-14〉 주요 국내경제지표

(단위 : %)

구 분	2001	2002	2003	2004	2005f
경제성장률	-2.0	3.2	1.4	8.4	4.0
재정수지/GDP	1.6	-1.1	-1.6	-1.1	0.4
소비자물가상승률	1.0	-0.4	0.5	1.6	0.3

자료 : EIU, Country Report

2.2 국제경제

(1) 상품수지

최근 OECD 국가들의 수입수요가 둔화되면서 싱가포르의 수출증가율도 감소하고 있어 2005년 상품수지의 흑자폭이 약 21% 축소될 것으로 보인다.

(2) 경상수지

아시아권 인접국들의 경제성장세 등을 고려할 때 서비스 수출수입에는 커다란 변화가 없을 것으로 예상된다. 따라서 경상수지의 흑자폭은 감소하더라도 여전히 높은 수준의 흑자를 유지할 것으로 전망된다.

(3) FTA 추진

싱가포르는 ASEAN 자유무역협정(AFTA)의 본 궤도 진입을 위해 노력하는 한편, 2000년 뉴질랜드와의 FTA 체결을 시작으로 2001년 일본, 2002년 호주, 2003년 미국, 2005년 한국 등으로 2국간 FTA 체결을 확대하고 있다.

싱가포르의 2국간 FTA 체결 확대에 대해 여타 ASEAN 회원국들의 초기 반응은 호의적이지 않았으나 싱가포르가 여타 ASEAN 국가에서 생산한 물품도 FTA를 체결한 미국 등 역외국에게 유리한 조건으로 수출할 수 있어 결국 여타 ASEAN 국가들에게도 혜택이 주어지게 되자 이들 국가의 호의적이지 않은 반응이 다소 완화되었다.

〈표 7-15〉 주요 국제경제지표

(단위 : 백만 달러, %)

구 분	2001	2002	2003	2004	2005f
경상수지	16,104	18,873	28,187	30,300	25,200
경상수지/GDP	18.7	21.4	30.5	28.4	21.9
상품수지	15,722	19,850	29,319	31,600	24,900
수 출	133,676	137,273	157,809	200,500	212,400
수 입	117,954	117,423	128,490	168,900	187,500
외환보유고	75,375	82,021	95,746	112,232	-
총외채잔액	18,400	20,700	22,200	23,600	24,700
총외채/GDP	21.4	23.4	24.3	22.1	21.4
D. S. R.	2.3	2.1	1.9	1.6	1.5

자료 : EIU, Country Report

〈표 7-16〉 싱가포르의 FTA 체결 및 협상 추진 현황(2005년 6월 기준)

체결완료	협상중이거나 추진키로 합의
뉴질랜드, 일본, 호주, 미국, 요르단, EFTA,[1] TPS EP,[2] 인도, 한국	캐나다, ASEAN, 멕시코, 카타르, 바레인, 이집트, 페루, 스리랑카, 파나마, 쿠웨이트, UAE, 중국, 파키스탄

주 : 1) 유럽자유무역연합(EFTA)은 스위스, 노르웨이, 아일랜드, 리히텐슈타인으로 구성됨
2) 싱가포르, 브루나이, 칠레, 뉴질랜드의 4국간 FTA

2.3 경제정책

경제정책 추진의 핵심은 외국인 투자유치의 극대화가 이루어질 수 있도록 국내 기업활동 비용을 최소화하는데 있다. 이와 관련된 정책으로는 기업 활동과 관련된 제반 세율을 낮게 유지하고, 임금제도를 탄력적으로 운영하는 점 등을 지적할 수 있다. 그리고 대외개방도가 높은 경제 특성상 해외 물가상승요인 등의 국내 유입을 방지하기 위해 외환제도의 운영에도 만전을 기하고 있다.

한편, 싱가포르는 이제까지 종교 및 사회 통념적 사유로 인해 도박업을 허용치 않았으나 2005년 4월 30억 싱가포르 달러에 이르는 2건의 카지노사업을 승인한 바 있다. 따라서 향후 카지노 등 도박업이 싱가포르 관광산업의 발전에 지대한 영향을 미칠 것으로 보인다.

3. 정치 · 사회 동향 및 대외관계

3.1 정치동향

국민행동당이 1959년부터 장기 집권하고 있으며 현 의회의 야당의석수는 2석에 불과할 정도로 집권 여당의 의회지지 기반이 매우 확고한 편이다. 따라서 정부의 정책추진과 관련하여 야당에 의한 제동 가능성은 극히 작다고 할 수 있다.

2004년 8월 수상에 취임한 Lee Hsien Loong 수상은 현재 재무부장관을 겸직하고 있다. 그는 Lee Kuan Yew 전 수상의 장남으로 1998년부터 수상에 취임하기 전까지 싱가포르 중앙은행(MAS) 총재 겸 부수상을 역임하였다. 또한, 군 고위간부 출신이어서 군부와의 관계도 밀접하게 유지하고 있다.

3.2 사회동향

싱가포르를 주도하는 민족은 중국인이며 1960년대 말레이인 등 여타 소수민족들과의 인종분쟁을 경험한 바 있다. 따라서 인종분쟁의 재발을 방지하기 위해 소수민족에 속하는 말레이인 및 인도인에 대한 각종 배려 및 견제를 동시에 취하고 있다.

최근 테러방지를 위해 강력한 조치를 시행하고 있으며 인도네시아, 말레이시아 등 주변 대국들이 회교권에 속하여 테러분자로 의심되는 인물들에 대한 처리에서 세심한 주의가 필요시된다. 한편, 국내 회교신자들은 테러분자들에 대한 강력대처를 지지하고 있다.

3.3 대외관계

말레이시아와는 물 공급원 확보와 관련하여 갈등관계에 있었으나 최근 수로 건설과 관련한 육지매립공사 추진에 대한 문제점을 순조롭게 해결하는 등 양국 간의 관계가 우호적으로 발전하고 있다. 한편, 싱가포르가 말레이시아로부터 물을 공급받는 조건으로 지급하는 대가 수준에 대해서는 합의에 이르지 못하였다. 인도네시아는 싱가포르 공군의 비행 훈련시 자국 영공침해 여부에 대해 이의를 제기한 바 있다.

그러나 인접국들이 모두 ASEAN 회원국들이어서 국가 간의 상호 유대관계를 대체로 원만히 유지하고 있는 점 등을 고려할 때 인접국들과의 분쟁 발생 가능성은 매우 낮은 편이다.

4. 국제신인도 및 대외지급능력

4.1 국제신인도

(1) 국제신용도 평가기관의 평가순위

① Moody's : Aaa (2002. 6)
② S&P : AAA (1995. 3)
③ I.C.R.G. : 4/140(2004. 11) → 5/140(2005. 6)
④ Euromoney : 19/185(2004. 9) → 13/185(2005. 3)
⑤ I. I. : 17/173(2004. 9) → 15/173(2005. 3)

4.2 대외지급능력

외환보유고는 평균 수입 개월수 기준으로 7개월을 상회할 정도로 높은 수준을 유지하고 있다. 그리고 총외채 잔액이 경제규모에서 차지하는 비중이 낮아지고 있을 뿐만 아니라 D.S.R.도 2% 이하를 나타내고 있어 외채상환능력은 매우 양호한 것으로 평가된다. 더욱이 싱가포르는 리스케줄링(rescheduling) 및 연체경험이 전혀 없는 국가이다.

5. 전망

대외수요 증가세의 퇴조에 따른 수출증가율의 감소로 인해 2005년의 경제성장률은 둔화될 것으로 전망된다. 그러나 건실한 경제기반, 안정적인 정치·사회 여건, 양호한 대외지급능력 등을 고려할 때 싱가포르의 정치·경제적 여건이 단기에 특별히 악화될 가능성은 낮은 편이다.

6. 투자환경

6.1 투자 관련법

1967년 경제확대 우대법(소득세 면제)을 제정하였는데 이는 공업투자(국내자본, 외국자본을 불문)에 대한 기본 법률로서 투자 우대분야 및 우대조치를 규정하고 있으며 최저투자액에 대한 특별규정은 없다.

6.2 투자 신청

우대조치의 적용을 원할 경우에는 싱가포르 경제개발청(EDB : Economic Development Board)에 신청한다. 특정업종에 대하여는 회사설립에 앞서 관계당국의 사전 허가가 필요하다. 회사등록은 회사등록국(Registry of Companies and Business)에서 등록한다.

6.3 투자 분야

(1) 외국인 투자가 원칙적으로 금지되는 분야는 없음

(2) 민간기업의 진출 금지 분야

① 무기, 탄약의 제조

② 공공 서비스 사업(전기, 가스, 수도, 통신, 매스컴 관련 등)

(3) 감독당국의 사전 허가가 필요한 외국인투자 업종

① 금융 · 보험업

② 호텔 · 여행업

③ 부동산업

④ 제약업

⑤ 레스토랑

⑥ 소매업

(4) 투자환영사업(투자우대분야를 특별히 명시하지 않음)

① 새로운 기술을 수반한 투자

② 연구·개발 분야의 발전

③ 제조업의 하이테크화

④ 지역 영업본부의 추진 등

6.4 투자 우대조치

(1) Pioneer 자격

사업활동으로부터 발생되는 이익에 대하여 법인세를 면제한다.

(2) 개발확대 특별우대 조치

법인세율을 최저 5% 적용하고 있다.

(3) 투자고제 특별우대 조치

생산설비 신규투자액 중 특정 비율(최대 50%)과 동액의 과세대상 소득에 대한 면세 조치가 있다.

(4) Venture Capital 특별 우대 조치

주식매각으로부터 발생하는 손실 중 주식투자액을 최대로 하여 투자기업의 기타 과세대상 소득의 상계를 허가한다. 또한, 허가받은 Venture Capital에 부과되는 법인세가 면제된다.

(5) 국제통할본부(International HQ) 특별 우대 조치

법인세의 감면(5년부터 20년까지)조치가 있다.

(6) 지역통할본부(Regional HQ) 특별 우대 조치

싱가포르에 진출하여 3년 이내 기업으로 소정의 최저 투자약정을 만족하는 기업은 법인세 15%의 우대세율을 3년간 적용한다.

6.5 투자비율 규제

투자비율은 원칙적으로 자유로운 편이며 투자비율 규제와 주식의 현지화 의무를 부여하고 있지 않다. 100% 외국인 투자의 경우에는 다음 3가지 사항(① 기술집약적 산업, ② 수출지향적 산업, ③ 싱가포르 경제의 건전한 발전에 기여하는 점이 인정되는 투자)이 고려된다. 또한, 소매업 분야에서는 외국인투자비율이 49% 이내로 제한되어 있다.

6.6 세제

(1) 법인세

과세연도는 2004년부터 20%이며 특별 우대세율 적용조치가 많다. 성실성이 인정된 기업에 대해서는 면세 또는 감세조치가 적용되고 있다.

(2) 개인소득세

거주여부에 따라 과세 대상 및 세율이 상이하다. 연 183일 이상 싱가포르에 체류하는 경우 과세대상 거주자가 되며, 거주자에 대하여는 싱가포르 국내에서 발생된 소득 및 해외에서 발생되어 싱가포르에 송금된 소득 전액에 대하여 4~22% 범위 내에서 과세된다.

비거주자에 대하여는 싱가포르에 송금된 금액은 면세되며 싱가포르 국내에서 얻은 소득에 대해 과세된다. 일률적으로 15%의 세율 또는 거주자에게 적용되는 세율 중 높은 세율이 부과되며 급여 이외에 경영진이 받는 보수 및 수입은 일률적으로 22%로 과세된다.

(3) 소비세

세율은 4%이며 상품의 수출 및 국제 서비스 제공에 대한 세율은 0%이다.

6.7 금융

원칙적으로 자유이며 특별한 규제가 없다. 국제금융시장으로서 차입통화에 대한 법적 규제가 없고 모든 국제통화로 자금조달이 허가나 승인없이 이루어지고 있다.

6.8 토지소유

국토의 약 80%를 정부가 소유하고 있으며 잔여 20%의 사유지에 대하여도 용도, 건설의 제한이 엄격하기 때문에 공장 건설 시에는 기 건설된 공업단지에 입주하고 정부로

부터 임차하여 토지를 사용하는 것이 일반적이다.

제7절 일본(Japan)

1. 일반개황

일반	위 치:	동북아시아
	면 적:	378 km^2(한반도의 1.5배)
	기 후:	해양성 기후
	인 구:	128백만 명(2003)
	수 도:	Tokyo(8.3백만 명)
	민 족:	일본족 (99%)
	언 어:	일본어
	종 교:	神道(Shintoism), 불교, 기독교
정치	독 립 일:	1952. 4. 28 (미군정)
	정 부 형 태:	입헌군주제 (내각책임제)
	국 가 원 수:	Akihito 국왕(Koizumi 총리)
	의 회:	양원제(중의원 480석, 참의원 242석)
	주 요 정 당:	자유민주당 (LDP), 민주당 (DPJ), 일본공산당 (JCP)
	국제기구가입:	UN, IMF, OECD, IBRD, WTO, ILO, FAO, UNESCO, WHO, IDA, IMO, IMA, IFC, IBRD, IAEA, UNIDO 등
경제	G D P:	4조 6,234억 달러(2004)
	1인당 GDP:	36,522달러(2004)
	화 폐 단 위:	Yen (￥)
	회 계 연 도:	4. 1~3. 31
	산 업 구 조:	(2004) 제조업 25.6%, 농업 1.3%, 서비스업 73.1%
	주요수출품:	(2004) 각종 기계류, 교통장비, 화학제품, 금속
	주요수입품:	(2004) 기계장비, 광물연료, 식료품, 화학제품, 원자재
	주요부존자원:	구리, 아연
	경제개발계획:	재정투입을 통한 경기부양정책
	경제적강점:	높은 기술수준
	경제적약점:	부존자원 빈약, 인구 노령화

2. 경제동향

2.1 경제구조 및 특징

(1) 경제구조

① 제조업 주도형 경제

1960년부터 제조업이 경제를 주도해 왔으며 제조업의 국내총생산(GDP) 비중은 25%를 초과하는 수준을 보이고 있다. 자동차, 전자, 기계장비, 철강 등이 주요 제조업 분야이다.

② 2중 경제구조

거대 초국적기업과 가족형 영세중소기업(300인 이하 고용)의 뚜렷한 이중구조(dual structure)를 가지고 있다. 중소기업은 전체기업 숫자의 99.4%, 출하량의 51.6%를 차지하고 있다.

(2) 경제특징

① 고저축 · 고투자

일본은 전통적으로 높은 저축률을 바탕으로 투자율도 높은 수준을 유지해 왔으며 이는 일본이 서구를 급속히 추격할 수 있는 원동력이 되어 왔다. 경기부양을 위한 막대한 재정지출까지 맞물려 2004년까지 최근 5년간 GDP 대비 투자율은 25% 수준(동 기간 미국, 독일은 20% 수준, 영국은 17% 수준의 투자율을 나타냈음)을 유지하고 있다.

② 폐쇄적 시장구조

일본은 복잡한 유통경로 등 공식, 비공식적으로 높은 무역장벽(trade barrier)이 존재하고 있다(일본의 GDP 대비 대외교역 비중은 독일(60%), 중국(70%)보다 훨씬 낮은 20% 수준을 보이고 있음). 이는 석유, 식품, 펄프 등 경쟁력이 없는 산업을 보호함으로써 미국 등과의 통상마찰(trade conflict)을 야기하는 한편, 경제효율성(economic efficiency)을 저하시키는 결과를 초래하고 있다.

2.2 국내경제

(1) 장기침체로부터의 탈피

1980년대 중반 저금리에 편승한 자산(주로 부동산)에 대한 과잉투자는 엄청난 자산가치 인플레를 초래했으나, 1989년 이후 금리가 급상승하면서 자산가치 버블(bubble of asset value)이 급격히 붕괴되었다.

1987년 중앙은행(BOJ) 할인율이 2.5%로 인하되면서 1987년 자산가치 증가가 경상GDP의 1.4배에 이를 정도로 자산버블 현상이 심화되었으나, 1989~1990년 중 중앙은행할인율이 6%까지 급상승하면서 자산버블붕괴가 촉발되었다. 1989~1992년 중 니케이(Nikkei)지수는 40,000선에서 15,000선으로 폭락하고 1991년 중 전년에 비한 토지가격하락분도 1조 5,000억 달러에 이르렀다.

그 결과 민간부문의 소비가 급격히 위축되고 은행 대출자산 부실화가 심화되었으며 기업으로의 자금공급 위축 및 투자부진으로 이어지는 총체적 악순환이 지속되면서 일본 경제는 10년 이상의 장기침체를 경험하게 되었다.

2003년 이후 디플레이션(deflation) 현상이 완화되면서 민간소비가 회복되고 중국의 일본상품 수요증가에 힘입어 완만하나마 침체국면을 탈피하고 있다. 2003년 1.4%에서 2004~2005년에는 2%대의 성장률을 기록할 것으로 전망된다.

그러나 인구노령화 등 구조적 요인으로 다수의 국제경제 전문가들은 일본경제가 장기적으로도 1~2%의 저성장세를 탈피하지 못할 것으로 분석하고 있다.

(2) 디플레이션의 지속

1990년대의 급격한 경기침체(recession)와 엔화의 상대적인 강세, 국제원자재가격 하락으로 인해 일본 경제는 2003년까지 물가가 하락하는 현상(deflation)이 지속되었다.

2004년에는 내수회복, 국제유가 상승 등으로 물가하락 현상이 멈추었으나 뚜렷한 인플레이션이 나타날 가능성은 크지 않은 편이다.

(3) 재정건정성 악화

1990년대 중반 이후 경기부양과 구조조정을 위한 막대한 재정자금 투입, 인구노령화 진전에 따른 사회복지비용 증대 등으로 재정지출 규모는 1990년대 GDP의 30% 수준에서 2004년에는 40% 수준까지 제고되었다. 재정수입은 GDP의 30% 수준(EU 평균은 45% 수준임)을 보이고 있다.

이에 따라 재정수지는 1990년대 중반 적자로 전환되었고 2000년대에는 GDP의 6~7% 수준까지 크게 악화되었다. 또한, 정부 부채(government debt)도 선진 경제권에서는 가장 높은 수준인 GDP의 150% 수준까지 제고되었다. 예산외 지출(연금지출, 정부투자·대여 프로그램 등)까지 합치면 정부부채 규모는 GDP의 200%를 초과하는 것으로 판단된다.

〈표 7-17〉 주요 국내경제지표

(단위 : %)

구 분	2001	2002	2003	2004	2005f
경제성장률	0.2	-0.3	1.4	2.6	2.2
재정수지/GDP	-6.1	-7.9	-7.7	-6.1	-7.4
소비자물가상승률	-0.7	-0.9	-0.3	0.0	-0.2

자료 : EIU, Country Report

2.3 국제경제

(1) 최대교역상대국으로 중국의 부상

아시아의 비중이 증가하면서 2004년 대아시아 수출비중이 전체수출의 50% 정도를 차지하였다. 특히, 중국(홍콩 포함)은 일본의 최대 교역상대국으로 부상하였다.

중국은 2001년 2위의 수출시장, 2002년 최대수출시장, 2004년 미국을 추월한 최대 교역상대국 부상 등 교역상대국으로서의 위상이 제고되고 있다.

(2) FTA의 적극적 추진

일본은 교역정책을 다자간 무역체제(WTO) 중심에서 양자간 FTA 확대로 방향을 전환하여 적극적으로 FTA 체결을 추진하고 있다.

2002년 싱가포르, 2004년 멕시코와 FTA를 타결한 데 이어 필리핀, 태국, 말레이시아,

한국 등과 조기 타결을 목표로 협상을 진행 중에 있으며 더 나아가 ASEAN 및 인도네시아와도 FTA를 추진하고 있다.

(3) 경상수지 흑자의 확대

일본 국가경쟁력(country competitiveness) 유지의 핵심인 상품수지는 막대한 흑자를 유지해 왔다. 특히, 대중국 수출이 급증하면서 최근 흑자폭은 더욱 확대되고 있다. 한편, 비(非)교역수지는 2000년 이후에야 흑자로 전환되었다. 상당한 해외자산이 누적된 1980년대 이후에도 엔고로 인한 막대한 여행수지 적자로 비교역수지는 적자를 지속해 왔다. 1990년대 중반 이후 해외소득 확대, 해외여행 지출 축소 등으로 비교역수지 적자폭이 축소되다가 2000년부터 흑자로 반전되어 현재에 이르고 있다.

1981년 이후 흑자를 유지하고 있는 경상수지는 특히 2003년 이후 흑자폭이 크게 확대되고 있는데, 이는 중국으로부터의 수요 확대(상품수지), 해외소득 증가(비교역수지) 등에 의한 것으로 간주할 수 있다.

〈표 7-18〉 주요 국제경제지표

(단위 : 억 달러, %)

구 분	2001	2002	2003	2004	2005f
경상수지	878	1,125	1,365	1,721	1,583
경상수지/GDP	2.1	2.8	3.2	3.7	3.4
상품수지	702	938	1,064	1,320	994
수 출	3,836	3,956	4,491	5,390	5,505
수 입	3,134	3,018	3,427	4,069	4,511
외환보유고	3,952	4,612	6,633	8,339	..

자료 : EIU, Country Report

3. 정치 · 사회동향

3.1 정치적 혼란기(1990년대)

1955년 창당 이후 지속적으로 단독 집권해 왔던 자민당 정권이 1993~1994년 중 일시적으로 무너졌으며 그 이후 군소정당과의 연정을 통해 집권당 지위를 유지하고 있다.

1990년대 이후 냉전체제(Cold War System)의 붕괴와 경제침체로 자민당에 대한 지지도의 응집력이 크게 약화되었으나 야당도 결집된 세력이 없고 국민의 지지를 유도할 정책 이슈도 없는 상태가 지속되어 왔다.

3.2 보수적 성향의 고이즈미 정권 탄생

2001년 8월 총리에 취임한 고이즈미는 한때 70~80%에 이를 정도로 높은 지지를 받기도 했으며, 그 이후 지지도의 부침은 있었으나 역대 어느 총리보다도 높은 개인적 인기를 바탕으로 일본 정국을 주도하고 있다. 2005년 8월에는 우정국 민영화 개혁이 의회의 반발로 좌초될 위기에 직면하였으나 의회 해산 후 실시된 총선에서 압승을 거두고 우정국 민영화 개혁을 추진하는 등 정국을 주도하고 있다.

그러나 고이즈미 총리는 취임 이후 야스쿠니 신사 참배 문제로 한국과 중국 등 주변국들과 외교적 마찰을 야기시키고 있으며, 대미관계 강화 일변도의 외교 정책 속에 우경화 노선을 견지하고 있다.

4. 국제신인도 및 대외지급능력

4.1 국제신인도

(1) 주요 기관별 신용도 평가 순위

① Moody's : Aaa (2004. 4)
② S&P : AA- (2002. 4)
③ Fitch : AA (2001. 11)
④ I.C.R.G. : 13/140(2004. 9) → 17/140(2005. 8)
⑤ I. I. : 22/173(2004. 9) → 19/173(2005. 3)
⑥ Euromoney : 14/185(2004. 9) → 13/185(2005. 3)

4.2 대외지급능력

일본은 막대한 경상수지 흑자 누적과 높은 국내저축률에 힘입어 1985년 이후 세계최대 채권국가의 지위를 유지하고 있다(1990년 일시적으로 독일이 세계최대 채권

국가가 되기도 하였음). 2003년말 기준 일본의 대외 순자산은 1조 5,000억 달러에 이르고 있다.

또한, 2005년말 기준 외환보유고는 8,469억 달러로 세계 1위이며, 중국(8,189억 달러), 대만(2,533억 달러), 한국(2,104억 달러) 등이 그 뒤를 잇고 있다.

한편, 일본은 경상수지 흑자(current account surplus) 억제를 위해 적극적인 공적원조(ODA) 공여에 나서고 있다. 2000년에는 130억 달러를 공여하여 미국을 추월하여 세계 최대 ODA 공여국이 되기도 하였으며 매년 90억 달러 전후(GNI의 0.2%)의 공여실적을 보이고 있다.

5. 전망

2005년에는 2% 내외의 경제성장이 기대되나, 2006년 이후에는 재정긴축 강화와 함께 경제성장률이 다시 1% 내외 수준으로 축소될 것으로 전망된다. 한편, 미국 재정 및 경상수지 적자 확대에 대한 가능성이 증대되면서 엔화는 강세를 유지할 것으로 보이며 디플레이션 현상은 발생하지 않을 것으로 전망된다.

고이즈미 총리는 2005년 9월 총선의 압승으로 강력한 정국주도권을 가지고 경제개혁정책(economic reform policy)을 관철시키고 있으나 대외적으로는 한국, 중국 등과 역사교과서 왜곡 등 과거사 문제로 인한 긴장이 더욱 고조될 것으로 보인다.

6. 투자환경

6.1 외국인투자정책 및 제도

(1) 외국인투자정책

외국인투자정책은 특별한 규제(regulation)나 제한이 없이 적극적으로 장려되고 있다.

(2) 외국인투자 우대 및 규제 조치

① 중소기업 지원

자본 규모가 1억 엔 이하 또는 정규직 300명 이하인 기업(도매업 3천 만엔 또는 100명, 소매업 등 1천만 엔 또는 50명 이하)에 세제 및 금융혜택을 부여하고 있다.

② 특정산업 기업 지원

천연자원 및 에너지(에너지 절약기기 포함), 기술 개발, 해운, 도시 재개발, 공해 제거 기술과 자동차 및 자동차부품 제조(미국의 통상압력으로 인해)와 관련된 기업에 금융혜택을 부여하고 있다.

③ 비도심 지역 투자 지원

도쿄, 오사카, 나고야 등 대규모 도시 외 지역에 투자하는 기업에 다양한 세제 및 금융혜택을 부여하고 있다.

④ 수입 및 투자유치법

동 법에 따라 일본무역진흥회(JETRO)가 22개 수입촉진지역(FAZ)을 운영하고 있으며 지역 내 운영업체와 입주업체에 대해 각종 세제 및 금융혜택을 부여하고 있다.

(3) 외국인투자 절차

특수 산업을 제외하고 외국인투자 사전 통보제도는 폐지된 바 있다. 업종별로 담당 부처와 신고절차가 상이하나 사업자 번호 취득시 대부분의 신고절차가 해결된다. 경제산업성을 포함한 경제부처 통합 투자유치 사무소인 Invest Japan(www.investjapan.org)을 통해 도움을 받을 수 있다.

6.2 외국인투자여건

(1) 무역 및 관세제도

지역경제블록(regional economic bloc)에 참여하지 않고 있으나 양자간 자유무역협정(bilateral FTA)를 적극적으로 추진 중에 있으며 논란이 되어온 경상수지 흑자 폭을 축소하는데 역점을 두고 있다. 자국의 농업을 보호하기 위해 일부 식품 품목 등에 대해 고관세 정책을 유지하고 있다.

(2) 외환제도

최근까지 재무성이 지정하는 특정은행을 통해서만 외환거래가 이루어졌으나 1997년 개정한 외환 및 외국무역법에 따라 외환거래가 전면적으로 자유화되었다.

(3) 금융제도

국영은행 등을 통해 외국인투자자들에게 저리의 대출을 지원하고 있다.

(4) 조세제도

① 법인세 : 30%

② 사업세 : 9.6%

③ 소비세 : 5%(금융거래, 자본거래, 의료, 복지 및 교육의 일부를 제외하고 거의 모든 국내거래와 수입거래를 과세대상으로 함)

④ 개인소득세율: 누진세로 소득에 따라 10~37% 수준임

(5) 노동제도

노동인력의 교육수준과 성실성은 매우 뛰어나나 인건비가 비싸고 종신고용이 점차 사라지고 있으나 노동시장의 유연성(flexibility of labor market)은 낮은 편이다.

제8절 중 국(People's Republic of China)

1. 일반개황

일반	위 치:	아시아 대륙 동북부
	면 적:	9,561천 km^2(한반도의 44배)
	기 후:	온대 및 아열대성
	인 구:	1,297백만 명(2004)
	수 도:	Beijing(1,423만 명)
	민 족:	한족(92%) 및 55개 소수민족
	언 어:	중국어
	종 교:	불교, 도교, 이슬람교

정치	독 립 일:	1949. 10. 1
	정 부 형 태:	사회주의 인민공화제
	국 가 원 수:	후진타오(胡錦濤)주석
	의 회:	인민대표대회
	주 요 정 당:	중국공산당
	국제기구가입:	UN, IMF, IBRD, ADB, ILO, WTO 등
경제	G D P:	1조 6,493억 달러(2004)
	1인당 GDP:	1,276달러(2004)
	화 폐 단 위:	元 (RMB)
	회 계 연 도:	1. 1~12. 31
	산 업 구 조:	(2004) 농업 13%, 제조업 46%, 도소매 등 7%
	주요수출품:	(2004) 가전, 전자, 의류 및 방직제품
	주요수입품:	(2004) 가전, 전자, 반도체, 화학제품, 기계류
	주요부존자원:	석유, 천연가스, 석탄, 철광석
	경제개발계획:	제10차 5개년 계획(2001~2005)
	경제적강점:	저임 노동력 및 부존자원 풍부
	경제적약점:	지역간 불균형 심화, 국유기업 부실

2. 경제동향

2.1 국내경제

(1) 경제성장

중국은 수출과 고정자산 투자 증가 등으로 2004년 9.5%의 경제성장에 이어 2005년 3분기까지 9.4%의 성장을 시현한 바 있다. 부동산과 철강 등 업종에 대한 중국 정부의 투자억제 정책과 고유가 등이 경제에 미치는 영향이 상대적으로 낮아 경제성장률은 2004년에 비해 소폭 하락한 9.4%를 기록할 것으로 보인다. 철강, 시멘트, 부동산 등 일부 산업의 경기과열 억제정책(2004년)이 산업 구조조정과 맞물려 당분간 지속될 가능성이 있다.

(2) 재정

수출 증대로 인한 부가세 및 관세수입 증가와 장기 건설국채 발행 축소(2004년 1,100억 위안에서 2005년 800억 위안)에도 불구하고 GDP 대비 재정수지 적자는 2004년 수준을 유지하고 있다.

이는 지역간 경제격차와 도농(都農)간 소득격차로 인한 사회불안을 억제하기 위해 인프라와 사회복지투자(social welfare investment)가 지속된 데 기인한다.

(3) 물가

원유, 철광석 등의 원자재 가격 상승과 위안화 평가절상(appreciation) 기대로 인해 유입되었던 핫머니(hot money, 단기투기성자금)로 인한 통화량 증가가 물가 상승 압력으로 작용하고 있다.

그러나 2004년 물가상승의 주요 요인이었던 식량가격의 안정으로 2005년 3분기까지 물가는 2.0% 인상되었으며 이러한 추세가 지속될 것으로 보여 물가는 2005년 정부 목표치인 4.0%를 크게 하회한 1.9% 수준으로 예상된다.

(4) 경제정책

중국 정부는 고투입·고비용의 양적 성장(quantitative growth)에서 효율성을 중시하는 질적 성장(qualitative growth)으로 성장 방식을 전환하기 위해 국유기업을 중심으로 대형화를 통한 산업 집중도 제고와 기술경쟁력 향상의 산업구조조정을 추진하고 있다.

자동차(2004), 철강(2005) 산업정책에 이어 국가경제와 밀접한 석유화학, 전력, IT 등의 산업정책이 공표될 예정이다. 에너지 수요와 환경오염(environmental pollution)을 억제하기 위해 노후 기술과 낙후 설비의 도태를 추진하는 한편, 단위당 GDP 대비 에너지 소비율을 2005년 기준으로 2010년까지 20% 절감을 추진하고 있다.

한편, 지역간, 도농간 경제격차를 축소시키기 위해 그 동안 유지해 왔던 우선발전론(先富論)에서 균형발전론(共富論)으로 국가발전정책을 전환(2005)하고 있다. 이와 관련하여 2000년 서부대개발, 2003년 동북재건에 이어 2005년 중부도약을 제기하는 한편, 농촌지역의 소득증대를 위해 농업 보조금 지급, 농업세 폐지를 추진하고 있다. 또한, 국유상업은행의 건전성을 제고하기 위해 외환보유고(foreign exchange reverves)로 자본금을 확대하는 한편, 외국금융기관에 지분 매각을 추진하고 있다.

(5) 환율

2005년 7월 위안(Yuan)화의 2.1% 평가절상과 함께 환율결정시스템을 미국 달러화에 대한 페그(peg)제에서 복수통화 바스켓으로 전환한 관리변동환율제도(manaed flexible exchange rate system)를 채택하였다. 따라서 환율은 ±0.3% 범위 내에서 안정적으로 움직이되, 미미하나마 하락세를 지속할 것으로 전망된다.

금융기관 등의 환리스크(foreign exchange risk)에 대한 대응방안의 마련을 전제로 점진적으로 환율변동 폭을 확대하는 방식으로 환율정책을 운용할 가능성이 크며 인위적인 추가 환율절상 가능성은 낮다고 할 수 있다.

〈표 7-19〉 주요 국내경제지표

(단위 : %)

구 분	2001	2002	2003	2004	2005f
경제성장률	7.5	8.0	9.1	9.5	9.4
재정수지/GDP	-4.5	-3.0	-2.5	-1.5	-1.5
소비자물가상승률	0.5	-0.8	1.2	3.9	1.9

자료 : IFS, EIU

2.2 국제경제

(1) 상품수지

고유가와 긴축정책으로 국내 수입수요가 둔화된 반면에 수출은 미국을 중심으로 일용품, 의류, 가전 등의 수요가 지속적으로 증가하여 상품수지 흑자가 1,200억 달러에 이를 것으로 보인다. 2005년 3분기까지 수출과 수입이 각각 31.3%, 16.0% 증가하여 상품수지 흑자규모가 683억 달러로 전년동기(39억 달러) 대비 1,651% 증가하였다.

(2) 경상수지

대규모 상품수지 흑자와 외환보유고 이자 수입 등에 의한 소득수지 적자폭 축소 등으로 인해 경상수지 흑자가 1,291억 달러로 크게 증가할 것으로 보인다. 서비스 부문의 발달 미흡에 따른 서비스수지 적자(118억 달러)와 외국인투자 과실송금의 확대에도 불구하고 대규모 외환보유고(2005년 9월말 7,690억 달러)의 이자 수입으로 소득수지 적자폭이 2004년 350억 달러에서 230억 달러로 축소될 것으로 보인다.

〈표 7-20〉 주요 국제경제지표

(단위 : 백만 달러, %)

구 분	2001	2002	2003	2004	2005f
경상수지	17,401	35,422	45,875	68,700	129,100
경상수지/GDP	1.5	2.8	3.3	4.2	6.8
상품수지	34,017	44,167	44,652	58,980	12,020
수출	266,075	325,651	438,270	593,400	75,200
수입	232,058	281,484	393,618	534,400	63,180
외환보유고	212,165	286,407	403,251	609,932	820,000
총 외 채 잔 액[1)]	184,800	186,400	208,700	247,500	285,000
총외채/GDP	15.7	14.7	14.7	15.0	15.3
D. S. R.	7.5	7.9	6.9	3.2	5.6

주 : 1) 2005년 6월에 3개월 미만의 무역금융 등의 수치를 재조정하여 외채에 포함시킴에 따라 외채규모가 전반적으로 커짐

자료 : IMF, GDF, EIU, Country Report

3. 정치 · 사회동향 및 대외관계

3.1 정치동향

(1) 후진타오(胡錦濤) 중심 지도체제의 강력한 리더십 하에 정치안정 강화

2002년 11월 제16기 공산당 전당대회에서 당 총서기로 선출된 후진타오 중심의 지도체제가 안정을 유지하고 있다. 2004년 제16기 4차 중앙위 전체회의에서 장쩌민(江澤民) 전임 당 총서기가 군사위 주석직에서 사임함으로써 후진타오의 권력기반이 강화되었다.

(2) 사유재산 보호 조치로 시장경제 발전과 투자환경 개선

2004년 3월 중국 전국인민대표대회에서 통과된 개정 헌법 가운데 사유재산 보호 강화, 인권보장, 3개 대표 이론이 핵심으로, 이 중 사유재산 보호 관련 내용은 시장경제 발전과 투자유치에 있어 더욱 안정적 환경을 제공할 것으로 보인다.

* 3개 대표 이론 : 장쩌민이 주창한 것으로 공산당이 생산력의 증대, 선진 문화의 전진 방향, 인민의 이익을 대표한다는 것임

3.2 사회동향

(1) 인터넷 등 미디어 통제 강화

후진타오가 전임 지도자에 비해 투명성(transparency)을 강조하면서도 사회불안정(social instability)을 방지하기 위해 인터넷 등 미디어에 대한 통제를 강화하고 있다. 이에 따라 중국 측 경영권 장악을 전제로 장려했던 외국기업의 중국 미디어 분야에 대한 투자도 제한할 것으로 보인다.

(2) 지역간 소득격차 확대, 실업 증가 등 사회불안 가능성 증대

국유기업 개혁 등 구조조정에 따른 실업자들의 불만 증대가 지역간, 도농(都農)간 소득격차와 맞물려 사회불안정이 초래될 가능성이 상존하고 있다. 즉, 도시 지역 실업률이 4.2%이고, 2005년 중국 정부의 실업률 억제 목표가 4.6%인 점을 고려할 때 적정 경제성장이 이루어지지 않을 경우 사회불안정이 초래될 가능성이 크다고 할 수 있다.

특히, 부정부패, 농민 경작지 사용권 회수, 환경오염(environmental pollution) 등이 사회불안요인으로 부상하면서 2004년 시위가 69,000회로 2003년 57,400회에 비해 크게 증가한 바 있다. 이로 인해 동북지역의 재건, 중부지역 도약, 농민 소득 증대를 통한 균형발전으로 사회안정을 추진하고 있다.

(3) 대외관계

중국과 미국과의 관계는 인권, 군사, 통상 등 고질적인 문제가 상존하고 있고, 미국과 대만 간의 군사적 유대 강화(intensification of military linkage) 움직임이 있으나 중국은 경제발전을 위해 당분간 대미관계를 안정적으로 유지할 것으로 보인다. 그러나 중국의 상품수지 흑자로 인해 미국의 위안화 평가절상 요구가 지속되고 있다.

주변 국가(ASEAN, 러시아, 중앙아시아 등)와의 관계개선 지속으로 역내에서의 지위 강화를 도모하고 있다. 중국이 2005년 3월 '반국가분열법' 제정으로 대만과의

관계가 악화될 가능성이 증대되고 있는 가운데 대만 야당 지도자의 중국 방문 등과 경제적 이유로 긴장 관계가 지속될 가능성은 낮은 편이다. 또한, 일본과의 역사 왜곡 및 조어도 문제 등으로 양국 간의 긴장관계가 지속되고 있으나 정치적 관계가 경제적 교류의 단절로 이어질 가능성은 낮다고 할 수 있다.

4. 국제신인도 및 대외지급능력

4.1 국제신인도

(1) 주요 신용평가기관의 평가

① Moody's : A2 (stable)
② S&P : A- (positive)
③ I.C.R.G. : 46/140(2005. 3) → 38/140(2005. 8)
④ Euromoney : 50/183(2004. 9) → 51/185(2005. 3)
⑤ I. I. : 38/173(2004. 9) → 37/173(2005. 3)
⑥ OECD등급 : 2등급(2004. 4) → 2등급(2005. 4)

(2) 주요 ECA의 지원태도

① 미 국(EXIM) : 전액 인수 가능
② 네덜란드(NCM) : 전액 인수 가능
③ 영 국(ECGD) : 전액 인수 가능

4.2 대외지급 능력

(1) 대외채무의 절대 규모는 큰 편이나 관리 가능한 수준임

총 외채잔액이 2,475억 달러로 절대 규모가 큰 편이나 GDP 대비 15.0% 수준을 보이고 있다. 총 외채잔액(2005년 6월말 기준)은 2,662억 달러이다. 2004년 단기외채 비중이 49.8%로 높은 편이나 D.S.R.이 3.2% 수준으로 낮기 때문에 단기 채무로 인한 리스크는 크지 않은 것으로 평가할 수 있다.

(2) 국제상업은행의 신용 공여 지속

1998년부터 국제상업은행의 대출이 활발하게 이루어지고 있으며 2003년 대출 잔액이 334억 달러로 전년 대비 31억 달러 증가하였다.

(3) 대외지급능력은 양호한 편임

외국인직접투자(FDI : Foreign Direct Investment) 증가, 위안화 평가절상을 기대한 핫머니 유입 등으로 외환보유고(2004년말 기준)는 전년 대비 2,066억 달러 증가한 6,099억 달러를 기록하였다. 경상수지 흑자의 대폭 증가와 FDI 유입 지속 등으로 유동성이 풍부한 편인데 FDI 실제 유입은 2005년 3분기까지 432억 달러로 전년동기 대비 2.1% 감소하였다. 리스케줄링 또는 연체 경험은 없다.

5. 전망

5.1 경제전망

경제적으로는 추가적인 위안화 평가절상 가능성이 낮은 가운데, 균형발전으로의 전환에 따른 고정자산 투자가 여전히 높을 것으로 예상되며 견조한 대외 수요 증가로 인해 고유가와 높은 원자재 가격에도 불구하고 고도성장이 지속될 것으로 보인다.

5.2 정치 · 사회 전망

정치적으로 국유기업 개혁에 따른 실업자 증가와 지역간, 도농간 소득격차로 인한 잠재적 사회불안 요인이 부분적으로 표출되고 있으나 균형발전을 통한 화합사회를 천명한 후진타오 중심의 지도체제가 정치적 안정을 지속할 것으로 전망된다.

6. 투자환경

6.1 외국인투자 정책 및 제도

(1) 외국인투자 정책

중국의 외국인투자 정책은 다국적기업(MNCs)의 선진설비와 기술에 의한 자국산업 육성에 중점을 두고 있다. 외국인직접투자 유치를 통한 산업구조 고도화 정책에 중점을 두어 첨단산업 위주의 투자유치정책을 지속적으로 추진하고 있으나 풍부한 저임 노동력을 활용하기 위해 중서부 지역을 중심으로 한 노동집약적 산업(labor-intensive industry)의 투자도 유치하고 있다.

외국인 투자유치 정책은 전체적으로는 산업정책과 연계된 질적인 투자와 내국민 대우에 중점을 두고 세부적으로는 대내외적인 요인들을 고려하여 수시로 변동되고 있다.

(2) 외국인투자 우대 조치

중국은 외국인투자 관련 법률 등을 근간으로 하여 외국인 투자기업에 지역, 업종 등에 따라 우대 내용을 상이하게 하여 각종 인센티브를 부여하고 있다. 그러나 중국이 세계무역기구(WTO) 가입으로 내외국인 동등대우를 표방함에 따라 그 동안 외국인 투자기업에게 부여해 왔던 세제상의 우대조치를 점차 축소 또는 폐지해 나갈 것으로 보인다.

현재 외국인 투자기업에게 부과되는 기본 소득세율은 30%이며, 여기에 지방소득세 3%(기업소득세의 10%)가 추가되어 세제 혜택을 받지 못할 경우 33%의 소득세를 납부해야 한다.

① 관세 및 증치세(부가가치세) 면제 대상

가. '외국인투자 산업 지도목록(2004년 11월 개정)'상의 외국인투자 '장려' 품목 투자기업

나. '중서부지역 비교우위 투자 산업 지도목록'에 해당하는 기업

다. R&D 센터 설립 기업

라. 첨단기술기업

마. 수출기업의 설비 교체 등으로 총 투자범위 내에서 수입하는 기계설비 · 기술 · 부품 · 원부자재

② 증치세(부가가치세) 및 소득세 면제

가. '외국인 투자 산업 지도목록'의 '장려' 분야와 '국가 중점 장려 산업 · 제품 · 기술목록'에 해당되는 투자사업 중 총 투자금액 범위 내에서 중국산 설비를

구입하는 경우 증치세 환급 및 기업소득세 공제

나. 중고설비를 구입하는 경우와 중국측의 현물출자 분은 제외

〈표 7-21〉 중국의 업종별 세제 인센티브

구 분	업 종 별	감 면 기 간
소득세 감면[1)]	생산활동 종사기업(기본 감면기간)	1~2년 면제, 3~5년 50% 감면
	첨단기술기업(지속적인 정부 인가 필요)	1~2년 면제 후 3~5년 50% 감면
	생산제품 70% 이상 수출기업	1~2년 면제 후 3~5년 50% 감면
	비생산 활동 종사기업 500만 달러, 금융기관 1,000만 달러 이상(단 서비스업 제외)	1년 면제 후, 2~3년 50% 감면
	항구 · 부두 건설기업(경영기간 15년 이상)	1~5년 면제 후 6~50% 감면
	농업 · 임업 · 목축업 종사기업 및 낙후된 변경지역 투자기업	1~2년 면제 후 3~50% 감면 향후 10년내 인가 후 15% 감면

주: 1) 사업기간 10년 이상기업, 이익발생 연도부터 시행

③ 재투자시의 기업소득세 환급

가. 이익금을 증자에 사용하거나 별도의 법인에 5년 이상 재투자할 경우 이익금 재투자분에 대해 기 납부한 소득세의 40%를 환급함

나. 이익금을 첨단기술(high-tech)기업이나 수출기업의 설립, 증자를 위해 재투자할 경우 재투자분의 기 납부 소득세의 100%를 환급함

④ 기타 세제 혜택

가. 외국인투자 R&D 기업이 중국 소재 기업에 기술을 양도할 경우 영업세가 면제되며 외국기업에 선진기술을 수출할 경우에는 국무원의 인가를 얻어 영업세와 기업소득세를 면제함

나. 외국인 투자기업의 기술개발비용이 전년 대비 10% 이상 증가한 경우 세무당국의 인가를 얻어 기술개발비 실제 발생액의 50%를 당해연도 기업소득세에서 공제함

〈표 7-22〉 중국의 지역별·산업별 세제 인센티브

(단위 : %)

구 분		①	②	③	④	⑤	⑥
1. 생산활동 종사기업		30	15	15	15	24	24
2. 비생산활동 종사기업		30	15	30	30	30	30
특정사업	지식·기술집약 사업으로 3,000만 달러 이상 투자하고, 투자 회임 기간이 장기인 사업	30	15	15	15	15	15
	에너지·교통·항구 사업 및 국가가 특별히 인가한 장려사업	15	15	15	15	15	15
	규정에 의한 우대기간 만료후 생산제품 70% 이상 수출기업	15	10	10	10	12	12
	1,000만 달러 이상 투자, 사업기간 10년 이상의 금융기관	30	15	15	15	15	15
4. 지 방 소 득 세		3	1.5	1.5	1.5	2.4	2.4

주 : ① 전국 공통, ② 경제특구, ③ 국가급 경제기술개발구, ④ 국가급 보세구, ⑤ 국가급 변경 경제 합작구, ⑥ 개방도시 및 지역(沿海, 沿江, 내륙, 변경), 省급 경제기술개발구

(3) 외국인투자 규제 조치

외국인투자 산업지도목록에서 정한 '금지', '제한'사업에 대한 투자는 규제를 하고 있다.

① 금지 사업 : 중국 전통 차(茶) 가공, 한약재(사향, 감초, 황마 등) 가공, 방사성 광물 채광, 송전망, 도서·신문·잡지 등의 편집 발행, 영상물의 출판 및 제작, 기타 국가 안전에 관련된 사업

② 제한 사업 : 면화 재배, 안티몬·주석·텅스텐·형석 등의 탐사 및 개발, 고량주·담배·실크생산, 정유 사업, 여객 운송, 금융

(4) 외국인투자 절차

① 투자의향서 작성

합작투자의 경우에는 투자 상대방과, 단독투자의 경우에는 해당 투자지역 정부(개발구 관리위원회 등)와 체결한다.

② 사업건의서(項目 建議書) 작성 및 예비허가 신청

※ 사업 건의서 내용

- 합작 목적(수출, 기술도입 필요성 및 가능성)
- 합작 당사자들의 개요
- 경영 범위, 생산 제품의 국내외 수요 및 생산량, 주요 판매지역
- 총투자규모(고정자산, 운전자금 등), 자금 조달 방법 및 지분비율
- 원·부자재, 용수, 전력, 가스 등의 수요량 및 조달 방법
- 소요 인력 및 구성
- 경제적 효과, 특히 외화 창출관련

③ 사업 타당성(可行性 硏究) 검토 보고서 작성

④ 합작 계약서(合同書) 작성

⑤ 정관(章程) 제정

⑥ 외국인투자 인가 신청

외국인투자 허가기관은 중앙정부에는 상무부, 지방에는 대외경제무역위원회(청)가 있으며 투자규모, '외국인투자 산업 지도목록'의 장려분야 해당여부에 따라 인가기관을 달리 적용한다.

⑦ 인가신청 후 90일 내에 투자인가 여부가 결정됨

⑧ 인가기관으로부터 투자허가증(批准證書)을 받은 후 30일 이내에 해당지역 공상행정관리국에 구비서류를 제출하면 영업허가증(營業執照 : 사업자등록증)이 발급됨

6.2 외국인투자여건

(1) 무역 및 관세제도

① 자국 산업을 보호하기 위해 고관세 및 각종 비관세장벽(non-tariff barriers)을 운용하고 있음

② 외국인 투자기업에게는 투자 진출 시에 인가받은 생산 제품 및 관련 원·부자재에 대해서만 수출입이 가능한 제한적인 대외무역권을 부여함

③ 중국의 2001년말 WTO 가입으로 3~5년 후에는 외국인 투자기업이 허가받은 생산활동 이외 상품에 대한 대외무역도 허용될 예정임

④ 수입관세는 크게 4가지(최혜국세율, 협정세율, 특혜세율, 보통세율) 중의 하나를 적용함

한국은 중국과 함께 방콕협정의 참여국인 관계로 한국으로부터 수입하는 917개 세목의 상품에 대해서는 2002년 1월부터 최혜국세율보다 우대적인 성격의 방콕협정 세율이 부과된다.

⑤ 중국의 평균 관세율(2005년 1월 기준)은 9.9%임

⑥ 중국의 천연자원(natural resources) 보호를 목적으로 최고 50%까지 수출관세가 부과됨

⑦ 중국은 관세 이외에도 수입 허가제 및 쿼터 등의 비관세장벽을 통하여 수입을 규제하고 있음

⑧ 수입허가증 관리를 실시하고 있는 대상은 3개 종류로서 HS 8자리 기준으로 83개 품목(2004. 12)이며 제조가 용이한 유독 화학품, 화학무기 원료, 오존파괴물질 등이 해당됨

⑨ 수출허가증 관리 대상은 총 47종류 316개 품목(2004. 12)이며 주로 Quota 관리 품목임

가. 수출쿼터 관리 품목 : 쌀, 옥수수, 밀, 면화, 차잎, 실크, 석탄, 원유, 석유제품, 희토, 안티몬, 텅스텐 등임

나. 수출허가증 관리 품목 : 소, 돼지, 닭 등 육류, 오존층 파괴물질, 탄화규소, 독약제조 화학물, 전자계산기, 선풍기, 자전거, 오토바이 및 그 엔진 등임

(2) 외환제도

중국은 비교적 엄격하게 외환관리를 하고 있다. 외국인직접투자(FDI) 유치를 위해 경상거래 부문에 대해서는 외환사용을 자유화한 반면에 유가증권 투자 등 자본거래에 대해서는 엄격하게 운용하고 있다. 1996년 12월 기업 경영과 관련된 수출입 대금, 차입금 원리금 상환, 배당금 등과 같은 경상거래에 대한 위안(Yuan)화의 자유태환이 허용됨으로써 외국인 투자기업은 지정 거래 외국환은행을 통하여 이와 관

련한 자금의 매매가 가능해졌다.

그러나 주식이나 채권 투자와 같은 자본거래는 취약한 국내 금융기반을 고려하여 엄격하게 통제하고 있다. 중국은 외국인 투자기업에 대해서 수출 활동으로 확보한 외화자금을 100% 유보하도록 한 바 있으나 최근에는 외환관리국이 개별 외국인 투자기업의 실제 투자규모, 경상거래의 외화 자금 수요 등을 고려하여 최고 한도액(일반적으로 개별기업의 전년도 경상거래의 3배 수준)을 설정하고 있다. 한도 초과 시에는 외국환은행에 매각하여야 하며 수수료, 로열티(royalty) 및 배당금 송금 또한 법률상 제약이 없으나 일부 지역에서 이러한 자금의 해외 송금을 제한하는 경우도 발생한다. 자회사로부터 해외 모기업에 대한 배당시 10% 원천 징수하며, 한국과 중국과의 이중과세방지협정 체결로 5%의 배당세만 부과되고 있다.

현지법인의 차입금은 차입 당시 외환관리국의 심사, 등록과 인가를 거쳐야만 차입금 원리금 상환 시에 동 기관으로부터 인가를 받아 차입 원리금 상환이 가능하다.

(3) 금융제도

① 정책은행

1994년 공공성을 지닌 대규모 프로젝트 등을 지원하기 위해 설립한 정부 정책은행으로 3개은행(중국국가개발은행, 중국수출입은행, 중국농업개발은행)이 있다.

② 국유상업은행

중앙은행인 중국인민은행으로부터 상공업 대출 업무를 분리하여 설립한 4개 은행(중국농업은행, 중국은행, 중국건설은행, 중국공상은행)이 있다.

③ 민간상업은행

중국정부, 민간기업, 외국기업이 지분을 보유한 민간상업은행으로 전국적인 영업이 가능한 교통은행, 중신실업은행, 광대은행, 화하은행 등의 은행과 해당지역에서만 영업이 가능한 중국초상은행, 광동발전은행, 심천발전은행, 복건흥업은행, 상해포동발전은행 등이 있다.

④ 기타 외국은행의 지점, 중외합자은행 및 외국인이 100% 출자한 외자은행을 포함한 외국계 은행, 비은행 금융기관 등이 있다.

⑤ 은행 대출은 크게 2가지(투자자금 대출, 운전자금 대출)로 구분된다.

가. 투자자금 대출

투자자금은 토지, 설비, 공장건물 등의 고정자산투자에 사용되는 자금으로 매년 국가계획위원회가 중국인민은행을 포함한 국무원 주요 정부부처와 협의하여 그 규모를 결정하고, 이를 해당 지역의 프로젝트별 중요성을 고려하여 할당하고 있다.

나. 운전자금 대출

운전자금은 원부자재 구입, 재고관리 등 기업운영에 필요한 단기성자금으로 투자자금과 달리 행정적 통제를 받지 않고 각 은행이 예대율(총대출잔액/총예금잔액×100)의 75%를 초과하지 않는 한도 내에서 자율적으로 대출을 결정하고 있다.

⑥ 금리 결정

가. 예금금리 : 중국인민은행이 결정함

나. 대출금리 : 중앙은행이 기준금리를 결정하며 각 상업은행이 고객별로 대출금리의 ±10% 한도 내에서 조정됨

금리는 2004년 10월 금리 인상을 단행함에 따라 현재 1년 만기 예금·대출 금리는 각 각 2.25%, 5.85% 수준을 보이고 있다.

(4) 조세제도

① 기업소득세 : 33% (국세 30% + 지방세 3%)

내·외국인 구분없이 적용되고 있으나 외국인 투자기업에게는 각종 세제상의 혜택이 부여되고 있다.

② 증치세(부가가치세) : 0%, 13%, 17% 등으로 구분됨

가. 0% : 수출 물품

나. 13% : 곡물, 식용유, 수도, 난방 · 냉방 · 액화석유 · 천연메탄가스, 도서, 신문, 잡지, 사료, 화학비료, 농약, 농기계, 농업용 비닐

다. 17% : 나머지 모든 재화 및 용역

③ 영업세 : 3~20%

가. 교통운수, 건설, 우편통신, 문화 체육업 : 3%

나. 서비스(호텔, 요식, 창고, 임대, 광고 등), 무형자산양도, 부동산 매각 : 5%

다. 금융보험 : 8%

라. 오락, 유흥업(노래방, 골프장, 볼링장, 무도장 등) : 5~20%

④ 소비세 : 3~45%

술, 담배, 귀금속, 자동차 등에 부과된다.

⑤ 배당금, 이자, 로열티

가. 해외로 지급되는 이자에 대해 10%의 이자소득세가 원천 징수된다.

나. 국제금융기관이 중국정부 및 국유은행(state banks)에 융자하거나 외국은행이 우대금리로 중국 국유은행에 융자하여 발생한 이자에 대해서는 이자소득세가 면제된다.

(5) 노동제도

① '외국인 투자기업 노동관리 규정'(1994년 8월 공포)에 의하여 외국인 투자기업은 필요 인력을 중국 내에서 채용하여야 하며, 외국인을 채용하고자 할 경우에는 당해 지역 노동부문의 인가를 얻은 후 채용이 가능함

② 노동계약은 기업과 개인이 직접 체결할 수도 있고 기업과 노동조합이 단체 계약 형식으로 체결할 수도 있음

노동계약 체결 후 1개월 내에 당해지역 노동부문에 보고해야 하며 15일 내에 이의가 없을 경우 효력이 발생된다.

③ 기업이 근로자를 해고하고자 할 경우 30일 전에 서면으로 근로자에게 통지하고 노조의 의견을 얻어 노동 계약 해지가 가능하며, 이 때 기업은 근무연수에 따라 생활보조비(경제보상금)를 지급해야 함

④ 근로자의 급여는 동일 지역, 동일 직종의 급여를 참고하여 노조와 임금협상을 통해 결정되며 노조가 결성되지 않은 기업은 전체 근로자 50% 이상의 찬성을 얻어 선임된 근로자 대표와 협상하여 결정함

⑤ 기업은 관련 규정에 따라 양로·실업·의료 등의 보험을 부담해야 함

⑥ 근로자가 25명 이상일 경우 노동조합을 설립해야 하며 근로자가 200인 이상의 경우 상근 노조 위원장을 둘 수 있으며 상근 노조간부의 수는 기업과 노조가 협의하여 결정함

⑦ 상근 노조 위원장과 부위원장 등의 임기는 3~5년이며, 위원장과 부위원장의 임기 동안에는 임의로 근무지를 변경할 수 없고 근무 이동이 필요할 경우에는 노조와 상급 노조의 동의가 필요함

⑧ 기업은 전체 근로자 임금 총액의 2%를 노조 경비(공회비)로 납부해야 함

⑨ 근로 시간과 근무수당은 법적으로 결정되어 있음

가. 근로 연령 :16세 이상

나. 퇴직 연령 : 여자 55세, 남자 60세

다. 법정 근로시간 : 주당 40시간(1일 8시간)

ⓐ 1995년 5월부터 주 5일제 근무 실시

라. 시간외 근무수당

ⓐ 평일의 시간외 근무 : 통상임금의 150% 지급

ⓑ 휴일 및 법정공휴일 근무 : 각각 통상임금의 200%, 300% 지급

⑩ 근로자 수습기간은 최장 6개월을 초과할 수 없음

가. 노동 계약기간 6개월 이하 : 수습기간 15일 초과 불가

나. 노동 계약기간 6~12 개월 : 수습기간 30일 초과 불가

다. 노동 계약기간 1~2년 이하 : 수습기간 60일 초과 불가

제 9 절 캐나다(Canada)

1. 일반개황

일반	위치:	미주 대륙 북부
	면적:	9,094천 km^2(한반도의 41배)
	기후:	대륙성
	인구:	32백만 명(2004)
	수도:	Ottawa(1,143천 명)
	민족:	영국계(28%), 프랑스계(23%), 기타 유럽계(6.2%)
	언어:	영어, 프랑스어
	종교:	가톨릭 (46%), 개신교 (36%), 기타 (18%)
정치	독립일:	1867. 7. 1 (영국)
	정부형태:	내각책임제 (입헌군주제)
	국가원수:	영국 여왕 (Paul Martin 수상)
	의회:	양원제 (상원 105석, 하원 308석)
	주요정당:	자유당(LP), 보수당(CP), 퀘벡 블록(BQ), 신민당(NDP)
	국제기구가입:	UN, IMF, OECD, IFC, IDA, NATO, WTO 등
경제	GDP:	9,798억 달러(2004)
	1인당 GDP:	31,113달러(2004)
	화폐단위:	Canadian Dollar (C$)
	회계연도:	4. 1~ 3. 31
	산업구조:	(2004) 광공업 21.0%, 금융업 20.1%, 도소매업 12.0%
	주요수출품:	자동차, 기계설비, 임산제품
	주요수입품:	기계설비, 자동차, 농산품
	주요부존자원:	석유, 천연가스, 석탄 등
	경제개발계획:	물가안정을 기반으로 고용증대
	경제적강점:	농·임·광산자원 풍부
	경제적약점:	높은 대외의존도

2. 경제동향

2.1 국내경제

(1) 경제성장

독립국가연합(CIS)에 이어 세계 2위의 면적을 차지하고 있는 캐나다는 한대기후나 산악지대에 속하는 지역이 많아 인구의 85% 이상이 미국과의 경계 350km 이내에 거주하고 있다. 캐나다는 니켈, 우라늄, 아연, 석유, 천연가스 등의 부존자원과 연어, 청어 등의 수산자원 및 임산자원이 풍부한 자원 부국이다. 최대의 교역 파트너인 미국에서 9·11 테러가 발생한 2001년 3분기 등 3회를 제외하고는 1992년 이후 분기별 경제성장률이 지속적으로 상승 추세를 보이고 있다.

미국과의 FTA(1989) 및 이의 연장선상에 있는 NAFTA 발효(1994) 등에 힘입은 대미수출증대, 고용증대 및 저금리에 따른 민간소비 증가는 캐나다 경제성장의 원동력이 되었다. 특히, 2004년에는 국제 원자재가격 상승으로 인해 총수출액이 전년 대비 15% 증가함에 따라 2003년의 2.0%보다 양호한 2.9%의 경제성장률을 기록한 바 있다. 2005년에도 민간소비 호조세 지속 및 기계설비 등에 대한 기업 투자증가로 인해 전년과 비슷한 2.8%의 경제성장률을 기록할 것으로 보인다.

그러나 대미 수출이 총수출의 84.9%를 차지하는 교역구조를 고려할 때 최근 지속되고 있는 캐나다 달러의 상대적인 강세 현상은 향후 수출부진에 따른 경제성장의 하락 가능성을 증대시키고 있다.

(2) 재정

캐나다는 1997년 이후 8년째 재정수지 흑자(fiscal surplus)를 보이고 있다. 2005년에도 세수 증가에 힘입어 재정수입은 지속적으로 증가할 것으로 보인다. 그러나 재정수지 개선을 위해 긴축정책을 고수했던 자유당 정권이 최근 지방 정부로의 수입이전 및 사회복지 향상을 위해 향후 5년간 427억 달러를 투자하겠다고 발표함에 따라 GDP 대비 재정수지 흑자비중은 점차 감소할 것으로 전망된다.

(3) 물가

미국과의 경제동조화(economic synchronization) 현상으로 인해 1990년대 후반에는 평균 소비자물가상승률이 1.6% 수준을 보였다. 고유가로 인한 전반적인 물가상승 압력에도 불구하고 환율강세로 인해 수입가격이 낮은 수준을 지속하고 있으며 최근 중앙은행이 기준금리를 인상함에 따라 2005년 물가상승률도 2.3%의 비교적 안정된 수준을 보일 것으로 전망된다.

(4) 금리

캐나다 중앙은행은 2005년 9월 7일 기준금리를 2.5%에서 2.75%로 인상한 바 있다. 이번 금리 인상은 2004년 10월 이후 1년 만으로, 이는 민간소비가 지속적으로 증가함에 따라 인플레이션 압력(inflationary pressure)이 증대될 것으로 인식함에 따른 것이다.

특히, 미 FRB가 금리 인상을 지속할 것으로 보여 캐나다도 2005년 말까지 기준금리를 3.25%로 추가 인상할 것으로 보인다.

2.2 경제구조

(1) 산업구조(2004년 기준)는 광공업 21.0%, 금융업 20.1%, 도소매업 12%를 보이고 있으며 자동차 및 부품, 전기전자제품, 화학제품, 조립금속제품 등을 중심으로 제조업이 발달한 편임

석유 생산 세계 8위, 천연가스 3위, 우라늄 1위 등의 부존자원 생산과 세계 1위를 보이고 있는 목재, 펄프, 신문지 수출 등 임업관련업도 높은 비중을 차지하고 있다.

〈표 7-23〉 주요 국내경제지표

(단위 : %)

구 분	2001	2002	2003	2004	2005f
경제성장률	1.8	3.1	2.0	2.9	2.8
재정수지/GDP	1.1	0.3	0.3	1.1	0.7
소비자물가상승률	2.5	2.2	2.8	1.8	2.3

자료 : EIU, Country Report

(2) 캐나다는 재화 및 서비스의 수출과 수입이 전체 GDP에서 차지하는 비중이 각각 39%, 34%를 나타낼 정도로 대외무역에 대한 의존도가 높은 편임

총수출의 84.9%, 총수입의 64.4%를 미국이 차지하는 등 높은 대미의존도는 캐나다 경제의 불안요소가 되고 있다. 한편, 2004년에는 중국이 일본을 추월하여 수입국 2위(개별국가 기준)로 부상하였으며 캐나다 서부의 유전개발을 중심으로 중국 기업들의 투자가 증가하는 등 교역관계가 강화되고 있다.

2.3 국제경제

(1) 경상수지

수출 호조로 인해 상품수지는 흑자 기조를 지속하고 있으며 석유, 천연가스, 목재 등 국제원자재 가격이 상승한 2004년에는 500억 달러를 초과하는 상품수지 흑자를 기록하였다. 2005년에는 고유가 지속 등 상품가격 호조에도 불구하고 캐나다 달러 강세로 인한 수출경쟁력(export competitiveness) 저하, 저금리로 인한 수입수요 증가 등으로 인해 상품수지는 전년보다 다소 감소한 471억 달러를 나타낼 것으로 보인다.

캐나다는 광업 및 유전개발을 중심으로 외국기업들의 진출이 활발해지면서 1960년대부터 다국적기업들(MNCs)의 과실송금으로 인한 소득수지 적자규모가 매년 증가하고 있으며 운수, 특허권 등의 사용료 지불로 인해 서비스수지도 적자를 기록하고 있다.

서비스수지 및 소득수지 적자에도 불구하고 대규모 상품수지 흑자로 인해 경상수지는 1999년 이후 매년 흑자를 기록하고 있다. 그러나 2005년에는 상품수지 흑자폭이 감소함에 따라 경상수지 흑자(current account surplus) 또한 GDP의 1.5% 수준인 169억 달러를 기록할 것으로 전망된다.

(2) 환율

경상수지와 재정수지 모두 흑자를 지속하는 등 건전한 경제구조에 힘입어 캐나다 달러의 강세가 지속되고 있다. 이번 기준금리 인상조치는 이러한 현상을 더욱 가속화시킬 것으로 보인다. 특히, 고유가 지속으로 석유 순수출국인 캐나다의 대미환율은 전년의 미화 1달러 당 1.30C$보다 더욱 낮은 1.21C$까지 하락할 것으로 보인다.

〈표 7-24〉 주요 국제경제지표

(단위 : 백만 달러, %)

구 분	2001	2002	2003	2004	2005f
경상수지	16,281	13,456	13,360	22,000	16,900
경상수지/GDP	2.3	1.8	1.5	2.2	1.5
상품수지	45,717	36,488	41,076	50,682	47,100
수출	271,849	263,919	285,912	330,112	364,800
수입	226,132	227,431	244,836	279,430	317,700
외환보유고	30,484	32,685	31,537	30,167	30,289

자료 : EIU, Country Report

3. 정치 · 사회 동향 및 대외관계

(1) 정치동향

① 영국연방에 소속된 의회민주주의 국가

캐나다는 영국 국왕을 국가 원수로 하는 입헌군주국으로 연방제도를 취하고 있으며 1867년 영국 의회에서 제정된 '영국령 북아메리카법'은 1세기 동안 캐나다 통치의 기본이 되어 왔다. 1982년 캐나다에 대한 영국의 모든 권한을 포기하고 캐나다 국민들이 개헌권을 포함한 모든 권한을 갖도록 하는 '1982년 헌법'이 영국 의회에서 가결됨에 따라 캐나다는 명실상부한 주권국가가 되었다.

연방 행정부는 영국 국왕을 대행하는 총독과 총리 및 40여 명의 내각으로 구성되며, 의원 내각제에 따라 총선에서 다수석을 차지한 당의 당수가 총독의 임명을 통해 총리가 되어 내각을 구성하게 된다. 입법부는 상하원으로 구성되어 있다. 105명의 상원의원은 각 주별로 선출되며 75세가 정년이다. 반면 308명의 하원의원은 5년마다 실시되는 총선을 통해 선출되며, 1867년 건국 이래의 전통을 지닌 자유당(LP)과 보수당(CP)이 주축을 이루고 있다.

② 퀘벡주 분리·독립 문제

퀘벡주의 분리·독립 문제는 1960년대에 들어서 사회문제로 부상하기 시작하였으며 1976년 퀘벡당(Parti Quebecois)이 주(州)의 정권을 장악하면서 분리주의자들의 활동이 본격화되었다. 당시 수상이었던 자유당의 트뤼도(Pierre Elliott Trudeau)는 1982년 헌법을 통해 연방정부와 주정부의 권한을 명확히 분할하는 한편, 다문화주의(multi-culturalism)를 제창하는 등의 방식으로 퀘벡 문제를 해결하고자 하였으나 1982년 헌법에 퀘벡주가 불참함에 따라 정부의 노력은 실패하였다.

1980년 처음 실시된 퀘벡주 분리문제에 대한 찬반투표에 이어 1995년의 제2차 찬반투표에서도 50.6 : 49.4라는 근소한 표차로 퀘벡주 독립안이 부결된 이후, 1998년 캐나다 대법원이 퀘벡주의 일방적 분리의 합법성을 부정하는 판결을 내림으로써 분리운동은 정체되었다.

그러나 최근 스폰서십 프로그램(sponsorship program)과 관련한 스캔들로 인해 퀘벡주의 독립을 주장하는 퀘벡 블록(Bloc Quebecois)의 연방정부 내 세력이 강화됨에 따라 동 사안에 대한 논쟁이 가열될 것으로 보인다.

(2) 사회동향

캐나다는 10개의 주(Province)와 연방정부 직할의 3개의 준주(Territory)로 구성되어 있으며, 이들 지역 간의 경제적 격차로 인해 지역갈등이 증대되고 있다. 석유를 비롯한 각종 광산자원이 풍부한 앨버타주와 공업이 발달한 온타리오주의 평균 개인소득은 국가 전체의 1인당 GDP를 상회하여 소위 '가진 주(the have provinces)'로 분류되는 반면에 임업, 수산업 종사자가 대부분인 뉴펀들랜드주 및 노바스코샤주 등은 저임금·저상장 상태를 보이고 있다.

이 같은 지역간 빈부격차 문제를 해소하기 위해 폴 마틴 수상은 연방-지방간 소득균등화 프로그램을 도입한 바 있는데 이는 상대적으로 소득이 높은 앨버타주와 온타리오주의 수익을 캐나다 내에서 가장 소득이 낮은 뉴펀들랜드주와 노바스코샤주로 이전하는 것으로 각 주는 향후 7년 동안 각각 26억 캐나다 달러, 11억 캐나다 달러를 수취하게 된다.

(3) 대외관계

미국은 캐나다의 대외교역 및 투자에 있어서 가장 중요한 위치를 차지하고 있으며 캐나다는 대미 관계 안정화를 최대의 외교과제로 인식하고 있다. 양국은 비교적 양호한 관계를 유지하고 있으나 밀, 침엽수재와 관련한 무역마찰 및 국경치안 등의 문제로 종종 갈등이 야기되고 있다. 특히, 미국의 이라크 침공에 대한 군사 지원 거부, 마리화나 소량 소지 허용안 통과 및 동성결혼 합법화 등은 양국 관계의 장애요인이 되고 있다.

한편, 캐나다는 미국에 편중된 교역구조를 다양화하기 위해 각국과의 자유무역협정(FTA) 체결에 주력하고 있다. 1997년 이스라엘 및 칠레와의 FTA, 2002년 코스타리카와의 FTA가 발효되었으며, 2005년 7월에는 한국과의 FTA 협상도 공식적으로 개시하였다. 또한, 본격적인 중남미 시장 진출을 위해 중미 4개국 및 안데스공동체와의 FTA 협상을 시도하는 한편, FTAA(미주자유무역지대) 창설을 위한 협의에도 적극적으로 참여하고 있다.

4. 국제신인도 및 대외지급능력

4.1 국제신인도

(1) 기관별 신용평가 순위

① Moody's : Aaa(2002. 5)
② S&P : AAA(2002. 7)
③ Fitch : AAA(2004. 8)
④ I.C.R.G. : 10/140(2004. 9) → 9/140(2005. 8)
⑤ I. I. : 10/173(2004. 9) → 13/173(2005. 3)
⑥ Euromoney : 12/185(2004. 9) → 12/185(2005. 3)

4.2 대외지급능력

1993년 당시 70%를 초과하던 GDP 대비 공공부채(public debt) 비중은 지속적으로 감소하여 현재 38% 수준을 기록하고 있다. 이는 자유당 집권 이후 지속된 경제성장과 석유 및 광물 가격 상승에 따른 에너지 회사들의 법인세 납부액 증가로 재정수입이 증가하면서 채무구조를 지속적으로 개선하였기 때문이다.

G8 국가 중 유일하게 재정수지 흑자(fiscal surplus)를 기록하고 있는 캐나다는 최근 증가한 재정수입을 바탕으로 GDP 대비 공공부채 비중을 2015년까지 15%로 축소시키겠다고 표명한 바 있다. 한편, 경상수지 흑자 및 재정수지 개선에 힘입어 GDP 대비 외채 비중 또한 1995년의 42.3%에서 12.2%로 급감하였으며 이에 따라 외채상환 부담도 크게 감소하였다.

5. 전망

5.1 경제전망

캐나다는 광물, 석유 등 국제원자재 가격 호조 및 민간소비, 기업투자 증대에 힘입어 지속적인 성장을 하고 있다. 재정수지, 물가수준, 환율 등 거시경제지표가 모두 양호한 수준을 보이고 있으며 풍부한 부존자원 및 대외 교역상대 다양화, 양호한 채무구조 등에 힘입어 향후에도 경제적 위기(economic crisis)에 직면하게 될 가능성은 거의 없는 것으로 평가할 수 있다.

5.2 정치 · 사회 전망

여소야대 정국 및 최근의 스폰서십 스캔들로 인해 집권당이 정치적 위기(political risk)에 직면해 있으나 국가의 기본적인 거시경제 기조에는 야당도 대체로 동의하고 있을 뿐만 아니라, 현 집권당이 2006년 총선에서도 승리할 것으로 보여 이번 부패스캔들이 국가위기로까지 확산될 가능성은 없는 것으로 보인다.

제 10 절 호 주(Commonwealth of Australia)

1. 일반개황

일반	위 치:	남태평양
	면 적:	7,682천 km^2(한반도의 약 35배)
	기 후:	열대(서부, 북부), 온대
	인 구:	20.1백만 명(2004)
	수 도:	Canverra(32만 명)
	민 족:	유럽계 (92%), 아시아계 (7%)
	언 어:	영어
	종 교:	기독교 (73%)
정치	독 립 일:	1901. 1. 1(영국)
	정 부 형 태:	연방공화제
	국 가 원 수:	영국 여왕(John Howard 수상)
	의 회:	양원제(상원 76석, 하원 150석)
	주 요 정 당:	노동당(LP), 자유당(LP), 국민당(NP)
	국제기구가입:	UN, IMF, World Bank, OECD, APEC, WTO 등
경제	G D P:	6,313억 달러 (2004)
	1인당 GDP:	30,985달러 (2004)
	화 폐 단 위:	Australian Dollar (A$)
	회 계 연 도:	7. 1~6. 30
	산 업 구 조:	(2004) 상업 14.0%, 제조업 11.4%, 서비스업 19.9%
	주요수출품:	(2004) 금속, 석탄·석유, 기계, 금
	주요수입품:	(2004) 자본재, 기계류, 소비재, 수송장비
	주요부존자원:	석탄, 보크사이트, 철광석, 금, 우라늄 등 광물자원
	경제적강점:	풍부한 자원 보유
	경제적약점:	높은 외국자본 의존도

2. 경제동향

2.1 국내경제

(1) 경제성장

호주는 안정적이고 지속적인 경제성장세를 시현하고 있으며 경제의 부침이 심하지 않은 편이다. 2004년에는 전체 GDP의 61%를 차지하고 있는 민간소비의 활황으로 3.3%의 경제성장을 기록한 바 있다. 특히, 중국의 경제성장에 따른 자원수요 증가 및 자원가격의 상승으로 천연자원 부문의 경기호조가 지속되고 있다.

2005년에는 고유가 및 국내이자율 상승에 따른 소비 위축으로 경제성장률이 2.4%로 낮아질 것으로 보이나 2006년 이후에는 자원 부문의 호조영향이 내수 부문의 부진 영향 보다 커지면서 3.0% 이상의 경제성장률이 전망된다.

국제통화기금(IMF)은 2005년 9월 호주의 중기 경제전망을 견실하다고 평가하였는데 그 근거로 재정수지의 흑자기조 유지와 정부 부채 감소, 상품시장의 경쟁력 강화와 노동시장에 대한 지속적인 구조조정을 지적하였다.

(2) 물가

국제적 고유가에도 불구하고 물가상승률은 중앙은행의 강력한 인플레 억제정책으로 정부 목표치인 2~3% 범위 내에서 안정되어 있다.

(3) 재정

자원부문의 호황을 바탕으로 재정수지가 2002년 이후 흑자를 유지하고 있어서 호주 정부는 개인소득세의 인하를 계획하고 있다

〈표 7-25〉 주요 국내경제지표

(단위 : %)

구 분	2001	2002	2003	2004	2005f
경제성장률	2.5	4.0	3.3	3.3	2.4
재정수지/GDP	-0.8	0.3	0.8	0.5	1.4
소비자물가상승률	4.4	3.0	2.8	2.3	2.7

자료 : EIU, Country Report

2.2 국제경제

호주경제가 자원 수출 및 관광부문에 크게 의존하고 있어 GDP 중 제조업 비중이 11%에 불과하다. 이에 따라 대부분의 생필품 및 중간재를 수입에 의존하고 있어 상품수지 및 경상수지가 적자를 기록하고 있다. 그러나 최근 호주의 주요 수출품목인 광물 가격이 국제적으로 높은 수준을 유지함에 따라 수출증가세가 두드러져 상품수지 적자폭은 다소 감소되는 추세를 보이고 있다.

〈표 7-26〉 주요 국제경제지표

(단위 : 백만 달러, %)

구 분	2001	2002	2003	2004	2005f
경상수지	-8,362	-16,837	-30,353	-40,024	-41,100
경상수지/GDP	-2.3	-4.2	-6.0	-6.5	-6.1
상품수지	1,736	-5,517	-15,336	-18,217	-16,525
수출	63,626	65,013	70,526	87,062	103,036
수입	61,890	70,530	85,862	105,279	119,561
외환보유고	17,955	20,689	32,189	35,803	37,789
총외채잔액	162,500	193,800	237,900	287,800	316,500
총외채/GDP	45.5	48.4	46.8	46.8	47.3
D. S. R.	31.8	32.5	28.3	33.0	36.6

자료 : EIU, Country Report

3. 정치 · 사회동향 및 대외관계

3.1 정치·사회동향

집권 연립여당이 2004년 10월 총선 결과 상하원 모두를 장악하는 압승을 거둠으로써 존 하워드(John Howard) 총리의 제4기 정부가 출범하게 되었다. 이에 따라 하워드 총리는 호주 역사상 Robert Menzies 총리(18년 재임)에 이어 2번째 최장기 재임(2005년 2월 기준 8년 10개월) 총리가 되었다.

호주는 제3기 하워드 정부 집권기간 동안 연 3% 이상의 지속적 경제성장, 저실업률, 연속적인 재정흑자 등 안정적 경제성장을 이룩하였으며 노동당의 부인에도 불구하고 노동당 집권시 이자율이 인상됨으로써 다수의 가계에 부동산 모기지 이자(mortgage interest rate) 부담을 증가시키고 결과적으로 부동산 거품의 붕괴 가능성에 대한 불안감도 선거 결과에 영향을 미친 것으로 분석된다.

또한, 집권 여당의 대테러전, 호주-미국간 안보동맹 강화, 이라크 주둔 호주군 임무 완료시까지 지속적인 주둔 방침 등이 안보와 안정(security and stability)을 중시하는 호주의 다수 유권자들의 지지를 받은 것으로 볼 수 있다.

하워드 정부는 상하원에서의 수적 우세를 바탕으로 더욱 적극적인 경제개혁정책(economic reform policy)을 추진 중에 있는데 여기에는 호주의 국영통신회사인 Telstra의 민영화(privatization)와 보다 유연한 노동관계를 위한 법개정 등이 포함되어 있다.

3.2 대외관계

호주는 역사적으로 영국, 미국 및 서유럽과의 관계 긴밀화를 추구하는 한편, 아시아 및 남태평양지역 국가와의 우호협력관계를 발전시키고 있다. 국제적으로 군축, 난민, 인권 및 세계무역의 자유화(liberalization of global trade) 등 건설적 진보정책을 추진하고 있으며 유엔(UN) 및 전문기관의 활동에 다양하게 참여하고 있다.

① 대미 관계

안보 등 제반 분야에서 밀접한 관계를 유지하여 왔으며 농업정책상의 이견에도 불구하고 미국은 중요한 무역상대국이다. 양국간 협력을 강화하는 공동안보성명을 통해 호주-미국 안보관계를 강화시키고 있다.

② 대EU 관계

EU 등 서유럽 국가와는 공통된 문화, 역사적 연관성에 기초하여 긴밀한 우호관계를 유지하고 있다. 1997년 6월 호주-EU간 관계 공동선언에 서명함으로써 정치, 교역, 경제문제에 관한 협의 약정을 마련한 바 있다.

③ 대일본 관계

호주의 최대 무역상대국인 일본과는 국제문제에 대해 보완적 이해와 인식을 기초로 협력관계를 유지하고 있다. 1997년 양국 총리의 상호 방문을 통해 양국 및 지역적 문제에 관해 파트너십 협정(partnership agreement)을 체결함으로써 현저한 관계 진전을 이룩하였다.

④ 대인도네시아 관계

1997년 호주·인도네시아 개발영역협정, 해양경계조약과 안보유지협정 체결로 양국관계가 긴밀화 되었다. 1999년 동티모르사태로 양국관계가 악화되었으나 동티모르 독립 이후 양국관계 복원을 위해 노력하고 있다.

⑤ 대중국 관계

1972년 외교관계 수립 이후 고위층의 정기적 상호 방문을 실현하고 있으며 문화, 과학 기술, 농업, 항공, 교육 등 분야의 협정 체결로 제반 협력을 증진시키고 있다.

4. 국제신인도

4.1 주요 신용도 평가기관의 평가 등급

① Moody's : Aaa(2002. 10)
② S&P : AAA(2003. 2)
③ Fitch : AA+

4.2 주요 ECA 인수태도

① 미 국(EXIM) : 전액 보험 인수
② 네덜란드(Atradius) : 전액 보험 인수
③ 영 국(ECGD) : 전액 보험 인수
④ 독 일(Hermes) : 단기 보험 인수

5. 전망

호주 경제는 국내수요의 부족으로 인해 저성장을 지속하고 있으나 향후 점차적으로 국내소비가 회복되고 수출 상승세가 지속될 것으로 보여 성장 속도는 다소 신속해질 것으로 보인다. 광물자원의 국제가격 상승으로 수출액이 급속히 증가하고 있어 무역수지 적자폭은 점차 축소될 것으로 보인다. 한편, ASEAN이나 기타 아시아·태평양 국가들과의 경제협력 강화(intensification of economic cooperation) 노력도 지속될 전망이다.

6. 투자환경

6.1 외국인투자 정책 및 제도

(1) 외국인투자 정책

① 부동산(특히 도시권), 금융업, 항공, 해운, 통신, 언론 및 방송 분야를 제외한 대부분의업종의 경우 커다란 제약없이 외국인의 자유로운 투자가 허용되고 있음

다음과 같은 투자의 경우 해당 내용을 외국인투자 심의위원회(FIRB)에 신고하여 등록 또는 사전 승인을 위한 검토가 필요하다.

가. A$5백만 이상의 자산을 가진 기존 호주기업의 인수

나. A$5백만 이상인 비주거용 상업용 건물의 인수(농장은 A$3백만 이상)

다. A$1천만 이상이 소요되는 새로운 기업의 설립

라. 도시의 주거용 부동산

마. 매스미디어에 대한 투자

바. 외국정부나 정부기관이 직접 투자하는 경우

② FIRB는 특히 A$5천만 이상인 투자 사업의 경우 승인여부를 검토하나 그것이 국익에 반하는 특별한 경우가 아니면 통상 신고된 사업을 승인(건의)하고 있으며 일부는 조건부로 승인하고 있는 것이 보편적임

(2) 투자유치 법규 및 기관

① 외국인투자 관련 법규는 1975년에 제정된 'The Foreign Acquisitions and Takeovers Act'(FATA)가 있음

② 허가 및 감독기관은 다음과 같음

가. 재무부 : 투자정책 수립, 결정, 투자 승인

나. 외국인투자 심의위원회(FIRB) : 재무부 자문기관으로서 투자신청서 심사 및 승인 여부를 정부에 건의

③ 외국인 투자 처리기간

환경문제 등이 포함된 대규모 투자건이 아닌 경우 FIRB의 투자 신청 사항에 대한 실제 처리기간은 통상 30일 이내의 기간이 소요된다.

(3) 업종별 주요 투자정책

① 광산업

석탄, 우라늄 등의 광산물 탐사를 위한 투자시 기존 호주탐사 업체에 참여하는 경우에는 허가 심사를 면제하고 있다. 우라늄 탐사의 경우 호주기업의 참여 없이도 외국인투자를 허가하고 있으나 광산개발은 외국인 투자법과 관계없이 정부가 별도 관리하고 있다. 1996년 기존의 3개 우라늄 광산 정책(Three-Mines Policy)은 폐기되었으며 우라늄 광산의 추가 개발이 허용되고 있다.

② 언론 및 방송

가. TV 및 라디오 방송 : 사안별로 정부의 개별심사를 받아야 하며 'Broadcasting Services Act 1992'에 의거하여 외국인투자 지분을 20%(개인 15%) 이하로 제한하고, 유선TV는 35%로 제한하고 있다. 다만 라디오방송에 대한 투자지분 제한은 없는 편이다.

나. 신문 : 신문에 대해서는 극히 규제적이며 매 건별로 심사, 외국인의 주요 도시 신문사 주식 취득은 25%로 제한되어 있다.

③ 항공

가. 국내선 : 현재 호주 취항 항공사의 경우 25%까지 주식취득이 가능하다. 다만 현재 취항하고 있지 않는 항공사나 일반투자는 100%까지 주식을 취득하거나 신규 항공사의 설립이 가능하다.

나. 국제선 : 개별 항공사의 지분한도는 25%(항공사 전체 35%)까지 가능하다. 다만 국영항공인 Qantas의 경우 총 외국인 지분은 전체의 49% 이내로 제한되어 있다(개인 : 25%까지, 항공사 전체 : 35%까지).

④ 통신

가. 국영통신회사인 Telstra는 연방정부만이 소유할 수 있으나 신정부는 최근 정부 주식의 1/3을 민간에 매각한 바 있다(외국인 개별투자는 5% 이내로 제한).

나. 호주의 3번째 통신사업자(Mobile Carrier)인 Vodaphone의 경우 현재 외국인 지분이 95%이나 허가조건에 의해 향후 외국인 지분을 50% 이내로 유지해야 한다.

⑤ 금융업

1992년 2월부터 외국은행의 신규 은행업이 허가되었다. 다만 호주연방은행(RBA)의 은행 설치 및 운영 관련 규정에 따른 규제와 보고 등의 의무 조건이 있다.

⑥ 부동산

가. 개발 목적의 주거용 부동산의 취득은 외국인 투자자가 1년 내에 개발을 시행한다는 조건부로 통상 승인이 되고 있다. 그러나 이미 개발되어 판매 또는 임대된 기존의 주택 구입은 보편적으로 사택 목적의 일시적 사용의 경우 등이 아니면 승인이 되지 않는다.

나. 부동산 개발업자가 신규로 개발(또는 재개발)한 아파트나 주택을 개발 물량의 50% 이내에서 외국인에게 매각하는 경우 '종합관광휴양지(Intergrated Tourism Resort)'로 지정받은 단지 내 주택의 경우에는 외국인도 승인없이 구입이 가능하다.

제11절 홍 콩(Hong Kong, China)[2)]

1. 일반개황

일반	위 치:	중국 남부 해안
	면 적:	1,098km^2(서울의 약 1.8배)
	기 후:	아열대성
	인 구:	약 700만 명(2004년)
	수 도:	-
	민 족:	중국인 95%
	언 어:	중국어(광동어), 영어
	종 교:	불교, 도교, 기독교
정치	독 립 일:	1997년 7월 1일 중국에 영구 귀속
	정 부 형 태:	중국 특별행정구(SAR, 2047년까지)
	행 정 수 반:	Donald Tsang 政務司長
	의 회:	입법의회 60석(직선 30, 직능 30)
	주 요 정 당:	친행정민주연합(DAB), 친상공자유당(LP)
	국제기구가입:	APEC, WTO 등 경제 및 문화 분야 국제기구 계속 참여
경제	G D P:	1,630억 달러(2004년)
	1인당 GDP:	23,349달러(2004)
	화 폐 단 위:	Hong Kong Dollar(HK $)
	회 계 연 도:	7. 1~6. 30
	산 업 구 조:	(2004년) 금융·서비스 23%, 도소매·호텔·요식 27%
	주요수출품:	의류, 전기기계, 보석류 등
	주요수입품:	전기기계, 통신장비, 사무기기, 의류 등
	주요부존자원:	-
	경제개발계획:	-
	경제적강점:	자유무역항으로 무역 및 금융 중심지
	경제적약점:	부존자원 빈약, 제조업 기반 미약

2) 홍콩의 정식 명칭은 중화인민공화국 홍콩특별행정구역(Hong Kong Special Administrative Region of the People's Republic of China)이나, APEC에서는 Hong Kong, China라는 명칭을 사용하고 있다.

2. 경제동향

2.1 국내경제

(1) 경제성장

홍콩은 2004년에는 미국, 일본 및 유럽연합(EU) 등의 경기회복, 중국과의 CEPA 체결로 인한 효과 등으로 높은 성장세를 보였으나, 2005년에는 경제협력개발기구(OECD) 국가들의 성장률 둔화 및 고유가 등의 영향으로 전년에 비해 2~3%포인트 낮은 성장률을 기록할 것으로 보인다.

중국의 고성장 지속에 따른 반사이익의 극대화가 주요 경제정책이 되고 있으나 중국 경제에 대한 의존도가 심화될 경우 중장기적으로 경제구조의 취약성이 발생할 수도 있다.

※ CEPA는 Closer Economic Partnership Agreement의 약자로 2004년 1월부터 홍콩에 대한 중국의 관세 철폐와 서비스시장 개방을 주요 내용으로 하고 있다. CEPA는 실질적으로 자유무역협정(FTA)이나 공식적으로 이 명칭을 사용하는 이유는 자유무역협정이 일반적으로 국가 간에 사용되는 용어로서 홍콩과 중국은 국가 간의 관계가 아니라는 점, 중국이 추구하는 중국·홍콩·마카오·대만을 모두 통합한 경제공동체(economic community)설립에 있어 하나의 과정이라는 점 등에서 CEPA라는 용어를 사용하게 된다.

---

(2) 재정

정부의 주요 세원인 부동산세 및 법인세가 부동산 거품의 붕괴와 지속되는 경기침체(recession)의 영향으로 2001~2003년 기간 중 GDP 대비 3~5%까지 확대된 바 있다. 그러나 2004년 들어 '작은 정부(Small Government)'라는 긴축기조 하에서의 부동산 처분수익 등 재원확충으로 적자폭은 점차 감소하는 추세를 보이고 있다. 향후 막대한 재정재원(2005년 6월말 기준 HK$2,739억)과 공항 등 정부재산 보유 등을 바탕으로 효율적인 재정정책(efficient fiscal policy) 실행에 별 문제가 발생하지 않을 것으로 전망된다.

(3) 물가

경제성장세의 회복으로 다소 높은 물가상승이 예상되나 부동산 가격의 안정 및 저가 중국 상품의 유입 지속, 그리고 미 달러화에 연동되어 있는 홍콩 달러의 환율 안정 등으로 인해 저물가 기조는 지속될 것으로 보인다.

〈표 7- 27〉 주요 국내경제지표

(단위 : %)

구 분	2001	2002	2003	2004	2005f
경제성장률	0.5	1.9	3.1	8.2	5.7
재정수지/GDP	-5.0	-5.0	-3.3	-0.4	-1.0
소비자물가상승률	-1.6	-3.0	-2.6	-0.4	0.7

자료 : EIU, Country Report

(4) 고용

제조업의 중국 이전에 기인한 고실업률은 경제성장의 회복으로 인한 서비스업의 활황으로 인해 점차 하락(실업률 : 2003년 7.3% → 2004년 6.5% → 2005년 6.2%) 하고 있으며 이 같은 추세는 2006년까지 이어질 것으로 보인다.

2.2 국제경제

(1) 경상수지

고유가 및 제조업 기반의 취약으로 상품수지는 만성적인 적자상태를 보이고 있으나 관광 및 금융부문의 수입(收入) 증가로 경상수지는 흑자추세를 지속하고 있다. 중국상품의 재수출 비중(전체 재수출액의 약 60%)이 높은 수출구조의 특성상 중국의 고도성장에 따른 재수출의 증대로 인해 2004년 중 경상수지 흑자규모는 전년과 비슷한 164억 달러를 기록하였으며 2005년 중에는 200억 달러를 초과할 것으로 보인다.

〈표 7-28〉 주요 국제경제지표

(단위 : 백만 달러, %)

구 분	2001	2002	2003	2004	2005f
경상수지	9,941	12,596	16,734	16,400	20,500
경상수지/GDP	6.1	7.9	10.7	9.9	11.5
상품수지	-8,331	-5,053	-5,800	-9,300	-6,800
수출	190,926	200,300	224,700	260,300	289,600
수입	199,257	205,353	230,400	269,600	296,400
외환보유고	111,156	111,896	118,360	115,372	116,374
총외채잔액	48,500	47,900	59,900	68,300	71,700
총외채/GDP	29.8	29.7	37.5	42.5	46.7
D. S. R.	2.5	2.1	1.8	2.0	2.1

자료 : EIU, Country Report

(2) 수출

추가적인 중국 인민폐의 평가절상(appreciation) 가능성과 미국 및 유럽연합(EU) 등으로부터의 대중국 섬유수입 쿼터 제한(중국 원산지 섬유류가 홍콩 재수출의 약 14% 차지) 등이 향후 홍콩 재수출에 지대한 영향을 미칠 것으로 보이나 단기적으로는 양쪽 모두 급격한 변동은 없을 것으로 분석된다.

3. 정치 · 사회 동향

3.1 정치 · 사회적 안정 지속

도날드 창 행정부는 '국민에 의한 지배(people-based governance)'라는 정책 기조 하에 빈곤 및 환경오염 퇴치, 의료개혁, 실업해소 등 기본적인 삶의 질 제고를 중시하고 있는 가운데, 미국 헤리티지재단(Heritage Foundation)이 조사한 경제자유도(economic freedom) 지표에서 10년 연속 1위를 차지하는 등 안정적인 체제를 지속적으로 유지하고 있다.

3.2 언론자유와 인권침해 가능성이 있는 입법 추진으로 사회불안 가능성 상존

최근 중국 정부의 홍콩 내정간섭에 반발하여 민주화(democratization)를 요구하는 시위가 자주 발생하고 있으며 이로 인해 홍콩입법원 내에서도 친중과 반중 성향으로 양분되고 있다. 홍콩입법원이 2003년 7월 홍콩기본법 제23조(국가안전법)의 개정을 시도(홍콩 반환 당시 고도의 자치권을 보장한다는 당초의 약속과는 달리 중국 정부가 언론 및 표현의 자유 제약과 인권침해 가능성이 있는 내용 포함을 시도)하는가 하면, 2004년 4월 중국 전인대 상무위가 이 법안에 대해 최종 승인권한을 갖는다는 입장을 표명함으로써 시위가 격화되기도 하였다.

그러나 매년 7월 1일 반복되는 홍콩 반환기념일 민주화 시위에서 2005년에는 17,000여 명이 참가하는 등 예년에 비해 민주화 요구 시위가 크게 진정되는 양상을 보였다(2003년의 경우 50만~70만 명이 시위에 참가한 바 있음).

3.3 소득 격차로 인한 사회불안 가능성은 낮은 편임

2004년말 기준 평균소득 500불 이하의 저소득층이 약 60만 명으로 전체 인구의 9%를 차지하고 있으나 사회복지제도(social welfare system)가 잘 발달되어 있어 빈부격차로 인한 소요가능성은 희박하다고 평가할 수 있다.

4. 국제신인도 및 대외지급능력

4.1 국제신인도

(1) 주요 기관별 신용도 평가 순위

① Moody's : A1 (2003. 10)
② S&P : AA- (2005. 7)
③ OECD : 2등급(2005. 9)
④ I.C.R.G. : 15/140(2005. 9)
⑤ I. I. : 26/173(2005. 3)
⑥ Euromoney : 26/185(2005. 9)

(2) 주요 ECA의 지원태도

미 EXIM, 영국 ECGD 등 대부분의 선진 ECA 기관들은 홍콩에 대해 최고 부보율을 적용하고 있다.

4.2 대외지급능력

홍콩의 외환보유고(2004년말 기준)는 1,154억 달러로 세계 5위 수준이며 D.S.R.이 2.0%에 불과해서 대외지급능력에는 별 문제가 없다. 총외채는 GDP의 42.3%인 671억 달러로 과중한 편이나, 이 중 대부분이 금융시장 발달에 따른 상업 민간채무에 해당된다.

5. 전망

5.1 경제전망

산업기반의 중국 이전에 따른 경제성장동력의 저하 등 구조적 문제점이 내재되어 있으나 중단기적으로 중국경제의 성장지속에 따른 반사이익 향유와 경제자유화(economic liberalization)라는 정책의 틀 속에서의 금융 및 서비스산업의 비중 확대 등의 영향으로 홍콩 경제는 향후 2~3년간 4~5%의 수준에서 안정성장을 시현할 것으로 보인다.

5.2 정치 · 사회전망

도널드 창 행정수반의 지지율(2005년 7월 기준)은 65%로 여전히 높은 가운데 중국 정부로부터도 어느 정도 신임을 받고 있는 편이다. 홍콩기본법의 개선 등 민주화 요구에 따른 시위확산 등의 불안요인이 상존하고는 있으나 2007년 임기까지 순탄한 정치일정을 이끌어나갈 것으로 전망된다.

6. 투자환경

6.1 외국인투자 정책 및 제도

(1) 외국인투자 정책

홍콩의 회사설립은 매우 간편하여 통상 1~2개월 정도 소요되며 금전대여업이나 은행업 등 금융업 및 방송업(외국인은 방송국의 지분 49% 이상을 소유할 수 없음)을 제외하고 자유롭게 회사를 설립할 수 있다.

홍콩의 외국인투자 정책은 기본적으로 국적을 불문한 내·외자의 동등 대우에 있다. 이에 따라 출자비율, 국산화 비율, 이윤 송금 및 재투자에 대한 제한이 없는 자유방임주의(laissez-faire)정책을 취하고 있다. 최근 홍콩은 홍콩기업의 생산성 제고와 산업구조의 고도화를 위해 정밀 전자기기, 사무자동화기기, 컴퓨터관련기기 등 첨단산업에 대한 투자유치를 강화하고 있다.

(2) 외국인투자 우대 및 규제 조치

내외국인 동등 대우 원칙상 외국인투자에 대한 특별한 규제 또는 우대 조치는 없다. 다만 낮은 세율, 인프라 완비, 기업경영의 투명성(transparency of corporate management), 국제금융시장 및 무역항으로서의 조건 완비 등의 장점이 있다. 홍콩 자체가 자유무역지대(free trade area)의 역할을 하고 있으며 홍콩과학기술단지 공사에서 3개의 산업단지(Industrial Estate)를 운영 중에 있다.

(3) 외국인투자 절차

홍콩에서의 기업설립은 전통적으로 신고주의를 채택하고 있어 별다른 제한이 없는 편이다. 기업을 설립하려면 법인등기소(Companies Registry)에 법인등기를 신청하면 된다. 제출서류는 2인 이상이 발기 서명한 회사의 기본·부속 정관과 법적 선언서(Statutory Declaration of Compliance)이며, 법인등기소는 통상 신고접수 후 1주일이 지나면 회사설립증서(Certificate of Incorporation)를 발행한다.

기업설립 이후 사업개시 1개월 이내에 세무국(Inland Revenue Department)에 법인 등록을 신청하고 사업등록증을 교부받으며, 회사설립증서와 사업등록증은 매년 갱신하는 것을 원칙으로 한다.

6.2 외국인투자 여건

(1) 무역 및 관세제도

홍콩은 '자유무역항'으로서 무역거래에 대한 규제는 거의 없다고 할 수 있으며 무역절차도 극히 간소화되어 있어 수출입금지품목 등 규제품목 이외에는 사후 신고만으로 통관절차를 마치게 된다. 수입규제(import regulation)는 공중위생 및 안전에 유해한 물품, 전략비축물자, 대량살상무기 등 세계 공통의 규제품목 정도에 한정된다. 수출 또한 섬유, 신발 등 일부 품목이 규제되어 있으나 이는 국제협정에 따른 의무이행을 위한 것이라고 할 수 있다.

수입관세는 일반 수출입 상품에 대해 관세 및 비관세 장벽(tariff and non-tariff barriers)이 거의 없다. 다만 4개 품목(담배, 알코올성 음료, 메틸 알코올, 에너지 연료)의 수입 시에는 소비세(exicise duty)가 관세 형식으로 부과된다(홍콩 내에서 제조될 경우에도 부과됨).

(2) 외환제도

홍콩은 전형적인 자유경쟁시장 체제(free competitive market system)이자 세계 4대 국제금융센터(intermatiomal financial center)로서 외환 및 자본 거래에 대한 제한은 거의 없다. 외환통계 및 정보 수집을 위해 은행업조례 및 통화금융통계조례에 의거하여 금융기관으로부터 외환거래 관련 보고서를 받는다.

(3) 금융제도

세계 100대 은행(2004년 12월말 기준) 중 74개 은행이 홍콩에 진출해 있으며 외국은행 현지법인 및 지점 등을 포함하여 208개 은행이 영업 중에 있고 85개 외국은행이 사무소를 두고 있다. 홍콩의 금리체계는 홍콩은행간 금리인 HIBOR를 기준으로 예대금리가 결정된다. 대출금리의 대표적인 우대대출금리는 매주 금요일 개최되는 홍콩은행협회 이사회에서 결정되는데, 미 달러화의 프라임레이트(prime rate)와 비슷한 수준에서 결정되는 것을 원칙으로 한다.

통화발행, 금융시장 운용, 은행관리 등 중앙은행 고유업무는 홍콩정청과 3개 발권은행(홍콩상하이은행, 스탠더드 차터드은행 홍콩지점, 중국은행 홍콩지점)이 담당하며 은행 감독업무는 홍콩금융관리국(통화관리, 은행의 인가 및 감독 등), 홍콩은행협회(금리 협정 등 금리 결정 관련)가 담당하고 있다.

〈표 7-29〉 홍콩의 개인소득세 구조

(단위 : HK$, %)

개인소득(공제 후)	기본 세액	누진세율
0~30,000	600	2
30,001~60,000	2,400	8
60,001~90,000	4,200	14
90,001 이상	-	20

(4) 조세제도

홍콩의 세제는 과세 대상이 한정되어 있고 세율도 낮은 편이다. 홍콩세법상 홍콩세무국에 사업자 등기를 신청하여 사업자등록증을 교부받고 매년 갱신해야 한다. 소득세는 홍콩의 대표적인 세제로 세율이 낮고 주식이나 부동산 매각 차익에 부과되는 자본이득세(capital gain tax)는 없으며 거주자 및 비거주자를 불문하고 소득세 과세범위는 홍콩에 원천을 둔 소득에 한정하며 외국세액에 대한 공제제도는 없다. 세제의 종류 및 세율은 다음과 같다.

① 사업소득세(profits tax, 법인세)	: 16.5%(개인사업), 17%(법인)
② 재산소득세(property tax, 임대소득 대상)	: 15%
③ 개인소득세(salaries tax, 급여소득 대상)	: 매년 3월말을 기준으로 1년치 총 급여를 일시에 신고하여 1회 납부

(5) 노동제도

자유방임주의를 표방한 홍콩에서는 노동자의 근무조건, 근로시간에 관한 규제는 상당히 완화되어 있다. 비록 규제조항이 비교적 엄격하게 준수되더라도 이러한 규제로 인해 기업이 어려움에 직면하는 경우는 거의 없는 것으로 인식되어 있다. 홍콩의 노동관련 기본 법규는 1968년에 제정된 고용조례(Employment Ordinance)이다. 그 동안 수 차례의 개정을 통해 근로조건을 개선시켰다. 동 조례에는 해고, 고용계약 종료, 유급 및 출산 휴가, 장기근속수당 등이 명시되어 있다. 만성적인 노동력 부족으로 임금수준은 미국 등 선진국 수준이나 중국 귀속 이후 지속적인 실업증가로 임금인상은 정체되는 양상을 보이고 있다. 임금은 능력급제도에 따라 노동계약으로 정하고 있으며 직종별과 성별에 따라 임금격차가 심한 편이다. 법정 최저임금은 규정되어 있지 않다.

근로자의 평균 근로시간은 주 48시간(주 6일, 1일 8시간 기준)이나, 노사간 합의로 1일 근무시간을 10시간까지 연장할 수 있으며 평일 초과근무수당은 평균임금의 150%이다(공휴일 및 자정 이후 초과근무는 200%). 홍콩 정부는 노동력 부족 문제를 해결하기 위해 외국인 노동력 도입을 허용하고 있다. 다만 중국인 노동자 고용은 정부의 입국허가를 받아야 하는 등 조건이 매우 엄격하며 2년 이상 외국에서 수학한 중국인학생의 취업은 비교적 자유로운 편이다.

노조활동은 법률로 보호하고 있으며 노조가입은 자유롭다. 노동조합(labor union)은 노동조합법에 따라 등록이 의무화되어 있으며 대다수 노동조합은 5개의 연합노조 산하에 소속되어 있다. 노조의 파업행위는 거의 없는 편이며 대부분의 파업은 노사 간의 원만한 타협과 정부 중재로 해결하고 있다. 지난 10여년 간 연평균 노조파업은 9건에 불과할 정도로 세계에서 가장 낮은 수준을 보이고 있다.

제4편

ASEM

제8장

ASEM 개관

제 1 절 ASEM의 탄생 배경

ASEM(아시아 · 유럽정상회의, Asia-Europe Meeting)은 한국 · 중국 · 일본과 아세안(ASEAN) 7개국, 유럽연합(EU) 15개 회원국의 국가원수 또는 정부수반과 EU 집행위원장 등이 모여서 2년에 한번씩 개최하는 아시아 · 유럽정상회의를 의미한다. ASEM은 아시아와 유럽 두 지역간 공동발전과 번영을 지향하는 정부간 협력체이나 구속력있는 합의를 도출하는 협상기구는 아니다. 즉, ASEM은 양 지역의 포괄적인 관심사를 논의하는 탄력성있는 열린 기구이며 이러한 점이 무역 · 투자 등 경제협력에 초점을 두는 일부 지역협력체와는 상이하다고 할 수 있다.

1990년대 들어 세계지역간 통합움직임이 가시화하고 지역단위로 협력해야 할 필요성이 그 어느 때보다 부각되었는데 현재 전세계적으로는 EU, NAFTA, AFTA, MERCOSUR 등 지역간 경제협력체가 존재하여 역내의 국가들의 경제적 유대관계를 증진시키고 있으나 이웃하고 있는 아시아와 유럽의 경제 · 정치 · 사회 · 문화 등 제반 협력문제를 다룰 국제기구는 존재하지 않았었다. 따라서 아시아·유럽국가들 간에 이러한 국제기구의 필요성에 대한 공감대가 형성된 가운데 1994년 싱가포르 고촉통(吳作棟) 총리의 제안으로 2년 뒤인 1996년 3월 ASEM이 창립되었다. 창립의 취지는 이 지역의 협력문제를 포괄적으로 논의하자는 것, 즉 경제·외교·안보 등 특정분야에 국한하지 않고 모든 문제를 논의하자는 것이다.

창립회의는 1996년 ASEAN 핵심국가인 태국 방콕에서 열렸다. 제1차 회의가 태국 방콕에서 개최된 이유는 이 지역이 오랜 기간동안 유럽국가들의 식민지 지배를 받았으며 이들 국가는 독립 이후에도 유럽과 다각적인 협력관계를 유지하였고 한국, 중국, 일본에 비해서 비교적 두 지역간 협력체제 형성에도 나름대로 유리한 위치를 차지하고 있었다고 볼 수 있다. 제2차 회의는 1998년 4월 영국 런던에서 개최되었는데 두 지역 간의 협력이 실질적으로 매우 필요하다는 사실을 인식시켜 준 회의로 평가받았다. 런던회의에서는 본격적으로 ASEM의 진로를 논의하려고 하였으나 주로 한국을 비롯한 동아시아의 경제위기 극복대책을 다루었다.

영국 런던에서 개최된 2차 ASEM회의의 메인테마는 동아시아의 금융및 외환위기였는데 당시의 상황으로서는 중국 위안(元)화의 평가절하, 인도네시아의 채무불이행, 일본의 경기침체의 장기화 등이 얽혀 있었다. 이러한 3대 악재는 자칫하면 세계경제의 불황으로 이어질 가능성이 상존해 있었다고 볼 수 있다. 특히, 유럽은 아시아 지역에 투자된 돈이 미국보다도 많은 상황이어서 동아시아의 외환시장 안정을 위해 관련국 고위정책입안자들 간의 정기적인 정책협의를 제안하였으며 역내 중앙은행들이 협약을 통해 외환시장에 대한 협조 개입체제를 모색하였다.

제2차 런던회의를 통해 동아시아 국가들의 기업 및 회계제도의 투명성 확보 및 국제화에 대한 인식이 제고되었고 ASEM 회원국들로서는 ASEM 회원국들 간에 확실한 구속력을 갖춘 역내금융감독체제에 대한 도입의 필요성이 그 어느 때보다 증대되었다고 볼 수 있다. 한편, 아시아 경제위기 극복의 필수조건으로서 역내기축통화인 달러·마르크·엔화의 안정, 일본의 경기부양 및 동아시아에 대한 자금공여 등이 제기되었다.

그 동안 두 차례 개최되었던 ASEM은 상호존중과 이익을 바탕으로 양 지역간 협력을 확대한다는 원론적 수준에서 벗어나지 못하였는데 비해서 제3차 회의는

2000년 10월 20~21일 한국에서 열렸으며 사실상 ASEM의 의미를 논의하는 첫 회의나 다름없다고 볼 수 있다. 서울회의는 향후 10년간 ASEM의 비전 · 원칙 · 목표 · 운영체제를 제시한 ASEM의 기본 헌장격인 '아시아 · 유럽협력체제(AECF) 2000'이 채택되어서 새로운 전환점이 되었다.

ASEM은 두 지역 간의 협력을 도모하는 협의체이지만 두 지역 간의 의견차이도 상당수 존재하고 있다. 이러한 의견의 차이는 제3차 회의 후 발표한 의장성명서 초안을 만드는 과정에서도 나타났으며 ASEM의 발전방향을 담을 기본문서인 '아시아 · 유럽협력체제(AECF) 2000'을 만드는 과정에서도 두 지역의 이견(異見)은 존재하였다.

의견의 차이는 유럽지역들이 인권 · 자유 · 법의 지배 등 서구적 가치와 유럽문화의 아시아지역 확산을 공동 추구하는데 반해 아시아국가들은 회원국들의 정치 · 경제 · 외교적 현실에 따라 입장이 상이(相異)하기 때문에 나타나고 있다. 유럽국가들은 이번 회의에서 논의할 의제를 결정하는데 있어서 각국 정상들이 인권문제를 포함한 정치문제를 제한없이 토의하자는 입장이며 이에 대해 대부분의 아시아국가들은 내정불간섭의 원칙이 지켜져야 하며 경제 및 교역 활성화에 역점을 두어야 한다고 주장하였다.

덴마크 코펜하겐에서 2002년 9월 22~24일 3일 간에 걸쳐 개최된 '제4차 ASEM 정상회의'에서는 경제, 정치, 사회 및 문화 분야에서의 양 지역간 협력증대방안이 논의되었다. 이번 정상회담에서는 2001년 9 · 11 테러사태 이후의 국제정세와 테러방지대책 등 정치 분야를 중심으로 폭넓은 논의가 이루어졌다. 특히, 한반도 문제가 중심의제로 다루어져 한반도 평화를 위한 정치선언이 채택되는 등 한국의 한반도 평화정착을 위한 노력이 ASEM 정상들에 의해 지지를 받는 성과를 거두었다. 이와 함께 한국의 철의 실크로드 구상에 대한 정상들의 전폭적인 지지를 통해 ASEM 내 한국의 선도적인 역할을 확인하고 또한 국제사회에서의 위상을 제고시키는 계기가 되었다.

베트남 하노이에서는 2004년 10월 8~9일 양일간 2002년 코펜하겐에 이어 2년 만에 '제5차 ASEM 정상회의(Asia-Europe Meeting Summit)'가 개최되었다. 1996년 이래 5차례에 걸쳐 유럽과 아시아 양 대륙을 번갈아가며 개최되어온 ASEM 정상회의는 이번에도 한국을 비롯한 ASEAN+3의 13개국, EU의 25개국과 EU 집행위원회를 포함한 총 39개국 정상이 참여하여 3대 분야(경제, 정치·안보, 사회·문화)별로 아시아와 유럽, 그리고 세계적 이슈(global issue)에 대해 다양한 의견을 교환하였다.

〈표 8-1〉 ASEM의 회원국

지 역	국 가 명
ASEAN	인도네시아, 말레이시아, 태국, 싱가포르, 필리핀, 브루나이, 베트남
동아시아	한국, 중국, 일본
유럽연합	영국, 프랑스, 이탈리아, 독일, 오스트리아, 벨기에, 덴마크, 핀란드, 그리스, 아일랜드, 네덜란드, 룩셈부르크, 스페인, 포르투갈, 스웨덴, EU 집행위

제2절 ASEM의 의의

ASEM은 한국, 중국, 일본 등 동아시아 3개국과 인도네시아, 말레이시아, 태국, 필리핀, 브루나이, 베트남, 싱가포르 등 ASEAN 7개국 그리고 영국, 독일, 프랑스, 이탈리아 등 EU 15개국과 EU 집행위원회 등 총 26개 회원으로 구성되어 아시아와 유럽의 지역간 협력체제를 지향하는 국제기구로 출발하였다.

외교통상부에 따르면 현재 ASEM에 가입을 희망하는 국가는 호주·뉴질랜드·인도·파키스탄·터키 등 20여개국에 이르고 있다. 그러나 ASEM이 외무장관회의와 고위관리회의 등을 통해 만든 신규회원국 가입지침에 따르면 회원국 확대는 단계적으로 이루어져야 하며 가입후보국의 잠재적 기여가능성에 기초하여 가입을 검토한다고 되어있다. 또한, 신규가입국의 결정은 해당지역내 회원국들의 지지를 얻은 후 회원국 전체의 동의를 받아야 하며 신규가입국에 관한 모든 결정은 각국 정상들의 합의에 따른다는 등 4가지 기준이 마련되어 있다.

ASEM의 창설은 정치적으로는 제2차 세계대전 이후 유지되어온 냉전체제가 독일 통일 및 구소련 붕괴로 야기된 냉전의 종식으로 국제정치질서의 다극화, 경제적으로는 지난 1995년 WTO 출범을 계기로 형성된 미국이 주축이 된 NAFTA, EU(유럽연합), 한국 · 중국 · 일본이 중심인 동아시아로 나뉘는 세계경제의 3극화 현상을 배경으로 하고 있다고 볼 수 있다. 또한, 세계경제에서 차지하는 두 지역의 경제적 비중을 고려할 때 이들 두 지역의 실질적인 경제협력의 필요성 증대도 ASEM의 탄생에 기여하였다.

제 3 절 ASEM의 체제

체제면에 있어서 ASEM은 국제연합(UN), 세계무역기구(WTO), 국제통화기금(IMF), 세계은행(IBRD), 경제협력개발기구(OECD) 등의 기존 국제기구와 같은 체계적이고 조직적인 구조는 갖추지 못하고 있다고 볼 수 있다.

1996년 태국 방콕에서 제1차 회의가 개최되었고 베트남 하노이에서 제5차 회의가 개최된 만큼 아직 ASEM의 역사는 일천하다고 할 수 있다. 따라서 기존의 다른 국제기구처럼 구속력이 강한 어떠한 행동강령이나 정책합의를 위한 성격보다는 포괄적인 아시아 · 유럽 지역간 협력을 도모하는 수준에 머무르고 있는 것이 현실이다. 즉, 구속력을 가진다기보다는 두 지역의 정상들이 모여 현안문제 및 미래의 사안에 대해 자유롭게 의견을 교환하는 포럼성격이 강하다는 측면에서 ASEM의 한계성을 엿볼 수 있으나 구체적인 구속력을 가지지는 않는다고 하더라도 두 지역 정상들이 모여 나름대로 협력을 위한 큰 방향이 정해지기 때문에 장기적인 관점에서는 ASEM의 확대 · 발전 가능성을 기대할 수는 있다. 이러한 맥락에서 제1차 방콕회의는 ASEM의 출범이라는 평가를 제2차 런던회의는 두 지역의 실질적인 협력 가능성을 보여준 회의라는 의미를 부여할 수 있는 반면에 제3차 서울회의는 ASEM의 발전방향을 보다 현실화하는 계기가 되었다고 할 수 있다. 제4차 코펜하겐 회의에서는 경제, 정치, 사회 및 문화분야에서 양 지역간보다 폭넓은 협력증대방안이 논의되었다.

〈그림 8-1〉 ASEM의 회의 조직도

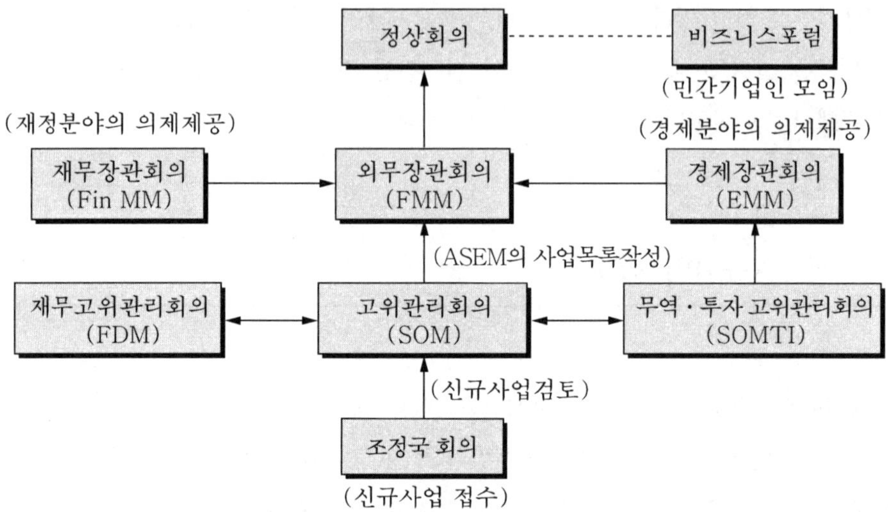

ASEM은 회의조직에 있어서 2년마다 개최되는 두 지역의 정상회의를 그 정점으로 두고 있으며 이와는 별도로 정상회의가 개최되지 않는 중간 해마다 재무 및 경제관련 장관급 회의나 고위관리 회의를 개최하고 있어 나름대로 ASEM의 효율적 조직화를 도모하고 있으며 기구의 관료화로 인한 비효율성을 방지하기 위해 상설기구를 두고 있지 않는 것이 여타 국제기구와는 다른 ASEM만의 특징적인 면이라고 할 수 있다. 현재의 국제역학구도는 유럽과 북미, 아시아와 북미, 아시아와 유럽으로 이루어진 3각 체제가 세계적인 구도를 형성하고 있다고 볼 수 있는데 이 중에서도 아시아와 유럽의 연결고리가 가장 미약하며 일부 학자는 이를 미싱링크(missing link)로 지칭하고 있다. 세계의 3각 구도에서 상대적으로 미약한 아시아-유럽관계를 강화시키는 것이 세계질서 유지에 긴요하다고 할 수 있다.

제 4 절 ASEM의 기구운영

ASEM이 상설기구를 두고 있지 않는 것에 대해 두 지역은 입장 차이를 보이고 있는데 아시아 국가들은 ASEM의 확대발전을 위해 최소한의 상설기구가 필요하다는 입장이며 유럽국가들은 기존 국제기구들의 관료화, 제도화 폐단을 지적하면서 ASEM 내 상설기구의 설치문제에 대해 반대하는 입장을 취하고 있다.

또한, ASEM은 운영과 관련한 전반적인 조정을 회원국의 외무장관 회의에 맡겨두고 있으며 경제, 재정, 통상 등 경제관련 의제는 경제장관회의나 재무장관 회의를 통해 결정하고 있다. 특히, ASEM에서 합의된 사항들에 대한 점검 및 구체적인 실행방안의 모색은 차관보급관리로 구성되어 있는 고위관리회의(SOM)에서 담당하고 있는데 SOM은 특별한 정기적인 모임의 일시를 결정하지 않고 필요할 때마다 수시로 모여 정상회의에서 합의한 의제 및 결정사항들에 대한 사후관리를 맡고 있다.

제 5 절 ASEM과 아시아-유럽관계

ASEM에 참여하고 있는 아시아 국가들도 ASEM의 진전을 통해 세계 최대의 무역블럭이며 미국과 비슷한 경제규모를 가진 유럽연합(EU)과의 협력이 아시아의 발전을 위해 중요하다는 것을 인식하고 있다. 지역간 협력체제를 연구하는 학자들은 WTO체제 하에서 국제사회의 지역간 협력체제는 국가간 공존, 국제협력, 초국가적 협력체 구성을 거쳐 궁극적으로는 세계정부의 수립으로 발전할 것이라고 지적하고 있다.

유럽연합 25개 회원국 중에서 이미 12개국은 Euro화를 공통화폐로 한다는데 동의하였으며 따라서 EU 회원국들은 이미 회원국들이 초국적기구를 결성하기 위한 거의 막바지 단계에 진입하고 있다고 볼 수 있다. 그러나 아시아는 아직도 경제발전에 있어서 지역간 격차가 심하며 ASEAN 외에는 지역협력체라고 볼만한 협력체가 없는 것이 현실이다. 따라서 아시아국가들은 유럽국가들을 통해서 지역협력체의 구성 및 결속에 관한 노하우를 습득해야 할 필요가 있다.

지난 1996년 방콕에서 열린 1차 회의는 아시아와 유럽의 정상들이 만나는 그 자체에 의미가 있다고 보아야 하며 1998년 제2차 런던에서 개최된 제2차 회의에서는 아시아 외환위기와 보스니아・코소보 사태에 관해 논의가 있었으며 2000년 서울에서 개최된 제3차 회의에서는 의장성명서와 함께 향후 10년간 양 지역간 협력의 기본방향을 설립할 '아시아-유럽 협력체제(AECF) 2000'이 제안되었다. 또한, 남북긴장완화에 ASEM이 적극 협력할 것과 초고속정보통신망을 구축한다는 내용 등이 포함된 '서울선언'이 채택되어서 이번 제3차 회의를 계기로 지난 제2차 대회 이후 한국을 중심으로 한 아시아국들의 신속한 경제위기 극복과 견실한 경제성장으로 유럽국가들의 아시아에 대한 인식이 더욱 공고해지는 계기가 마련되었다고 볼 수 있다.

유럽과 아시아는 언어와 문화적 차이로 인해 서로에 대한 이해가 부족한 엄연한 현실도 존재하고 있다. 유럽인의 아시아에 대한 이해의 부족은 대체로 다음 3가지로 요약될 수 있다. 첫째, 유럽인들은 종교적 차이로 인해 유럽과 아시아의 문화적 배경이 크게 상이하다고 생각하고 있고 둘째, 아시아의 정치시스템은 시민의 직접참여가 적은 채로, 즉 민주주의적 요소가 미약한 상태로 발전되어 왔으며 셋째, 아시아문화가 이미 농경문화에서 산업화가 급속도로 진행되고 있다는 사실에 대한 인식이 부족한 실정이다. 일례로 아시아적 가치에 대한 국제 논쟁은 아시아에 대한 유럽인들의 오해를 바탕으로 하고 있다고 볼 수 있다.

유럽인들은 아시아가 외환 및 금융위기를 겪고 있는 것은 아시아적 가치가 존재하지 않는 것을 반영하고 있다고 여기고 있으며 유럽문화의 우월성(superiority of European culture)을 강조하고 있다. 그러나 문화적 차이는 유럽과 아시아뿐만 아니라 EU 25개국 간에도 존재하며 아시아 지역 역시 각 나라마다 상이한 문화를 가지고 있다. 이러한 문화와 행동양식에 대한 이해의 부족은 지역분쟁을 일으키는 한 요인으로도 작용하고 있다. 따라서 ASEM의 성공적인 미래는 회원국 간의 문화적 차이를 이해하는 데서 출발한다고 볼 수 있으며 이러한 이해가 바탕이 되어야

ASEM 모든 회원국들의 자발적이고 효율적인 참여를 이끌어낼 수 있다고 본다.

한편, 1996년 제1차 방콕 아시아-유럽 정상회의에서 한국정부가 처음 제안하여 1998년 제2차 런던회의때 ASEM회원국 26개국 대표 1명씩으로 구성하여 결성된 아시아-유럽 비전그룹(AEVG)은 ASEM의 중·장기 발전방향과 과제 등을 연구하여 1999년 3월 각국 외무장관과 정상들에게 '보다 나은 내일을 위해(For A Better Tomorrow)'라는 제목의 정책보고서를 제출하였다. AEVG에는 각국의 전직외무장관, 저명학자, 기업인, 정치인들이 대거 참여하고 있는데 양 지역에 있어서 경제, 정치·안보, 사회, 문화 등 광범위한 주제를 중심으로 런던, 도쿄, 리스본 등에서 5차례의 공식회의를 개최하였으며 9개 주요 정책권고와 22개 기타 정책권고를 제안하였는데 AEVG의 이러한 권고는 향후 ASEM에의 정상들의 토론을 거쳐 정식 채택해 구체적인 추진사업으로 추진될 전망이다.

〈표 8-2〉 AEVG의 9개 주요 정책권고

부문		내용
경제	무역	· 2025년까지 아시아·유럽간 상품서비스 및 무역자유개방
	금융	· 국제금융제도 개혁
	투자	· 투자증진을 위한 아시아·유럽 경영자문위원회 설치
사회간접자본		· 인프라스트럭처 개선
정보기술		· 정보기술 위원회 설립
환경		· 환경센터 설립
교육		· 고급인적자원 확대를 위한 교육에 관한 2000년 정상선언(교육헌장) · 장학생제도 도입
정치		· 세계관리체제(Good Governance)원칙 지지

제9장

ASEM 주요 내용

제 1 절 제1차 ASEM

제1차 ASEM은 1996년 3월 1~2일간 '아시아 · 유럽의 새로운 포괄적 동반자 관계' 라는 주제로 태국 방콕에서 개최되었다. 양 지역의 정상들은 방콕회의에서 향후 아시아 · 유럽은 공동현안에 대한 협력에 있어서 동등한 동반자로서 상호존중과 이익(mutual respect and benefit)을 바탕으로 개방적으로 이루어 나간다는데 합의하였다. 방콕회의에서는 정치 · 안보 대화의 증진, 경제분야의 협력 강화, 문화 및 기타 분야에서의 협력증대의 3가지 주요 의제를 중심으로 양 지역간 협력증진 방안에 대해 논의하였다.

정상들이 논의한 3가지 과제를 시행하기 위한 세부실천방안으로 정치 · 안보분야에서는 정치 · 안보대화의 촉진, UN 개혁 노력 지지, 범세계적 군축노력 지지 등에 합의하였으며 경제분야에서는 다자주의(multilateralism) 무역체제의 강화, 무역 · 투자활성화를 위한 협력 증대, 양 지역 민간기업 간의 경제협력 확대 등에 합의하였다. 제1차 회의는 양 지역이 동등한 동반자 관계로서 향후 협력한다는 원칙을 세웠다는 데에 의의를 찾을 수 있다.

제2절 제2차 ASEM

제2차 ASEM은 1998년 4월 3~4일간 영국 런던에서 개최되었는데 당시 아시아 지역의 가장 시급한 현안이었던 아시아 금융·외환위기 극복을 위한 상호협력방안이 논의되었는데 한국의 제안에 의해 금융 및 외환위기를 경험하고 있는 아시아 국가들에 대한 구체적 지원방안으로 '고위기업인 투자촉진단 파견계획'이 발표되었다. 또한, '아시아·유럽 비전그룹'의 출범과 '아시아·유럽 신탁기금'의 설치가 이루어졌으며 제2차 ASEM은 ASEM의 새로운 역할 정립을 구체화시켰다고 볼 수 있다.

영국의 제안으로 설치되었던 '아셈신탁기금(ASEM Trust Fund)'은 당시 금융위기를 경험한 아시아지역 국가를 무상으로 지원하기 위해 영국·프랑스 등 유럽의 10개 국가가 총 4,800만 달러의 자금을 제공하였으며 중국·인도네시아·말레이시아·태국 등 7개국이 이 기금의 혜택을 입었다. 한국도 이 기금에서 444만 달러를 지원받아서 1998년 이후 시행된 저소득층·근로자·고령자 지원사업과 금융부문·기술지원사업에 사용한 바 있다.

제3절 제3차 ASEM

1996년 3월 태국 방콕에서 개막된 제1차 ASEM에서 제3차 회의의 한국유치가 최종 확정되었으며 제3차 회의는 서울에서 2000년 10월 20~21일 개최되었다. 아시아·유럽 26개국 정상들이 참여한 제3차 ASEM은 다수의 소중한 성과를 거두었다고 평가할 수 있다. 아시아·유럽 두 지역 간의 경제·정치·사회·문화 등 다양한 분야의 협력 확대를 위한 기반을 공고히 한다는 기본취지를 기대이상으로 달성한 것은 물론이고 ASEM의 전반적 발전방향과 향후 중점사업에 대한 청사진을 마련했다는 측면에서 매우 성공적이었다고 볼 수 있다. 다만 ASEM 정상회의의 합의가 구호에 그치지 않고 실질적 협력관계로 발전되기 위해서는 구체적 실천방안의 강구가 더욱 중요하다고 생각된다.

제3차 회의 주최국인 한국은 이번 회의를 통해 소중한 외교적 성과를 거두었다고 볼 수 있다. 영국과 독일 등 이번 회의에 참가한 유럽의 주요 국가들이 북한과의 수교방침을 연이어서 밝힌 가운데 의장성명 이외에 '한반도 평화에 관한 선언'(서울선언)을 별도로 발표함으로써 급진전되고 있는 남북한 화해협력관계를 국제적으로 반영하였다는데 큰 의의가 있다. 따라서 한국으로서는 이번에 거둔 외교적 성과를 최대한 국익으로 연결시키는 방안을 면밀히 검토해야 하며 'AECF 2000'에서 채택한 16개 사업의 적극적인 참여를 통해 우리 측이 제안한 '유라시아 초고속 통신망 사업' 등이 성공적으로 추진될 수 있도록 힘을 기울여야 한다.

1. 서울선언

ASEM은 남북대화를 지지하고 ASEM 회원국과 북한의 관계개선노력을 다짐하는 5개항의 '한반도 평화에 관한 서울선언'을 만장일치로 채택하였다. 남북정상회담 이후 한반도 정세발전에 대한 국제사회의 선언 채택도 일본 오키나와에서 개최된 '주요 8개국(G8) 정상회담'과 태국 방콕에서 개최된 'ASEAN 지역 안보 포럼(ARF)', '유엔 밀레니엄 정상회의'에 이어 4번째로 다자(多者)회의에서 채택한 한반도 관련 선언문이다.

서울선언은 최근의 남북관계 발전을 긍정적으로 평가하고 한반도 평화정착을 위한 회원국들의 공동노력을 강조하고 있다. 특히, 남북관계의 고무적 발전, 남북정상회담 환영, 남북공동선언 이행조치 평가, 남북간 화해·협력의 지속, 한반도 평화에 대한 회원국의 기여 등 5개항 모두가 남북문제를 중심축으로 하고 있다는 점이 특색이라 할 수 있다. 즉, 남북정상회담 이후 급진전되고 있는 화해·협력과 한반도평화 정착에 대한 국제사회의 지지 분위기를 반영한 것이라고 평가할 수 있다.

〈표 9-1〉 서울선언(全文)

1. 서울에서 개최된 제3차 ASEM에 참석한 각국 정상들은 대한민국 (ROK)과 조선 민주주의인민공화국(DPRK) 간의 관계가 고무적으로 발전하고 있는 가운데 한반도 상황을 논의했다. 정상들은 한반도의 평화와 안정이 아시아·태평양지역과 나아가 전세계의 평화와 안정에 밀접하게 연계돼 있다는 데 인식을 같이 했다.
2. 한반도 긴장완화와 남북관계 개선을 위한 남북한의 현재까지의 노력을 상기하며 정상들은 2000년 6월 13~15일 평양에서 개최된 남북 정상회담을 환영하고 이러한 역사적인 조치를 취한 김대중 대통령과 김정일 국방위원장의 용기와 비전을 축하했다.
3. 정상들은 또한 양측이 한반도의 항구적인 평화와 궁극적으로 통일이라는 목표 하에 인도주의적 문제, 특히 이산가족 상봉, 경제협력, 군사문제에 대한 대화를 포함해 남북 공동선언을 이행하는 조치가 이미 취해지고 있는 점을 평가했다. 정상들은 이와 관련해 계속적인 진전이 있기를 기대했다.
4. 남북한 문제 해결을 위해 지속적인 대화가 중요하다는 인식 하에 정상들은 남북한간 화해와 협력 과정에 대한 지지를 새로이 하는 한편, 이 지역에서의 평화와 안보를 위해 남북 정상회담의 성공을 바탕으로 남북한이 이러한 과정을 지속하도록 성원을 표명했다. 이러한 맥락에서 정상들은 조선민주주의인민공화국과 미국간 관계에 있는 최근의 긍정적 발전을 환영했다.
5. 이러한 목적을 추구하는데 있어 정상들은 한반도와 역내의 평화와 안보를 증진하고 신뢰구축에 기여하고자 하는 ASEM 회원국들의 의지를 확인했다. 정상들은 한반도에너지개발기구 (KEDO)에 대한 그들의 지지를 확고히 했다. 정상들은 또한 대화·인적교류·경제적 연계뿐 아니라 북한의 다자 대화 참여를 통해 ASEM과 북한간 및 ASEM 개별 회원국과 북한 간의 관계를 개선해 나가는 노력을 강화하는 것이 중요함을 강조했다.

한반도 평화정착을 위한 ASEM의 기여를 다짐하면서 북한의 인권이나 대량살상무기에 대해선 아무런 언급도 않고 있다는 점이 서울선언의 미진한 부분으로 지적될 수 있다. 중국 등 일부 국가들의 반대와 북한에 대한 자극을 회피하기 위한 우리 정부의 소극적 태도가 작용했다고 여겨지는데 유럽국가들의 주장대로 북한을 직접 지칭하진 않더라도 한반도 평화정책을 국제적으로 지원한다는 취지가 보다 확실해 지려면 대량살상무기의 위협을 해소하기 위해 노력한다는 내용이 포함되었어야 한다는 시각이 지배적이다. 이것은 향후 긍정적으로 검토될 수 있는 북한의 ASEM 가입을 위해서도 그리고 가입 이후 회원국으로서의 건설적인 역할과 의무이행을 위해서도 필요한 것이라 판단된다. 한편, 이번 서울선언에서 각국 정상은 핵무기 개발을 포기하는 대신 북한에 경수로 2기를 건설해주는 한반도에너지개발기구(KEDO) 사업에 대한 지지를 재차 확인함으로써 향후 ASEM 차원의 대북(對北)협력사업이 어떠한 형태로 이루어질 수 있는지를 시사하였다.

2. 제3차 ASEM의 주요 의제 및 현안

ASEM 3차 서울회의에서는 제2차 런던회의의 성과였던 동남아시아 및 한국의 외환위기 극복을 위한 협력분위기 조성에서 한 단계 진일보하여 향후 이러한 구체적 극복방안을 체계화하기 위한 추가논의가 이루어졌다. 이번 제3차 ASEM 정상회의의 의제는 크게 경제 · 정치 · 사회 · 문화 · ASEM발전분야 등 5가지 분야로 분류할 수 있다.

경제분야에서는 세계무역기구(WTO) 중심의 다자무역체제 강화와 개방적 지역주의(open regionalism)의 확대, 지식 정보화와 세계화 시대의 협력강화, 금융안전과 경제위기 재발 방지를 위한 지역간 협력, 석유 등 에너지 공급 안정을 위한 협력, 과학기술분야에서의 협력 강화 등의 의제를 다루며 특히 남북정상회담 이후 최근 급류를 타고 있는 남북경협문제에 대해서도 국제적 지원 등 공조체제 구축을 위한 논의도 활발히 진행되었다. 정치분야에서는 아시아 · 유럽지역 안보정세, 21세기 유엔의 역할, 군축과 핵확산 방지 등이 주요 의제로 제시되었으며 사회 · 문화분야에서는 아시아 · 유럽 간의 교류 증진 및 빈부격차 해소와 사회안전망 개선, 여성 · 아동 복지증진 등에 대한 논의가 진행되었다. ASEM 발전분야에서는 ASEM의 향후 10년간 발전 방향과 중점협력분야를 규정하는 '아시아 · 유럽협력체제(AECF) 2000'이 논의되었다. 이중에서 경제분야를 중심으로 주요 의제를 살펴보고자 한다.

2.1 아시아 금융시장의 안정과 경제위기의 재발방지

본 의제는 태국 · 인도네시아를 비롯한 동남아 일부 국가와 한국 등이 1997년 이후 외환위기를 경험한 것을 참작하여 아시아 · 유럽간 경제협력을 강화한다는 취지에서 ASEM전 실무회의를 거쳐 제안되었으며 제2차 런던 ASEM에서도 아시아국가들의 외환위기 재발방지를 위한 공동기금 조성 등을 논의한 바 있다. 제3차 서울 ASEM에서는 공동기금의 확대와 효율적인 운영방식 등이 논의되었으며 아시아 외환위기를 포함한 제반경제위기 예방을 위해 아시아 · 유럽 각국이 공동 대응하는 방안이 모색되었다. 또한, 외환위기를 방지하기 위해 아시아 국가들이 공동으로 선진국 자본, 특히 단기투기성자금(hedge fund)의 아시아 금융시장 공략에 대응할 수 있는 방안들이 협의되었다.

한편, 제프리 삭스(Jeffrey Sachs) 하버드대 교수는 2000년 11월 3일 한국금융연구원과 하버드대 국제개발연구소가 공동주최한 국제심포지엄에서 '한국의 경제성장을 위한 전략적 이슈'라는 제목으로 강연을 하였다. 본 강연에서 삭스교수는 아시아의 금융 및 금융감독에 관한 협력체제에 대해 언급하였다. 즉, 1997-1998년 아시아 외환위기 당시 IMF는 아시아 경제의 특수성을 무시한 개혁 프로그램을 강요함으로써 당사국들에게 불필요한 고통을 겪게 하였으며 따라서 당시 지적되었으나 미국의 반대로 무산된 아시아통화기금(AMF : Asian Monetary Fund)과 같은 역내 기구가 필요하다고 역설하였다.

2.2 세계무역기구 체제 하에서의 다자간 무역체제 확대

관세 및 무역에 관한 일반협정(WTO) 체제 하에서 일반적이었던 쌍무적인 무역협정(bilateral trade agreement) 체제는 1995년 세계무역기구(WTO)가 출범하면서 개방의 확대와 형평성을 제고시킬 수 있는 다자간 무역협정(multilateral trade agreement) 체제로 전환되었다. 제3차 서울 ASEM에서는 WTO체제하에서 국제간의 무역거래에 관한 규범으로서 이러한 다자간 무역협정체제가 지속되고 강화될 수 있는 방안들을 논의하였다.

2.3 에너지 공급 안정

최근 들어 석유를 중심으로 한 에너지 가격의 급상승은 세계경제에 먹구름을 드리우고 있다. 세계 각국들은 이러한 에너지가격의 상승이 자칫 세계경제의 전반적인 하강국면을 초래시키지 않을까 조심스럽게 관망하고 있다. 일부 국가를 제외하고는 ASEM 회원국의 대부분이 비산유국이므로 국제유가의 안정은 이들 경제의 지속적인 성장을 위해서 필수적이라고 할 수 있다. 따라서 ASEM회의에서는 석유수출국기구(OPEC) 국가들의 에너지가격 책정에 대해 아시아·유럽 회원국들이 공동으로 대응하기 위한 방안을 논의하여 유가를 비롯한 국제에너지 가격의 안정을 도모하고자 하고 있다. 또한, 아시아·유럽국가들의 유전공동개발 등에 대해서도 구체적인 논의가 있을 것으로 전망된다.

2.4 과학기술분야 협력 강화

제3차 ASEM회의에서는 ASEM 국가간 과학기술 분야의 협력 강화를 위한 구체적인 방안이 논의되었다. ASEM 회원국들은 일본 및 유럽 국가들의 선진기술을 효율적으로 이전받을 수 있는 방안 및 정보통신·유전자공학·우주항공·신소재개발 등 미래 과학기술을 양 지역의 회원국들이 공동 개발할 수 있는 토대를 마련하기 위한 협력을 모색하였다. 예를 들면, '트랜스 유라시아 초고속 정보통신망 사업'이다. 이 사업의 취지는 ASEM 회원국들이 공동으로 정보통신망을 구축하고 이를 통해 정보의 공유를 원활히 하고 공동의 사업을 모색하자는 것이다.

'트랜스 유라시아 네트워크'는 아시아와 유럽간 초고속 정보 통신망을 하나로 연결하는 망을 구축하는 작업이다. 이 의제는 김대통령이 유럽순방 중에 제안한 사항인데 통신망의 구축은 한국의 선도시험망(KOREN)과 유럽의 연구망(TEN-155)을 연결하여 하나의 research network를 구축하는 것이라 할 수 있다. KOREN은 서울-대전간 구축한 연구망으로서 국내 38개 연구기관이 연결되어 있으며 TEN-155는 유럽내의 19개 국가의 연구기관과 미국·이스라엘의 연구기관들이 연결되어 있다. 한국은 2001년 상반기 중에 ASEM 회원국과 관련기관 대표들이 참여하는 전문가 회의를 개최하여 트랜스 유라시아 네트워크의 발전방향과 운용전략을 협의할 계획이며 한국과 유럽간 초고속 연구 네트워크와 아시아·태평양 정보기반체계, APAN(한국·일본·싱가포르·인도네시아·태국·홍콩·호주·미국 등 9개국 대표들이 참여)을 연결하여 아시아 유럽연구 네트워크로 확정한다는 전략을 구상 중에 있다.[1)]

또한, 정식의제로 채택되지는 않았지만 남북 경협문제와 관련하여 각국 정상들이 활발하게 논의하였으며 남북관계 진전에 대한 ASEM 회원국들의 지지의사를 표명하여 ASEM 회원국 공동의 북한 지원에 대한 구체적인 방안까지는 도출되지 않았지만 북한경제의 어려움을 공동으로 인식하였다는 것만으로도 나름대로의 성과는 거두었다고 할 수 있다.

1) 매경, 2000. 10. 18. 참조

〈표 9-2〉 제3차 ASEM 경제분야의 현안에 따른 대응방안

현 안	대 응 방 안
세계경제의 지속적 성장	· WTO의 뉴라운드 협상 진전에 따른 ASEM 회원국 간의 협력 증대 · 단기투기성자본(hedge fund)의 이동상황에 대한 국제적 감시체계의 구축을 통한 국제금융체계의 개편 · 국제유가를 포함한 주요 에너지 가격의 안정
정보격차의 해소	· 지역간 · 사회계층간 정보접근력 차이를 해소하기 위한 협력사업 추진
지식 · 정보화추진	· 아시아 · 유럽 초고속 통신망 구축 · 전자상거래 활성화-조세 · 표준 · 비밀보호 · 소비자 보호 등의 문제 해결
세계화에 따른 환경파괴 및 빈곤 확대	· ASEM 회원국간 교역 · 투자의 활성화 · ASEM내 저개발국에 대한 선진국의 기술이전 및 경제원조 확대 · 환경개선을 위한 공동기금 마련

3. 신규사업의 채택

제3차 ASEM에서는 각료회의와 실무회의를 거쳐 10월 20일 개최된 정상회의에서 정보통신분야의 협력과 세계화에 대한 논의가 활발히 진행되었다. 이 회의에서는 ASEM 회원국들 간의 여러 협력분야를 구체적으로 추진할 협력사업을 채택하였다. 신규사업으로는 한국이 제안했던 '트랜스 유라시아 정보통신망 구축사업'을 비롯한 정보통신 사업을 4개나 포함시키는 등 새로운 사업으로 모두 16개를 채택하였다.

이번 회의에서 채택된 16개의 신규사업은 지난 제1차(1996년, 태국) 때의 4개, 제2차(1998년, 영국) 때의 7개 사업이 채택된 것에 비해 크게 증가하였는데 이번 3차 회의를 계기로 ASEM이 회원국들 간의 본격적인 협력관계로 접어들었다는 것을 의미한다고 볼 수 있다. 한편 각 회원국은 이번 정상회담에서 총 26개사업을 제안하였는데 이 중 16개 사업을 승인사업으로 7개 사업은 주목사업으로 채택하였다. 승인사업으로 채택된 사업들은 ASEM 회원국들의 참여 하에 ASEM의 공식사업으로 추진되며 주목사업으로 채택된 사업들은 관심있는 회원국을 중심으로 추진될 전망이다. 주목사업 7개의 내용은 다음과 같다.

① 네트워킹을 통한 공동연구
② 정보통신기술 분야에서 인적자원 개발
③ 평생교육사업
④ 새로운 공동경영을 위한 문화적 색채의 극복
⑤ 전염병의 관리 및 통제를 위한 유라시아 네트워크 구축
⑥ ASEM 내 비즈니스 기회 증진
⑦ 메콩강 유역 인적자원 개발을 위한 세미나

4. AECF 2000의 채택 및 의장 성명서

제3차 아시아·유럽 정상회의에서 채택된 'AECF(Asia-Europe Cooperation Framework 2000)'은 향후 ASEM의 비전과 목표 등을 제시한 기본헌장으로 한반도 평화에 관한 서울선언과 더불어 서울 ASEM의 가장 큰 성과로 평가되고 있다. 즉, 제3차 ASEM은 '2000 아시아-유럽협력체제(AECF 2000)'를 통해 ASEM의 중장기 협력과제 및 발전방향을 제시함으로써 ASEM이 아시아·유럽간 협력의 실질적 중심체로서 확고히 정착하는 계기를 마련하였다고 볼 수 있다.

4.1 AECF 2000

AECF 2000은 향후 10년간 ASEM의 발전을 위한 전망과 핵심원칙 및 목표, 협력분야별 우선순위, 각종 사업의 조정 및 관리체계, 신규회원국 가입지침 등을 담고 있는 기본문서로서 양 지역 및 역내 회원국이 선언적 수준을 벗어나 실질적이고 동반자적인 협력관계로 발전하는 계기를 마련하였다고 볼 수 있다. 'AECF 2000'은 다양한 ASEM 사업의 조정관리 체계는 물론 AECF 자체의 개정을 위한 절차도 명시해 놓고 있다. 향후 10년 간이란 단서가 있기는 하지만 'AECF 2000'은 현 상황에서 ASEM의 헌장 역할을 하고 있다고 볼 수 있다.

한편, 'AECF 2000'의 문안을 작성하는 과정에서 몇 가지 이슈에 대한 아시아와 유럽 간의 입장차이가 다수 노출되기도 하였다. 예를 들면, ASEM의 비전에 인권·민주주의를 포함시키자는 유럽국가들의 주장에 대해 중국을 비롯한 일부 아시

아 국가들은 내정불간섭의 원칙도 포함시켜야 한다는 의견을 제시한 것이 두 지역간의 입장 차이를 나타내는 대표적인 사례라 할 수 있다.

AECF 2000은 ASEM의 기본원칙인 회원국간 평등과 호혜, 회의체의 개방적이고 점진적인 발전, 비공식성(informality) 유지 및 기구화(institutionalization) 지양(止揚) 등을 확인하였으며 이것은 ASEM을 당장 공식적인 국제기구 수준으로 격상시키기보다는 격의없는 토론장으로서 ASEM의 자연스러운 발전과정을 추구하고 있는 것을 반영하고 있다고 볼 수 있다. 또한, AECF 2000은 ASEM의 3대 목표로 정치·안보 대화의 강화, 경제협력 증진, 사회·문화 등 여타 분야에서의 교류 증대를 제시하고 있다.

정치대화는 프랑스 등이 강력히 주장해 온 것으로서 ASEM을 정상들의 사교클럽 차원에서 머물게 하기 보다는 국제현안들에서 ASEM 회원국들이 공동보조를 표명할 수 있는 수준으로까지 발전시키겠다는 의지를 나타낸 것이라 할 수 있다. 또한, 유엔 안전보장이사회 상임이사국 진출을 시도하고 있는 독일과 일본이 주장하고 있는 유엔개혁 등 국제기구 관련 협의를 시작하기로 합의하였다. 경제 및 사회·문화 분야의 협력에 있어서는 ASEM 재무장관 회의를 통한 국제금융 위기재발 방지에서부터 거시경제 정책에 대한 입장교환, 그리고 WTO로 대표되는 다자간 무역체제 강화 방안 등이 명시되어서 보다 구체적으로 접근하고 있다고 평가할 수 있다.

ASEM의 비전 설정과 관련하여 AECF 2000은 ASEM의 비전으로 유엔헌장의 원칙과 목적준수, 민주주의, 인권, 평등, 법치주의, 정의존중, 환경과 전지구적 공동유산에 대한 관심, 빈곤퇴치, 경제·사회적 열망, 지식과 교육 자원, 과학기술, 상업, 투자 및 기업 등을 제시하였으며 세계화와 정보기술·전자상거래, 신경제체제에 의한 새로운 도전에도 공동대처키로 하였다.

신규회원국의 가입지침 마련에 대해서는 ASEM에 대한 기여 가능성 고려, 2단계 가입절차, 정상들의 최종가입 결정 등 5가지 기준이 제시되었다. 즉, 회원국의 확대는 단계적으로 실시하기로 하였으며 신규가입 후보국의 장점과 ASEM에 대한 기여가능성을 검토하여 가입여부를 검토키로 하였다. 또한, 가입과정을 2단계로 구분하였는데 이는 해당 지역내 회원국들의 지지를 먼저 구한 후 모든 회원국들의 동의

(consensus)에 의해 가입을 결정하도록 하였으며 신규회원국 가입문제와 관련하여서는 각국 정상들이 최종적으로 결정하도록 하였다.

〈표 9-3〉 아시아-유럽 협력체제(AECF 2000)의 현안 및 주요 내용

현 안	주 요 내 용
비 전	· UN헌장의 원칙 · 목표준수 · 민주주의 · 인권 · 법치주의 등의 존중 · 빈곤퇴치 · 환경 · 투자 등 범세계적 문제 대처
목 표	· 정치 · 안보대화 강화 · 경제협력 증진 · 사회 · 문화 등 여타분야 교류 증대
원 칙	· 상호존중 · 호혜원칙 준수 · 회원국 확대는 각국 정상의 합의 토대 · 양 지역의 민간분야 협력 · 대화 촉진
신규가입	· 단계적인 회원국의 확대 추진 · 기여가능성 검토 · 2단계 결정 · 정상들 간의 완전 합의

이와 같이 신규회원국 가입절차가 마련됨에 따라 호주, 뉴질랜드, 인도, 파키스탄 및 동유럽 국가 등 20여개국의 가입논의가 본격화 할 것으로 전망되며 북한은 아직까지 가입에 대해 공식입장을 밝히지 않고 있으나 가입 희망을 공식 표명할 경우 가입전망은 밝다고 할 수 있다. 또한, 비회원국의 ASEM 협력사업을 전(全)회원국의 동의를 전제로 허용하였으며 따라서 북한에 대한 협력사업 참여도 가능해 질 것으로 기대된다.

4.2 의장성명서

의장성명서는 제4차 ASEM을 2002년 덴마크에서 개최하기로 하는 등 3차례의 정상회의 논의 내용을 내포하고 있다. 아시아 · 유럽의 정상들은 10월 21일 차기 ASEM을 2002년 하반기에 EU 의장국이 될 예정인 덴마크 코펜하겐에서 개최하기로 결정하였는데 ASEM은 2년마다 아시아와 유럽이 번갈아서 개최하고 있다. 유럽의 경우는 EU 의장국에서 개최되며 아시아에서는 동남아와 동북아 국가에서 번갈아 개최된다. 또한, ASEM 아시아 지역 조정국은 이날 제3차 정상회의 폐막과 함

께 중국과 베트남으로 결정되었다.

〈표 9-4〉 의장성명서의 주요 내용

현 안	주 요 내 용
양 지역 정세	· 유가 안정 및 안정적 수급 필요 · 북한의 ARF 가입 환영 · Euro화 도입 환영
정치대화의 활성화	· 한반도 평화에 관한 서울선언 채택 · 중동정세에 대한 우려표명 · UN개혁 및 건전재정 확보
경제 · 재무분야 협력강화	· ASEM 신탁기금 연장 및 기금 출연국 확대 · 유라시아 초고속정보통신망 구축 · 정보격차 해소를 위한 구체적 방안 마련 · ASEM 환경장관회의 신설 · 역외 금융센터 규제 강화
기타 분야의 협력증진	· 양 지역간 교육 · 문화교류와 협력 강화 · 교육기관간 학위 · 자격증 상호 인증 모색 · 세계화 부작용 감소 노력

아시아와 유럽지역에서 각 2개국씩 모두 4개국으로 구성되는 조정국회의는 고위관리회의(SOM)와 정상회의 준비를 위해 지역별로 의견을 수렴하고 연락하는 업무를 수행하고 있다. 조정국의 결정에 있어서 아시아지역은 한국, 중국, 일본 중 1개국과 동남아국가연합 7개국 중 1개국이 순서에 따라 임기 2년의 조정국이 되며 유럽은 EU 의장국과 EU 집행위원회가 당연직으로 조정국을 맡고 있다. EU 의장국은 6개월마다 회원국들이 돌아가며 맡고 있는데 2000년 하반기에는 프랑스가 의장국으로 활동하고 있으며 2001년 상반기에는 스웨덴이 의장국이 될 예정으로 있다.

ASEM 회원국 정상들은 남북정상회담을 긍정적으로 평가하고 한반도 평화정착과정의 기반을 제공한 이 회담의 중요성을 인식하여 '한반도 평화에 관한 서울선언'을 채택하였다. 특히, 정보 · 통신 기술분야에서 두 지역의 협력 중요성을 확인하면서 국가내 또는 국가간 경제 · 사회적 불평등을 심화시키는 정보격차 해소에 대해서는 선진국들의 성실한 노력을 촉구하면서 협력을 가속화하기로 하였다.

5. 제3차 ASEM의 평가

제3차 아시아 · 유럽정상회의(ASEM)가 10월 21일 3차례의 정상회담 결과를 담은 '의장성명서'와 향후 10년간 ASEM의 발전방향 및 중점사업을 담고 있는 '아시아 · 유럽협력체제(AECF) 2000' 등 2개의 문건을 채택하고 공식 폐막되었다. 아시아 · 유럽 26개국 정상들은 10월 20일 '한반도 평화를 위한 서울선언'을 발표한데 이어 이날 사회 · 문화분야의 3차 회의를 열어 이들 문건을 채택하였다. 서울 ASEM의 공동의장인 김대통령은 의장성명서에서 정상들은 한반도 평화정착 과정의 기반을 제공한 남북정상회담의 의의를 인정하였으며 아시아 · 유럽 동반자 관계 강화를 위한 공약을 재확인했음을 밝혔다. 또한, 범세계적 차원에서의 대량파괴무기관련 군비통제, 국제테러와 해적 행위 등 공동관심사에 대한 대처, 정보격차 해소 노력 가속화 등에 의견이 일치되었다고 밝혔다. 이번 제3차 서울 ASEM을 3가지 분야(경제, 정치안보, 사회 · 문화분야)에서 간략히 평가해 보고자 한다.

5.1 경제분야

경제분야의 협력은 이번 제3차 ASEM의 최대 현안이라고 할 수 있으며 의장성명서에서 양 지역간 경제교류 협력분야를 구체적으로 명시하였다. 회원국들이 수행할 신규사업으로 전자상거래(E-Commerce)의 활성화 등을 포함시켰으며 역내 선진국과 후발개도국 간의 정보격차로 인한 부작용을 인식하고 이에 해소를 위한 역내 국가간 협력도 마련해 나가기로 하였다. 예를 들면, '트랜스 유라시아 초고속통신망' 구축이 핵심적인 협력과제라 할 수 있다.

서울회의에서는 ASEM을 실질적 협력체로 발전시키기 위한 'AECF 2000'을 채택하였다. '트랜스 유라시아 초고속통신망'을 위한 2001년 전문가회의를 서울에서 개최하고 경제위기 예방을 위한 ASEM 신탁기금을 연장한 것은 동아시아의 경제위기 극복에 큰 힘이 될 것으로 기대된다. 1997년 발생하였던 동남아시아 및 한국의 금융위기에 대한 대처방안도 강구되었는데 각국 정상들은 국제금융체제의 강화가 세계경제의 지속적 발전을 위해 긴요하다는 것을 인식하고 이에 대한 구체적인 협력관계를 모색하기로 하였다. 또한, 세계경제의 안정적 성장을 위해 각국이 개방경제를 지향하면서 다자간 무역체제를 강화해야 한다는데 인식을 같이 하였다.

5.2 정치안보분야

지역정세와 UN의 역할 등 국제문제, 안보문제 등에 대해 포괄적인 의견을 교환하였다. 정상들은 국지적으로 발생되고 있는 인종적, 종교적인 갈등이 야기시킨 분쟁에 대해 심각한 우려를 표명하였으며 선언적 수준에 그치긴 했으나 범세계적인 전략적 균형과 안정유지, 대량파괴무기 관련 군비통제와 군축, 핵 비확산에 관한 범세계적 조치를 강화해 나가기로 하였다. 또한, 각국 정상들은 한반도에 무르익고 있는 남북관계 개선에 따른 평화분위기를 적극 지지한다는 입장을 천명하였으며 '한반도 평화에 관한 서울선언'을 채택하였다. 또한, 북한의 아세안지역포럼(ARF) 가입이 역내 평화와 안보진전에 중요한 계기가 되었다고 평가하였다.

우리의 입장에서는 이번 정상회담을 계기로 對北관계개선의 성과를 국제적으로 알리는 소중한 기회가 되었다고 평가할 수 있다. 영국·독일·스페인·네덜란드·룩셈부르크 등 EU국가들이 對北수교의사를 표명하고 북한에 ASEM 가입의 길을 열어놓은 것도 큰 성과로 평가할 수 있다. 특히, 한반도에너지개발기구(KEDO) 이사국으로 대북 경수로 건설을 지원하고 세계식량계획(WFP)을 통한 식량지원에 참여해온 유럽연합국가의 對北지원이 확대되면 한국의 부담이 줄게 되는 혜택도 볼 수 있게 된다. 이는 한반도의 평화와 안정이 아시아·태평양지역, 나아가서 전세계의 안정에 긴밀하게 연결되어 있다는데 인식을 같이 하였다고 할 수 있다.

따라서 ASEM은 향후 회원국 상호 간의 협력과 발전뿐만 아니라 세계 평화와 안정에도 크게 이바지할 것으로 평가할 수 있다.

5.3 사회·문화분야

사회·문화분야에서는 ASEM이 경제중심의 APEC과는 달리 문화·교육분야의 교류 확대와 함께 장학사업, 마약·테러·환경·빈부격차 해소 및 사회안전망 개선 등의 문제 해결을 위해 회원국간 협력사업을 전개해 나가기로 하였다. 특히, 정상들은 세계화의 부정적 영향을 최소화한다는데 관심을 표명하고 이 문제가 향후 ASEM의 지속적 발전을 위해 해결해야 할 중요한 과제임을 강조하였다. 또한, ASEM 장학사업을 신규사업으로 채택하여 향후 5년간 회원국 상호 간에 5천여명의 학생과 연구진 및 교수교류를 추진하기로 하였다.

ASEM 정상들은 10월 20일 개최된 회의에서 한국과 프랑스가 공동제안한 'ASEM 장학사업'을 승인함으로써 아시아와 유럽지역의 학생교류 등이 크게 증가할 것으로 기대된다. ASEM 장학사업은 교육교류를 통해 두 지역 문화에 대한 이해의 폭을 넓히자는 취지에서 마련된 사업이라 할 수 있다. 유럽지역내 아시아 출신 유학생은 약 17만 여명에 이르고 있으나 아시아 지역에 유학하고 있는 유럽학생은 6천여명에 불과하여 두 지역 간의 균형적인 교육교류가 필요하다는데 인식을 같이 하였다고 볼 수 있다. 교류 범위는 대학생과 교수, 초·중등교사 등이며 아시아와 유럽이 5년 동안 각각 2,150명씩 총 4,300명을 상대지역에 파견하게 된다. 첫 해에는 시범적으로 300명을 교환하게 되며 이후 4년 동안 매년 1,000명씩 교환한다는 계획이다. 교류기간은 대학생의 경우 1~2학기, 교수 및 교사 등은 1~3개월로 결정하였다.[2)]

제4절 제4차 ASEM

제4차 아시아·유럽정상회의가 EU의장국인 덴마크 코펜하겐에서 2002년 9월 22~24일에 걸쳐 개최되었다. 이번 제4차 ASEM 정상회의에서도 이전 정상회의에서와 같이 경제, 정치, 사회·문화 분야에서의 아시아와 유럽 양 지역간 협력관계 확대를 위한 논의가 이루어졌다. 특히, 2002년 9월 11일 미국 테러사태 이후의 테러근절을 위한 공동협력 강화와 한반도 평화문제가 주요 의제로 다루어지는 등 주로 정치분야에서 심층적인 논의가 이루어졌다. 한국으로서는 이번 정상회의에서 한반도 평화를 위한 '코펜하겐 정치선언'이 채택되고 한국이 제안한 '철의 실크로드' 구상에 대해 정상들의 확고한 지지를 얻는 등 나름대로 큰 성과를 거두었다고 평가할 수 있다.

2) 한경, 2000. 10. 22. 참조

본 절에서는 제4차 ASEM정상회의에서 다루어진 주요 논의사항과 향후 과제에 대해 살펴보고자 한다.[3)]

1. 주요 논의사항

1.1 정치 · 안보분야

2002년 9월 23일 개최된 제1회의에서 논의된 정치 및 안보분야에서는 2001년 9월 11일 미국 테러사태 이후의 국제정세와 안보문제에 대해 논의가 이루어졌으며 한반도 평화문제도 집중적으로 다루어졌다.

각국 정상들은 '반국제테러를 위한 ASEM 코펜하겐 선언(The ASEM Copenhagen Declaration against International Terrorism)'을 통해 국제테러 방지와 근절을 위한 공동협력을 강화해 나가고 국가간 범죄를 퇴치하자는데 합의하였다. 동 선언문을 통해 정상들은 테러리즘이 세계평화와 안보를 위협하고 있다고 지적하였으며 더욱이 테러에 대한 대응은 UN의 주도 하에 UN헌장의 원칙과 국제법의 기본규범에 따라 이루어져야 한다고 지적하였다.

동 선언을 통해 국제테러 대처를 위한 공동협력방안은 다음 2가지로 요약될 수 있다.

3) 대외경제정책연구원, 세계경제, 2002. 10. 참조

〈표 9-5〉 한반도 평화를 위한 ASEM 코펜하겐 정치선언 주요 내용

· 한반도의 평화 및 안정과 남북한간 화해 및 협력과정에 대한 정상들의 지지를 재확인함
· 2002년 6월에 발생한 서해교전 사태에 대한 우려와 이러한 사태가 재발하지 않도록 예방책 마련의 필요성 강조함
· 남북한의 2000년 6월 남북공동선언 이행을 촉구하고, 이와 관련하여 2002년 9월 18일 남북한간 철도 및 도로의 재연결 사업의 착공을 환영. 한반도의 평화유지를 위해 제2차 남북정상회담의 필요성 강조함
· 1994년 기본합의문의 완전한 이행 강조. 한반도에너지개발기구(KEDO)의 사업 지지. 핵 및 미사일 문제 등 모든 이슈들은 적절한 협의를 통해 해결할 것을 권유함
· 북한을 건설적인 대화를 통해 국제사회에 편입시킴으로써 동북아시아는 물론 전세계의 평화와 안전을 도모하고, 이러한 맥락에서 북한과 미국과의 대화 재개를 기대. ASEM 회원국들의 북한과의 대화를 권고하며, 최근 북·일 간의 정상회담 개최를 환영. ASEM 회원국들은 향후에도 북한이 경제개혁과 기술 및 인도주의 등 모든 분야에서 양자간 및 다자간 차원에서 교류와 협력에 참여하도록 지원할 것을 권고함

(1) 단기적 측면

단기적으로는 조정국과 고위관리들이 중요한 국제적 사안에 대해 신속히 논의할 수 있도록 ASEM 회원국간 임시적인 비공식협의채널(ad hoc informal consultative mechanism)을 구축하기로 합의하였다. 그리고 ASEM 반테러세미나를 제5차 ASEM 외무장관회의가 개최되기 이전에 2003년 중국에서 개최하기로 합의하였다.

(2) 중장기적 측면

중장기적으로는 테러방지를 위한 'UN 안전보장이사회'의 결의안 및 국제협약들의 완전한 이행과 자금세탁방지를 위해 ASEM 회원국들이 보다 긴밀히 협력해 나가고 자금세탁금융행동특별반(FATF : Financial Action Task Force on Monetary Laundering)의 권고안을 준수하도록 독려하며 이를 위한 훈련코스와 세미나를 개최할 것을 합의하였다.

반국제테러협력을 위한 선언과 함께 정상들은 한반도 문제와 관련하여 '한반도 평화를 위한 ASEM 코펜하겐 정치선언(ASEM Copenhagen Political Declaration for Peace on the Korean Peninsula)'을 채택하였다. 동 선언은 2000년 10월 서울에서 개최된 '제3차 ASEM 정상회의'에서의 '서울선언(Seoul Declaration for Peace on the Korean Peninsula)'에 이어 채택된 것으로 한국의 한반도 평화노력과 대북화해

협력 정책에 대한 ASEM 회원국 정상들의 변함없는 지지를 재확인한 것이며 향후 한반도 평화와 남북관계 증진에 큰 기여를 할 것으로 기대되고 있다.

1.2 경제협력분야

2002년 9월 23일 개최된 제2회의에서 논의된 경제협력분야에서는 최근 미국을 비롯한 주요 선진경제권의 경기침체(recession)에 이어 세계경제의 불확실성(uncertainty of global economy)이 고조되고 있는 가운데 세계경제의 회복방안과 양 지역간 경제 및 금융분야에서의 협력강화에 대해 논의가 이루어졌다.

각국 정상들은 지난 2년 간의 무역원활화행동계획(TFAP : Trade Facilitation Action Plan)과 투자촉진행동계획(IPAP : Investment Promotion Action Plan)의 이행을 통해 양 지역간 무역 및 투자장벽(trade and investment barrier)이 상당히 해소되었으며 경제협력관계가 증대된 점을 높이 평가하였다. 또한, 공정하고 투명한 다자간 무역체제(fair and transparent multilateral trade system)를 유지해 나가고 WTO에서 제시하고 있는 원칙 하에 카타르 도하(Doha)에서 논의되었던 무역관련 이슈들을 성실히 이행해 나감으로써 양 지역간 경제협력관계를 확대해 나가자는 데 합의하였다.

〈표 9-6〉 TFAP와 IPAP

• **무역원활화 행동계획**(TFAP : Trade Facilitation Action Plan)
TFAP는 제1차 방콕 ASEM 회의에서 제기되어 제2차 런던 ASEM 회의에서 채택된 것으로 무역원활화를 위한 행동계획의 지침들을 담은 것임. 동 계획은 아시아와 유럽 양 지역간의 양자 및 다자간 회의에서 수행되고 있는 작업을 보완하면서 비관세장벽의 완화, 거래비용의 절감 그리고 무역의 기회증진 도모를 통해 양 지역간 교역을 증대시키는 것을 목적으로 하고 있음. 동 계획에서 다루어지고 있는 우선분야는 세관절차(세관절차의 간소화, 조화 및 투명성 제고), 심사 및 증명기관 간의 협력강화, 검사 및 검역절차의 간소화 및 합리화, 지적재산권 보호 등임
• **투자촉진 행동계획**(IPAP : Investment Promotion Action Plan)
IPAP도 제1차 ASEM 회의에서 제기되어 제2차 ASEM 회의에서 채택된 것으로, 양 지역간 투자촉진을 위한 행동계획들을 담은 것임. 동 계획에서는 투자촉진을 위해서 ASEM의 실질적인 정보교환과 ASEM 정책결정자들 간의 라운드테이블 회의, 그리고 ASEM 기업간의 교류 및 상호간 문화적 이해 증진을 강조하고 있으며, 이를 위한 투자정책과 규제정비를 제시하고 있음

또한, 각국 정상들은 ASEM 정상회의에 앞서 2002년 9월 17~19일 3일 간에 걸쳐 개최된 '제4차 ASEM 경제장관회의'에서 합의된 사항에 대해 지지를 표명하였다. 경제장관회의에서는 다자간 및 지역경제에 관한 ASEM 심포지엄을 2003년 3월에 개최하고 WTO협상에 대한 상호이해 증진을 위한 협의회를 2002년 하반기 및 2003년 멕시코의 칸쿤(Cancun)에서 개최되는 'WTO각료회의' 직전에 개최하기로 하였으며 농업분야에서의 협력을 위한 고위급컨퍼런스도 개최하기로 하였다. 이와 함께 양 지역간 무역 및 투자 등 경제협력 증진을 위한 구체적인 이행방안을 마련하기 위해 공동대책반(task force)을 설치하기로 합의하였다.[4)]

이 외에도 각국 정상들은 2002년 유로화의 실물화폐 통용과 함께 전세계적으로 유로화의 사용이 확대되어야 한다는 데 의견을 같이 하였다. 특히, 아시아정상들은 외화보유수단으로서의 유로화에 대한 관심을 표명하여 향후 국제결제수단으로서의 유로화 사용 확대가 기대되고 있으며 이는 유로화가 향후 미국 달러화와 대등한 기축통화(key currency)로서 성장할 가능성을 크게 하고 있다.

이번 '제4차 ASEM 정상회의'에서는 경제협력과 함께 정보와 커뮤니케이션 기술협력을 촉진시키기 위한 '트랜스유라시아 초고속정보통신망(TEIN : Trans-Eurasia Information Network)'과 같은 아시아와 유럽간 공동사업들의 중요성을 강조하였다. 동 사업은 지난 '제3차 ASEM 회의'에서 아시아·유럽간 연구망 구축을 통해 양 지역간 공동연구를 수행함으로써 아시아·유럽간 과학, 기술교류 협력을 증진시키기 위한 사업으로 한국과 EU집행위원회, 싱가포르가 제안하여 현재 진행 중인 사업이다.

1.3 사회·문화·교육 분야

2002년 9월 24일 개최된 제3회의에서 논의된 사회, 문화, 교육분야와 관련해서는 인적자원개발(development of human resources)과 교육, 상호이해 증진, 빈곤퇴치, 고용증대, 환경문제 등에 대해 논의가 이루어졌다.

각국 정상들은 세계화과정에서 발생할 수 있는 정보화 격차(digital divide)와 기

4) 동 대책안은 양 지역에서 각각 5명의 전문가로 구성되며 무역, 투자, 금융 3분야에서의 양 지역간 협력촉진을 위한 연구를 수행한다. 특히, 아시아에서의 유로본드시장(Eurobond market) 설립이나 국제통화로서의 유로화 사용확대 등을 연구하게 된다.

회 불균등을 해소하기 위해 '문화 및 문명에 대한 협의체(Dialogue on Cultures and Civilizations)'를 구성하여 동 문제를 논의해 나가기로 합의하였다. 인적자원개발과 관련하여서는 ASEM-DUO 장학사업이나 ASEM 평생학습사업, 아시아-유럽대학 사업 등을 통해 인적자원개발을 강화해 나가고 지적, 문화적, 인적 교류확대를 위한 'ASEF(Asia-Europe Foundation)'의 노력을 통해 상호이해(mutual understanding)를 증진시키기로 하였다.

또한, 정상들은 양 지역간 상호인식 및 이해 증진을 촉진하기 위해 'ASEM Youth Games'의 창설을 제안하기도 하였다. 환경문제와 관련해서는 기후변화에 대한 UN의 기본법안들과 '교토의정서'를 충실히 이행해 나가기로 하였으며 2003년에 개최되는 'ASEM환경장관회의'에서 보다 구체적인 이행을 논의하기로 하였다.

1.4 기타 논의사항

'제4차 ASEM 정상회의'에 앞서 2002년 9월 18~20일 덴마크에서 개최된 '제7차 아시아·유럽비즈니스포럼(AEBF : Asia-Europe Business Forum)'에서도 양 지역간 무역 및 투자, 금융서비스, 정보통신, 사회간접자본(SOC), 생명과학 및 의료장비, 식품, 환경 등 8개 분야에 대해 논의가 이루어졌다.[5)]

① 무역분야 : WTO DDA 협상과 함께 양 지역간 교역 증대를 위해 시장개방을 확대하고 표준화(standardization), 지적재산권(intellectual property rights) 보호, 전자상거래 확대, 부패방지 등을 협력해 나가기로 했다.

② 투자분야 : 양 지역간 투자교류에 대한 규제를 철폐해 나가고 각 지역단체들의 투자유치를 권고하며, 투자규범의 구속력문제와 향후 투자방향에 대해 논의하였다.

③ 금융서비스분야 : 양 지역의 금융부문에서의 구조조정 노력과 아시아통화기금

5) AEBF는 1996년 ASEM 정상회의에서 프랑스가 제안하여 매년 개최되고 있는 포럼으로 아시아와 유럽간 경제적 동반자 관계를 구축하고 다자주의 자유무역, 비차별적 자유화 및 지역개방을 추구하며 민간기업들 간의 무역 및 투자증대를 목표로 하고 있다. 주로 회원국 정부보다는 민간기업들이 중심이 되어 이루어지고 있다. 동 회의에서는 2003년 제8차 AEBF는 한국에서 개최하기로 결정하였다.

(AMF : Asian Monetary Fund)과 같은 지역금융협력체 설립가능성에 대해 논의하였다.

④ 정보통신분야 : 양 지역간 정보네트워크 구축과 e-Business 확대문제가 논의되었다.

⑤ 사회간접자본 : 민관협력체제 강화와 지역발전 등에 대해 논의가 이루어졌다.

⑥ 생명과학 및 의료산업 : 정보기술(IT)과 생명공학(BT) 분야에 대한 공동연구개발이 논의되었다.

⑦ 식품분야 : 식품안전과 대체식품에 대한 양 지역의 공동투자 방안이 논의되었다.

⑧ 환경분야 : 오염원 배출 감소와 빈곤퇴치, 국제환경규범 제정 등이 논의되었다.

한편, 2002년 9월 24일 ASEM 정상회의 폐막직후 한국과 EU 간의 정상회담이 이루어졌는데 이번 정상회담은 한국과 EU 간에는 처음으로 개최되는 회담이었으며 향후 동 대화채널이 정례화됨으로써 협력관계를 더욱 확대할 수 있는 계기가 되었다. 현재 EU가 정례적으로 정상회담을 개최하고 있는 국가는 국제사회에서 큰 비중을 차지하고 있는 미국, 일본, 중국, 러시아 등 7개국이며 한국은 이번 정상회담을 통해 8번째 정상회담 대상국이 되었다고 할 수 있다. 이는 한국이 한반도안정을 통한 국제사회평화에 적극적으로 기여하고 경제력이 지속적으로 강화된데 기인한 것으로 평가할 수 있다.

한국과 EU의 정상들은 동 정상회담을 통해 한반도 정세에 대해 심도있게 논의하였으며 양자간 경제 및 통상관계 확대와 정보통신 및 생명공학 등 첨단산업분야에서의 협력을 강화해 나가고 민간차원의 문화교류를 활성화하여 양자간 관계를 확대해 나가기로 합의하였다.

〈표 9-7〉 제4차 ASEM 정상회의 주요 합의사항

분 야	합 의 사 항
정치·안보	·한반도 평화를 위한 ASEM 코펜하겐 정치선언 채택 ·반국제테러 협력을 위한 ASEM 코펜하겐선언 채택 ·국제적인 사안에 대한 ASEM 회원국간 임시적인 비공식협의채널 구축 ·ASEM 반테러 세미나 개최 ·테러방지를 위한 UN의 결의안 및 국제협약의 완전한 이행 ·자금세탁방지를 위한 양 지역간 협력강화
경제협력	·세계경제 회복을 위한 양 지역간 경제협력 강화 ·공정하고 투명한 다자간 무역체제 유지 ·WTO DDA 협상 타결을 위한 협력 강화 ·TFAP와 IPAP의 지속적인 이행 ·다자간 및 지역경제에 관한 ASEM 심포지엄 개최 ·WTO DDA 협상에 대한 상호이해 증진을 위한 협의회 개최 ·양 지역간 경제협력증진을 위한 공동대책반 설치 ·유로화 사용확대 지지 ·정보 및 커뮤니케이션 협력 촉진
사회·문화·교육	·문화 및 문명에 대한 협의체 구성 ·인적자원 개발 강화(ASEM-DUO 장학사업, ASEM 평생학습사업, 아시아-유럽대학 사업) ·ASEM Youth Games 창설 ·기후변화에 대한 UN의 기본법안들과 교토의정서 이행

2. 주요 성과 및 과제

'제4차 ASEM 정상회의'에서는 '제3차 ASEM 정상회의'에서와 같이 경제, 정치, 사회 및 문화분야에 있어서 양 지역간 협력방안이 광범위하게 논의되었다. 무엇보다 한국의 입장에서는 이번 정상회의를 통해 한반도 평화를 위한 정치선언이 채택되어 그 동안 실행해온 우리의 대북정책에 대한 ASEM 정상들의 전폭적인 지지를 재확인할 수 있었다는 것이 가장 큰 성과라고 지적할 수 있다. 또한, 우리가 제안한 아시아와 유럽을 연결하는 '철의 실크로드(Iron Silk Road)' 구축에 대해서도 정상들로부터 좋은 반응을 얻어낸 것도 큰 성과라고 할 수 있다.[6)]

6) 제4차 ASEM 정상회의에서는 회원국 간에 '철의 실크로드'를 구축하는데 소요되는 비용의 분담문제를 논의하지 않아 향후 이 사업의 구체화를 위해 일본, 중국을 비롯한 여타

이번 ASEM 정상회의에 대해 경제협력분야와 사회 및 문화분야가 정치분야에 비해 비중있게 다루어지지 않은 점이 지적될 수 있으나 한국의 입장에서는 한반도 문제가 중심의제로 취급되었고 '철의 실크로드' 구상 등 아시아와 유럽 간의 경제 및 문화교류 증대라는 ASEM의 설립취지에 부합하는 사안들을 제시함으로써 한국이 ASEM에서 주도적인 역할을 담당하고 있음을 인식시킴과 동시에 한국의 국제 위상을 더욱 제고시키는 계기가 되었다고 할 수 있다.

따라서 향후에도 한반도 문제뿐만 아니라 한국이 당면하고 있는 국제적인 사안이나 경제문제 등을 해결하는데 있어서 ASEM을 적극적으로 활용해야 할 것으로 판단된다.

제5절 제5차 ASEM

제5차 아시아·유럽정상회의는 2004년 5월에 새로 EU에 가입한 10개 신규가입국(헝가리, 폴란드, 체코, 슬로바키아, 슬로베니아, 에스토니아, 라트비아, 리투아니아, 몰타, 키프러스)과 ASEAN 회원국 중 아직 ASEM에 참여하지 못했던 3개국(캄보디아, 라오스, 미얀마)을 신규회원국으로 맞이하여 동아시아와 유럽을 대표하는 명실상부한 지역협의체로서 그 위상을 강화하였다.7)

1. 경제적 중요성

ASEM 지역의 총면적은 약 1,670만km^{2}로 전세계 면적의 12.5%를, 이 지역의 인

ASEM 회원국과 비회원국인 러시아의 적극적인 관심과 지원이 필요하다고 할 수 있다.

7) 이번 5차 회의에서는 북한 핵문제를 포함한 한반도문제의 평화적 해결 등 45개 항의 의장성명서와 '아시아, 유럽의 보다 긴밀한 경제동반자관계에 관한 하노이 선언', 그리고 '문화·문명간 대화에 관한 ASEM 선언'등 총 3개의 선언이 채택되었다. 또한, 양 지역 간의 현안과 반테러(anti-terror), 빈곤퇴치, 환경보호, 지속가능발전(sustainable development) 등 전세계적 이슈를 광범위하게 토의하였다(대외경제정책연구원, KIEP세계경제, 2004. 11. pp. 26-34. 요약·재구성).

구는 약 22억 8,000만 명으로 전세계 인구의 37.2%를 차지하고 있는 거대 협의체이다. 또한, 2002년도의 경우 총 국내총생산(GDP)은 약 14조 9,213억 달러, 총 교역량은 약 7조 2,049억 달러로 각각 전세계의 45.5%, 55.1%를 차지함으로써 세계에서 막중한 경제적 비중을 차지하고 있다.

〈표 9-8〉 ASEM이 세계경제에서 차지하는 비중(2002년 기준)

총 GDP	ASEM	14조 9,213억 달러(45.5%)
	EU	8조 6,290억 달러(26.9%)
	아시아 10개국	6조 2,923억 달러(19.6%)
	NAFTA	11조 8,149억 달러(36.8%)
	기타	(16.6%)
총교역량	ASEM	7조 2,049억 달러(55.1%)
	EU	4조 7,685억 달러(36.5%)
	아시아 10개국	2조 4,364억 달러(18.6%)
	NAFTA	2조 7,384억 달러(20.9%)
	기타	(24.0%)

주: 아시아 10개국은 ASEAM 7개국과 한국, 중국, 일본을 의미함

한국과 관련하여 ASEM과의 교류를 살펴보면 전체 교역량은 1,598억 달러(2002년)로 한국의 전체 교역량 3,146억 달러의 50.8%를 차지하고 있다. 2000~2002년 3년간 한국과 ASEM 전체 국가와의 교역량은 지속적으로 증가하여 수출은 연평균 2.3%, 수입은 연평균 8.8% 증가로 수출보다는 수입의 증가세가 현저하게 나타났다. 한국과 ASEM 국가간 직접투자도 활발하게 진행되고 있는데 2002년 한국의 대 ASEM 직접투자는 38억 1,000만 달러로 전체의 61.4%를 차지하고 있으며 2002년 ASEM 국가들의 대한(對韓) 투자는 36억 7,000만 달러로 외국인의 한국에 대한 투자액 중 40.7%를 차지하고 있다.

ASEM내에서 EU국가와 일본을 제외한 아시아국가 간의 소득수준 및 경제지표는 아직 많은 차이를 보이고 있다. 아시아지역의 전체 GDP는 약 6조 6,922억 달러로 전세계 GDP의 18.6%, 전체 ASEM GDP의 33.7%를 나타내고 있는데 이 지역 인구가 세계 전체 인구의 37.2%을 차지하고 있음을 고려할 때 상대적으로 낮은 수치를 보이고 있다. ASEM의 대외원조는 주로 선진국을 기준으로 진행되고 있으며 대부분

GNP기준 0.5% 내외의 대외원조가 이루어지고 있다. 이 중 덴마크가 GNP의 1.03%로 가장 많은 원조공여를 하고 있으며 네덜란드, 룩셈부르크 순으로 나타나고 있다.

〈표 9-9〉 한국과 ASEM 국가간 경제 · 통상관계

(단위 : 100만 달러, %)

		2000		2001		2002		연평균 증가율 (2000~2002)	
		수출	수입	수출	수입	수출	수입	수출	수입
대일본	금액	15,862	24,142	16,506	26,633	15,143	29,856	-1.2	5.5
	비중	11.0	20.2	11.0	18.9	9.3	19.6		
대중국	금액	13,685	8,867	18,190	13,303	23,754	17,400	14.8	18.4
	비중	9.5	7.4	12.1	9.4	14.6	11.4		
대ASEAN	금액	17,431	12,228	16,119	15,857	18,137	16,696	1.0	8.1
	비중	12.1	10.2	10.7	11.2	11.2	11.0		
대EU	금액	20,239	12,629	19,627	14,921	21,693	17,104	1.7	7.9
	비중	14.1	10.5	13.0	10.6	13.4	11.2		
ASEM소계	금액	67,217	57,866	70,442	70,715	73,727	81,056	2.3	8.8
	비중	46.8	48.3	46.8	50.1	45.4	53.3		
총수출입액	금액	143,685	119,752	150,439	141,098	162,471	152,126	3.1	6.2
	비중	100.0	100.0	100.0	100.0	100.0	100.0		

자료: IMF, Direction of Trade Statistics, CD-ROM, 2004.

2. 한국의 역할

한국은 39개 ASEM 회원국 중 경제력을 기준으로 할 때 8위를 나타내고 있으며 인구수를 기준으로 해도 11위에 해당하는 중견국의 위치에 있다. 그러나 ASEM에서 나타난 한국의 활동은 인구나 경제력 이상으로 활발하였다고 평가할 수 있다. 한국은 그 동안 ASEM을 새로운 범주를 가진 한국의 중요한 대외 외교의 창구로 활용해 왔으며 많은 노력을 기울여 온 지역협의체라고 할 수 있다. 한국은 1996년 제1차 회의 때 ASEM의 미래를 연구할 'ASEM 비전그룹(ASEM Vision Group)'의 창설을 주장하여 1998년에 동 그룹이 결성되는 데 주도적인 역할을 하였으며 동 그

룹의 보고서에 기반하여 2000년 서울회의에서 '아시아-유럽협력체제(AECF2000: Asia-Europe Cooperation Framework 2000)'을 완성하는 데 주도적인 역할을 담당하였다. 동 보고서는 21세기 ASEM의 추구방향, 기본원칙 및 목표, ASEM에서 향후 취급해야 할 의제, 운영 메커니즘(operational mechanism), 신규 회원국 가입지침, ASEM의 미래상 등 총 29개 항에 이르는 ASEM의 전반적인 방향을 제공한 것으로 평가받고 있다.

한편, 2000년 ASEM회의를 서울에서 개최함으로써 한국은 ASEM에서의 중요성을 입증한 바 있으며 2000년의 유라시아정보네트워크(Trans-Eurasia Information Network), ASEM DUO 장학사업(DUO ASEM Fellowship Program), 2002년의 철의 실크로드(Iron Silk Road) 등 다수의 새로운 아이디어를 제시하기도 하였다.

3. 성과

이러한 활발한 활동을 바탕으로 이번 제5차 ASEM 정상회의는 우리에게도 중요한 시기에 다수의 성과를 거둔 것으로 평가할 수 있다. 이번 회의에서 한국 관련 주요 성과로 다음 5가지를 지적할 수 있다.

3.1 한반도 비핵화 및 남북교류에 대한 지지 유도

이번 정상회의의 주요 성과로 한반도 비핵화 및 남북교류에 대한 회원국들의 지지를 지적할 수 있다. 의장성명서에 평화적 해결을 통한 한반도 비핵화 강력지지, 6자회담의 조속한 재개, 남북대화 및 협력에 대한 ASEM 회원국의 지지가 포함되었으며 회담 직전 대두된 한국의 핵물질 관련 실험에 대한 주변국의 이해를 구하였다.

3.2 UN체제의 개혁 제기

범세계적인 문제에 대한 대처방안으로서 UN체제의 개혁을 주도적으로 제기하였다. 즉, 상임이사국은 합리적인 질서를 주도할 수 있는 의지와 역량에 관해서 소속된 지역이나 집단의 신뢰를 얻는 것이 중요함을 밝힘으로써 UN개혁과 주도국의 자격에 대한 지침을 제시하였다.

3.3 ASEM의 차기 아시아 조정국으로 선출됨

한국이 ASEM의 차기 아시아 조정국(2004~2006년)으로 선출됨으로써 향후 ASEM을 통한 외교활동이 더욱 활발해질 것으로 보인다. 이에 한국은 ASEM의 내실화 및 강화를 최우선적으로 추진할 것으로 예상된다.

3.4 ASEM DUO 장학사업과 ASEM의 사이버 보안 강화사업의 제안

ASEM DUO 장학사업의 5년 연장과 ASEM 정보화격차해소사업의 지속적 추진을 요청함으로써 한국이 제안한 'ASEM DUO 장학사업'과 'ASEM 사이버 보안강화사업'이 향후 사업에 포함되었다.

3.5 기타

기타 성과로 향후 러시아의 회원국 추가가입문제를 공식적으로 거론하였는데 러시아는 아시아와 유럽을 연결하는 주요 국가로서 향후 에너지 협력, 철도사업협력 등 양 지역간 현안사업에 대한 실질적인 이해 당사자라고 할 수 있다. 따라서 러시아가 없는 상황에서 동 분야에 대한 실질적인 협의가 진전되기는 어려운 실정이다. 또한, 분야별 장관급 회의의 활성화와 ASEM infoboard의 확대 · 발전에 합의함으로써 ASEM이 실질적인 지역협력체로 발전하는 데 큰 기여를 하였다. ASEM infoboard는 ASEM의 업무를 지원하기 위한 상설 사무국을 대신할 수 있는 사이버상의 공동협의공간으로 기능하게 된다.

4. 제5차 ASEM 정상회의의 주요 내용

제5차 ASEM 정상회의의 주요 내용은 3가지 종류의 선언문에 잘 나타나 있다.

4.1 의장성명서

의장성명서(45개 항에 이름)에는 세계의 불안정, 테러, 분리주의 운동, 대량살상무기 확산, 초국가적 범죄, 세계화(globalization)의 부정적인 측면, 빈부격차의 확대,

전염병, 환경오염과 기후변화 등과 같은 새로운 범세계적 도전과 위협에 대처하기 위해 다자간 정치대화(multilateral political dialogue) 심화의 필요성을 강조하고 있다. 또한 보다 긴밀한 경제적 동반자관계의 설정을 위해 ASEM의 경제활동을 양 지역간 무역 및 투자증대, 역내 채권시장 육성을 포함한 금융문제에 대한 조정과 협력의 강화, 정보·통신기술, 지식기반경제(knowledge-based economy), 에너지, 교통, 관광, 지적재산권(intellectual property rights), 중소기업과 같은 공동 관심분야에 대한 협력 확대, 지속가능한 경제성장의 촉진과 고용·노동 관련 문제에 관한 대화, ASEM 회원국간 개발격차의 축소, 기업부문의 역할 제고와 참여 확대 등에 초점을 둘 것에 합의하였다.

평화적 해결과 6자회담 과정을 통한 한반도의 비핵화에 대해 ASEM 정상들은 강력한 지지의사를 표명하였으며 6자회담의 조속한 개최와 핵문제를 취급하는 데 있어서 당사자간 조율된 조치를 권고하였다는 사실이 특이할 만하다. 한반도의 평화와 공동번영(common prosperity) 증진에 기여할 남북한 간의 지속적인 대화와 협력에 대해 강력한 지지의사를 표명함으로써 최근 한반도 핵문제에 대한 국제사회의 일치된 견해를 보여주었다. 이외에도 의장성명서에는 UN의 개혁과정에 대한 지지, 문화유산의 보존 및 이종파간 대화의 장려, 회원국 확대에 대한 환영 및 추가확대문제도 논의할 것을 명시하고 있다.

4.2 하노이 선언

하노이 선언에서는 무역원활화 행동계획(TFAP : Trade Facilitation Action Plan)과 투자촉진행동계획(IPAP : Investment Promotion Action Plan) 및 각종 다양한 경제협력활동을 통해 ASEM의 경제활동을 진전시킬 것과 향후 ASEM의 경제활동이 무역장벽(trade barrier) 감소를 통한 양 지역의 무역·투자 증진, 정부와 민간의 파트너십 강화, 그리고 능력배양·정책투명성(policy transparency)·공동투자 촉진과 같은 주요 의제에 관하여 대화 및 조정을 강화할 것을 포함하고 있다. 이와 함께 지역내 재무분야의 협력을 확대하고 에너지, 교통, 지적재산권, 전자상거래(EC : Electronic Commerce) 등에서의 논의를 향후 지속적으로 활성화하기로 하였다.

4.3 문화 · 문명간 대화에 관한 ASEM 선언

문화 · 문명간 대화에 관한 ASEM 선언에서는 통합되어가는 세계에서 제기되는 새로운 도전에 대한 공동대응이 필요하므로 평등과 상호 존중(equality and mutual respect)에 기반한 문화 · 문명간 대화가 절실히 요구됨을 지적하고 이를 위해 교육과 훈련분야, 문화교류와 협력, 지식교류, 문화자산의 보호, 아시아유럽재단(ASEF)의 역량 강화 등을 향후 과제로 제시하였다.

또한, ASEM은 상호 협력의 내실화와 효율적인 운영을 위해 분야별로 세분화된 장관급회의를 활성화하고 외교장관회의를 격년으로 개최하기로 하였다. 고위관리회의(SOM)와 조정국의 역할 강화 등 외교장관들의 건의를 수용하고 ASEM의 사이버 사무국 역할을 수행할 'ASEM infoboard'를 더욱 발전시켜 중장기적으로는 사무국을 설치하는 등 점진적인 제도화도 적극적으로 모색하기로 하였다.

5. 과제

2001년 발생한 9 · 11 테러사태 이후 테러, 분쟁 등 국경을 넘어서는 위협요소가 지속적으로 확대되고 있고 지구온난화에 따른 기상이변 등 환경문제의 대두로 인해 전지구적인 협력체제 구축의 필요성이 그 어느 때보다도 시급한 과제가 되고 있다. 또한, 세계경제는 전지구적 교류협력 증진을 위한 다자주의(multilateralism)를 원칙으로 하는 세계적인 추세 속에서 지역의 이익 및 자국의 이익을 강조하는 지역주의(regionalism)가 공존, 갈등하고 있는 상황이다. 이러한 가운데 ASEM은 유럽과 아시아를 연결하는 가교역할을 함으로써 WTO체제 하의 다자주의와 지역주의를 보완, 완충하는 역할을 할 수 있는 가능성이 크다고 할 수 있다.

한편, 미국의 대테러전에서 보여준 일방주의(unilateralism) 정책을 다자간 대화의 틀 속으로 환원시키기 위한 유럽 및 아시아 국가들의 역할이 부각되고 있다. 이러한 맥락에서 UN 및 WTO와 같은 다자체제(multilateral system)를 활성화시키기 위한 구체적인 노력이 필요하다고 할 수 있다. 북한 핵문제 해결을 위해서도 유럽 국가들의 적극적인 참여(engagement)가 필요하다고 할 수 있다. 현재까지의 진전

상황으로 볼 때 EU의 참여범위에 대한 한계가 노정되고 있다. 현재 EU는 신규회원국의 가입으로 경제적으로 미국과 비교할 수 있는 규모가 되었으나 이라크, 북핵문제 등에서는 미국 주도의 원칙에 끌려가고 있는 상황이다. 2004년 4월 17~18일 아일랜드 킬데어에서 개최된 ASEM 외무장관회의에서는 6자회담을 통한 한반도 비핵화, 남북대화 및 교류협력 지지를 핵심으로 한 의장성명이 채택된 바 있다. 이라크전 및 중동지역의 평화, WMD 비확산과 더불어 6자회담의 당사자인 한국, 일본, 중국 이외에도 EU 및 ASEAN국가들의 관심이 제고되고 있다.

또한, 에너지부문에서의 공동협력의 필요성도 대두되고 있다. 현재 전세계 최대의 에너지 수요지역인 EU와 동아시아가 에너지의 수요 및 공급과 관련하여 긴밀한 협력의 필요성이 급부상하고 있기 때문이다. 특히, 원유의 경우 최근의 고유가가 단기적 요인으로서의 원유공급 부족과 더불어 세계경제의 불안 지속, 중동 및 러시아 원유공급량 확대의 한계 등으로 인한 보다 구조적인 요인에 기인하고 있어서 양 지역간 에너지 협력의 필요성이 그 어느 때보다 크다고 할 수 있다.

다수의 한계성에도 불구하고 ASEM이라는 협력의 장이 유효할 수 있는 것은 다음 6가지 요인으로 설명할 수 있다.

① ASEM은 무엇보다도 구대륙에서 최대 경제권 간의 지역협력체라는 상징성을 가지고 있다.

② ASEM은 미국의 대외정책에 대한 반성적 고찰의 기회를 제공할 수 있다.

③ 다자주의의 틀 속에서 양 지역간 교류를 통해 유럽과 동아시아를 연결하는 거대지역 협력체로 WTO체제의 보완적 입장에서의 역할이 크게 부각되고 있다.

④ 국지적인 시각에서 볼 때 동아시아의 부상에 따른 상호(경제)협력의 필요성이 증대되고 있는데 이는 기존의 EU · ASEAN 관계와는 확연히 다른 관계설정의 장이 필요하다는 점이다.

⑤ 에너지 등에서 양 지역간 협력의 필요성도 증대되고 있다.

⑥ 최근 중국의 부상에 따른 동아시아 및 EU 차원의 협력 필요성이 증대되고 있다는 점에서 ASEM이라는 협의체는 이러한 의제를 협의할 수 있는 유효한 협력의 장으로 기능할 수 있다.

ASEM은 지난 9년간 확대·발전되어 왔다. 그러나 동 회의가 향후 양 지역간 실질적인 대화의 창으로 기능하기 위해서는 ASEM의 확대문제와 ASEM의 내실화 및 효율화를 달성해야 한다. 또한, 미얀마의 민주화 문제도 지속적으로 ASEM에서 인권의 시험대로 상존할 것으로 보인다.

6. 전망

ASEM은 참여국가의 다양성과 규모 등으로 인해 앞으로도 상당기간 느슨한 지역협의체로서 지속될 것으로 보인다. 그러나 ASEM의 미래는 회원국들이 ASEM을 위해 얼마나 노력을 하는가에 달려 있다. 자유화와 개방을 통한 경제적 유대의 강화(intensification of economic linkage), 금융안정(financial stability)을 위한 협력, 양 지역간 교역과 투자의 활성화(trade and investment vitalization), 사회간접자본(SOC)의 지속적 확대, 과학·기술분야의 협력 확대, 정치·안보차원의 협력 확대, 환경문제에 대한 공동 대응, 교육·문화·사회교류의 활성화를 위한 노력이 기대된다.

한국은 이러한 환경에서 ASEM에서 지속적으로 주도적 역할을 함으로써 지역협의체에서 한국의 위상을 제고시켜야 한다. 이를 통해 한반도문제의 평화적 해결과 경제적 번영(economic prosperity)을 동시에 달성할 수 있게 된다. 또한, 동유럽 신규회원국과 지속적으로 협력사업을 전개하고 중·동부 유럽국가들과 지역간 대화를 통한 양자간 이슈를 지속적으로 제기함으로써 신규회원국과의 실질적인 협력관계를 향상시켜 나가야 한다.

제5편

ASEAN+3

제10장

ASEAN

1990년대 이후 ASEAN은 외국인투자 유치 확대와 역내 분업 촉진에 목표를 두고 단일시장으로서의 ASEAN 자유무역지대(AFTA : ASEAN Free Trade Area)를 강화 · 발전시켜 왔다.1)

현재 ASEAN은 경제통합의 효과를 극대화하기 위하여 포괄적 무역자유화 조치로서 AFTA 외에도 투자자유화(AIA), 산업협력(AICO), 지적재산권 보호, 규격 · 기준의 상호인증, 관세협정 등을 포함하는 'AFTA 플러스(plus)' 정책을 통해 역내경제통합을 심화시키고 있다. 이러한 가운데 2003년 10월 인도네시아 발리에서 개최된 제9차 ASEAN정상회담에서는 2020년을 목표로 ASEAN공동체(ASEAN Community) 달성을 위한 'ASEAN 협력선언 Ⅱ(Declaration of ASEAN Concord Ⅱ, 일명 발리협약 Ⅱ)'에 합의함으로써 ASEAN 경제통합에 새로운 전기를 마련한 바 있다.

---

1) 특히, 외환위기(Foreign Exchange Crisis) 이후에는 ASEAN 국가들의 경제력이 취약해지면서 시장통합 노력이 약화될 것이라는 우려에도 불구하고, 오히려 ASEAN은 관세인하계획을 보다 앞당기고 투자, 서비스 등 경제통합수준(economic integration level)을 보다 심화시키면서 동남아 단일시장을 목표로 경제통합을 가속화하고 있다(대외경제정책연구원, KIEP세계경제 2004. 1. pp. 74-81. 요약 · 재구성).

제1절 AFTA 추진현황

1997년 태국에서 촉발된 외환위기가 역내 국가들로 파급되면서 ASEAN 경제통합에 악영향을 미칠 것이라는 우려가 높았다. 그러나 ASEAN은 오히려 관세인하시기를 앞당기고, 무역자유화(trade liberalization)는 물론 투자, 서비스, 금융, 재정협력, 정보격차 완화 등 경제통합수준도 보다 심화시키고 있다. 이는 경제위기에 직면한 동남아 경제의 회복을 위해서는 경제통합을 통한 무역 및 투자유치 확대가 필요하다는 인식이 역내국가들 간에 확산되었기 때문이다.

그 동안 ASEAN의 통합노력을 살펴보면 1998년 12월 ASEAN 정상회의에서 역내 관세를 5%로 인하시키는 CEPT 실행일정을 2003년에서 2002년으로 앞당기고, 역내 협력을 강화하기 위한 하노이실행계획(Hanoi Action Plan)을 채택한 바 있다.[2] 또한, 1999년 11월 필리핀에서 개최되었던 제3차 ASEAN 비공식정상회의에서는 기존 6개 회원국은 최종적으로 2010년까지, 후발가입국은 2018년에서 2015년까지 단축시켜 역내관세를 완전 철폐하기로 결정한 바 있다.

2003년 기준 기존 6개국에서 관세인하 적용품목은 총 49,445개가 설정되어 5% 이하의 관세인하 실행률은 98.9%에 이르고 있고, 5% 초과의 관세인하 대상 품목비중은 1.1%에 불과하다. 국별 관세인하 실행률은 싱가포르와 태국 100%, 필리핀 99.54%, 인도네시아 98.83%, 말레이시아 97.32%, 브루나이 96.71%를 기록하고 있다. 한편, 후발가입국인 베트남은 94.89%를 관세인하 계획에 적용시켜 5% 이하로 관세를 인하시켰으며 라오스와 미얀마는 각각 71.39%, 76.43%이나 캄보디아는 아직 45.66%에 불과한 실정이다.

---

2) 하노이정상회담에서 ASEAN 정상들은 1997년 쿠알라룸푸르에서 개최된 제2차 비공식 ASEAN 정상회담에서 채택한 'ASEAN Vision 2020'의 실천프로그램으로서 하노이실행계획(Hanoi Action Plan)에 합의한 바 있다.

〈표 10-1〉 ASEAN 회원국의 CEPT 관세인하품목(2003년)

	관세인하품목					비율				
	IL	TEL	GEL	SL/HSL	계	IL	TEL	GEL	SL/HSL	계
브루나이	6,337	-	155	-	6,492	96.71	-	2.39	-	100
인도네시아	7,444	-	77	11	7,532	98.83	-	1.02	0.15	100
말레이시아	10,116	218	53	8	10,395	97.32	2.10	0.51	0.80	100
필리핀	5,632	-	16	10	5,658	99.54	-	0.28	0.18	100
싱가포르	10,705	-	-	-	10,705	100.00	-	-	-	100
태국	9,211	-	-	-	9,211	100.00	-	-	-	100
ASEAN 6	49,445	218	301	29	49,993	98.90	0.44	0.60	0.06	100
캄보디아	3,115	3,523	134	50	6,822	45.66	51.64	1.96	1.96	100
라오스	2,535	864	74	78	3,551	71.39	24.33	2.08	2.20	100
미얀마	4,182	1,224	48	18	5,472	76.43	22.37	0.88	0.33	100
베트남	10,143	41	416	89	10,689	94.89	0.38	3.89	0.83	100
CLMV	19,975	5,652	672	235	26,534	75.28	21.30	2.53	0.89	100
ASEAN 합계	69,420	5,870	973	264	76,527	90.71	7.67	1.27	0.34	100

그러나 AFTA 출범으로 회원국간 분업(division of labor)이 촉진됨에 따라 ASEAN 각국 간의 산업재배치는 역내 관세인하와 맞물리면서 각국의 경쟁우위에 입각한 무역흐름의 재편에 의해 추진될 것으로 보여 현재 산업발전단계의 큰 격차가 경제통합의 주요 장애요인으로 작용하고 있다. 특히, 잠정배제품목 설정과 관련하여 회원국 간의 마찰과 갈등이 표면화되고, 다소 난항을 보이고 있는 관세인하계획은 물론 비관세장벽(non-tariff barrier) 철폐 등 역내국간 상호 마찰요인이 커서 순조로운 발전을 기대하기 어려운 실정이다.

또한, 잠정배제품목과 관련하여 당초 관세인하계획에는 2000년부터 적용대상품목으로 이전시키기로 했으나 일부 회원국의 연기 요청으로 순조로운 계획이행에 차질을 보이고 있는 실정이다. 따라서 산업발전단계와 국별 산업정책 때문에 잠정적인 예외품목 설정이 불가피하여 이에 대한 회원국 사정을 고려하여 실질적인 해결책을 제공하고자 TEL 의정서(Protocol Regarding the Implementation of the CEPT Scheme Temporary Exclusion List)가 체결된 바 있다.3) 현재 말레이시아의 경우 자국 자동차 산업보호를 위해 자동차 관련 218품목에 대해 2005년까지 유예하여 태국과 갈등관계를 야기시키고 있다.4)

〈표 10-2〉 ASEAN 회원국의 역내관세율 인하추이(1998~2003년)

	1998	1999	2000	2001	2002	2003
싱가포르	0.00	0.00	0.00	0.00	0.00	0.00
태 국	10.56	9.75	7.40	7.36	6.02	4.64
브루나이	1.35	1.29	1.00	0.97	0.94	0.87
인도네시아	7.04	5.85	4.97	4.63	4.20	3.71
말레이시아	3.58	3.17	2.73	2.54	2.38	2.06
필 리 핀	7.96	7.00	5.59	5.07	4.80	3.75
베 트 남	6.06	3.78	3.30	2.90	2.89	2.02
미 얀 마	4.47	4.45	4.38	3.32	3.31	3.19
라 오 스	5.00	5.00	5.00	5.00	5.00	5.00
ASEAN 평균	5.37	4.77	3.87	3.65	3.25	2.68

전반적으로 평가할 때 ASEAN 국가들이 추진해 온 자유무역지대 결성을 위한 관세인하계획은 비교적 가시적인 성과를 보고 있다고 할 수 있다. 〈표 10-4〉에서 알 수 있듯이 ASEAN 회원국의 역내 평균관세율은 2003년 기준 2.68% 수준으로서 1998년 5.37%에 비교하여 절반 이하로 낮아졌다. 기존 회원국 중에서 태국의 역내관세율이 4.64%를 기록하여 가장 높은 수준을 유지하고 있으나 1998년 10.56%에

3) ASEAN 각국의 경제부 장관들은 2000년 11월 23일 Protocol Regarding the Implementation of the CEPT Scheme Temporary Exclusion List에 서명하였다. 이 의정서는 1999년 12월 31일까지 CEPT TEL에 속해 있는 TEL 제조품으로 한정하였다.

4) 말레이시아의 잠정적 예외품목은 대부분 자동차 부품산업을 보호하기 위한 것으로서 태국이 이에 대한 보상을 강력히 요구하고 있으나 아직 명확한 해결방안이 제시되지 않고 있는 실정이다.

비하면 절반 이하로 낮아졌고 필리핀도 7.96%에서 3.75%로 4.21%포인트가 낮아졌다.

더욱이 관세·비관세장벽 철폐뿐만 아니라 다양한 무역원활화 조치를 포함하는 'AFTA 플러스' 정책을 통해 경제통합을 진전시켜 왔다고 할 수 있다. 특히, 불필요한 기술적 무역장벽의 철회, 기준 사항에 대한 일치 및 조화, 그리고 관세절차의 간소화 및 통일성과 같은 무역활성화(trade vitalization)를 위한 조치 사항들에서 다수의 가시적 성과를 거두었다고 할 수 있다.

제 2 절 ASEAN 경제통합의 진로와 과제

AFTA는 총인구 5억 3,000만 명, 총 GDP 5,611억 달러 규모의 단일시장(single market)으로 발전하고 있어 성장잠재력(growth potentials)이 크다고 할 수 있다. ASEAN은 1993년 AFTA를 출범시킨 이래 역내경제통합을 적극적으로 추진해 왔고, 경제통합의 효과를 극대화하기 위하여 베트남, 미얀마 등 인도차이나 국가들을 신규회원국으로 가입시켜 'ASEAN 10'을 실현한 바 있다.

그러나 동남아 국가들은 사회문화, 정치체제뿐만 아니라 인구, 면적, 국민소득 등 경제적인 측면에서 현격한 차이를 보이고 있어 순조로운 역내통합과 상호발전에 제약이 되고 있다. 특히, 미얀마, 캄보디아, 라오스 등은 1인당 GDP가 약 200~400달러 수준에 불과한 세계 최빈국이어서 역내국가간 경제적 격차가 크고, 동남아 외환위기 이후에는 정치·경제적인 불안정 요인이 상존하고 있어 역내 경제통합에 장애요소로 작용하고 있다.

〈표 10-3〉 동남아의 주요 지표(2001년 기준)

	인도네시아	태국	필리핀	말레이시아	싱가포르	브루나이	베트남	라오스	미얀마	캄보디아	ASEAN 10
인구 (백 만명)	213.6	61.2	77.0	23.8	4.1	0.4	79.5	5.4	48.3	12.3	525.6
GDP (십억 달러)	145.3	114.8	71.4	87.5	92.3	4.3	32.9	1.7	7.5	3.4	561.1
1인당 GNI(달러)	680	1,970	1,050	3,640	24,740	12,245	410	310	151	270	1,067

주: 브루나이, 미얀마는 ASEAN 사무국 자료
자료: World Bank, World Development Report, 2003.

이러한 한계를 극복하기 위해 ASEAN 정상들은 2000년 11월 IAI(the Initiative for ASEAN Integration)를 발족시킴으로써, 회원국간 발전격차를 축소시키기 위한 통합적 노력의 방향을 제시한 바 있다. 또한, 2002년 7월 ASEAN 외무장관들이 IAI 실행계획과 프로그램 및 사업계획 리스트에 합의하고 2002년 11월에 개최된 정상회담에서 'IAI 실행계획(Work Plan for Narrowing the Development Gap within ASEAN : Assisting New Member Countries)'이 승인된 바 있다.

IAI 실행계획의 목표는 회원국간 발전격차를 축소시키고 역내경제통합을 강화함으로써 캄보디아, 라오스, 미얀마, 베트남(이하 4개국을 CLMV로 표기)으로 구성된 후발가입국의 균형발전을 도모하기 위한 것이다. 6년 간의 IAI 실행계획은 우선적으로 CLMV 국가들에 있어 인프라스트럭처, 인적자원개발(human resource development), 정보통신기술(IT), 지역경제통합(regional economic integration) 제고에 초점을 두고 있다.

그러나 금융위기 이후 역내국가들의 경제적 어려움이 가중되면서 난항이 예상되고 다소 차질을 빚고 있는 관세인하계획은 물론 비관세장벽 철폐 등 역내국간 상호마찰요인이 커서 순조로운 발전을 기대하기 어려운 실정이다. 또한, AFTA는 회원국간 경제력 차이가 크고, 역외시장에 대한 의존도가 높아 현 단계에서는 무역창출효과(trade creation effect)보다는 부품산업 관련에서 무역전환효과(trade diversion effect)가 예상되고 있어, 당분간 역내 교역확대보다는 외국인투자 여건의 개선을 통해 외국자본 유치를 확대하려는 데 더 큰 주안점을 두고 있는 것으로 판단된다.

이에 따라 ASEAN은 AFTA를 기반으로 경제통합효과의 극대화(maximization of economic integration effect)를 이루기 위하여 AICO, AIA, ASEAN 지적소유권 협력협정, 규격 및 표준의 상호인증협정, ASEAN 관세협정, E-ASEAN 구축 등 다양한 경제통합노력을 본격화함으로써 통합된 단일시장 구축에 주력하고 있다.

이러한 가운데 2003년 10월 7일 인도네시아 발리에서 개최된 '제9차 ASEAN 정상회담'에서는 2020년을 목표로 ASEAN 공동체(ASEAN Community) 달성을 위한 소위 '발리협약 II'에 합의하여 ASEAN 경제통합의 심화에 새로운 전기를 마련한 바 있다. 발리협약 II의 핵심은 3개 부문(정치 · 안보, 경제, 사회 · 문화)의 긴밀한 협력을 통해 ASEAN 공동체를 달성한다는 비전을 제시하고 있다. 무엇보다 회원국 10개국 간에 경제적 수준, 문화 · 종교적 다양성이 존재하고 있다는 현실적인 측면을 인정하면서 회원국들의 동등한 기회와 번영(egual opportunity and prosperity)을 추구할 수 있도록 노력키로 하였다.

1. 정치 · 안보 부문

우선 정치 · 안보적인 측면에서 'ASEAN 안보공동체(ASC : ASEAN Security Community)'를 실현하기 위해서는 동남아 지역의 정치적 안정(political stability)이 우선과제임을 전제하고 '동남아시아 우호 · 협력 조약(TAC : Treaty of Amity and Cooperation in Southeast Asia)'에 따라 각국 정부는 동남아 지역의 항구적 평화 정착에 노력해야 함을 명시하고 있다. 동남아 지역의 안보보장대화채널인 'ASEAN 지역포럼(ARF)'을 통해 아시아 · 태평양 지역의 안정을 통해 동남아시아의 평화 및 안보보장을 추진키로 하였다.

2. 경제부문

경제적으로는 내부 경제통합의 심화와 확대, 세계경제와의 연계를 통해 ASEAN 경제공동체(AEC : ASEAN Economic Community)를 추구하고 1997년 발표된

'ASEAN 2020 비전'에 따라 경제통합을 추진하면서 ASEAN 단일시장, 무관세화, 서비스 및 인적자원 원활화의 조기 실현을 위해 노력한다는 목표를 설정하고 있다. ASEAN Vision 2020에 제시된 바와 같이 AEC는 ASEAN 경제통합의 최종 목표로서 단일시장, 생산기지, 비즈니스 중심지로서의 ASEAN의 위상을 제고하기 위한 것이다.

특히, ASEAN 경제장관들은 2015년에 AEC를 출범키로 합의하고 회원국들이 현 단계에서 가능한 품목에 한하여 자유화를 실천할 수 있도록 하는 'ASEAN-X' 방식에 합의하였다. 경제통합을 가속화하기 위하여 역내 회원국 중 2개국이 합의한 부문을 우선적으로 추진해 나갈 수 있는 '2+X' 방식을 도입하였다.

ASEAN은 통합을 가속화하고 경쟁력을 강화하며 기존의 ASEAN 자유무역지대(AFTA), ASEAN 서비스에 관한 협정(AFAS), ASEAN 투자지역(AIA)의 적극 추진, 우선과제인 기업인 및 인적자원 교류 원활화, 분쟁해결기구의 개선 등 ASEAN의 제도적 메커니즘도 개발키로 하였다. 또한, AEC는 기존 회원국과 신규 회원국(캄보디아, 라오스, 미얀마, 베트남) 간의 경제격차를 완화시키는 데 노력하여 원활한 통합환경을 조성토록 하였다.

〈표 10-4〉 ASEAN 회원국의 AISP 추진현황

	AISP 공여국				
	브루나이	인도네시아	말레이시아	필리핀	태 국
캄보디아	8	25	89	-	49
라오스	14	-	12	-	27
미얀마	79	222	282	67	72
베트남	1	50	170	10	19
계	102	297	553	77	167

자료: ASEAN 사무국

이와 관련하여 ASEAN은 IAI와 함께 신규회원국들에 대한 무관세 조치로서 ASEAN 특혜관세제도(AISP : ASEAN Integration System of Preference)를 확대하고 있다. 2003년 프놈펜에서 개최된 '제7차 AFTA 각료회의'에서는 역내 경제통합을 위한 AISP 실행의 발전적인 측면이 강조되고, 신규회원국들의 통합을 지원하기 위한 역내 회원국간 상품거래를 촉진하기 위해 후발가입국들 상품에 대한 무관세조치를 확대하기로 합의한 바 있다. 〈표 10-4〉는 ASEAN 기존 회원국들의 신규회원국들에 대한 1,196개의 특혜품목을 국가별로 보여주고 있다.

제 3 절 시사점

AFTA는 개발도상국 간의 남남(南南)협력에 의한 수평적 통합(horizontal integration)의 성격을 나타내고 있으므로 역내기술 및 자본부족에 따라 통합체내의 경제적 자립이나 내부결속력은 아직은 낮은 수준이라고 할 수 있다. 특히, AFTA가 추진하고 있는 단계적 역내자유무역 추진은 현재로서는 관세부문의 협력단계에 머물러 있어 수량제한이나 다른 비관세장벽들을 철회하기 위해 보다 다각적인 노력을 기울여 나가는 데 역점을 두고 있다.

이에 따라 ASEAN은 AFTA를 기반으로 경제통합의 효과를 극대화하기 위하여 AFTA 조기실현을 추진하면서 'AFTA 플러스 정책'을 통해 무역·투자자유화뿐만 아니라 서비스자유화를 위해 노력하고 ASEAN 역내 통합의 주요 장애요인인 후발가입국에 대한 실질적인 지원을 위해 IAI와 AISP 제도를 추진하면서 동남아 시장통합을 더욱 심화시켜 나가고 있다. 특히, 2003년 10월 체결된 발리협약 Ⅱ의 핵심은 ASEAN 경제공동체(AEC)에 있고 1997년 ASEAN Vision 2020을 구체화한 이행조치를 합의함으로써 ASEAN의 정치·경제적 통합은 보다 가속화될 전망이다.[5)]

ASEAN 국가들이 그 동안 추진해온 자유무역지대(AFTA) 추진은 남남협력 차원의 성공적인 경제통합모델로서 국제경제계의 큰 관심의 대상이 되었으며 이번 발리협약은 ASEAN 경제통합의 새로운 분기점이 될 것으로 보인다. 그러나 아직도 ASEAN 회원국간 경제력 및 발전단계 차이가 커서 산업정책적 차원에서 다양한 갈등이 상존하고, 민감품목 축소문제 그리고 보호산업 등으로 협상과정에서 난항을

---

5) 1976년에 체결된 ASEAN협약은 평화 및 정치공동체를 주요 현안으로 취급하였다.

겪고 있어 향후 경제통합의 진로가 순탄하지만은 않은 실정이다. 특히, AFTA가 추진하고 있는 단계적 역내 자유무역 추진은 현재로선 관세부문의 협력단계에 머물러 있는 실정이어서 이번 발리협약 Ⅱ에서도 구체화된 것처럼 향후 비관세장벽 및 각종 보호조치를 제거하기 위해 보다 다각적인 노력을 기울여 나가야 한다.

ASEAN이 경제통합의 효과를 극대화하기 위하여 제시한 ASEAN 경제공동체는 2020년을 목표로 한 중장기 비전이지만, 현재 적극적으로 추진되고 있는 'AFTA 플러스' 정책은 그 성과가 보다 가시화될 것으로 보인다. 따라서 ASEAN은 AFTA를 기반으로 한 관세인하계획과 함께 AICO, AIA, ASEAN 지적소유권 협력협정, 규격 및 표준의 상호인증협정, ASEAN 관세협정, E-ASEAN 구축 등 다양한 경제통합노력을 본격화함으로써 통합된 단일시장 구축에 보다 주력할 것으로 보인다.

제11장

ASEAN + 3

1995년 출범한 WTO 체제 하에서도 유럽연합(EU), 북미자유무역협정(NAFTA), 남미공동시장(MERCOSUR) 등 지역적인 경제통합(regional economic integration)이 강화되고 있는 추세에도 불구하고 그 동안 동아시아는 역내경제통합을 진전시키기 위한 본격적인 논의를 하지 못하였으나 지난 1997년 이후 정기적으로 개최되고 있는 'ASEAN + 3 정상회의'를 통해 한 · 중 · 일 동북아시아 3국과 인도네시아 · 태국 · 말레이시아 · 싱가포르 · 베트남 등 ASEAN 10개국은 이 지역의 경제협력을 강화시키고 있다.

사실 동아시아지역은 인구 · 경제규모 · 교역면에서 거대한 시장을 형성하고 있다고 평가할 수 있다. 19억의 인구와 6조 5,000억 달러의 내수시장, 2조 6,000억 달러의 교역규모를 가지고 있으며 부존자원(natural resources) 및 경제발전단계(stage of economic development) 등에 있어서 상호 보완성(mutual complementarity)이 커서 경제협력의 가능성 및 이점이 매우 크다고 할 수 있다.

특히, 한 · 중 · 일 동북아 3국은 'ASEAN + 3 정상회의'를 통하여 동북아 3국의 경제협력에 대한 논의와 더불어 동북아 3국의 대(對)동남아 경제협력을 강화하는데 더욱 큰 비중을 두고 있다. 우리의 경우에도 동남아는 교역 · 투자 · 건설분야 등에

게 잠재력이 큰 시장이며 실질적으로 우리경제에 적지않은 이익을 주고 있는 시장으로 평가할 수 있다.[1)]

제 1 절 설립과정

지난 1967년 동남아국가연합(ASEAN)이 처음 창설된 이후 ASEAN 회원국 정상들만 참여한 회의가 비정기적으로 개최되어 오다가 1997년 말레이시아에서 개최된 ASEAN 창설 30주년 기념행사에서 마하티르 말레이시아 수상이 한·중·일 정상을 동(同) 회의에 비공식 초청함에 따라 'ASEAN + 3 정상회의'가 처음으로 개최되었다. 이후 1998년 2차 정상회의(베트남), 1999년 3차 정상회의(필리핀), 2000년 4차 정상회의(싱가포르), 2001년에 5차 정상회의(브루나이)가 개최되어 'ASEAN + 3 정상회의'는 동아시아 지역의 정기적인 정상회의체로서의 위치를 공고히 하고 있다.

제 2 절 1～3차 정상회의

1~3차 정상회의 주요 의제는 동아시아 금융위기의 극복과 역내회원국간 경제협력의 강화에 대한 것이었다. 특히, 1999년 필리핀에서 개최된 3차 정상회의에서는 동아시아의 장기적인 협력을 원칙으로 '동아시아 협력에 관한 공동성명'이 채택되었다. 이 공동성명에 포함된 경제협력 분야의 주요 내용은 통상·투자, 기술이전(technology transfer), 정보기술(IT), 전자상거래, 농업, 중소기업 강화, 관광진흥,

1) 한국으로 볼 때도 동남아는 중요한 교역파트너로서 부상하고 있는데 동남아는 우리의 4위 교역시장, 2위 건설시장(2000년까지 누계치 325억 달러), 3위 투자시장(2000년까지 누계치 69억 6,000만 달러)으로 자리잡고 있으며 2000년을 기준으로 할 때 383억 달러(수출 : 201억 달러, 수입 : 182억 달러)의 교역규모와 19억 달러의 무역수지 흑자를 기록하고 있다.

메콩강 유역개발, 민간부문 참여, 구조개혁, 금융통화협력, 국제금융체제 개편, 사회 및 인적자원개발, 과학 및 기술개발분야의 능력 배양 등 다양한 분야의 내용들이 망라되어 있다.

제 3 절 4차 정상회의

싱가포르에서 2000년 11월 24일 개최된 'ASEAN(동남아국가연합) + 3(한 · 중 · 일) 정상회의'에서 김대중 대통령은 동아시아 경제협력체 구성을 위한 구체적인 실천방안을 제시하여 참가국 정상들의 큰 호응을 얻었다. 김대통령의 동아시아 경제협력체 구성 제안에 대해 말레이시아 마하티르 총리는 좋은 제안이라고 평하였으며 'ASEAN + 3 정상회의'를 '동아시아 Summit'으로 할 것을 제안하기도 하였다. 이번 회의의 의장인 고촉통 싱가포르 총리도 'ASEAN + 3 정상회의'의 명칭을 당장 '동아시아 Summit'로 결정하기는 이르지만 합의가 이루어진 만큼 '동아시아 연구그룹'에서 명칭문제를 논의할 것을 제안하였다.

김대통령의 동아시아 경제협력체 구상은 유럽연합(EU)이나 북미자유무역협정(NAFTA)처럼 동아시아를 하나의 블록으로 묶는 역내공동체 구상이라는 점에서 주목을 받고 있다. 김대통령은 이제 동북아와 동남아의 구분이 없어지고 있으며 따라서 동아시아를 연결하는 협력체제, 즉 '동아시아 경제블록화'가 필요하다고 강조하였다. 이는 현재의 ASEAN 경제블록(economic bloc)에 한 · 중 · 일이 포함된다는 것을 의미한다. 김대통령이 제안한 내용은 3가지로 정리될 수 있다.

1. 동아시아 연구그룹의 설치

김대통령은 1998년 말레이시아 쿠알라룸푸르에서 처음 이같은 구상을 제의한 바 있으며 이에 따라 민간인으로 구성된 '동아시아 비전그룹'이 출범하였는데 이번 'ASEAN + 3 정상회의'에서는 이를 정부간 연구모임으로 격상해 검토한다는 합의가 이루어졌다.

동아시아 경제협력체제가 구성될 경우 한국과 ASEAN 교역량(1999년 기준 연간 300억 달러 수준임)이 크게 증대되고 동아시아지역의 메콩강유역 개발과 인도네시아 고속도로 건설 등이 촉진되며 ASEAN의 석유와 액화천연가스(LNG) 등 자원개발이 가속화 될 수 있다.[2] 또한, 동남아는 저렴한 운송료로 석유・천연가스・목재 등 천연자원을 공급받을 수 있는 지리적 이점을 지니고 있다고 볼 수 있다. 그러나 경제발전 정도의 차이에 따른 동남아 국가들의 경계심과 이 지역에 지대한 정치・경제적 이해관계를 가지고 있는 미국측의 거부반응 등이 장애요인으로 작용할 것으로 기대되기 때문에 이 같은 구상이 구체적으로 실현되기까지는 상당한 시일이 소요될 것으로 보인다.

2. 금융위기 예방을 위한 실천 프로그램 마련

이와 관련하여 김대통령은 '외환위기 예방실천 프로그램'을 제안하였는데 이 프로그램은 통화불안을 경험하고 있는 아시아 국가들이 선언 수준이 아닌 실질적인 금융협력체제를 갖추는 방언을 제시하고 있다. 제안사업의 주요 내용은 크게 세 가지로 요약될 수 있다.

① 한・중・일과 ASEAN이 양자간 통화 SWAP(통화교환)협정을 조기 체결한다.
② 동아시아 국가간 단기자본 이동 모니터링 채널을 가동한다.
③ 외환위기 조기경보체제 공동모델을 개발하여 활용한다.

이 같은 제안의 배경에는 최근 동아시아 지역 일부 국가들의 환율이 급등하는 등 외환시장의 불안정한 모습이 작용하였다고 볼 수 있다. 한 동안 안정세를 보이던 한국의 원화도 최근에는 1달러당 1,300원대를 돌파하여 원화가치가 2001년 하반기

2) '동아시아 경제협력체' 구성은 말레이시아 마하티르총리가 1998년 쿠알라룸푸르 'ASEAN+3 정상회의'에서 처음 제의했던 것으로 당시 일본 등이 적극 지지하였으나 또 다른 지역경제 협력체의 탄생을 꺼려하는 미국의 반대로 무산된 바 있다.

불안정한 상태를 보인 바 있으며 인도네시아, 태국, 필리핀 등의 통화가치도 급락하고 있다. 따라서 금융 및 외환위기를 경험했던 아시아국가들이 금융분야의 실질적인 협력방안의 마련이 시급한 과제로 부각되고 있다.

김대통령의 제안은 지역국가 간의 구체적인 협력 방안을 담고 있어서 아시아 통화불안의 예방을 위해서 매우 실질적인 방안으로 평가할 수 있다. 우선 외환보유고가 상대적으로 많은 한·중·일과 ASEAN 국가들이 양자간 SWAP 협정을 체결할 것을 제안하고 있는데 2000년말 기준 외환보유고가 1천억 달러를 초과하고 있거나 이에 육박하고 있는 한·중·일이 ASEAN 회원국들에서 금융위기 조짐이 발견될 때 달러화를 지원하는 체제를 마련하자는 것이다.

이는 한국이 중국, 일본, 홍콩 등과 체결하였거나 체결을 추진 중인 SWAP 협정을 동남아국가 전체로 확대하는 것이 된다. Hedge fund(단기투기성자금)의 감시방안에 대해서는 ASEAN 회원국과 한·중·일 3국이 양자간 협정을 통해 증권과 채권시장에서의 외국인 동향과 국제수지 자료 등을 매월 교환하자는 것을 제안하고 있다.

3. 정보격차 해소를 위한 동아시아 특별기금의 설치

역내국가간 정보격차 해소를 위해 동아시아 특별기금의 설치가 제안되었다. 특별기금이 조성되면 동아시아의 정보 인프라 구축에 유용(有用)하게 쓰여질 것으로 기대되고 있다.

4. 한·중·일 3국 정상회의

2000년 11월 24일 싱가포르에서 개최된 한·중·일 3국 정상회담에서는 경제·통상 등 비정치분야에서 3국간 협력을 대폭 강화하는 것을 핵심으로 한 주요 관심사를 논의하여 5개항에 합의하였는데 3국간 실질적인 협력을 위한 기본틀의 마련 및 한·중·일 3국이 경제블록을 형성할 수 있는 기초가 될 수 있다는 점에서 그 의의가 크다 할 수 있다.3)

김대중 대통령과 모리 요시로(森喜朗) 일본총리, 주룽지(朱鎔基) 중국총리의 합의사항 중 가장 두드러지는 부분은 경제협력 증진을 위한 공동연구이다. 한·중·일 3국은 2001년 1월부터 본격적인 공동연구 작업을 시작할 예정이며 각국의 연구기관으로는 한국의 대외경제정책연구원(KIEP), 중국의 국무원발전연구중심(DRC), 일본의 총합연구개발기구(NRIA)가 선정되었다. 첫 과제로는 중국의 WTO 가입이후의 3국간 무역·투자문제를 연구테마로 정하였다. IT분야의 산업협력을 위해 국장급 전문가그룹을 설치·운영키로 한 점도 의미가 크다.

또한, 3국간 환경정보 네트워크를 구성하여 환경분야에서 미래지향적 협력을 추진하기로 하였는데 중국의 황사피해 등에 대해 인접국들이 공동보조를 취할 수 있는 토대가 마련되었다고 볼 수 있다.

한편, 사회·문화교류로는 2002년을 한·중·일 3국의 '국민교류의 해'로 지정하여 서울·베이징·도쿄 등 3국 수도간 교류를 확대하고 청년지도자간 협력을 강화하기로 하였다.

〈표 11-1〉 한·중·일 정상회담 합의 사항

분 야	내 용
회담 정례화	· ASEAN + 3 정상회의 계기로 매년 정례화 · 2001년 회동은 일본이 주최
경제협력 공동연구	· 2001년 1월부터 공식 착수 · 대외경제정책연구원(KIEP · 한국), 국무원발전연구중심 (DRC · 중국), 총합연구개발기구(NRIA · 일본) 참여
문화 · 인적교류 활성화	· 2002년을 한 · 중 · 일 국민교류의 해로 지정 · 한 · 중 · 일 청년지도자 협력프로그램
IT 협력	· 국장급 전문가 그룹 설치
환경 협력	· 3국간 환경 정보네트워크 구축 · 2001년 정상회담 때까지 환경협력프로그램 제출

3) 김대통령은 2000년 11월 24일 숙소인 싱가포르 샹그리라 호텔에서 개최된 한·중·일 3국 정상조찬 회동에서 향후 ASEAN+3 회의 때마다 3국 정상회담을 정례화할 것을 제안하였으며 모리 총리와 주룽지 총리도 동의를 표하였다.

제 4 절 5차 정상회의

'5차 ASEAN + 3 정상회의'는 2001년 11월 5~6일간 브루나이에서 '긴밀한 동아시아 파트너십 구축'을 주제로 개최되었다. 5차 정상회의에서는 테러근절을 위한 역내공동노력을 강화하고 'ASEAN + 3 정상회의'를 '동아시아 정상회의'로 전환하며 카타르 도하에서 개최되는 WTO 총회에서 출범하게 될 뉴라운드의 개시를 지지하는 논의가 이루어졌다.

각국 정상들은 9 · 11 미 테러사태 이후 국제적으로 점증하고 있는 안보위협과 테러에 적극적으로 공동대응하기 위해 국제 및 지역차원에서 협력강화 방안을 논의하였으며 'ASEAN과 한 · 중 · 일 반(反)테러선언'을 채택하였다.

또한, 역내 무역 및 투자자유화(trade and investment liberalization)를 강화하기 위한 노력을 경주할 것과 'ASEAN + 3 재무장관회의'를 개최하여 '동아시아 비전그룹(EAVG) 보고서'를 논의하는 등 다양한 의제에 대한 진지한 논의가 이루어졌다.

이번 5차 정상회의에서 논의된 주요 의제를 살펴보고자 한다.4)

1. 동아시아 경제협력의 제도적 강화

각국 정상들은 'ASEAN + 3 정상회의'를 '동아시아 정상회의'로 전환하여 동아시아의 협력을 제도적인 측면에서 강화하기로 하였다. 사실 기존의 'ASEAN + 3 정상회의'는 성격상 정례적인 'ASEAN 정상회의' 기간 중 일정시간에 ASEAN 정상들과 한 · 중 · 일 동북아 3국의 정상들이 회동하는 형식이어서 기본적으로 'ASEAN 정상회의'에 동북아 3국 정상들이 초대받은 것이라고 할 수 있다. 따라서 'ASEAN + 3 정상회의'가 진정한 의미에서 실질적인 동아시아 전체의 정상회의라기 보다는 동북아와 동남아로 나누어진 정상회의이며 지역적으로 양분된 회의체라고 평가할 수 있다.

4) 대외경제정책연구원, 세계경제, 2001. 11. 참조

따라서 동아시아지역이 북미·유럽에 대응할 수 있는 경제권을 효과적으로 구축하기 위해서는 'ASEAN+3 정상회의'가 지역적으로 양분된 정상회의가 아닌 실질적인 의미에서 '동아시아 정상회의'로 거듭나야 한다.

2. 동아시아자유무역지대의 창설

동북아지역은 세계경제의 블록화 추세 속에서 그 어느 지역경제블록(regional economic bloc)에도 포함되어 있지 않아서 교역·투자측면에서 타 지역보다 상대적으로 불리한 상황에 직면해 있다. 특히, 한국은 가장 큰 타격을 입게 될 것으로 분석되고 있다.

사실상 동남아시아 각국은 AFTA를 통해 역내경제블록을 형성하였고 중국은 대만·홍콩 및 동남아시아의 화교권 경제를 포함하는 거대한 '중화경제권'을 형성하고 있으며 일본은 싱가포르, 멕시코와 자유무역협정을 체결한데 이어 ASEAN과도 FTA를 활발하게 추진하고 있다. 한국도 칠레, 싱가포르, EFTA와 FTA를 체결한 이후 일부 국가와 FTA 협상을 전개하고 있으나 다수 경제학자들은 중국, 일본에 비해 FTA 추진속도가 뒤처진다는 우려를 나타내고 있다.

이에 따라 한국은 '동아시아자유무역지대'의 창설을 검토하기 위해 '동아시아포럼'을 제안하였는데 동 포럼은 정부와 민간전문가로 구성되어 '동아시아자유무역지대' 창설의 타당성과 추진전략을 검토하게 된다.

한편, '동아시아자유무역지대'의 창설은 동아시아뿐만 아니라 한·중·일 동북아 3국의 경제협력을 더욱 강화하는 계기가 될 것으로 전망된다.[5)]

3. ASEAN + 3 재무장관회의의 활성화

세계경제의 침체에 대응하고 이 지역의 경제활성화 및 금융안정을 기하기 위해서는 동아시아 국가간 교역·투자 및 금융협력이 긴밀히 이루어져야 한다. 즉, 경제협

5) 경제발전단계가 상이한 동 지역에서 자유무역지대의 창설은 다수의 과제를 안고 있다. 따라서 역내국가간 주요 과제를 효과적으로 해결하기 위해서는 '동아시아자유무역지대'의 창설은 중장기적인 목표로 추진되어야 한다.

력의 효율성 및 역내금융위기의 사전예방능력을 제고하기 위해 'ASEAN + 3 재무장관회의' 등 실무대화채널을 통해 역내금융과 경제상황에 대한 상호 정보를 교환하고 정책적 협의를 활성화해야 한다.

3.1 동아시아 금융협력 논의

최근 들어 동아시아 경제협력은 1997년 동아시아 외환위기를 계기로 무역과 투자보다는 금융분야의 협력이 더욱 중요시되고 있다. 동아시아의 금융협력에 대한 논의는 'ASEAN + 3 정상회의'가 개최된 1997년부터 시작되었다고 할 수 있다. 당시 태국을 시초로 하여 인도네시아 등 동남아시아 국가들에서 시작된 금융위기가 한국 등 동북아시아 지역으로 확대되자 동아시아 국가들은 금융위기(financial crisis)를 역내의 가장 중요한 문제의 하나로 인식하고 이로 인한 피해의 축소와 제2의 금융위기를 방지하기 위한 방안에 대해 논의를 하기 시작하였다.

1999년 '3차 ASEAN + 3 정상회의'에서는 역내 금융위기를 방지하기 위해 'ASEAN + 3 정상회의' 체제를 통해서 동아시아 역내 금융지원 메커니즘을 강화할 것에 합의한 바 있다.

3.2 치앙마이 이니셔티브

태국 치앙마이에서 2000년 5월 개최된 'ASEAN + 3 재무장관회의'에서 역내 외환위기에 대비하기 위하여 '치앙마이 이니셔티브(Chiangmai Initiative)'를 추진하기로 합의하였다. 치앙마이 이니셔티브의 목표는 한・중・일 3국과 ASEAN 각국 중앙은행 간에 상대국의 금융위기시 약정금액을 지원하는 양자간 SWAP/Repo 계약네트워크의 구축이라고 평가할 수 있다. 또한, ASEAN 5개국 통화스왑계약(currency swap agreement)을 모든 ASEAN 회원국으로 확대하여 향후 발생할지도 모를 제2의 외환위기를 사전에 방지하는 것을 내용으로 하고 있다.

한편, 2001년 5월 하와이에서 개최된 'ASEAN + 3 재무장관회의'에서는 양자간 스왑계약협상이 진전되는 상황을 발표하고 이를 보다 적극적으로 추진하기로 합의하였다.[6]

---

6) 한국도 현재 일본과 기존 50억 달러에 20억 달러를 추가한 스왑계약을 체결하였으며 중

4. 역내 최빈개도국 지원 강화

각국 정상들은 역내 최빈개도국(캄보디아, 미얀마, 라오스 등)에 대한 지원을 강화하기로 합의하였는데 주지하는 바와 같이 동아시아지역에는 세계 2위의 경제대국 일본, 5위 대국 중국, 경제규모는 작지만 경제의 질적인 면에서 선진대열에 올라서 있는 싱가포르, 그리고 경제규모 및 교역수준이 세계 10~11위 수준인 한국 등과 상기(上記)한 최빈국들이 공존하고 있는 실정이다. 따라서 역내 경제협력이 효과를 거두기 위해서는 최빈국에 대한 지원이 필수적이라 할 수 있다.

특히, 동아시아지역내의 동북아지역, 그 중에서도 한국과 일본은 동아시아에 대한 경제 지원국의 입장에 있다고 평가할 수 있으며 그 동안 다양한 형태로 이 지역 개도국 또는 최빈국들을 지원하는 사업을 시행하고 있다.

한편, 4차 정상회의에 이어 이번 5차 정상회의에서도 역내지역간 갈등과 빈부격차를 해소하기 위해 역내국간 정보화격차(digital divide)를 해소하고 인적자원(human resources)을 개발하는 등 경제협력이 긴요하다는 데에 각국 정상들이 공감하고 이를 지원하는 방안을 향후 심도있게 논의하기로 하였다.

5. 동아시아비전그룹(EAVG) 보고서

이번 '5차 ASEAN + 3 정상회의'에서 가장 주목을 받은 의제는 동아시아비전그룹 보고서라고 할 수 있다. EAVG는 1998년 베트남에서 개최된 '2차 ASEAN + 3 정상회의'에서 한국의 제안으로 설치되었으며 13개 회원국에서 각각 2명씩 총 26명의 전문가들로 구성되었다. 1998년말 말레이시아의 마하티르 수상이 '동아시아경제협의체(EAEC)'의 창설을 주창한 바 있으나 미국, EU 등의 반발과 역내 회원국들의 적극적인 참여부족으로 진전을 보지 못하였다. 그러나 1997년 동아시아 외환위기 이후 지역경제협력체의 구축 필요성을 동아시아 각국이 인식하게 되면서 'ASEAN +

국·태국 및 여타 동남아국가들과도 스왑계약을 추진 중에 있다.

3 정상회의'가 정례화되었고 이후 동아시아 경제협력에 대한 논의가 활성화되고 있다.

EAVG의 의미, 주요 내용 및 평가에 대해 살펴보고자 한다.

5.1 동아시아비전그룹 보고서의 의미

EAVG 보고서는 동아시아경제협력의 청사진을 제시했다는 점에서 큰 의미를 부여할 수 있다. 사실 '동아시아자유무역지대', '동아시아통화기금' 등 일부 제안사업은 현실적으로 단기간내에 추진되기는 어렵지만 EAVG 보고서에서 지적한 '동아시아공동체'를 구축하기 위해서는 필수적인 사업이라고 평가할 수 있다.

5.2 동아시아비전그룹 보고서의 주요 내용

EAVG 보고서는 동아시아지역이 지향(指向)해야 할 목표로 동아시아공동체(East Asian Community)의 형성을 지적하였으며 이러한 목표를 달성하기 위해 경제·사회·문화·정치 등 각 방면에서 다양한 협력방안을 제안한 동아시아 협력에 대한 청사진이라 할 수 있다.

EAVG는 지난 2년간 5차례의 회의를 통해 EAVG 보고서를 작성하여 이번 5차 정상회의에 제출하였다. 세계경제가 WTO체제 출범 이후 다자주의(multilateralism)체제로 나아가면서도 각 지역별로 경제블록을 형성하는 지역주의(regionalism)가 강화되고 있다. 이 같이 세계경제질서가 급변하고 있음에도 불구하고 그 동안 동아시아지역에서는 지역협력을 강화하기 위한 인식이 부족하였고 구체적인 논의가 이루어지지 못하였다고 평가할 수 있다. 따라서 동아시아지역의 협력수준을 제고시키기 위해서는 동아시아 전 지역이 공감대를 형성할 수 있는 장기발전계획과 비전(vision)이 제시되어야 하며 이러한 역할을 충실히 수행하기 위해 EAVG가 결성되었다고 할 수 있다.

EAVG 보고서가 제안한 사업 중 경제부문과 관련한 핵심내용을 간략히 살펴보고자 한다.

(1) 무역활성화

EAVG 보고서는 무역활성화와 관련하여 동아시아자유무역지대를 APEC의 보고르(Bogor) 목표 이전에 설립할 것을 제안하고 있다. 이를 달성하기 위해서 구체적

전략을 수립하기 위한 각료급회의를 개최할 것을 권고하였다. 또한, 무역자유화(trade liberalization)로 인한 경제적 혜택(economic benefit)을 역내 회원국들이 공유(共有)하기 위해 역내 저개발국들(underdeveloped countries)을 위한 일반특혜관세 및 특혜조항의 도입을 강조하였다.

(2) 투자환경조성

역내투자환경의 조성과 관련하여 '동아시아 투자정보네트워크(EAIIN)'의 설립·중소기업의 투자증진 및 행정·금융지원체제의 수립·동아시아투자지역(EAIA)의 설립 등을 제안하였다.[7)]

(3) 역내지역개발

역내지역개발을 위해 동남아성장지대 내의 자원과 인프라를 공동개발할 것과 이를 위해 금융지원과 민간기업들의 적극적 참여를 권고하였다. 특히, 사회간접자본(SOC), 정보통신기술(IT), 인적자원개발 등의 분야에 우선적으로 지원을 확대할 것을 제안하였다.

또한, 역내 저개발국에 대한 ODA를 확대하고 기술이전 및 공동기술개발을 통한 역내협력강화를 강조하였다.

(4) 금융분야 협력

EAVG 보고서는 금융분야의 협력으로 '동아시아차입협정(East Asian Arrangement to Borrow)' 또는 '동아시아통화기금(EAMF : East Asian Monetary Fund)'의 설립을 제안하였다. 금융분야의 구체적인 협력사업으로 다음 3가지가 지적되었다.

① IMF 기능보안을 위한 역내 모니터링(monitoring)과 감시체제의 강화
② 거시경제 및 금융분야의 의견교환을 위한 포럼 설립
③ 금융안정 및 경제개발을 위한 역내 환율 공조체제 추진

---

7) EAIA와 관련하여서는 아세안투자지역(AIA)을 동아시아지역으로 확대하는 내용을 담고 있다.

5.3 EAVG 제안사업에 대한 평가

EAVG가 제시한 보고서에 나타난 역내 협력사업 중 가장 핵심적인 부문은 동아시아자유무역지대(EAFTA : East Asian Free Trade Area)의 설립이다. 이 2가지 부문을 간략히 평가해 본다.

(1) 동아시아자유무역지대의 설치

동아시아자유무역지대의 설치에 대해서 아직 역내 회원국들의 인식과 지지가 낮은 수준에 머물러 있다고 평가할 수 있다. 현재 동남아지역은 AFTA가 2002년 중에 목표관세율(0~5%)을 달성하고 교역자유화를 위한 여러 관련조치들을 추진 중에 있으며 중국은 ASEAN과의 FTA 체결에 원칙적으로 합의를 보고 있는 상황이고 일본은 2002년 1월 13일 처음으로 싱가포르와 자유무역협정(FTA)을 체결하였다.

2001년말 이후 아시아경제권에 대한 주도권 쟁탈에 있어 일본과 중국의 움직임이 활발해지고 있는 가운데 고이즈미 준이치로 일본총리는 2002년 초에 고촉통 싱가포르 총리와 회담을 갖고 자유무역협정을 포함한 '일-싱가포르간 경제제휴협정'에 정식 조인하였다. 이어 고이즈미 총리는 2002년 1월 14일 동아시아 외교기본방침 정책연설에서 동남아국가연합(ASEAN)과의 자유무역을 포함한 포괄적 경제제휴 구상을 정식 제안하였다. 아시아국가 간의 FTA는 이번이 처음으로 이를 계기로 한·중·일을 비롯한 동아시아 국가들이 추진 중인 '동아시아자유무역지대' 구상이 가속화될 전망이다.

한국은 그 동안 경제성장의 핵심전략으로 채택해 왔던 수출지향적인 경제성장 전략(export-oriented economic growth strategy)을 향후에도 유지할 수밖에 없는 입장이며 따라서 다자차원 또는 지역차원에서도 무역자유화가 우리경제에 이득이 됨은 자명한 사실이다. '동아시아자유무역지대'의 설치가 한국경제에 미치는 영향에 대한 국내 경제학자들의 연구결과에 따르면 동아시아자유무역지대의 결성으로 한국은 국내총생산(GDP) 2.14%, 수출 30%, 수입 25%, 무역수지 8억 8,000만 달러를 개선시킬 수 있을 것으로 분석되었다.

현실적인 여건을 고려할 때 동아시아자유무역지대는 중장기적인 관점에서 추진되어야 할 것으로 전망되며 회원국간 동아시아자유무역지대 결성을 위한 논의가 활발하게 이루어질 것으로 기대되고 있다.

(2) 동아시아통화기금의 설립

1997년 동아시아 외환위기 직후 일본이 제안하였던 아시아통화기금(AMF : Asian Monetary Fund) 설립 제안은 미국과 미국이 주도하고 있는 IMF 등의 반대로 무산된 바 있다. 따라서 이러한 현실을 감안하여 EAVG 보고서는 IMF의 기능을 보안하는 장치로서 EAMF의 설립을 제안하고 있다. 즉, EAMF의 기능을 IMF를 대체하는데 두지 않고 역내 금융위기에 보다 효율적으로 대처하기 위해 IMF의 지역적인 기능을 보완하는데 국한시키고 있다. 그렇게 함으로써 미국 등 역외국들의 반대를 완화시킬 수 있을 것으로 기대하고 있다.

6. 한국에의 시사점

이번 '5차 ASEAN + 3 정상회의'는 주요 선진권경제의 침체와 더불어 세계경제가 동반불황을 겪고 있는 상황 하에서 동아시아 국가들의 경제협력을 모색하는 중요한 계기가 되었다고 평가할 수 있다. 이번 정상회의에서 검토한 EAVG 보고서는 궁극적으로 동아시아지역의 경제공동체를 구축하고 세계경제에서의 동아시아지역의 위치를 공고히 하는데 중요한 역할을 할 것으로 기대된다.

현실적으로 EAVG가 제시하는 여러 가지 제안들이 실효성을 거두기 위해서는 동아시아 지역협정이 다자체제와 합치 내지는 보완하는 기능을 할 수 있음을 미국을 비롯한 주요 역외국들에게 인식시켜야 될 것으로 보인다. 이러한 역할을 하는데 있어서 한국은 역내 회원국들과 긴밀하게 협조해야 한다.

한편, 동남아시아지역을 비롯한 동아시아지역은 한국의 중요한 교역파트너이며 특히 동남아시아는 우리에게 지속적으로 무역수지흑자를 가져다주는 지역이므로 전략적인 측면에서 경제협력을 더욱 강화시켜야 한다. 또한, 세계화 및 경제블록화가 가속화되고 있는 상황 하에서 중국과 일본을 비롯한 동아시아지역과의 역내협력에 대한 중장기적 전략을 나름대로 수립하고 구체적인 협력방안을 모색해야 한다. 주요 지역과의 자유무역협정(FTA) 체결도 적극적으로 추진해서 향후 동아시아 경제협력 틀을 구축하는데 있어서 중추적인 역할을 수행할 수 있어야 한다.

〈표 11-2〉 주요 제안사업 현황

제안연도	사 업 명	경 과
1998	EAVG 창설	· 1999. 10 제1차 회의(창설), 2001. 5 제5차 회의(종료) · 2001. 11 제5차 ASEAN+3 정상회의에 EAVG 보고서 제출
1999	업종별 민간협의회	· 2000. 5 제1차 대표간사회의 개최(서울) · 정보통신부문 민간협의회 설립 관련 - 2001. 7 정보통신 민간협의회 주관기관회의 개최(서울) - 2001. 11 베트남, 캄보디아 주관기관과의 협의 - 2002. 10 ASEAN+3 정보통신민간협의회 총회 개최 · 관광부문 민간협의회 설립 관련 - 2001. 6 관광부문 민간협의회 구성을 위한 사전협의회 개최 - 2001. 10 아세안관광 포럼과의 연계 제안
2000	EASG 설치	· 2001. 3 제1차 회의(창설) · EAVG 제안 57개 협력사업 중 단기조치 17개, 중·장기조치 9개 선정 완료 · 2002. 11 제6차 ASEAN+3 정상회의시 보고서 제출
	외환위기 재발방지를 위한 협력	· 치앙마이 이니셔티브에 따른 역내 통화 SWAP 협정 체결 -한국 : 일본(완료, 50억 불+20억 불), 중국(계약절차 진행중, 20억불), 태국(계약절차 진행중, 10억불), 필리핀·말레이시아(협의중) -일본 : 한국(완료, 50+20억 불), 태국(완료, 30억 불), 필리핀(완료, 30억불), 말레이시아(완료, 10억불), 중국(완료, 30억불), 싱가포르·인도네시아(협의중) -중국 : 태국(완료, 20억 불), 일본(완료, 30억 불), 한국(계약 절차 진행중, 20억불), 말레이시아·필리핀(협의 착수) · 투기성 단기자본(hot money) 감시체제 마련 -한국·일본·태국·베트남·필리핀·인도네시아·브루나이 등 7개국이 현재 양자간 자본이동자료 교환에 합의하고 실무협의 추진중 · 외환위기 예측방안 마련 -현재 ADB 주관으로 역내 외환위기 조기경보체제 기본모델 개발 추진(2001. 12 태국에서 1차 워크샵 개최)
	동아시아 특별협력 기금 설치	· 2001. 7 기본계획 확정(한·중·일 3국이 1,500만 불 기금 조성) · 기금설치에 대한 일·중의 소극적 반응으로 한국 주도로 중국, 일본 및 세계은행 등 국제기구와 협조하여 프로젝트 베이스로 동아시아 정보격차(digital divide) 해소사업 추진키로 결정 · 2001. 11 제5차 ASEAN+3 정상회의시 특별기금의 조성보다는 특별프로그램 설치에 의한 역내 정보격차 해소를 추진한다는 의미의 '동아시아 특별협력 이니셔티브' 제안

〈표 11-2〉 이어서

2000	동아시아 IT 인턴십 프로그램	· 2002년 중 100명의 동아시아 연수생을 초청, IT분야 기초교육 및 민간기업에서 현장실습 위주의 교육 실시 - 전자상거래, 광전송기술, 초고속정보통신기술, 멀티미디어 컨텐츠(multimedia contents), 네트워킹 시스템 등 5개 과정에 20명씩 연수 실시 - 사업규모 : 50만 불(KOICA 예산)
	ASEAN국가 표준 및 적합판정 능력 배양	· 2001. 10 ASEAN 국가표준제도 및 정밀측정에 대한 연수실시 (한국표준과학연구원) · 2002. 10 ASEAN 국제표준화 적합성평가 구축에 대한 연수실시 (산자부 기술표준원)
	동아시아 백신프로그램	· 2002년도 KOICA 무상협력사업 예산 기확보(50만 불) · 2002. 5 사업대상국에 KOICA 사전조사단 파견 · 2002. 8 국제백신연구소측과 협의, 사업내용 확정
2001	동아시아 지역협력 강화	· EASG에서 동아시아 정상회의 · 동아시아 포럼 · 동아시아 자유무역지대 구상 포함 동아시아 지역협력 방안 중점 검토 중
	동아시아 특별협력 이니셔티브 추진	· 2002년도 사업예산 100만불 기확보(정통부, 일반회계) · 2002. 5 동 사업실시 계획(안) 확정을 위한 관계기관회의 개최 - IT 인프라 구축 지원 및 IT 교육 훈련 실시(신형 컴퓨터 100대 지원 계획) - IT 기술 · 정책자문 제공 - 국제심포지엄 개최 및 ASEAN+3 정보통신민간협의회 운영 지원
	후발 ASEAN 국가에 컴퓨터 300대 제공	· 2002년 KOICA 무상협력사업에 반영(30만 불 기확보) - 캄보디아 · 라오스 · 미얀마 · 베트남에 국별로 신형 컴퓨터 지원 - '동아시아 특별협력 이니셔티브'상의 신형컴퓨터 100대 공여 계획과의 사전 조율 필요 · 2002. 5 노동부가 베트남에 중고컴퓨터 700대 기(旣) 기증
	ASEAN+3 중소기업통합정보 검색사이트 구축	· 2002. 6. 3 기준 일본을 제외한 12개국 focal point 지정 · 2002. 6. 11~12 서울에서 W/G 회의 개최
	중견 ASEAN 고위관리 초청, 연수	· 한국개발연구원(KDI) 주관으로 동 사업을 추진하되 예산은 한 · ASEAN 협력기금 활용 - 2002. 4 제6차 한 · ASEAN Dialogue시 ASEAN 측에 예산 지원 요청

〈표 11-3〉 ASEAN+3 경제장관회의 후속조치

[1. ASEAN+3 승인사업]

일련번호	사 업 명	제 안 국
1	ASEAN국가 적합성 평가능력 배양	한 국
2	ASEAN 중소기업 경쟁력 강화 (중소기업인 초청 연수)	말레이시아, 미얀마
3	환경보호기술연수 프로그램	중 국
4	IT 기술자 공동자격기준 이니셔티브	일 본
5	메콩강유역 인적개발사업	태 국
6	ASEAN 인공위성 영상자료 공동 활용	태 국
7	e-학습이니셔티브	일 본

[2. 신규 및 미승인사업(검토 요망)]

일련번호	사 업 명	제 안 국	한 · 중 · 일 지지국
1	ASEAN+3 산업협력 연구사업	인도네시아	한국
2	ASEAN 영상회의 체제 구축	말레이시아	
3	동아시아 경쟁정책 정보 교환	필리핀	
4	동아시아 유기농검사 인증기구 설립	필리핀	
5	ASEAN+3 연예산업 진흥	태 국	일본
6	ASEAN 식량안보 정보시스템 구축	태 국	한국
7	2003 아시아 인큐베이터사업	태 국	일본
8	다중언어 번역기 개발	태 국	
9	ASEAN 기술센터 건립	베트남	
10	중고컴퓨터 기증사업	캄보디아	한 · 중 · 일

〈표 11-4〉 EASG에서 선정한 협력조치 목록(26개)

		구 체 내 용
단기 협력조치	경제적 협력	· 동아시아 Business Council 설립 · 최빈개도국에 대한 GSP 지위 및 특혜조치 부여 · 해외직접투자(FDI) 확대 위한 투자유인환경조성 · 동아시아 투자정보, 네트워크 설립 · 성장지대 내 자원 · 인프라 공동개발, 금융지원 및 민간참여 장려 · 인프라, IT, 인적자원개발 등 3개 우선분야의 지원 및 협력 제공 · 기술이전 및 공동기술 개발을 통한 협력- FDI 및 전략적 제휴 (strategic alliance) · 인터넷 access 확대를 위한 인터넷 IT 공동개발 및 통신 인프라 구축
	정치적 협력	· 해적, 마약 거래 등 새로운 안보문제에 있어서의 협력메커니즘 강화 · 동아시아 think tanks 네트워크 구축
	사회 · 문화 · 교육 협력	· 빈곤감소 프로그램 수립 · 기초 의료서비스 제공을 위한 공조 · 포괄적 인적자원개발 프로그램의 이행 · 동아시아 정체성 및 공동체 의식 함양을 위해 문화, 교육기관과의 공동노력 · 예술, 문화재 및 문화유산의 보존을 위한 네트워크 증진 및 전문가 교류 · 역내 동아시아 연구 증진
	제도적 협력	· 동아시아포럼 설립
중 · 장기 협력조치	경제적 협력	· 동아시아자유무역지대 설립 · 중소기업에 의한 투자 확대 · ASEAN 투자지대 확대를 통한 동아시아 투자지대 설립
	금융협력	· 동아시아 차입협정 또는 동아시아 통화기금 설립 · 금융안정 및 경제개발을 위한 역내 환율공조체제의 긴밀화 추진
	환경에너지협력	· 에너지 정책 및 전략 기본방향 수립 및 범ASEAN 에너지 네트워크 프로젝트 형태의 이행계획 수립 · 동아시아 전역에서의 해양환경협력 증진
	사회, 문화, 교육협력	· 시민참여 및 국가-시민 partnership 증진을 위한 정책자문 및 공조에 있어서 NGO와 긴밀한 협력
	제도적 협력	· 동아시아 정상회의

제12장

EAS

2005년 12월 14일 '제1차 동아시아 정상회의(EAS : East Asia Summit)'가 말레이시아 쿠알라룸푸르에서 개최되었다. 기존의 동남아시아국가연합(ASEAN)과 한국, 중국, 일본 등 총 13개국으로 구성된 'ASEAN+3 정상회의'에 호주, 뉴질랜드, 인도가 신규참여국으로 초청됨으로써 동아시아의 지역협력(regional cooperation)은 새로운 전환점을 맞이하게 되었다.[1)]

동아시아 정상회의 개최와 관련하여 그 동안 ASEAN+3 회원국 간에는 신규참여국 확대로 지역적 정체성과 동질성(regional identity and homogeneity)이 모호해지고 있다는 비판적 시각이 제기되고 이 지역에 대한 중국과 일본의 패권경쟁이 치열해지면서 지역통합(regional integration)에 대한 다수의 논란이 자주 발생되었다. ASEAN+3 협력체제가 동아시아 정상회의로 발전해 나가야 한다는 데는 기본

1) ASEAN을 포함하여 16개국 정상이 참여한 이번 동아시아 정상회의에서는 ASEAN+3 정상회의와 상호보완적으로 발전해 나가야 할 것임을 표명하고, ASEAN 회원국을 의장국으로 하여 동아시아 정상회의를 매년 정례적으로 개최키로 합의한 바 있다. 이번 회의의 주요 의제는 역내 안전보장 및 외교 · 안보분야 협력이며 동아시아 평화와 안정 및 경제적 번영(economic prosperity)을 도모하기 위한 동아시아 정상회의의 비전과 역할을 담은 '쿠알라룸푸르 선언문'이 채택되었다(수출입은행, 수은해외경제, 2006. 1. pp. 12-27. 요약 · 재구성).

적으로 공감대가 형성되어 있으나 ASEAN+3 운영방식에서 동남아와 동북아국가 간에 동등한 입장에서 고려되어야 한다는 점에서는 이 지역국가들 간에 상당한 이견이 노출되기도 하였다. 그러나 ASEAN의 주도적 역할이 그대로 인정되는 가운데 신규가입국 확대라는 구도로 진행되어야 한다는 데 대해 다수의 국가들 간에 합의점이 도출되었다.

한편, 한국으로서는 동아시아 정상회의는 물론 'ASEAN+3', 'ASEAN+1' 등 가능한 한 역내 협력체제를 충분히 활용해야 한다. 특히, 안보 및 정치외교기구로서 동아시아 정상회의의 역할을 강화시킴으로써 한반도 긴장완화 등 동아시아 집단안보체제 정착에 기여하는 방안을 적극적으로 모색해야 할 필요가 있다. 동아시아 정상회의를 계기로 역내 협력채널이 다각화되고, 신규참여국들과의 협력관계 강화에 기여할 수 있다는 측면에서 긍정적인 효과를 기대할 수 있다.

제1절 EAS의 탄생배경

동아시아 정상회의가 2005년 12월에 개최될 수 있었던 배경을 이해하기 위해서는 ASEAN+3 협력체제에서 ASEAN의 역할과 위상에 대한 기본적인 이해가 필요하다. 동아시아 경제의 비약적인 성장과 상호의존성(interdependence)의 증대에도 불구하고 그 동안 제도적 측면에서 경제통합 움직임은 활발히 추진되지 않았다. 다만 정치·안보협의체로서 출범한 ASEAN만이 지역적 결속력을 토대로 지속적으로 경제 및 산업협력(economic and industrial cooperation)을 추진한 결과 1992년 'ASEAN 자유무역지대(AFTA)'가 출범하였으며, ASEAN 회원국들 간에 역내 관세인하를 단계적으로 추진하면서 무역자유화(trade liberalization)를 확대해 왔다.

동아시아 차원에서는 1990년에 말레이시아의 마하티르(Mahatir) 총리가 '동아시아 경제협의체(EAEC : East Asian Economic Caucus)[2] 구상을 제안하여 1993년 7

2) 말레이시아 마하티르 총리는 당초 EAEG(East Asian Economic Group)을 주장하였으나, 제안내용이 ASEAN에 의하여 공식 채택되면서 EAEC로 명칭이 변경되었다.

월 ASEAN 외무장관회담에서 공식 합의되면서 구체화되기도 하였으나 미국의 견제와 일본의 소극적 태도로 결국 무산되었다.[3] 그럼에도 불구하고 냉전체제(Cold War System) 붕괴 이후 동아시아 역내에서는 정치・안보적 이슈보다 경제적 이슈를 우선시하는 새로운 패러다임이 전개되었다. 즉, 중국, 베트남 등 아시아 사회주의 국가들의 개혁・개방체제로의 전환으로 이 지역의 긴장완화와 역내 경제교류가 활성화되었다.

이러한 가운데 ASEAN은 중국과 함께 선진국 중심의 아・태 경제질서에 이의를 제기하면서 지속적으로 동아시아 경제권의 독자적인 행보를 강조하였다. 특히, ASEAN 주도로 역내 협력기반이 확대되고 1994년 10월 싱가포르의 고촉동 총리가 제안한 '아시아・유럽정상회의(ASEM)'가 출범함으로써 EU에 상응하는 동아시아 차원의 지역협의체 구성의 필요성에 대한 인식이 역내에 확산되는 계기가 조성되었다. 1996년 동아시아 10개국(ASEAN 7개국, 한국, 중국, 일본)과 유럽 15개국이 참가하는 제1차 회의가 태국 방콕에서 개최되고 동아시아 국가 간의 협력강화 필요성이 대두되기 시작하면서 동아시아 국가들에 있어서는 EU에 상응하는 역내 협의체 구성의 필요성이 제도적 측면에서 본격적으로 논의되었다.

또한, 1997년 ASEAN 창설 30주년을 맞이하여 말레이시아 쿠알라룸푸르에서 개최된 ASEAN 비공식 정상회담에 한국을 포함, 중국과 일본이 초청됨으로써 'ASENA+3 정상회담'이 드디어 태동하게 되었다. 그러나 ASEAN+3 협력체제가 실질적으로 기능할 수 있게 된 직접적인 배경으로 동아시아 외환위기(East Asian Foreign Exchange Crisis)를 지적할 수 있다. 1997년에 태국에서 촉발된 외환위기가 동아시아 지역으로 급속히 확산되면서 지역경제협력(regional economic cooperation)에 대한 제반 논의를 촉발시켰고, 역내 경제위기 극복을 위한 다양한 방안이 본격적으로 제기되었다.

이에 따라 1998년 베트남 하노이에서 개최된 ASEAN+3 정상회담에서는 동아시

3) 미국은 1991년 11월 베이커 국문장관을 통해 한・일 통상장관에게 각각 EAEC 불참을 요청한 바 있으며 1992년 1월 부시(Bush) 대통령은 싱가포르 및 일본 방문 시 EAEC를 무역장벽으로 간주한다는 입장표명을 한 바 있다. 클린턴(Bill Clinton) 행정부도 EAEC에 대해 여전히 APEC의 진전에 장애가 될 것이라는 이유로 반대해 왔고, 일본도 아시아의 경제협력은 미국, 호주, 캐나다를 포함한 APEC을 중심으로 추진되어야 한다는 기본입장을 고수해 왔다.

아 외환위기 이후 역내 경제위기 극복을 위한 지역협력 방안이 본격적으로 논의되었다. 이를 계기로 ASEAN과 동북아 3국은 역내 지역적 동질성을 확인하게 되었다. 즉, ASEAN과 동북아 3국 정상회담은 역내 국가들의 거시경제정책(macro-economic policy)을 조화시킴으로써 환율불안정 요인을 제거하고 외환위기 재발방지를 위한 단기자본 유·출입에 대한 규제 등이 역내 공동현안으로 제기됨으로써 역내 주요 현안들을 본격적으로 논의할 수 있는 제도적 기반의 구축에 기여할 수 있게 되었다.

〈그림 12-1〉 ASEAN+3 협력체제의 주요 현황

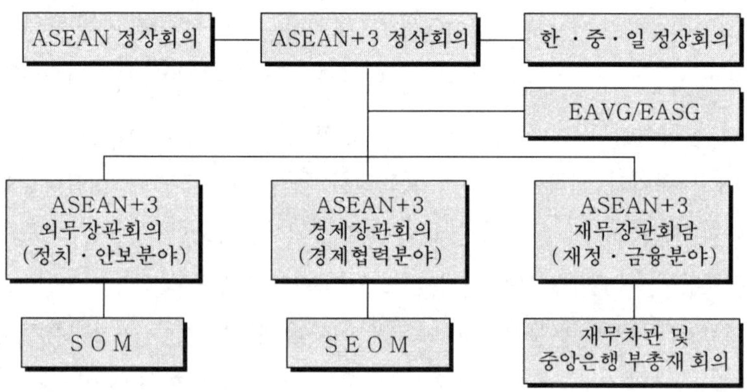

1999년 필리핀에서 개최된 ASEAN+3 정상회의에서 '동아시아 협력에 관한 공동성명'이 채택되고, 정상회의가 연례화됨에 따라 2000년 이후에는 외무, 통상, 재무분야와 함께 환경, 노동, 농업, 관광 등의 다양한 분야에서 장관급회담이 개최됨으로써 역내에는 총 8개 장관급 회의가 개최되고 있다. 이 같이 동아시아 외환위기를 계기로 활성화된 ASEAN+3 협력체제는 전술한 바와 같이 단기간임에도 불구하고 회의외교(conference diplomacy)를 통해 정치·경제적인 역내 협의체로 발전하게 되었다.

ASEAN+3 정상회의가 타 정상회의에 비해 상대적으로 단기간임에도 불구하고 실질적인 협력체제로 기능하게 된 데는 ASEAN의 역할이 컸다고 평가할 수 있다. 당초 ASEAN+3 정상회의는 구속력이 약한 협의체로서 출발하였으나 ASEAN의 기존 운영메커니즘에 기초하여 경제협력은 물론 정치・안보분야 및 사회・문화분야 등 다양한 역내 이슈를 다각적으로 협의할 수 있는 지역대화체제(regional dialogue system)로 발전하게 되었다.

동아시아 정상회의 개최와 관련하여 주목할 것은 ASEAN+3 협력체제의 진로와 협력과제에 대해 한국이 제안한 '동아시아비전그룹(EAVG)'과 '동아시아연구그룹(EASG)'의 역할이다. 이를 통해 동아시아 공동체비전이 제시되고, 동아시아 역내 협력사업의 일환으로 동아시아 정상회의가 구체적인 구상으로 제안되었다. 1998년 ASEAN+3 정상회의에서 한국은 '동아시아비전그룹(EAVG)'의 설립을 제안함으로써 동아시아 협력논의를 사실상 주도하게 되었다. 민간차원에서 13개국 저명인사 26명으로 구성된 EAVG는 Track 2로 운영되면서 '평화, 번영, 발전'을 추구하는 동아시아비전을 제시하고, 중장기 차원에서 다양한 협력방안을 제시한 바 있다. 2001년 제5차 ASEAN+3 정상회의에서 채택된 EAVG 보고서는 ASEAN+3 협력을 기반으로 동아시아 지역협력의 궁극적 목표가 '동아시아 공동체(East Asian Community)' 형성이라는 것을 강조하고 역내 경제통합을 위한 다양한 제안을 정상회의에 보고하였다.

〈표 12-1〉 EAVG 보고서의 경제분야 주요 내용(2001. 11)

① 동아시아 자유무역지대(EAFTA) 추진 :	동아시아 자유무역지대를 APEC의 보고르 목표(2010/2020)이전에 추진하고, EAFTA 검토를 위한 각료급회의 개최 - 역내 최빈국을 위한 일반특혜관세 및 특혜조항을 고려
② FDI 확대를 위한 투자유인환경 조성 :	동아시아 투자정보 네트워크 및 중소기업의 투자증진과 행정・금융 지원체제를 수립 - ASEAN 투자지역(AIA)을 동아시아 전체로 확대하여 동아시아 투자지역(EAIA)설립
③ 자원 및 인프라 공동개발 추진 :	인프라, IT, 인적자원개발 등 3개 우선분야 지원협력 - 역내 저개발국에 대한 공적개발원조(ODA) 확대 - 기술이전 및 공동기술개발을 통한 협력
④ 신경제 하에서 인적자원 배양과 동아시아 정보하이웨이, 역내 소프트웨어 기술 및 멀티미디어 센터 건립, 동아시아 벤처기금 네트워크, 전자상거래 및 인터넷의 활성화 추진	
⑤ 금융협력분야 :	역내차입협정과 환율공조체제 구축, 동아시아 차입협정 또는 동아시아 통화기금(EAMF) 설립 추진

EAVG의 동아시아 공동체 비전이 ASEAN은 물론 역내 국가들의 지지를 받게

되면서 민간차원의 정책제언을 Track 1 차원의 정부차원에서 구체적인 실행계획을 만들기 위해 한국정부가 제안한 '동아시아연구그룹(EASG)'이 2001년 발족하게 되었다. 이에 따라 2002년 캄보디아에서 개최된 제6차 ASEAN+3 정상회의에서 EASG 최종보고서가 승인되었으며 17개 단기협력사업과 9개 중장기사업 등 총 26개 사업이 제시되었다. 〈표 12-2〉에서 알 수 있듯이 EASG 협력사업 중 동아시아 정상회의(EAS)는 중장기 협력사업의 하나로서 동아시아 협력을 위한 ASEAN+3 협력체제의 장기목표로 제시된 바 있다.

그러나 동아시아 지역통합과 관련한 주도권 경쟁이 중국과 일본 간에 치열해지면서 중·ASEAN FTA 추진 합의에 대응하여 2003년 12월 일본이 도쿄에서 ASEAN 정상들을 초청하여 일·ASEAN 정상회의를 개최하자 이에 자극받은 중국은 동아시아 정상회의의 조기개최를 위해 적극적인 외교적 노력을 추진하게 되었다.

EASG 협력사업의 하나로 제시된 동아시아 정상회의 개최는 중장기 과제로서 ASEAN+3 정상회의를 점진적으로 발전시켜 동남아와 동북아가 대등한 입장에서 동아시아 정상회의를 개최하자는 것이었으나 2004년 초반부터 중국이 역내 각종 회의에서 동아시아 정상회의의 조기개최를 주장하고, 말레이시아도 이에 동조하여 ASEAN 회원국을 적극적으로 설득하면서 동아시아 정상회의에 대한 논의는 당초 예상보다 신속하게 진행되었다. 동아시아 지역협력의 제도화에 지대한 관심을 표명해 왔던 말레이시아가 2005년 ASEAN+3 정상회의 의장국으로서 제1차 동아시아 정상회의를 쿠알라룸푸르에서 개최하겠다는 입장을 표명함에 따라 동아시아 정상회의의 조기개최 논의는 급진전되었다.

이 같이 중국과 말레이시아가 동아시아 정상회의 개최를 적극적으로 추진함에 따라 EASG 협력사업으로 이미 합의된 동아시아 정상회의의 개최에 이의를 제기하기 어려워진 일부 국가들은 동아시아 정상회의의 조기개최 주장에 유보적인 입장을 견지하였다. 그러나 인도네시아, 싱가포르, 베트남 등은 동아시아 정상회의의 조기개최에 대해서 중국의 부상과 ASEAN의 영향력 저하에 대한 우려감을 표명하는 등 내부적인 진통에 직면하게 되었다.

결국 말레이시아의 중재로 2004년 11월 제8차 ASEAN+3 정상회의에서 동아시아 정상회의 조기개최에 공식적으로 합의하고 2005년 제9차 ASEAN+3 정상회의를 계기로 제1차 동아시아 정상회의의 개최에 합의하게 되었다. 이 같이 동아시아 정상회의의 조기개최에는 합의하였으나, 동아시아 정상회의의 성격과 위상, 개최빈도, 참여국 확대문제 등 구체적인 운영방안에 대해서는 역내 국가들의 입장차이와 이견이 노출되면서 상당기간 논란이 지속되었다.

〈표 12-2〉 EASG 협력사업 목록(26개)

구 분	협 력 부 문	사업내용 및 주요 조치
단기 협력 사업	경제적 협력	· 동아시아 Business Council 설립 · 최빈개도국에 대한 GSP 지위 및 특혜조치 부여 · FDI 확대를 위한 투자유인환경 조성 · 동아시아 투자정보 네트워크 설립 · 성장지대내 자원 · 인프라 공동개발, 금융지원 및 민간참여 · 인프라, IT, 인적자원개발 등 3개 우선분야의 지원 및 협력제공 · FDI 및 전략적 제휴 · 인터넷 접근 확대를 위한 인터넷 IT 공동개발 및 통신 인프라 구축
	정치적 협력	· 해적, 마약 거래 등 새로운 안보문제에 있어서의 협력메커니즘 강화 · 동아시아 think tanks 네트워크 구축
	사회, 문화, 교육 협력	· 빈곤감소 프로그램 수립 · 기초 의료서비스 제공을 위한 공조 · 포괄적 인적자원개발 프로그램의 이행 · 동아시아 정체성 및 공동체 의식 함양을 위해 문화, 교육기관과의 공동 노력 · 예술, 문화재 및 문화유산의 보존을 위한 네트워크 증진 및 전문가 교류 · 역내 동아시아 연구 증진
	제도적 협력	· 동아시아포럼 설립
중 · 장기 협력 사업	경제적 협력	· 동아시아자유무역지대 설립 · 중소기업에 의한 투자 확대 · ASEAN 투자지대 확대를 통한 동아시아 투자지대 설립
	금융협력	· 동아시아 차입협정 또는 동아시아 통화기금 설립 · 금융안정을 위하여 역내 긴밀한 환율공조체제 추진
	환경, 에너지 협력	· 에너지 정책 및 전략 기본방향 수립 및 범 ASEAN 에너지 네트워크 프로젝트 형태의 이행계획 수립 · 동아시아 전역에서의 해양환경협력 증진
	사회, 문화, 교육협력	· 시민참여 및 국가-시민 파트너십 증진을 위하여, 정책자문 및 공조에 있어서 NGO와 긴밀한 협력
	제도적 협력	· 동아시아 정상회의 개최

제2절 EAS의 추진과정

1. ASEAN

동아시아 정상회의를 개최한다는 합의에도 불구하고 ASEAN은 회원국간 이견으로 구체적인 운영방안을 확정하지 못하였으나 2005년 4월 필리핀 세부에서 개최된 ASEAN 비공식 외무장관회담에서 동아시아 정상회의 참여국 기준에 합의함에 따라 인도, 호주와 뉴질랜드를 신규참여국으로 확정한바 있다.

ASEAN측은 동아시아 정상회의 참여국의 3가지 기준(① ASEAN의 대화상대국, ② ASEAN과 실질적인 협력관계를 맺고 있는 국가, ③ 동남아우호협력조약(TAC)에 가입한 국가)에 합의한 바 있다.

이에 따라 2005년 7월 비엔티엔에서 개최된 연례 ASEAN 외무장관회담(AMM)에서 이미 조건을 충족시킨 인도와 2005년 7월 TAC에 서명한 뉴질랜드, 2005년 12월 TAC 서명의사를 표명한 호주가 신규참여국이 되었다.

이를 통해 ASEAN+1 차원에서 매년 정상회의를 추진하면서 그 동안 실질적인 협력관계를 유지해오고 있는 인도와 CER(호주 및 뉴질랜드)을 동아시아 정상회의 참여국으로 가입시킴으로써 ASEAN은 자신을 중심축(hub)으로 한 지역협력구도를 확대·운영하고자 하는 전략을 실현하게 되었다. 즉, 중국이 제안한 동아시아 정상회의 조기개최에 대응하여 ASEAN은 일정조건을 충족하는 참여국 확대라는 전략하에 '확대 ASEAN+3 정상회의' 형식의 동아시아 정상회의 개최에 주도적 역할을 하게 되었다.

당초 말레이시아와 태국은 동아시아 정상회의 조기개최에 적극적 태도를 취하고, 인도네시아, 싱가포르 등은 유보적 태도를 견지하면서 입장 차이를 보이기도 하였다. 그러나 ASEAN 국가들은 최종적으로 중국이 동아시아 정상회의를 주도하는 것을 견제하기 위하여 신규참여국을 확대키로 합의하게 되었다.

이 같은 측면에서 ASEAN+3 협력체제의 중장기사업으로서 제시되었던 동아시아 정상회의 구상이 당초의 의도를 탈피하여 ASEAN을 중심으로 한 주변국과의 확대 정상회의로 변화되었고, ASEAN으로서는 중국을 견제하면서 역내에서 주도권을 지속하기 위해 동아시아 정상회의 신규참여국 확대라는 현실적인 선택을 하게 되었다고 평가할 수 있다. 중국과 일본의 상호견제와 주도권 경쟁으로 동북아 국가들의 협력에 취약성이 노출됨에 따라 참여국 확대문제에 ASEAN의 입장이 관철되고, 동아시아 정상회의의 운영방안에 있어서도 ASEAN으로서는 동아시아 정상회의의 의장국을 수임하여 ASEAN+3 협력체제와는 별도로 정치 및 안보의제를 중심으로 초보적 수준의 대화체제를 지향하고 있다.

2. 중국

중국은 그 동안 친(親)ASEAN 정책을 통해 중・ASEAN FTA 추진과 함께 '동남아우호협력조약(TAC)'에 가입하는 등 ASEAN 국가들과의 관계를 강화시켜왔다. 역내 지역협력을 위한 패권경쟁에서 이를 기반으로 동아시아 경제통합을 주도하려는 전략 하에 말레이시아와 태국 등의 협조로 동아시아 정상회의의 조기 개최에 역내국들의 합의를 도출하게 되었다. 그러나 전통적으로 중국의 영향력 확대를 우려해온 인도네시아와 베트남, 그리고 ASEAN의 위상 저하를 우려하는 싱가포르 등 역내 국가들의 반대에 직면하게 되어 ASEAN의 영향력을 활용한 ASEAN+3 협력체제의 제도적 기반강화전략은 난관에 처하게 되었다.

이 같이 동아시아 정상회의의 조기개최를 공식화하는 과정에서 역내외 국가들의 견제에 직면하게 된 중국으로서는 참여국 확대로 인해 동아시아 정상회의의 당초 성격이 변하였다는 판단에 따라 역내에서 ASEAN의 주도적 역할을 공개적으로 지지하면서 동아시아 정상회의의 주도적 역할에 연연해하지 않는 입장을 견지하고 있다.

3. 일본

일본의 경우에는 ASEAN 내부의 합의를 전제로 동아시아 정상회의 출범을 지지한다는 입장을 표명해 왔다. 중국이 말레이시아와 공동보조로 동아시아 정상회의의 조기개최를 공식화하자 강한 거부감을 표명하고, 중국의 영향력 증대를 전략적으로 견제하기 위해 동아시아 정상회의의 참여국 확대를 주도해 왔다. ASEAN+3 협력체제에 기반을 둔 동아시아 정상회의가 조기에 개최될 경우 중국의 주도 가능성을 경계해온 일본으로서는 인도, 호주는 물론 미국, 러시아, 유럽연합(EU) 등 역외국의 참여를 주장하면서 중국의 영향력 저지를 위해 주력하였다.

특히, 일본은 중국의 영향력 확대를 우려해온 인도네시아, 싱가포르 등과 공조하면서 미국 등 주변국들의 대중국 견제심리를 활용하여 동아시아 정상회의 참여국을 확대하는데 역점을 두었다. 현재 일본은 동아시아 정상회의 개최와 관련해서 ASEAN+3 정상회의와 상호 보완적 관계를 강조하면서 동아시아 정상회의의 실질적 기구화에 주력함으로써 ASEAN +3 정상회의를 중시하는 중국, 말레이시아 등과 대립적인 입장을 견지하고 있다.

제3절 EAS의 주요 성과

다수의 논란에도 불구하고 2005년 12월 14일 'ASEAN+3 정상회의'와 별도로 개최된 '동아시아 정상회의'는 ASEAN을 포함한 16개국 정상이 참여하여 역내의 공동 관심사와 향후 아시아지역의 협력과 질서 구축방안에 대한 광범위한 협의가 이루어지고 '쿠알라룸푸르 선언'을 공동합의문으로 채택한 바 있다.

동 선언문의 주요 내용을 살펴보면 동아시아 정상회의의 위상과 역할을 정치적 및 경제적 이슈 등 역내 공통 관심사에 대해 광범위하게 취급할 수 있는 협의체로 규정하고, 동아시아 정상회의의 궁극적인 목표를 동아시아 평화와 안정 및 경제적 번영의 도모에 두고 있다. 또한, 동아시아 정상회의는 개방적, 포괄적이며 투명하고 외부지향적인 협의체를 지향하며 ASEAN이 여타 동아시아 정상회의 참가국들과의 파트너십을 바탕으로 주도적 역할을 수행할 것임을 명시하고 있다.

이와 관련하여 동아시아 정상회의 참여국 결정기준도 ASEAN이 설정한 참가결정 기준을 기초로 하고 ASEAN이 의장국을 수임하여 ASEAN 정상회의 개최에 맞추어 연이어 개최하는 것에 합의하였다. 이는 당초 예상했던 ASEAN+3을 토대로 한 '확대 ASEAN+3 정상회의'가 아닌 ASEAN을 중심으로 한 'ASEAN+6' 차원의 협력 체제라는 것을 명시하는 것이어서 주목된다.

동아시아 정상회의가 당초 ASEAN+3 정상회의에서 결정된 사항임에도 불구하고, ASEAN을 중심으로 주변 6개국을 연계한 동아시아 정상회의는 상당부분 당초 예상을 벗어나 ASEAN의 일방적 주도권을 허용하고 있다는 점에서 역내 참여국들의 이해관계가 효과적으로 조정될 수 있을지 의문시된다.

동아시아 정상회의를 매년 정례적으로 개최하는데 합의하고 2006년에는 필리핀 세부에서 '제2차 동아시아 정상회의'를 개최키로 하였다 이 같이 그 동안 논란과 진통을 거듭해 온 동아시아 정상회의의 운영방안에 대해서 ASEAN의 주도권을 인정함으로써 주요 쟁점이 상당부분 해소되었으나 협력의제와 관련해서는 ASEAN+3 협력체제와 뚜렷한 차별성이 없고 지역안보(regional securicy) 문제에 있어서는 ASEAN 지역안보포럼(ARF)과 커다란 차별성을 가지지 못하여 동아시아 정상회의만의 독자적 영역을 확보하기에는 다수의 난관에 봉착할 것으로 전망된다.

한편, 이번 동아시아 정상회의 개최기간 중 열릴 예정이었던 '한·중·일 동북아 정상회담'은 고이즈미 일본 총리가 야스쿠니 신사참배에 대한 강경한 입장을 고수하고 중국과 한국 정부가 이에 강력히 반발함으로써 매년 개최되어 왔던 '동북아 정상회담' 자체가 무산되었다. 이러한 측면에서 동북아 국가 간의 협력이 답보상태를 보일수록 ASEAN+3 협력체제나 동아시아 정상회의에서 동북아와 동남아의 대등한 입장은 당분간 기대하기 어렵고 ASEAN의 주도적 역할은 향후에도 지속될 가능성이 크다고 할 수 있다.

상기한 제반 문제점에도 불구하고, 경제적인 측면에서 볼 때 역동적 성장패턴을 보여 온 동아시아 지역은 경제규모 면에서 북미자유무역협정(NAFTA), 유럽연합

(EU)에 이어 세계 3대 경제권으로 부상하였으며 이번에 인도, 호주 등이 참여함으로써 경제적 영향력은 지속적으로 확대될 것으로 보인다.

ASEAN+3 경제권의 경제규모(2004년 기준)는 약 7조 8,000억 달러로서 전세계 GDP의 19%, 교역규모는 3조 6,000억 달러를 기록하여 전세계 총교역의 19.5%를 차지하고 있어 경제협력을 중심으로 한 지역통합 움직임은 보다 가속화될 것으로 보인다. ASEAN+3 협력체제가 확대되어 동아시아 정상회의에 인도와 호주, 뉴질랜드가 포함되면서 세계 인구의 약 50%와 세계 GDP에서 차지하는 비중이 22.4%로 확대되고, 교역규모도 21.5%로 증가함으로써 범아시아 차원의 지역협력은 새로운 전기를 맞이하고 있다고 평가할 수 있다.

동아시아 정상회의 개최와 관련하여 중국과 일본의 주도권 경쟁이 치열해지고 참여국이 인도, 호주, 뉴질랜드로 확대되면서 지역적 정체성과 동질성이 모호해지고 있다는 논란이 제기되고 있으나, 역내 국가간 실질적인 협력관계와 경제적 상호의존성(economic interdependence)을 고려할 때 중국과 인도라는 신흥공업국과 한국을 비롯한 일본과 호주 등이 포함된 경제권역으로서 역내 경제교류는 지속적으로 증진될 것으로 전망된다.

〈표 12-3〉 주요 경제권역별 GDP 규모와 교역비중(2004년)

	GDP		교역	
	십억 달러	비중(%)	십억 달러	비중(%)
ASEAN	796.8	1.94	1,025.0	5.63
한·중·일	7,006.2	17.05	2,517.6	13.83
ASEAN+3	7,802.9	18.99	3,542.7	19.46
인도·CER	1,412.3	3.44	378.5	2.08
ASEAN+6	9,215.3	22.43	3,921.1	21.54
NAFTA	13,402.5	32.62	3,183.4	17.48
E U	12,845.4	31.26	7,329.2	40.25
세 계	41,086.3	100.00	18,207.0	100.00

자료 : Global Insight, 2005. IMF, Direction of Trade Statistics Quarterly, 2005.

제4절 동아시아 지역협력의 구도변화

1. 역내 FTA 추진동향

동아시아 역내 제도적 통합이 촉진되면서 역내 국가 간의 자유무역협정(FTA) 추진동향과 협력구도는 커다란 변화를 보이고 있다. ASEAN을 중심으로 ASEAN+1 차원의 FTA 추진은 물론 역내 국가들이 호주, 인도와도 이미 양자간 자유무역협정(bilateral FTA)을 지속적으로 추진하고 있음은 시사하는 바가 크다. 이는 정치·외교적 이질성(political and diplomatic heterogeneity)과는 달리 경제적인 측면에서는 상호의존성이 밀접하다는 것을 반영하는 것으로 이해할 수 있다. 즉, 동아시아 정상회의 개최 이전부터 FTA 추진논의가 가시화되는 등 긴밀한 협력관계를 형성하고 있음을 반영하는 것으로 볼 수 있다. 한국도 현재 추진 중인 한·ASEAN FTA 협상, 한·인도 공동연구를 조기에 종료하고 역내 협력관계 정립에 새로운 전기를 마련해야 한다.

그 동안 진행된 역내 FTA 추진상황을 살펴보면 ASEAN의 경제통합이 급속히 진전되고 있는 가운데 동아시아 역내에서는 중·ASEAN FTA가 2005년 7월 발효되는 등 ASEAN을 허브(hub)로 역내 개별국 간의 FTA가 활발히 추진되고 있다.

1.1 ASEAN

ASEAN은 외환위기 이후 역외 경제권과의 FTA를 적극적으로 추진하면서 동북아 3국은 물론 인도, CER(호주 및 뉴질랜드)과도 FTA 추진에 합의함으로써 실질적인 협력관계를 구축하고 있다.

1.2 중국

ASEAN을 중심축으로 한 역내 협력구도에서 가장 신속한 대응을 보이고 있는 국가는 중국이다. 세계무역기구(WTO) 가입을 전후하여 ASEAN과 긴밀한 정치·외교적 관계를 복원하고 ASEAN과의 FTA도 적극적으로 추진하고 있는 중국은 2001년 브루나이에서 개최된 ASEAN+3 정상회의에서 2010년까지 FTA를 위한 관세인하에 합의한 바 있다. 이를 기반으로 2003년 10월 인도네시아 발리에서 개최된 제7차 ASEAN+3 정상회의 기간 중에는 ASEAN과 포괄적 협력협정을 체결하였다

중국은 2004년 9월 ASEAN·중국 경제통상장관회담에서 ASEAN으로부터 '시장경제국 지위'를 부여받고 대신 ASEAN 각국에는 예외품목을 대폭 인정해주는 조치를 통해 2004년 10월 FTA 추진에 최종 합의한 바 있다. 중국은 ASEAN과의 FTA 추진에 적극적일 뿐만 아니라 최근에는 인도, 호주와의 FTA 추진을 위한 공동연구를 마치고, 현재 FTA 협상을 진행하고 있는 등 역내에서 지역통합에 대한 가장 적극적인 입장을 보이고 역내 국가들과 다각적인 협력관계를 구축하고 있다.

〈표 12-4〉 동아시아 주요국의 FTA 추진동향(2005년 12월 기준)

국 가	진행상황
싱가포르·뉴질랜드	2000년 11월 Closer Economic Partnership(CEP) 체결
싱가포르·일본	2002년 1월 FTA 체결
싱가포르·EFTA	2002년 6월 FTA 체결
ASEAN·중국	2002년 11월 정부간 공식적인 합의. 2010년을 목표로 협상 2003년 10월 포괄적 연대 협정 체결 선자유화조치 2004년 추진개시. 2004년 10월 협상 타결 2005년 7월 FTA 발효
ASEAN·인도	2002년 11월 FTA 추진 합의 2003년 10월 포괄적 협력협정 체결. 2004년 11월 FTA 협상 완료
태국·인도	2002년 11월 FTA 협상 개시. 2004년 9월 조기자유화 실시
싱가포르·호주	2003년 2월 FTA 체결. 2003년 7월 발효
싱가포르·미국	2003년 5월 FTA 체결. 2003년 8월 발효
싱가포르·인도	2003년 5월 FRA협상 개시. 2005년 6월 FTA 체결
일본·ASEAN	2003년 10월 포괄적 연대 구상 체결. 2005년 8월 2차 협상 2004년 11월 필리핀과 양자 FTA 협상 타결 2005년 5월 말레이시아와 양자 FTA 협상 타결 2005년 9월 태국과 양자 FTA 협상 타결 2005년 7월 FTA 협상 개시. 10월 2차 협상
한국·일본	2003년 10월 공동연구 완료. 협상 중임

〈표 12-4〉 이어서

한국 · 싱가포르	2003년 10월 산관학 공동연구 완료. 2005년 8월 FTA 체결
한국 · ASEAN	2004년 8월 공동연구 종료. 2005년 11월 8차 협상 2005년 12월 한 · ASEAN 포괄적 경제협력에 관한 기본협정 체결
태국 · 미국	2004년 6월 FTA 협상 개시
태국 · 호주	2004년 7월 FTA 추진 서명. 2005년 1월 발효
태국 · 뉴질랜드	2004년 11월 FTA 협상 타결. 2005년 7월 발효
중국 · 인도	2005년 3월 공동연구 완료. FTA 협상 중임
중국 · 호주	2005년 3월 FTA 공동연구 종료. 8월 FTA 2차 협상 완료
ASEAN · CER	2005년 2월 FTA 1차 협상
한국 · 인도	2005년 2월 포괄적 경제연대를 위한 공동연구 개시
인도 · 말레이시아	2005년 11월 FTA 협상 중임
일본 · 인도	2005년 4월 FTA 공동연구 개시
일본 · 호주	2005년 9월 FTA 공동연구 개시

1.3 일본

일본은 2001년 중국과 ASEAN이 FTA 추진에 합의하자 동아시아 지역통합(East Asian Regional Integration)에서 중국에 주도권을 상실할 수 있다는 우려가 커지면서 동남아와 포괄적 경제연대를 추진하고 2003년 12월에는 도쿄에서 일 · ASEAN 정상회의를 개최하는 등 ASEAN 주요국과 FTA 협상을 적극적으로 추진하고 있다. 일본은 이미 필리핀(2004년 11월), 말레이시아(2005년 5월), 태국(2005년 9월)과 연이은 쌍무적인 FTA 협상을 타결한 바 있으며 최근에는 인도네시아와 FTA 협상을 추진 중에 있다. 한편, ASEAN 전체와의 FTA 협상도 병행하고 있는데 2005년 8월 2차 협상을 완료한 상태이며 인도(2005년 4월), 호주(2005년 9월)와도 FTA 추진을 위해 공동연구를 개시한 바 있다.

1.4 한국

한국은 2004년 12월 한 · ASEAN 정상회담에서 합의한 바에 따라 2005년 초부터 ASEAN과의 FTA 협상을 본격적으로 추진해 왔다. 2005년 2월 인도네시아 자카르타에서 개최된 한 · ASEAN FTA 제1차 협상에서 무역협상위원회(TNC) 회의가 개최된 이후 8차례의 실무협상이 추진되었다. 한 · ASEAN 정상간 합의를 기초로 한국과 ASEAN은 그 동안 보다 높은 수준의 자유화를 추진하기 위해 노력해 왔으나 10개국으로 구성된 ASEAN과 협상속도가 예상보다 지체되어 다수의 난관에 직면하게 되었다. 이미 중 · ASEAN FTA가 2005년 7월부터 발효된 바 있으나 ASEAN은 한국이 중국보다 공업화 수준이 높고 관세도 낮은 점을 강조하고 있어 ASEAN과의 협상에는 어려움이 수반되었다.

그럼에도 불구하고 이번 한 · ASEAN 정상회의 기간 중 FTA의 기본골격을 형성할 기본협정(Framework Agreement)에 서명함으로써 ASEAN과의 FTA 추진은 커다란 전기를 맞이하게 되었다. 그 동안 논란이 되어 왔던 관세인하 프로그램의 기본 내용에 합의를 도출함으로써 2010년까지 품목수 및 수입액 기준으로 일반상품의 90%에 대해 관세를 철폐하고 2016년까지는 민감품목 3%를 제외한 모든 품목에서 교역자유화(trade liberalization)를 추진하게 되었다.

이 같이 한 · ASEAN FTA 협상의 기본골격을 마련하게 되어 2006년부터 상품협정관련 품목별 협상은 순탄하게 재개될 것으로 보인다. 현재 태국이 쌀을 양허에서 제외한다는 데에 반대하여 상품협정 협상결과 수용에 유보적 입장을 견지하고 있어 아직 최종타결에는 이르지 못하고 있으나 2006년 7월을 목표로 상품협정이 발효되고, 하반기에는 서비스 및 투자협정을 체결할 것으로 보인다.

2. 역내 경제통합의 경제적 효과

역내 경제통합의 움직임이 가시화되면서 ASEAN+1 차원의 FTA 추진이 본격화되고 있다. 전술한 바와 같이 동아시아 역내에서는 ASEAN의 경제통합이 급속히 진전되고 있는 가운데 동아시아 역내에서는 '중 · ASEAN FTA'와 '일 · ASEAN FTA'가 추진되고 있고 역내 개별국 간의 FTA도 활발히 진행되고 있다.

GTAP 데이터베이스를 이용하여 최근 들어 급추진되고 있는 '중 · ASEAN FTA', '한 · ASEAN FTA', '일 · ASEAN FTA'의 경제적 효과를 분석한 대외경제정책연구원의 조사결과를 살펴보고자 한다.

한 · ASEAN, 중 · ASEAN. 일 · ASEAN FTA의 비교를 위해 자본축적을 고려

한 동태모형(dynamic model)의 경우를 살펴보면 ASEAN과의 FTA로 한·중·일 3국의 GDP(금액기준)는 각각 1.07%, 0.76% 및 0.39% 증가하여 한·ASEAN FTA가 가장 큰 효과를 보는 것으로 분석되었다. 한편, 2005년 7월 발효된 중·ASEAN FTA로 한국과 일본은 각각 -0.42%, -0.14%의 GDP 감소효과가 유발되는 것으로 나타났다.

ASEAN의 관점에서 한·ASEAN, 중·ASEAN, 일·ASEAN FTA를 비교하면 GDP 증대효과는 각각 0.28%, 2.85% 1.09%로서 ASEAN으로서는 중국과의 FTA에서 가장 큰 경제적 효과를 얻는 것으로 분석되었다. 한국 및 중국의 입장에서 볼 때 일·ASEAN FTA가 위협적이며, 일본의 입장에서는 중·ASEAN FTA가 한·ASEAN FTA보다 부정적인 경제적 효과가 큰 것으로 나타났다.

소비지출 증가에 따른 국민후생 증가의 개념으로 ASEAN과의 FTA에 따른 GDP 증가를 금액으로 환산하면, 2000년 기준으로 한국은 약 24억 달러, 중국은 약 41억 달러, 일본은 약 36억 달러의 후생(welfare)이 증가하는 것으로 분석되었다. ASEAN과의 FTA에서 한·중·일 3국의 민간소비지출 증가율은 각각 0.61%, 0.37%, 0.10%로, 한국의 국민후생수준도 ASEAN과의 FTA에서 가장 크게 증가하는 것으로 나타났다.

ASEAN+3가 모두 참여하는 동아시아 FTA 추진의 경제적 파급효과(자본축적을 고려한 동태모형의 경우)를 살펴보면 동아시아 FTA는 ASEAN+1 차원의 쌍무적 FTA보다 훨씬 큰 경제적 효과가 발생하는 것으로 분석되었다. 또한, 한·ASEAN FTA 추진의 경우 한국의 GDP 증가는 1.07%이나, 동아시아 FTA 추진의 경우 한국의 GDP 증가는 3.25%로 나타나 중국(1.21%)이나 일본(1.06%), ASEAN(3.17%)에 비해서도 큰 것으로 분석되었다.

ASEAN의 경우 예외적으로 동아시아 FTA의 경제적 효과가 중·ASEAN FTA에 비해 큰 변동이 없는 것으로 나타났다. 동아시아 FTA의 경제적 파급효과가 ASEAN에 크게 나타나는 것은 역내 교역량 증대효과가 한·ASEAN FTA, 중·ASEAN FTA, 일·ASEAN FTA의 경우보다 크기 때문으로 볼 수 있다.

〈표 12-5〉 동아시아 FTA(CGE 분석결과)

			한·ASEAN FTA		중·ASEAN FTA		일·ASEAN FTA		동아시아 FTA	
			정태모형	자본축적	정태모형	자본축적	정태모형	자본축적	정태모형	자본축적
거시/후생	GDP증가(물량, %)	한국	0.02	0.49	-0.02	-0.15	-0.01	-0.07	0.40	2.96
		중국	-0.01	-0.01	-0.01	0.47	-0.01	-0.03	-0.01	1.10
		일본	0.00	0.00	0.00	-0.01	0.01	0.07	0.00	0.17
		ASEAN	0.00	0.37	0.15	2.14	0.03	1.22	0.22	3.24
	GDP증가(금액, %)	한국	0.95	1.07	-0.34	-0.42	-0.20	-0.23	1.37	3.25
		중국	-0.06	-0.03	0.33	0.76	-0.14	-0.15	0.22	1.21
		일본	-0.07	-0.05	-0.17	-0.14	0.37	0.39	1.03	1.06
		ASEAN	0.03	0.28	1.44	2.85	0.25	1.09	1.03	3.17
	후생변동(백만달러)	한국	1,159	2,386	-482	-821	-268	-390	4,431	11,670
		중국	-243	-152	145	4,078	-417	-559	-2,645	6,560
		일본	-324	-343	-1,112	-1,154	2,046	3,573	6,205	10,092
		ASEAN	111	1,615	4,137	12,775	880	6,069	3,839	17,095
	민간 소비지출(%)	한국	0.30	0.61	-0.12	-0.21	-0.07	-0.10	1.14	3.00
		중국	-0.02	-0.01	0.01	0.37	-0.04	-0.05	-0.24	0.59
		일본	-0.01	-0.01	-0.03	-0.03	0.06	0.10	0.17	0.27
		ASEAN	0.02	0.29	0.75	2.31	0.16	1.10	0.69	3.09
교역	수출액 변화(%)	한국	1.64	1.96	-0.45	-0.62	-0.17	-0.25	5.57	8.74
		중국	-0.11	-0.07	3.38	3.96	-0.19	-0.23	8.54	9.93
		일본	-0.06	-0.09	-0.20	-0.30	1.49	1.80	4.17	4.99
		ASEAN	0.67	0.94	2.30	4.57	1.12	2.47	2.90	6.29
	수입액 변화(%)	한국	2.22	2.23	-0.59	-0.66	-0.22	-0.25	8.44	10.47
		중국	-0.14	-0.08	5.56	6.04	-0.25	-0.25	13.78	14.98
		일본	-0.15	-0.09	-0.50	-0.32	2.10	2.12	5.73	5.83
		ASEAN	0.97	1.12	3.18	5.02	1.76	2.86	4.38	7.16
	교역수지 변화(백만달러)	한국	-471	133	102	-106	43	-76	-3,044	-364
		중국	-35	-33	-2,478	-1,592	-54	-181	-5,579	-3,576
		일본	305	-42	1,116	-102	-1,506	-124	-3,723	-191
		ASEAN	-669	8	-1,711	1,597	-1,658	298	-3,586	1,244

주: GTAP 데이터베이스를 이용한 CGE 분석결과

제5절 평가

ASEAN+3 정상회의가 확대된 제1차 동아시아 정상회의(EAS)가 비교적 순조롭게 개최되고 호주, 뉴질랜드, 인도가 신규회원국으로 참여함으로써 동아시아 지역협력은 새로운 전기를 맞이하게 된 것으로 평가할 수 있다. 이번 동아시아 정상회의에서는 지역 및 국제적 정치·경제 문제에 대한 의견교환과 지역협력체 강화에 초점을 두고 다양한 이슈(에너지안보, 테러, 조류독감, 재난구호 등)가 논의되었으며 이를 바탕으로 동아시아 정상회의 선언문이 채택되었다.

이 같이 ASEAN+3 협력체제가 확대되고 인도와 호주는 ASEAN과 각각 FTA 추진에 합의하였다. 따라서 향후 ASEAN이 주도하고 있는 동아시아 정상회의를 매개로 경제협의체의 외연이 크게 확대되고 역내 경제교류는 보다 다각화될 것으로 보인다. 이에 대비하여 한국의 지역주의(regionalism)에 대한 관점도 동아시아 지역의 상호의존성과 분업(division of labor) 관계에 유념하여 새로운 대응전략을 마련해야 하며 역내 경제권과의 FTA 추진 및 동아시아 FTA 추진에도 실질적으로 기여할 수 있는 방안을 적극적으로 모색해야 할 필요가 있다.

특히, 동아시아 공동체 논의가 본격화되면서 역내 경제통합을 위한 실질적 대안으로서 제기되고 있는 '동아시아 자유무역지대(East Asian Free Trade Area)'에 대한 타당성 연구에 보다 적극적인 대처가 필요하다. 2010~2012년경에는 현재 중층적으로 진행되고 있는 역내 모든 FTA가 통합될 것으로 전망된다. 또한, ASEAN+1 FTA 추진시 원산지규정과 같은 주요 협상쟁점이 표준화·규범화될 경우 중장기적으로 동아시아 역내 FTA 통합이 보다 수월해질 것으로 보인다.

그러나 중장기적으로 동아시아 정상회의와 ASEAN+3 정상회의가 양립될 경우 의제 선정 및 향후 진로 설정을 하는데 있어 난관에 직면하게 될 가능성이 크므로 ASEAN+3가 경제·금융 협력기능을 담당하고, 동아시아 정상회의가 외교·안보협력을 담당하는 방향으로 동아시아 정상회의 기능과 역할을 제고하는 것이 바람직하다고 할 수 있다.

한국으로서는 동아시아 정상회의는 물론 ASEAN+3, ASEAN+1 등 모든 협력체제를 충분히 활용해야 하고, 안보 및 정치외교기구로 동아시아 정상회의를 활용하여 동아시아의 집단안보체제 정착에 기여하는 방안을 모색해야 할 필요가 있다. 이와 관련하여 의장국인 말레이시아는 ASEAN+3 정상회의와는 달리 동아시아 정상회의에서는 안전보장 및 기타 국제기구와의 연대 강화에 역점을 둘 것임을 표명한 바 있다.

제6절 전망

동아시아 정상회의 운영방안은 그 동안 회원국간 이견으로 논란이 되어 왔으나 최근 기본적인 방안이 확정되어 동아시아 정상회의는 ASEAN이 의장국을 지속적으로 담당하면서 매년 동아시아 정상회의를 개최키로 하여 'ASEAN+3 정상회의'와 '동아시아 정상회의'가 양존하며, 당분간 ASEAN 중심으로 동아시아 정상회의가 운영될 것으로 보인다.

동아시아 정상회의는 참여국 확대로 인해 지역적 정체성과 동질성의 희석 가능성과 관련한 다수의 논란이 제기되고 있다 그러나 한국의 경우에는 역내 협력채널이 다각화되고 신규참여국들과의 협력관계 강화에 기여할 수 있다는 측면에서 긍정적인 효과를 기대할 수 있다. 특히, 동아시아 공동체 형성에서 한국이 협상력을 가지고 주도할 수 있는 모임은 한·중·일 협력 또는 동아시아 정상회의보다는 ASEAN+3 협력체제이므로 동아시아 역내 지역협력에서 ASEAN+3 정상회의의 역할과 위상을 강화하고, 역내 협력사업을 실질화함으로써 동아시아 정상회의와의 상호 보완성 확립(establishment of mutual complementarity)에 주력해야 할 필요가 있다. 이를 위해서는 동아시아 정상회의가 ASEAN+3 정상회의와 차별화될 수 있도록 외교·안보 협력을 강화하고 중장기적으로 동아시아 집단안보체제 정착에 기여해야 한다.

부 록

Ⅰ. 각국 사회개발지표
Ⅱ. 국민소득 및 지역에 의한 국가분류
Ⅲ. 국민소득 및 외채규모에 의한 국가분류
Ⅳ. APEC 회원국의 인구 현황 및 전망
Ⅴ. APEC 회원국의 투명성지수
Ⅵ. APEC 회원국의 국가신용등급 현황
Ⅶ. 약어표
Ⅷ. 용어설명*

* 수출입은행, APEC 회원국의 경제동향과 투자환경, 2005. 11. 관련자료 참조

Ⅰ. 각국 사회개발지표

국 가 명	절대빈곤 계층비율(%) (1985~2001)	평균수명(년) 2001	도로포장률 (%) (1995~2001)	1000명당 전화보급대수 (대수) 2001	일인당에너지 소비량 (석유환산 kg) 2000
Afghanistan	-	43	13.3	1	-
Albania	-	74	39.0	50	521
Algeria	22.6	71	68.9	61	956
American Samoa	-	-	-	212	-
Andorra	-	-	-	447	-
Angola	-	47	10.4	6	584
Antigua and Barbrda	-	-	-	-	-
Argentina	55	74	29.4	224	1,660
Armenia	-	74	96.3	140	542
Aruba	-	-	-	-	-
Australia	-	79	38.7	519	5,744
Austria	-	78	100.0	468	3,524
Azerbaijan	68.1	65	92.3	111	1,454
Bahamas	-	-	-	-	-
Bahrain	-	-	-	-	-
Bangladesh	33.7	62	9.5	4	142
Barbados	-	-	-	-	-
Belarus	41.9	68	89.0	279	2,432
Belgium	-	78	78.2	498	5,776
Belize	-	-	-	-	-
Benin	33.0	53	20.0	9	394
Bermuda	-	-	-	-	-
Bhutan	-	61	-	-	-
Bolivia	62.7	63	6.5	62	455
Bosnia & Herzegovina	19.5	74	52.3	111	-
Botswana	-	39	55.0	91	-
Brazil	17.4	68	5.5	218	1,077
Brunei	-	-	-	-	-
Bulgaria	-	72	94.0	359	2,299
Burkina Faso	45.3	44	16.0	5	-
Burundi	36.2	42	7.1	3	-
Cambodia	36.1	54	16.2	2	-
Cameroon	40.0	49	12.5	7	421
Canada	-	79	-	676	8,156
Cape Verde	-	-	-	-	-
Central African Rep.	-	43	2.7	2	-
Chad	64.0	48	0.8	1	-
Channel Islands	-	-	-	-	-

Chile	17	76	19.4	233	1,604
China	4.6	70	22.4	137	905
Colombia	17.7	72	14.4	171	681
Comoros	-	-	76.5	-	-
Congo. Rep	-	51	9.7	7	296
Congo. Democratic Republic of	-	45	-	0	292
Cost Rica	22.0	78	22.0	230	861
Côte' d'Ivoire	36.8	46	9.7	18	433
Croatia	-	74	84.6	365	1,775
Cuba	-	77	49.0	51	1,180
Cyprus	-	-	-	-	-
Czech Republic	-	75	100.0	375	3,931
Denmark	-	77	100.0	719	3,643
Djibouti	45.1	-	-	-	-
Dominica	-	76	-	-	-
Dominican Rep.	20.6	67	49.4	110	932
Ecuador	35.0	70	18.9	104	647
Egypt, Brab Rep.	16.7	68	78.1	104	726
띠 Salvador	48.3	70	19.8	93	651
Equatorial Guinea	-	-	-	-	-
Eritra	53.0	51	21.8	8	-
Estonia	8.9	71	20.1	352	3,303
Ethiopia	44.2	42	12.0	4	291
Faeroe Islands	-	-	-	-	-
Fiji	-	-	49.2	-	-
Finland	-	78	64.5	548	6,409
France	-	79	100.0	573	4,366
French Polynesia	-	-	-	-	-
Gabon	-	53	9.9	26	1,271
Gambia. The	64.0	53	35.4	26	-
Georgia	11.1	73	93.5	159	533
Germany	-	78	99.1	634	4,131
Ghana	31.4	56	29.6	12	400
Greece	-	78	91.8	529	2,635
Greenland	-	-	-	-	-
Grenada	-	-	-	-	-
Guam	-	-	-	-	-
Guatemala	57.9	65	34.5	65	628
Guinea	40.0	46	16.5	3	-
Guinea-Bissau	48.7	45	10.3	10	-
Guyana	43.2	-	-	-	-
Haiti	65.0	52	24.3	10	256

Honduras	53.0	66	20.4	47	469
Hong Kong, China	-	80	100.0	580	2,319
Hungary	17.3	72	43.4	374	2,448
Iceland	-	-	-	-	-
India	28.6	63	45.7	38	494
Indonesia	27.1	66	46.3	35	706
Iran, Islamic Rep.	-	69	56.3	169	1,771
Iraq	-	62	84.3	29	1,190
Ireland	-	77	94.1	485	3,854
Isle of Man	-	-	-	-	-
Israel	-	79	100.0	476	3,241
Italy	-	79	100.0	471	2,974
Jamaica	18.7	76	70.1	197	1,524
Japan	-	81	46	597	4,136
Jordan	11.7	72	100.0	127	1,061
Kazakhstan	34.6	63	94.7	113	2,594
Kenya	42.0	46	12.1	10	515
Kiribati	-	-	-	-	-
Korea, Dem. Rep.	-	61	6.4	22	207
Korea, Rep.	-	74	74.5	486	4,119
Kuwait	-	77	80.6	240	10,529
Kyrgyzstan	64.1	66	91.1	78	497
Lao PDR	38.6	54	-	10	-
Latvia	-	70	38.6	308	1,541
Lebanon	-	71	84.9	195	1,169
Lesotho	49.2	43	18.3	10	-
Liberia	-	47	6.2	2	-
Libya	-	72	57.2	109	3,107
Liechtenstein	-	-	-	-	-
Lithuania	-	73	91.3	313	2,032
Luxembourg	-	-	-	-	-
Macao, China	-	-	-	-	-
Macedonia, FYR	-	73	63.8	263	-
Madagascar	71.3	55	11.6	4	-
Malawi	65.3	38	18.5	5	-
Malaysia	15.5	73	75.8	196	2,126
Maldives	-	-	-	-	-
Mali	-	41	12.1	4	-
Malta	-	-	-	-	-
Marshall Islands	-	-	-	-	-

Mauritania	46.3	51	11.3	7	-
Mauritius	10.6	72	97.0	257	-
Mayotte	-	-	-	-	-
Mexico	10.1	73	32.8	137	1,567
Micronesia, Fed. Sts.	-	-	-	-	-
Moldova	23.3	67	87.0	154	671
Mongolia	36.3	65	3.5	52	-
Morocco	19.0	68	56.4	41	359
Mozambique	69.4	42	18.7	4	403
Myanmar	-	57	12.2	6	262
Namibia	-	44	13.6	66	587
Nepal	42.0	59	30.8	13	343
Netherlands	-	78	90.0	621	4,762
Netherlands Antilles	-	-	-	-	-
New Caledonia	-	-	-	-	-
New Zealand	-	78	62.8	477	4,864
Nicaragua	47.9	69	11.0	31	542
Niger	63.0	46	7.9	2	-
Nigeria	34.1	46	30.9	5	710
N. Mariana Is.	-	-	-	-	-
Norway	-	79	76.0	720	5,704
Oman	-	74	30.0	90	4,046
Pakistan	32.6	63	43.0	23	463
Palau	-	-	-	-	-
Panama	37.3	75	34.6	148	892
Papua New Guinea	37.5	57	3.5	12	-
Paraguay	21.8	71	9.5	51	715
Peru	49.0	70	12.8	78	489
Philippines	36.8	70	21.0	42	554
Poland	23.8	74	68.3	295	2,328
Portugal	-	76	86.0	427	2,459
Puerto Rico	-	76	100.0	336	-
Qatar	-	-	-	-	-
Romania	21.5	70	49.5	184	1,619
Russian Federation	30.9	66	67.4	243	4,218
Rwanda	51.2	40	8.3	3	-
Sao Tome and Principe	-	-	68.1	-	-
Saudi Arabia	-	73	30.1	145	5,081
Senegal	33.4	52	29.3	25	324
Seychelles	-	-	-	-	-

Sierra Leone	68.0	37	7.9	5	-
Singapore	-	78	100.0	471	6,120
Slovak Republic	-	73	86.7	288	3,234
Slovenia	-	76	99.9	401	3,288
Solomon Islands	-	-	-	-	-
Somalia	-	47	11.8	4	-
South Africa	-	47	20.3	112	2,514
Spain	-	78	99.0	431	3,084
Sri Lanka	25.0	73	-	44	437
St. Kitts and Nevis	-	-	-	-	-
St. Lucia	-	-	-	-	-
St. Vincent	-	-	-	-	-
Sudan	-	58	36.3	14	-
Suriname	-	-	-	-	-
Swaziland	40.0	45	-	31	-
Sweden	-	80	78.4	739	5,354
Switzerland	-	80	-	746	3,704
Syrian Arab Rep.	-	70	23.1	103	1,137
Tsjikistan	-	67	-	36	470
Tanzania	41.6	44	4.2	4	457
Thailand	13.1	69	97.5	99	1,212
Togo	32.3	49	31.6	10	333
Tonga	-	-	-	-	-
Trinidad and Tobago	21.0	72	51.1	240	6,660
Tunisia	7.6	72	64.8	109	825
Turkey	-	70	34.0	285	1,181
Turkmenistan	-	65	81.2	80	2,627
Uganda	55.0	43	6.7	3	-
Ukraine	31.7	68	96.7	212	2,820
United Arab Emirates	-	75	100.0	40	10,175
United Kingdom	-	77	100.0	588	3,962
United States	-	78	58.8	667	8,148
Uruguay	-	74	90.0	283	923
Uzbekistan	-	67	87.3	66	1,930
Vanuatu	-	-	-	-	-
Venezuela	31.3	74	33.6	109	2,452
Vietnam	50.9	69	25.1	38	471
Virgin Islands(U.S.)	-	-	-	-	-
WestBank and Gaza	-	72	-	78	-
Western Samoa	-	-	-	-	-

Yemen Rep.	41.8	57	11.5	22	201
Yugoslavia, Fed. Rep.	-	73	62.3	229	-
Zambia	72.9	37	-	8	619
Zimbabwe	34.9	39	47.4	19	209

주 : 1) 기간 중 최근 연도치임

2) - 자료 없음

자료 : World Bank, World Bank Atlas, 2003.

Ⅱ. 국민소득 및 지역[1)]에 의한 국가분류

[1. 저소득국[2)] : 총 64개국]

지 역	저 소 득 국(low income)	
사하라이남아프리카	Angola	Burundi
	Burkina Faso	Central African Rep.
	Cameroon	Comoros
	Chad	Cote d'Ivoire
	Congo, Rep.	Eritrea
	Congo, Dem. Rep.	Eguatorial
	Ethiopia	Ghana
	Gambia, The	Guinea
	Guinea-Bissau	Kenya
	Liberia	Lesotho
	Madagascar	Malawi
	Mali	Mauritania
	Niger	Mozambigue
	Rwanda	Nigeria
	Senegal	Sao Tome and Principe
	Somalia	Sierra Leone
	Tanzania	Sudan
	Uganda	Togo
	Zimbabwe	Zambia
	Benin	
북아프리카, 중동	Yemen Rep.	
아 시 아	Afghanistan	Bangladesh
	Bhutan	Cambodia
	Indonesia	India
	Lao PDR	Korea Dem. Rep.
	Myanmar	Mongolia
	Pakistan	Nepal
	Papua New Guinea	Solomon Islands
	Vietnam	
미 주	Nicaragua	Haiti
유 럽	Armenia	Azerbaijian
	Georgia	Kyrgyz Rep.
	Moldova	Tajikistan
	Uzbekistan	Ukraine

[2. 중소득국 : 총 94개국]

지 역	하위중소득국[3] (lower middle income)	상위중소득국[4] (upper middle income)
사하라이남아프리카	Cape Verde Namibia Swaziland South Africa	Botswana Gabon Mauritius Mayotte Seychelles
북아프리카, 중동	Algeria Djibouti Egypt, Arab Rep. Iran Iraq Jordan Morocco West Bank and Gaza Syrian Arab Rep. Tunisia	Bahrain Lebanon Libya Malta Oman Saudi Arabia
아 시 아	China Fiji Kiribati Maldives Marshall Islands Micronesia Fed. Sts. Philippines Samoa Srilanka Thailand Tonga Vanuatu	American Samoa Malaysia Palau
유 럽	Albania Belarus Bosnia and Herzegovina Bulgaria Kazakhstan Macedonia, FYR Romania Russian Federation Turkey Turk Menistan Yugoslavia Fed. Rep.	Croatia Czech Rep. Estonia Hungary Isle of Man Latvia Lithuania Poland Slovak Rep.
미 주	Belize Bolivia Colombia Cuba	Antigua and Barbuda Argentina Barbados Brazil

미 주	Dominican Rep. Ecuador El Salvador Guatemala Guyana Honduras Jamaica Paraguay Peru St. Vincent and the Grenadines Suriname	Chile Costa Rica Dominica Grenada Mexico Panama Puerto Rico St. Kitts and Nevis St. Lucia Trinidad and Tobago Uruguay Venezuela

[3. 고소득국[5)] : 총 51개국]

지 역	OECD국 (OECD Countries)	비OECD국(Non-OECD Countries)
사하라이남아프리카		
북아프리카, 중동		Brhrain Israel Kuwait Qatar United Arab Emirates
아 시 아	Australia Japan Korea, Rep. of New Zealand	Brunei French Polynesia Guam Hong Kong, China Macao, China New Caledonia N. Mariana Is. Singapore Taiwan, China
유 럽	Austria Belgium Denmark Finland France Germany Greece Iceland Ireland Italy	Andorra Channel Islands Cyprus Faeroe Islands Greenland Liechtenstein Monaco San Marino

유 럽	Luxembourg Netherlands Norway Portugal Spain Sweden Switzerland United Kindom	
미 주	Canada United States	Aruba Bahamas, The Bermuda Cayman Islands Netherlands Antilles Virgin Islands(U.S.)

주 : 1) 본문의 지역분류와 다소 차이가 있음

2) 저소득국 : 2000년기준 1인당 GNI가 755달러 이하인 국가

3) 하위중소득국 : 2000년기준 1인당 GNI가 756~2,995달러인 국가

4) 상위중소득국 : 2000년기준 1인당 GNI가 2,996~9,265달러인 국가

5) 고소득국 : 2000년기준 1인당 GNI가 9,266달러 이상인 국가

자료 : World Bank, Global Development Finance, 2003

Ⅲ. 국민소득 및 외채규모에 의한 국가분류

	중채무국 (Severely indebted)	고채무국 (Moderately indebted)	경채무국 (Less indebted)
저 소 득 국	Angola Benin Burkina Faso Burundi Central African Rep. Chad Comoros Congo, Dem. Rep. Congo, Rep. Côte d'Ivoire Ethiopia Guinea Guinea-Bissau Indonesia Kyrgyz Republic Lao PDR Liberia Madagascar Malawi Mauritania Myanmar Nicaragua Niger Nigeria Pakistan Rwanda Sao Tomé and Principe Sierra Leone Somalia Sudan Zambia	Bhutan Cambodia Cameroon Gambia, The Ghana Haiti Kenya Mali Mongolia Papua New Guinea Senegal Tanzania Togo Uganda Uzbekistan Zimbabwe	Armenia Azerbaijan Bangladesh Equatorial Guinea Eritrea Georgia India Lesotho Mozambique Nepal Solomon Islands Ukraine Vietnam Yemen, Republic of Tanzania

중 소 득 국	Ecuador Guyana Jordan Peru Syrian Arab Rep. Belize Lebanon Panama Uruguay Yugoslavia, Red. Rep. of Argentina Brazil Gabon	Algeria Belize Bolivia Bosnia and Herzegovina Bulgaria Colombia Honduras Jamaica Papua New Guinea Philippines Russian Federation Samoa St. Vincent and the Grenadines Thailand Tunisia Turkmenistan Dominica Grenada Kazakhstan Latvia Slvac Republic St. Kitts and Nevis Chile Croatia Estonia Hungary Malaysia Turkey	Albania Belarus Cape Verde China Djibouti Dominican Republic Egypt, Arab Rep. El Salvador Fiji Guatemala Iran, Islamic Rep. Lithuania Macedonia FYR Maldives Moroco Paraguay Romania Sri Lanka Swaziland Tonga Vanuatu Bostswana Costa Rica Czech Republic Aljeria Barbados Bosnia and Herzegovina Malta, Mauritius Morocco Venezuela, R.B, de
상위중소득국 (Upper Middle Income)			Mexico Oman Poland Seychelles South Africa St. Lucia Trinidad and Tobago

Ⅳ. APEC 회원국의 인구 현황 및 전망

구분	2005년		2015년	2025년	2050년
	인구수	비 중			
전 세 계	6,464.8	100.0	7,219.4	7,905.2	9,075.9
중 국	1,315.8	20.4	1,393.0	1,441.4	1,392.3
미 국	298.2	4.6	325.7	350.1	395.0
인도네시아	222.8	3.4	246.8	263.7	284.6
러 시 아	143.2	2.2	136.7	129.2	111.8
일 본	128.1	2.0	128.0	124.8	112.2
멕 시 코	107.0	1.7	119.1	129.4	139.0
베 트 남	84.2	1.3	95.0	104.3	116.7
필 리 핀	83.1	1.3	96.8	109.1	127.1
태 국	64.2	1.0	69.1	72.6	74.6
대 한 민 국	47.8	0.7	49.1	49.5	44.6
캐 나 다	32.3	0.5	35.1	37.8	42.8
페 루	28.0	0.4	32.2	36.2	42.6
말레이시아	25.3	0.4	29.6	33.2	38.9
호 주	20.2	0.3	22.3	24.3	27.9
칠 레	16.3	0.3	17.9	19.3	20.7
홍 콩	7.0	0.1	7.8	8.4	9.2
파푸아뉴기니	5.9	0.1	7.0	8.2	10.6
싱 가 포 르	4.3	0.1	4.8	5.1	5.2
뉴 질 랜 드	4.0	0.1	4.3	4.5	4.8
브 루 나 이	0.4	0.0	0.5	0.5	0.7
APEC 계	2,638.2	40.8	2,820.7	2,951.8	3,001.3

자료: UN Department of Economic and Social Affairs, World Population Prospects, The 2004 Revision, 2005. 2.

Ⅴ. APEC 회원국의 투명성 지수

순위	국 가 명	2005년 투명성지수	신뢰구간
2	뉴질랜드	9.6	9.6
5	싱가포르	9.4	9.3 ~ 9.5
9	호주	8.8	8.4 ~ 9.1
14	캐나다	8.4	7.9 ~ 8.8
15	홍콩	8.3	7.7 ~ 8.7
17	미국	7.6	7.0 ~ 8.0
21	칠레	7.3	6.8 ~ 7.7
	일본	7.3	6.7 ~ 7.8
32	대만	5.9	5.4 ~ 6.3
39	말레이시아	5.1	4.6 ~ 5.6
40	대한민국	5.0	4.6 ~ 5.3
59	태국	3.8	3.5 ~ 4.1
65	멕시코	3.5	3.3 ~ 3.7
	페루	3.5	3.1 ~ 3.8
78	중국	3.2	2.9 ~ 3.5
107	베트남	2.6	2.3 ~ 2.9
117	필리핀	2.5	2.3 ~ 2.8
126	러시아	2.4	2.3 ~ 2.6
130	캄보디아	2.3	1.9 ~ 2.5
	파푸아뉴기니	2.3	1.9 ~ 2.6
137	인도네시아	2.2	2.1 ~ 2.5

자료 : 국제투명성기구(TI)의 2005년 각국별 부패지수(CPI), 2005. 10. 18.

Ⅵ. APEC 회원국의 국가신용등급 현황

국 가 명	Moody's	S&P
미 국	Aaa	AAA
캐나다	Aaa	AAA
호 주	Aaa	AAA
싱가포르	Aaa	AAA
뉴질랜드	Aaa	AA+
일 본	Aaa	AA-
대 만	Aa3	AA-
홍 콩	A1	AA-
중 국	A2	A-
대한민국	A3	A
말레이시아	A3	A-
칠 레	Baa1	A
태 국	Baa1	BBB+
멕시코	Baa1	BBB
러시아	Baa3	BBB-
페 루	Ba3	BB
베트남	Ba3	BB-
파푸아뉴기니	B1	B
필리핀	B1	BB-
인도네시아	B2	B+

주: 2005년 10월 20일 기준, Moody's 등급을 기준으로 배열하였으며 Moody's 등급이 동일할 경우 S&P 등급을 고려했음

Ⅶ. 약어표

약　어	원　명	한　국　명
【A】		
ACM	Arab Common Market	아랍공동시장
ACP Countries	African-Caribbean-Pacific Countries	아프리카/카리브/태평양지역국가
ADB	Asian Development Bank	아시아개발은행
ADF	Asian Development Fund	아시아개발기금
AfDB	African Development Bank	아프리카개발은행
AfDF	African Development Fund	아프리카개발기금
AFIA	ASEAN Free Investment Area	아세안 자유투자지역
AFTA	ASEAN Free Trade Area	아세안 자유무역지역
AIBD	Association of International Bond Dealers	국제본드거래자협회
AIC	ASEAN Industrial Complementation Scheme	아세안 산업보완계획
AICS	ASEAN Industrial Cooperation Scheme	아세안 산업협력계획
AIJV	ASEAN Industrial Joint Venture	아세안 합작사업계획
AIP	ASEAN Industrial Project	아세안 산업계획
AmCham	American Chamber of Commerce	미 상공회의소
AMU	Arab Maghreb Union	아랍・마그레브 연합
ANCOM	Andean Common Market	안데안공동시장
ANZCERTA 또는 CER	Australia-New Zealand Closer Economic Relations Trade Agreement	호주-뉴질랜드경제관계 긴밀화 무역협정
AOF	Arab Oil Fund	아랍석유기금
APEC	Asia-Pacific Economic Cooperation	아시아-태평양 경제협력체
ASA	Association of Southeast Asia	동남아연합
ASEAN	Association of Southe East Asian Nations	동남아국가연합
ASEM	Asia-Europe Meeting	아시아-유럽정상회의
ATMI	American Textile Manufacturers	미국 섬유제조업자협회
【B】		
BBC	Brand to Brand Complementation	제품별 보완체제
BENELUX	Belgium, Netherlands and Luxembourg	베네룩스
BIAC	Business and Industry Advisory Committee	기업・산업자문위원회
BIS	Bank for International Settlements	국제결제은행
BISF	Baltic Investment Special Funds	발트투자특별기금
BOP	Balance of Payment	무역수지
BSF	Baltic Special Fund	발트특별기금
BSFF	Buffer Stock Financing Facility	완충재고금융
BTASF	Baltic Technical Assistance Special Fund	발트기술지원특별기금
BWIs	Bretton Woods Institutions	브레튼 우즈 기구
【C】		
CAC	The Joint FAO/WHO Codex Alimentarius Commission	FAO/WHO 국제식품표준위원회
CACM	The Central American Common Market	중미공동시장
CAP	Common Agricultural Policy	공동농업정책
C-20	Committee of Twenty	20개국 위원회
CARICOM	Caribbean Common Market	카리브 공동시장

CARIFTA	Caribbean Free Trade Association	카리브 자유무역연합
CCC	Customs Cooperation Council	관세협력이사회
CCFF	Compensatory and Contingency Financing Facility	확대보상금융제도
CCV	Committee on Customs Valuation	관세평가위원회
CEAO	West African Economic Community	서아프리카 경제공동체
CEEC	Convention on European Economic Cooperation	유럽경제협력위원회
CEN	European Committee for Standardization	유럽표준화위원회
CENELEC	European Committee for Electrotechnical Standardization	유럽전기표준화위원회
CEPT	Common Effective Preferential Tariff	공동유효특혜관세
CET	Common External Tariff	대외공동관세
CFC	Common Fund for Commodities	상품공동기구
CFF	Compensatory Financing Facility	보상금융제도
CG-18	Consultative Group of Eighteen	18개국자문단
CIME	Committee on International Investment and Multinational Enterprises	국제투자 및 다국적기업위원회
CMIT	Committee on Capital Movements and Invisible Transaction	자본이동 및 경상무역외거래위원회
CS	Country Schedule	이행계획서
CTI	Committee on Trade and Investment	무역투자위원회
【D】		
DAC	Development Assitance Committee	개발원조위원회
DAEs	Dynamic Asian Economies	역동적 아시아 개도국군
DEC	Dialogue for Economic Cooperation	한미경제협력대화
DMCs	Developing Member Countries	개발도상회원국
DMS	Dispute Mediation Service	분쟁조정서비스
DNMEs	Dynamic Non-Member Economies	역동적 비회원국
DRF	Debt Reduction Facility	외채감축기금
DSB	Dispute Settlement Body	분쟁해결기구
【E】		
EAC	East African Community	동아프리카공동체
EACM	East Africa Common Market	동아프리카공동시장
EADB	East Africa Development Bank	동아프리카개발은행
EAEC	East Asian Economic Caucus	동아시아경제회의
EAEG	East Asian Economic Grouping	동아시아경제그룹
EAGGF	European Agricultural Guidance and Guarantee Fund	유럽농업지도보장기금
EBRD	European Bank for Reconstruction and Development	유럽부흥개발은행
EC	European Community	유럽공동체
ECAFE	UN Economic Commission for Asia and the Far East	유엔 아시아 · 극동 경제위원회
ECB	European Central Bank	유럽중앙은행
ECLA	UN Economic Commission for Latin America	유엔 라틴아메리카 경제위원회

ECOSOC	Economic and Social Council	유엔 경제사회이사회
ECOWAS	Economic Community of West African States	서부아프리카제국 경제공동체
ECSC	European Coal and Steel Community	유럽석탄 · 철강공동체
ECU	European Currency Unit	유럽통화단위
ECUBA	ECU Banking Association	유럽은행협회
EDI	Economic Development Institute	경제개발연수원
EEA	European Economic Area	유럽경제지역
EEC	European Economic Community	유럽경제공동체
EEIGs	European Economic Interest Groupings	유럽경제이해집단
EFF	Extended Fund Facility	확대신용제도
EFTA	European Free Trade Association	유럽자유무역연합
EIB	European Investment Bank	유럽투자은행
ELSA	Employment, Labor and Social Affairs Committee	고용노동사회문제위원회
EMCF	European Monetary Cooperation Fund	유럽통화협력기금
EMA	European monetary Agreement	유럽통화협정
EMFTA	Europe-Mediterranean Free Trade Area	유럽-지중해 자유무역지역
EMI	European Monetary Institute	유럽통화기구
EMS	European Monetary System	유럽통화제도
EMU	Economic and Monetary Union	경제 · 통화동맹
EMU	European Monetary Union	유럽통화동맹
EOTC	European Organization for Testing & Certification	유럽시험인증기구
EPG	Eminent Persons Group	저명인사그룹
EPU	European Political Union	유럽정치동맹
ERM	Exchange Rate Mechanism	유럽환율조정제도
ESAF	Enhanced Structural Adjustment Facility	확대구조조정금융제도
ESC	Euro-Currency Standing Committee	유로 커런시 상설위원회
ESCAP	UN Economic Social Commission for Asia and the Pacific	유엔 아시아 · 태평양 경제사회위원회
ESCB	European System of Central Bank	유럽중앙은행제도
ESD	Enviromentally Sustainable Development	환경적으로 지속가능한 성장
ESF	European Social Fund	유럽사회기금
ESPRING	European Strategic Programme for R&D in Information Technology	유럽정보기술연구개발계획
EU	European Union	유럽연합
EURATOM	European Atomic Energy Community	유럽원자력공동체
【F】		
FAO	Un Food and Agriculture Organization	유엔식량농업기구
FCN	Friendship, Commerce and Navigation	우호통상항해
FDI	Foreign Direct Investment	외국인직접투자
FIRA	Foreign Investment Review Act	외국인투자심사법
FSO	Fund for Special Operations	특별업무기금
FTA	Free Trade Area	자유무역지역
FTAA	Free Trade Area of the Americas	미주자유무역지역

【G】		
G-7	Group of Seven	선진7개국
G-10	Group of Ten	선진10개국
G-24	Group of Twenty-four	24개도국 그룹
G-77	Group of Seventy-seven	후진77개국 회의
GAB	General Arrangements to Borrow	일반차입협정
GATS	General Agreement on Trade in Services	서비스무역에 관한 일반협정
GATT	General Agreement on Tariffs and Trade	관세 및 무역에 관한 일반협정
GNS	Group of Negotiations on Services	서비스협상그룹
GC	Green Currency	녹색통화
GCC	Gulf Cooperation Council of Cooperation Council of the Arab States of the Gulf	걸프만 연안국 협력위원회
GEF	Global Environmental Fund	지구환경기금
GEMIT	Group on Environmental Measures and Trade	환경작업반
GIC	Gulf Investment Corporation	걸프투자회사
GNG	Group of Negotiations on Goods	상품협상그룹
GRA	General Resources Account	일반재원계정
GSP	Generalized System of Preferences	일반특혜관세제도
GSTP	Global System of Trade Preferences	개도국간 무역특혜제도
【H】		
HIPCs	Heavily Indebted Poor Countries	외채과다빈곤국
HRD	Human Resources Development	인적자원개발
HS	Harmonized Commodity Description and Coding System	국제통일상품분류제도
【I】		
IAEA	International Atomic Energy Agency	국제핵에너지위원회
IAIS	International Association of Insurance Supervisors	보험감독자국제연합
IBRD	International Bank for Reconstruction and Development	국제부흥개발은행
ICAs	International Commodity Agreements	국제상품협정
ICB	International Commodity Body	국제상품단체
ICCICA	Interim Coordination Committee for International Commodity Agreement	국제상품협정 임시협력위원회
ICO	International Commodity Organization	국제상품기구
ICSID	Internationl Center for Settlement of Investment Disputes	국제투자분쟁해결본부
IDA	International Development Association	국제개발협회
IDB	Inter-American Development Bank	미주개발은행
IDPC	International Diary Products Council	국제낙농이사회
IEC	International Electrical Commission	국제전기기술위원회
IFC	International Finance Corporation	국제금융공사
IFC	International Financial Center	국제금융센터
IFF	Intermediate Financing Facility	중간금리 융자제도
IFIs	International Financial Institutions	국제금융기구
IE	Institute for International Economics	국제경제연구원

IMD	International Institute for Management Development	국제경영개발연구원
IMF	International Monetary Fund	국제통화기금
ILO	International Labour Organization	국제노동기구
IOE	International Office of Epizootics	국제수역사무국
IOLM	International Organization of Legal Metrology	국제법정계량기구
IOSCO	International Organization of Securities	증권위원회국제기구
	Commissions	국제식물보호협약
IPPC	International Plant Protection Convention	
IPR	Intellectual Property Right	지적재산권
IPC	Integrated Program for Commodities	국제표준화기구
ISO	International Standard Organization	일차산품통합계획
ITA	Information Technology Agreement	정보기술협정
ITO	International Trade Organization	국제무역기구
ITCB	International Textiles & Clothing Bureau	국제섬유의류기구
ITO	International Trade Organization	국제무역기구
【J】	Japan Special Fund	
JSF		일본특별기금
【L】		
LAFTA	Latin America Free Trade Area	라틴아메리카 자유무역지역
LAIA	Latin American Integration Association	라틴아메리카 통합연합
LLDC	Least Less Developed Countries	최빈개도국
LTA	The Long-term Arrangement on Cotton Textiles	장기면직물 협정
【M】		
MAI	Multilateral Agreement on Investment	
MAPA	Manila Action Plan for APEC	다자간투자협정
MEA	Multilateral Environment Agreements	마닐라실행계획
MERCOSUR	El Mercado Comun del Sur, The Common	국제환경협약
	Market of the Southern Cone	남미공동시장
MFA	Multi-Fiber Arrangement	
MFA Treatment	Most-Favored-Nation Treatment	다자간 섬유협정
MIGA	Multilateral Investment Guarantee Agency	최혜국대우
MRU	Mano River Union	국제투자보증기구
MSAC	Most Seriously Affected Countries	마노강 동맹
MTA	Multilateral Trade Agreement	후발 개도국
MTN Codes	Multilateral Trade Negotiation Codes	다자간 무역협정
MTO	Multilateral Trade Organization	다자간 무역협상협약
		다자간 무역기구
【N】		
NAB	New Arrangements to Borrow	신차입협정
NAFTA	New Zealand-Australia Free Trade Agreement	호주-뉴질랜드 자유무역협정
NAFTA	North American Free Trade Agreement	북미자유무역협정

NBIP	Non-Binding Investment Principle	비구속적 투자원칙
NGOs	Non-Governmental Organization	비정부기관
NICs	Newly Industrialized Countries	신흥공업국
NIEO	New International Economic Order	신국제경제질서
NTBs	Non-Tariff Barriers	비관세장벽
NTE	National Trade Estimates on Foreign Trade Barriers	국별무역장벽보고서
NTF	Nigerian Trust Fund	나이지리아 신탁기금
【O】		
OAA	Osaka Action Agenda	오사카행동지침
OAS	Organization of American States	미주기구
OCR	Ordinary Capital Resources	일반재원
ODA	Official Development Assistance	공적개발원조
ODI	Outward Direct Investment	해외직접투자
OECD	Organization for Economic Cooperation and Development	경제협력개발기구
OECF	Overseas Economic Cooperation Fund	일본해외경제협력기금
OEEC	Organization for European Economic Cooperation	유럽경제협력기구
OMA	Orderly Marketing Arrangement	시장질서유지협정
OPEC	Organization of Petroleum Exporting Countries	석유수출국기구
【P】		
PAFTAD	Pacific Trade and Development Conference	태평양무역・개발회의
PBEC	Pacific Basin Economic Council	태평양경제협의회
PECC	pacific Economic Cooperation Council	태평양경제협력위원회
PEI	Presidents' Economic Initiative	한・미 기업환경개선방안
PFC	Priority Foreign Country	우선협상대상국
PPMs	Process and Production Methods	공정 및 생산방식
PPP	Polluter-Pays Principle	오염자부담원칙
PTA	Plurilateral Trade Agreement	복수국간 무역협정
PTA	Preferential Trading Arrangements	특혜무역협정
PTI	Program of Targeted Interventions	빈곤퇴치방안
PWL	Priority Watch List	우선감시대상국
【R】		
RBP	Restrictive Business Practices	제한적 영업관행
RIAs	Regional Integration Agreements	지역통합협정
RB	Rollback	철폐
RSBISF	Russia Small Business Investment Special Funds	러시아소기업투자특별기금
RSBSF	Russia Small Business Special Funds	러시아소기업특별기금
RSBTCSF	Russia Small Business Technical Cooperation Special Fund	러시아소기업기술협력특별기금

【S】		
SAARC	South Asian Association for Regional Cooperation	남아시아지역협력연합
SACU	Southern African Customs Union	남아프리카관세동맹
SADC	Southern African Development Community	남부아프리카 개발공동체
SADCC	Sourhern African Development Coordination Conference	남부아프리카 개발조정회의
SAF	Structural Adjustment Facility	구조조정금융제도
SAFTA	South Asian Free Trade Area	남아시아자유무역지역
SALs	Structural Adjustment Loans	구조조정대출
SAP	Social Action Programme	사회정책 프로그램
SAPs	Structural Adjustment Programs	구조조정계획
SAPTA	South Asian Preferential Trade Arrangement	남아시아 특혜무역협정
SDA	Special Disbursement Account	특별인출계정
SDRs	Special Drawing Rights	특별인출권
SEA	Single European Act	단일유럽법
SECALs	Sectoral Adjustment Loans	부문조정대출
SFF	Supplementary Financing Facility	보완금융제도
SICA	Sistema de la Integracion Centroamericana	중미통합기구
SII	Structural Impediments Initiative	미 · 일구조협의
SOM	Senior Officials' Meeting	고위실무회의
SPA	Special Program of Assistance	특별지원계획
SPS	Sanitary and Phytosanitary Measures	위생 및 식물검역조치의 적용에 관한 협약
SPTF	Social Progress Trust Fund	사회개발신탁기금
SRF	Special Relief Fund	특별구제기금
SRTAs	Subregional Trade Arrangements	소지역무역협정
SS	Standstill	동결
SSRB	Standstill & Rollback	현상동결 및 점진적 철폐
STA	The Short-term Arrangement on Cotton Textiles	단기면직물 협정
STABEX	Stabilization of Export Earnings	수출소득 안정화제도
STF	Systemic Transformation Facility	체제전환금융제도
【T】		
TAFTA	Transatlantic Free Trade Area	범대서양자유무역지대
TBI	Trade Barriers Instrument	무역장벽수단
TBT	Technical Barriers to Trade	기술적 무역장벽
TASF	Technical Assistance Special Fund	기술지원특별기금
TCF	Technical Cooperation Funds	기술협력기금
TDB	Trade and Development Board	무역개발이사회
TEU	Treaty on European Union	EU조약
TMB	Textile Monitoring Body	섬유감시기구
TNC	Trade Negotiations Committee	무역협상위원회
Total AMS	Total Aggregate Measurement of Support	농업보조측정총액
TPF	Trade Policy Forum	무역정책포럼
TPRB	Trade Policy Review Body	무역정책검토기구
TPRM	Trade Policy Review Mechanism	무역정책검토제도

TRIMs	Trade-Related Investment Measures	무역관련투자조치
TSB	Textile Surveillance Body	섬유감시기구
TRADP	Tuman River Area Development Program	두만강지역개발사업
TRIPs	Trade-Related Intellectual Properties	지적재산권의 무역관련측면
TTII	The Transatlantic Trade and Investment Initiative	범대서양무역투자협의
TUAC	Trade Union Advisory Committee	노동조합자문위원회
【U】		
UDEAC	Central African Customs and Economic Union or Union Douaniere et Economique del Afrique Centrale	중앙아프리카 관세・경제동맹
UNCDF	United Nations Capital Development Fund	유엔자본개발기금
UNCED	United Nations Conference on Environment and Development	유엔환경개발회의
UNCFE	United Nations Conference on Trade and Employment	유엔무역고용회의
UNCTAD	United Nations Conference on Trade Aid and Development	유엔 무역개발회의
UNDP	United Nations Development Program	유엔개발계획
UNECA	United Nations Economic Commission for Africa	유엔아프리카 경제위원회
UNESCO	United Nations Economic and Social Council	유엔경제사회이사회
USCFTA	U.S-Canada Free Trade Agreement	미-캐나다 자유무역협정
USIFTA	U.S-Israel Free Trade Agreement	미-이스라엘 자유무역협정
USITC	U. S. International Trade Commission	미국국제무역위원회
UR	Uruguay Round	우루과이 라운드
USTR	United States Trade Representative	미국 무역대표부
【V】		
VERs	Voluntary Export Restraints	수출자율규제
【W】		
WHO	World Health Organization	세계보건기구
WIPO	World Intellectual Property Organization	세계지적재산권기구
WL	Watch List	감시대상국
WTO	World Trade Organization	세계무역기구

Ⅷ. 용어설명

▶ AFTA(Asean Free Trade Area, 아세안자유무역지역)

1992년 1월 제4차 아세안정상회담에서 AFTA창설협정 조인으로 결성됨. 1993년 1월부터 2007년까지 점진적으로 관세 및 비관세장벽을 완전 제거하여 2008년 1월부터 명실상부한 자유무역지역의 형성을 목표로 하고 있음. 추진배경은 EU, NAFTA와 같은 경제블록에 대응하기 위해 ASEAN을 경제협력단계에서 경제통합단계로 발전시키고자 하는 것임

▶ ANCOM(Andean Common Market, 안데안공동시장)

1969년 5월 보고타에서 공동시장을 설립하는 카르따헤나협정을 체결함으로써 설립됨. 회원국은 베네수엘라, 페루, 콜롬비아, 에쿠아도르, 볼리비아 등 5개국임. 주요 목적은 가맹국간 균형발전, 경제통합을 통한 각국의 성장촉진 및 회원국의 국제적 지위향상에 있음

▶ ANZCERTA(Australia-New Zealand Closer Economic Relations Trade Agreegment, 호주-뉴질랜드 자유무역협정)

1965년 호주-뉴질랜드 양국간에 체결된 자유무역협정을 대체하기 위해, 1983년 3월에 조인된 경제·무역협정임. 주요 목적은 양국간의 무역에 있어서 관세 및 수량제한을 철폐하여 완전한 자유무역지역을 설립하는 것임

▶ APEC(Asia-Pacific Economic Cooperation, 아태경제협력기구)

1989년 호크 호주 수상의 아·태지역 정부간 공식협의체 창설제의에 따라, 동년 11월 호주에서 창설됨. 회원국은 현재 아세안(필리핀, 말레이시아, 인도네시아, 싱가포르, 부르나이, 태국)을 비롯, 한국, 중국, 홍콩, 대만, 일본, 미국, 캐나다, 호주, 뉴질랜드, 멕시코(1993년 가입), 파푸아 뉴기니(1993년 가입), 칠레 등 18개국이며 향후 회원국은 더욱 늘어날 전망임. 조직은 지도자회의, 각료회의(최고의사결정기구), 고위실무회의(실질적 운영기구), 실무그룹(10개) 및 비공식그룹 등으로 구성되어 있음. 주요 활동으로는 지역협력사업(Work Project) 추진, 무역 및 투자자유화 추

진, 저명인사그룹(EPG : Eminent Persons Group) 설치 등이 있음. 미국, 호주 등은 역내무역 및 투자자유화를 촉진하기 위해 경제통합을 지향하고 있으나 지역의 경제력, 문화 등의 차이, 역내국가간(미국, 아세안, 일본 등)의 의견차이로 인해 경제공동체 또는 자유무역지역으로의 발전 전망은 불투명한 상태임

▶ ASA(Association of Southeast Asia, 동남아연합)

1961년 말라야연방, 필리핀, 태국 등 3개국이 인도차이나지역에서 공산세력의 확장을 억제하고 각 분야에서 상호간 협력을 도모하기 위해 결성된 지역협력체임. 1967년 8월 Malphilindo와 통합되어 ASEAN으로 확대 · 개편됨

▶ ASEAN(Association of Southeast Asian Nations, 동남아국가연합)

1967년 8월 ASA(Association of Southeast Asia)과 Malphilindo의 두 기구를 발전적으로 통합함으로써 탄생한 동남아지역의 국가간 협력기구임. 회원국은 인도네시아, 말레이시아, 싱가포르, 필리핀, 태국, 브루나이, 캄보디아, 미얀마, 베트남, 라오스 10개국으로 구성됨. 주요 목적은 역내 제국간 경제 · 무역상의 상호협력뿐만 아니라 지역내의 평화와 안정, 문화, 교육, 행정분야에서의 협력 등 다부문에 걸쳐 상호협력을 도모하는 것임

▶ Benelux 관세동맹

1943년 10월 21일의 런던통화협정(La convention monetaire)과 1944년 9월 5일의 관세협정(La convention douaniere)에 의해 창설에 관한 합의가 이루어지고, 이후 정책조정을 거쳐 1948년 1월부터 실행된 베네룩스 3국간(벨기에, 네덜란드, 룩셈부르크)의 관세동맹, 이후 EEC설립(1957)에 자극을 받아 베네룩스 경제동맹(1958년 2월)으로 발전함

▶ Benelux 경제동맹

1958년 2월 네덜란드 헤이그에서 베네룩스 3국간의 베네룩스경제동맹 조약체결로 성립됨. 이는 베네룩스 3국이 EEC설립에 자극을 받아 기존의 관세동맹보다 결속력을 강화하고자 창설함. 주요 목적은 3국간의 상품교역 자유화, 향후 완전한 경제동맹의 실현에 있었음. 그러나 현재는 EU의 확대 발전으로 그 중요성이 상대적으로

약화되었음

▶ **CACM(The Central American Common Market, 중미공동시장)**

1963년 중미통합일반조약체결(1960)로 창설됨. 회원국은 코스타리카, 과테말라, 니카라과, 온두라스, 엘살바도르 등 5개국으로 구성됨. 주요 목적은 정치적, 경제적, 사회적 공동체 형성을 위해 회원국가 통합을 추진하는데 있음

▶ **CARICOM(Caribbean Common Market, 카리브공동시장)**

1968년 결성된 CARIFTA(카리브자유무역지역)에서의 역내국가간 경제력차이로 인한 수혜의 불균형을 해소하고 결속력을 강화하기 위해, 공동시장 설립(1993년 12월 완성)을 목표로 1973년 차과라마스조약에 의해 창설됨. 회원국은 카리브연안 영어사용 15개국(안티구아 바뷰다, 바하마, 바베이도스, 벨리스, 도미니카(연), 도미니카(공), 그레나다, 가이아나, 아이티, 자마이카, 몬세레트, 세인트 크리스토퍼 & 네이비스, 세인트 빈센트, 세인트 루시아, 트리니다드 토바고)임

▶ **CARIFTA(Caribbean Free Trade Association, 카리브자유무역연합)**

1968년 5월 카리브연안 제국이 역내무역에 대한 관세 및 수량제한 철폐를 목적으로 설립한 자유무역지역임. 회원국은 트리니다드 토바고, 바베이도스, 가이아나, 자마이카, 그레나다, 도미니카, 세인트 루시아, 세인트 빈세트, 안티구아 바뷰다, 세인트 크리스토퍼 네이비스, 몬세레트, 안길라 등 12개국임. 1973년 4월 상호협력기반을 더욱 공고히 하기 위해 CARICOM(카리브공동시장)을 결성함

▶ **CEAO(Communaute Economique de l'Afriquel'Ouest, 서아프리카경제공동체)**

1974년 서아프리카의 불어권 국가를 중심으로 하여 창설된, 역내경제통합을 추구하는 경제협력기구임. 회원국은 베넨, 부르키나파소, 코트디브아르, 말리, 모리타니아, 니제르, 세네갈 등 7개국으로 구성됨. 그 동안 비공산품에 대한 역내관세를 철폐하였으며, 비공산품에 대한 역외공동관세는 아직 채택하지 않고 있음. 농업과 공업 개발사업 및 경제통합계획을 추진하고 있으며 거주이전의 자유 보장, 경제개발 등에 관한 정보교환협정을 체결하였음

▶ **COMECON(Council for Mutual Economic Assistance, 동구상호경제원조회의)**

1949년 1월 형성된 사회주의 경제권내 유일의 경제통합체임. 회원국은 독립국가연합(舊소련), 불가리아, 헝가리, 폴란드, 루마니아, 체코, 슬로바키아, 몽고(1961), 쿠바(1972), 베트남(1978) 등 10개국임. 초기 창설목적은 국가적 자원배분구조의 국제적 확산을 통해 사회주의권 전체의 경제협력을 강화하고 경제적 효율성을 제고시키는데 있었으나, 최근 사회주의체제의 붕괴로 유명무실해졌음

▶ **Council of Arab Economic Unity(아랍경제통합회의)**

1967년 6월 아랍연맹 산하 아랍경제회의 결정으로 설립된 기구임. 회원국은 이집트, 이라크, 요르단, 쿠웨이트, 리비아, 모리타니아, 소말리아, 수단, 시리아, 아랍에미리트, 예멘 및 팔레스타인해방기구(PLO)등 12개국임. 이 기구의 설립취지는 경제·사회발전을 통한 지역경제의 통합달성임

▶ **EAC(East African Community, 동아프리카경제공동체)**

1967년 6월 케냐, 우간다, 탄자니아 간에 조인된 동아프리카협력조약에 의해 창설되었음. 주요 목적은 회원국간의 균형발전, 결속강화 및 공동시장의 유지에 있음. EAC는 회원국간의 불화로 해체되어 현재는 존속치 않음

▶ **EAEC(East Asia Economic Caucus, 동아시아 경제회의)**

1990년 12월 말레이시아 마하티르 수상이 NAFTA와 EC에 대응하는 배타적인 동아시아경제블록(East Asia Economic Group) 창설을 제의한 바 있음. 당초 제안에 의한 협력대상국은 ASEAN 6개국을 중심으로 한국, 일본, 중국, 대만, 홍콩, 미얀마 및 베트남이 포함됨. 그러나 미국의 강력한 반대에 부딪혀 대외협상에 있어서 협상력증대를 위한 공동대응 및 무역·경제협력 강화를 위한 협력체로 재규정됨

▶ **EC(European Community, 유럽공동체)**

1967년 EEC, EURATOM 및 ECSC를 통합하는 통합조약에 의해 세 기구는 EC로 통합되었으며, EC의 모든 기구는 기존의 로마조약(1957년 3월)에 의거 설치됨. 초기 회원국은 6개국(EEC의 회원국-독일, 프랑스, 이탈리아, 벨기에, 네덜란드, 룩셈부르크)으로 출발하였으나, 그 동안 영국, 아일랜드, 덴마크(이상 1973년 가입),

그리스(1981년), 스페인, 포르투갈(이상 1986년)이 추가로 가입하여 현재는 12개국으로 구성됨. 마스트리히트조약에 의해 통화·정치통합이 완성되면 명실상부한 "유럽연합(EU)"으로 발전되며, 향후 EEA협정에 따라 "범유럽통합"으로 이어질 것으로 예상됨

▶ ECCAS(Economic Community of Central African States, 중부아프리카 경제공동체)

라고스행동계획(Lagos Plan of Action)에 따라 아프리카 전대륙을 공동시장화하려는 계획의 일환으로 추진되었으며, 1983년 서명, 1984년말부터 발효되었음. ECCAS는 UDEAC(l'Union Douaniere et Economique de l'Afrique Centrale, 중부아프리카 관세 및 경제동맹)와 ECGLS(Economic Community of the Great Lake States, 대호수국경제공동체)를 포함하고 있으며, 회원국은 상토메 프린시페, 콩고, 가봉, 카메룬, 중앙아프리카공화국, 적도기니, 챠드, 자이르, 부룬디, 르완다 등 10개국으로 구성됨

▶ ECGLS(Economic Community of the Great Lake States, 대호수국경제공동체)

1976년 자이르, 르완다, 부룬디 등으로 구성된 회원국간의 공동경제개발과 공동관심사를 협의하기 위한 기구

▶ ECOWAS(Economic Community of West African States, 서아프리카 경제공동체)

1975년 5월 라고스조약(Treaty of Lagos)에 의해 서아프리카 제국의 교역·경제협력·경제자립 증진을 위해 설립됨. 회원국은 베닌, 기네아비소, 나이지리아, 코티디브와르, 세네갈, 감비아, 리베리아, 시에라리온, 가나, 말리, 토고, 기네아, 니제르, 모리타니아, 오트볼타(지금의 부르키나파소), 카보베르데(1977년 가입)의 16개국임. 서아프리카경제공동체에는 ① 무역·관세·이민·통화결제, ② 공업·농업·천연자원, ③ 수송·원격통신·에너지, ④ 사회적·문화적 문제 등을 다루는 4개 특별위원회가 있음

▶ ECSC(European Coal and Steel Community, 유럽석탄철강공동체)

1951년 4월 파리조약에 의해 성립됨. 회원국은 독일, 프랑스, 이탈리아, 벨기에, 네

덜란드, 룩셈부르크의 6개국임. 이후 1967년 EEC(유럽경제공동체) 및 EURATOM(유럽원자력공동체)과 함께 EC(유럽공동체)로 통합됨

▶ EEA(European Economic Area, 유럽경제지역)

1989년 12월 19일 EU·EFTA간 외무장관들의 합의에 따라 EEA창설협상이 본격 진행되어 1991년 10월 룩셈부르크에서 정식조인되었고, 1994년 1월 1일부터 조약이 발효되었음. EU회원국과 EFTA회원국 간의 확대된 협력 프로젝트로 EU와 EFTA를 묶은 경제통합체이며, EES(European Economic Space)라고도 불림. EEA 조약 효력 발생시 EFTA와 EU입법을 수용하고, 각료이사회에 투표권은 없지만 새로운 입법제정시 참여할 수 있음

▶ EEC(European Economic Community, 유럽경제공동체)

1957년 3월 로마조약에 의해 창설된 경제공동체임. EEC의 목적은 관세동맹, 경제 및 화폐동맹과 회원국간의 상품·인력·서비스 및 자본의 자유이동을 이룸으로써 공동의 경제·산업·사회·재무 및 재정 정책을 실시하는 단일시장을 형성하는 것임. 창설회원국은 독일, 프랑스, 이탈리아, 벨기에, 네덜란드, 룩셈부르크의 6개국임. 1967년 7월 1일 EEC, ECSC와 EURATOM의 기구단일화에 대한 통합조약이 체결된 후, EEC라는 용어보다는 이들 3기구를 통칭하는 EC로 불리움

▶ EFTA(European Free Trade Association, 유럽자유무역연합)

1960년 스톡홀름조약에 의해 성립됨. 영국, 스웨덴, 노르웨이, 덴마크, 오스트리아, 스위스, 포르투갈의 7개국으로 출발하였으나, 그 동안 회원국의 변동으로 현재는 스웨덴, 스위스, 노르웨이, 아이슬란드, 핀란드, 오스트리아, 리히텐슈타인의 7개국으로 구성됨. 1992년 5월 EU와의 사이에 체결된 EEA(유럽경제지역)협정이 1994년 1월 1일부터 발효되었음

▶ EU(European Union, 유럽연합)

기존 EC(European Community)의 경제통합을 더욱 강화한 유럽연합조약(일명 마스트리히트 조약)의 발효(1993년 1월)로 탄생됨. 마스트리히트 조약은 역내에 존재하는 모든 물리적, 기술적, 재정적 장벽을 제거함으로써 완전한 경제통합을 이룩

하는 한편, 궁극적으로 유럽정치동맹을 결성하여 유럽합중국(United States of Europe)을 지향하고 있음

▶ **EURATOM(European Atomic Energy Community, 유럽원자력공동체)**

1957년 3월 25일에 체결된 로마조약(1958년 1월 1일 시행)에 의해 핵산업의 평화적 이용을 위한 신속한 정립과 성장에 필요한 조건을 조성함으로써 회원국간의 관계를 발전시키며 회원국의 생활수준을 개선하는데 기여하기 위해 설립한 EC 3공동체중의 하나임. 주요 목표는 공동 에너지시장의 창설, 핵원료의 균형공급 보장, 핵에너지의 안전 및 인간과 환경의 보호를 위한 특별 계획 등을 추진하는 것임. 핵에너지의 공급기관과 핵공동 연구소로 설립하였으며, 현재 1967년 통합조약에 따라 EC위원회 DG XⅦ국이 핵 안전의 기준을 제안하고 통제함

▶ **GCC(Gulf Cooperation Council, 페르시아만협력위원회)**

1981년 5월 25일 페르시아만 연안제국간의 모임을 통해 결성되었으며 참가국은 사우디아라비아, 아랍토후국연합, 쿠웨이트, 카타르, 바레인, 오만 등의 6개국임. 창설 이후 그 동안 국방, 외교, 교육, 에너지 분야 등에서 여러 가지 협정을 부분적으로 체결, 협조하여 오다가 1983년 3월 1일에 발효된 통일경제협정(The Unified Economic Agreement)을 체결함으로써 결속된 경제권으로 부상함

▶ **G-3(Group of Three, 중미3국그룹)**

1992년 2월 멕시코, 콜롬비아, 베네수엘라 3국이 비관세장벽의 철폐와 역내수입관세 인하를 통한 자유무역지역 창설(1993년 12월 완성)에 합의함으로써 성립함

▶ **G3-CACM**

1993년 2월 카리카스협정에 의해 성립되었으며 1996년 12월에 완성되었음. 회원국은 G-3 3개국(멕시코, 콜롬비아, 베네수엘라), CACM 5개국(코스타리카, 과테말라, 니카라과, 온두라스, 엘살바도르) 및 파나마의 9개국으로 구성됨. 주요 목적은 G3와 중미 6개국간 경제협력을 위한 자유무역 실시 및 지역투자 활성화에 있으며 궁극적으로는 G3-CACM-CARICOM을 연결하는 자유무역지역을 결성하는데 있음

▶ LAFTA(Latin American Free Trade Association, 중남미자유무역연합)

1961년 몬테비디오조약에 의해 창설됨. 회원국은 아르헨티나, 브라질, 칠레, 멕시코, 파라과이, 우루과이, 페루, 에쿠아도르, 콜롬비아, 베네수엘라, 볼리비아 등 11개국으로 구성됨. 1980년 말을 기해 역내국간의 이해조정 및 통합의 성과부진 등으로 해체되고, 대신 LAIA(Latin American Integration Association)라는 새로운 경제통합체를 결성함

▶ LAIA(Latin American Integration Association, 중남미통합연합)

1980년 8월 조인된 몬테비디오조약 Ⅱ에 의해 결성됨. 회원국은 아르헨티나, 브라질, 멕시코, 칠레, 콜롬비아, 페루, 우루과이, 베네수엘라, 볼리비아, 에쿠아도르, 파라과이 등 11개국으로 구성됨. 주요 목적은 회원국의 경제, 사회발전을 위해 역내통합을 이룩하고 최종적으로 남미공동시장을 형성하는데 있음

▶ Maghreb(마그레브 국가)

'마그레브'란 고대 아랍인이 '해가 지는 곳', '서쪽'이란 뜻으로 사용한 아랍어로 북서 아프리카 국가들인 알제리, 리비아, 모로코, 모리타니아와 튀니지를 지칭함

▶ Malphilindo(말필린도)

1963년 말레이시아, 필리핀, 인도네시아 3국이 반식민주의, 반제국주의를 실현하기 위해 결성한 지역협력기구임. 1967년 8월 ASA(동남아연합)와 통합되어 ASEAN으로 확대, 개편됨

▶ MERCOSUR(Mercado Comun del Sur, 남미공동시장)

1991년 3월 26일 아순시온조약의 체결로 성립됨. 회원국은 브라질, 아르헨티나, 우루과이, 파라과이 등 4개국임. 남미공동시장은 경제통합체의 명칭과는 달리 경제통합의 단계적인 성격에서 평가할 때 상품뿐만 아니라 생산요소(서비스 · 노동 · 자본 등)의 자유로운 이동을 허용하는 완전한 의미의 공동시장의 수준에는 이르지 못하고 있음

▶ MRU(Mano River Union, 마노강동맹)

1973년 결성된 것으로 회원국은 라이베리아, 시에아리온, 기니(1981)의 3국으로

구성됨

▶ NAFTA(North American Free Trade Agreement, 북미자유무역협정)

1992년 12월 미국, 캐나다, 멕시코 3국간 자유무역협정의 체결로 결성되어 1994년 1월 1일부로 공식출범하였음. 주요 목적은 역내국의 수직적 분업을 통한 역외국에 대한 경쟁력 강화에 있음. 미국은 향후 북미자유무역협정을 중남미지역으로 확대하여 범미주통합(EAI : Enterprise for Americas Initiative)을 계획하고 있음

▶ OEEC(Organization for European Cooperation, 유럽경제협력기구)

1948년 결성되었으며 회원국은 영국, 독일, 프랑스, 이탈리아, 터키, 벨기에, 룩셈부르크, 덴마크, 노르웨이, 스웨덴, 그리스, 핀란드, 포르투갈, 스페인, 아이슬란드, 리히텐슈타인의 17개국으로 구성됨. 이후 1961년 9월 미국, 캐나다를 회원국으로 맞이하여 OECD(Organization for Economic Cooperation and Development)로 확대·개편됨

▶ OAU(Organization of African Unity, 아프리카통일기구)

1963년 5월 25일 창설된 아프라카내 정부간 조직으로 남아프리카공화국, 나미비아, 모로코를 제외한 아프리카의 50개 국가가 참여하고 있음. OAU의 주요 업적은 알제리와 모로코분쟁(1964~65)을 중재한 일이며, OAU는 또한 아프리카 대륙의 발전과 농업재건에 역점을 두고 있음. OAU의 본부는 아디스아바바(이디오피아)에 소재하고 있으며, 최고기구는 국가 및 정부수반들의 연례회의임

▶ OECD(Organization for Economic Cooperation and Development, 경제협력개발기구)

1948년 4월 16일 마샬플랜에 의해 주도되었던 유럽경제협력기구(OEEC)를 1961년 9월 30일자로 발전적으로 해체하고 유럽지역 이외의 국가도 회원으로 하여 선진산업 민주국가간의 경제 및 사회정책을 조정하기 위해 발족한 국제기구임. 당초 회원국은 오스트리아, 벨기에, 덴마크, 프랑스, 독일, 그리스, 아이슬란드, 아일랜드, 이탈리아, 룩셈부르크, 네덜란드, 노르웨이, 포르투갈, 스페인, 스웨덴, 스위스, 터키, 영국, 캐나다, 미국 등 20개국이었으나 그 뒤 일본(1969년), 핀란드(1969년), 호주

(1971년)와 뉴질랜드(1973년), 멕시코(1994년), 체코(1995년), 헝가리(1996년), 폴란드(1996년), 한국(1996년) 등이 가입하였음. OECD의 이사회(Council), 집행위원회(Executive Committee), 사무총장 등의 상부기구와 상부기구의 결정을 집행하는 하부기관 및 사무국 등으로 조직되어 있음

▶ **PTA(The Preferential Trade Area for Eastern and Southern African States, 동남부아프리카 특혜무역지역)**

1978년 3월 루사카선언에 따라, 1981년 12월 ECA(UN아프리카 경제위원회)의 주도 아래 잠비아의 수도 루사카에서 PTA설립조약이 체결되었고, 1982년 9월부터 발효되었음. 회원국은 초기의 모로코, 지부티, 이디오피아, 케냐, 말라위, 모리셔스, 소말리아, 우간다, 잠비아에서 레소토, 스와질랜드, 짐바브웨, 부룬디, 르완다(이상 1984년 가입), 탄자니아(1985년) 등이 추가로 가입하여 회원국이 15개국에 이름. 기본목적은 역내 회원국간 교역을 증진시켜 경제발전을 도모하고 남아프리카 공화국 및 선진국에 대한 경제적 의존상태에서 탈피하여 역내경제의 자립화를 실현하는데 있음

▶ **SADDC(Southern African Development Coordination Conference, 남부아프리카 개발조정회의)**

1980년 보츠와나, 앙골라, 모잠비크, 잠비아, 탄자니아, 짐바브웨, 스와질랜드, 레소토, 말라위 등 9개국에 의해 창설됨. 주요 목표는 동 지역의 경제협력과 발전조정, 이를 통한 남아프리카공화국으로부터의 경제적 종속 탈피에 있음

▶ **Treaties of Maastricht(마스트리히트 조약)**

유럽 정치통합과 경제 및 통화 통합을 이룩하기 위한 새로운 유럽통합조약임. 유럽연합조약이라고도 함. 1991년 12월 10일 네덜란드 마스트리히트에서 EC정상간 합의되고, 1992년 2월 7일 EC외무장관회의에서 정식 조인되었음. 주요 내용은 1997년까지, 늦어도 1999년까지는 특정 다수결제도에 의해 유럽단일통화를 도입하며, 좀 더 긴밀한 정치통합체로서 EC를 발전시키기 위해 유럽동맹의 창설을 궁극적인 EC 지향목표로 합의한 것임. 그 외 적당한 시기에 공동방어로 이행될 장기적인 공동방위정책을 포함한 공동외교 및 방어정책을 설정하기로 하였으며, 조사권·청원권·

협력절차를 도입함으로써 유럽의회의 입법권을 개선하면서 민원 공무원의 임명권 같은 특별한 조치를 포함하는 유럽의회의 권한을 강화시켰음

▶ **Treaty of Paris(파리조약)**

벨기에, 프랑스, 독일, 이탈리아, 룩셈부르크 및 네덜란드 6개국이 1951년 4월 18일 ECSC설립을 위해 체결한 조약임. 조약유효기간은 발효일인 1952년 7월 25일부터 50년간이며, 석탄 및 철강산업의 분야에서 회원국간의 공동시장을 창설하고 고용과 생활수준의 개선을 통한 경제발전을 목적으로 함

▶ **Treaty of Rome(로마조약)**

ECSC 6개국에 의해 이탈리아 로마에서 1957년 3월 25일 서명된 유럽경제공동체(EEC)와 유럽원자력공동체(EURATOM) 창설을 위한 조약임. 1951년 서명된 ECSC조약과 함께 EC 3기본조약을 이루며, 이 중 특히 EEC창설을 위한 조약은 가장 중요한 조약으로 인정됨. 전문 248조, 15개 부속 합의서, 4개의 설립 선언문과 3개의 의정서로 구성됨. 로마조약은 각 회원국 법에 우선하여 적용되며, 룩셈부르크 조약과 단일유럽법 등에 의해 주요 내용이 개정되었음

▶ **UMA(Union of the Arab Maghreb, 마그레브제국연합)**

알제리 독립(1962)후 튀니지, 알제리, 모로코 3국이 교통, 통신, 무역 및 관광 등의 여러 면에서 공동시장 조성을 위해 창설한 협력체임. 현재 회원국은 알제리, 리비아, 모리타니아, 모로코, 튀니지의 5개국으로 구성되어 있으며 관세동맹 결성과 북아프리카 공동시장 형성을 추진 중에 있음

▶ **UDEAC(l'Union Douaniere et Economique de l'Afrique Centrale, 중부아프리카 관세 및 경제동맹)**

1964년 12월 8일 체결된 Brazzaville 조약에 의해 1966년 1월에 설립되었음. 회원국은 당초 카메룬, 중앙아프리카공화국, 콩고, 가봉, 챠드(1968년 탈퇴, 1983년 재가입)등 5개국이었으나, 1985년 적도기니가 가입함으로써 6개 회원국으로 구성됨. UDEAC는 회원국간 경제협력과 무역증대를 기본원칙으로 하고 있으며, 이를 통해서 진정한 지역경제통합체로 중부권 아프리카 공동시장을 운영할 것을 목적으로 하

고 있음

▶ USCFTA(U.S-Canada Free Trade Agreement, 미-캐나다 자유무역협정)

1988년 1월 공업경쟁력 및 산업생산성 증진을 위해 미-캐나다간에 결성한 자유무역지역임. 현재는 NAFTA의 발효(1994년 1월 1일)로 이에 흡수된 상태임

▶ U.S.-Israel Free Trade Agreement(미-이스라엘 자유무역협정)

1985년 9월에 미-이스라엘 양국사이에 체결된 자유무역협정임. 이스라엘측은 안정적 수출시장의 확보와 안보상의 고려하에, 미국측은 GATT라운드협상의 추진과 대이스라엘 지원방식을 기존의 경제·군사원조 중심에서 미국시장의 개방에 의한 수출증대 보장으로 전환하려는 의도에서 추진하였음

찾아보기

[ㄷ]

[ㄹ], [ㅁ]

[ㅂ]

〈주요 저서〉

국제지역경제의 이해, 도서출판 두남, 2000.
현대통상의 이해 (공저), 경문사, 2001.
동아시아지역연구 (공저), 도서출판 두남, 2001.
남북한경제의 이해, 굿북스 코리아, 2001.
국제지역학의 이해, 도서출판 두남, 2002.
국제투자의 이해(공저), 경문사, 2002.
현대금융환경론, 도서출판 두남, 2002.
현대무역의 이해(공저), 연암사, 2002.
유럽지역연구, 도서출판 두남, 2003.
미주지역연구, 시그마 프레스, 2003.
현대투자론(공저), 시그마 프레스, 2003.
신경영패러다임의 이해, 도서출판 두남 2003.
국제기업의 이해(공저), 도서출판 두남, 2003.
세계지역연구, 한올출판사, 2004.
국제무역론, 한올출판사, 2004.
국제통상환경론, 청목출판사, 2005.
현대중국경제론, 청목출판사, 2005.
21세기글로벌기업론, 청목출판사, 2006 외 다수

〈주요 논문〉

- "미국과 일본의 거시경제적 충격이 한국경제에 미치는 상대적 영향", 경제학연구, 제43집 제3호, 한국경제학회, 1995.
- "Empirical Test of The Market-oriented CAPM and January Effect", LSU Working Paper, 1997.
- "Money Demand Model of Inflation : Reexamined", LSU Working Paper, 1997.
- "Cointegration Test of Purchasing Power Parity", Western Social Science Association, 40th Annal Conference Proceeding, 1998.
- "A VAR Analysis of the Influence of the U.S. Economic Disturbances on the Korean Economy", Journal of Korea Trade, Vol. 3, 1999.
- "Economic Interdependence between Korea and Japan : Empirical Inquiry", Journal of Korea Trade, Vol. 4, No. 2, 2000.
- "교육용 유사주문형 비디오에 대한 지불의사액 분석", 경제학연구, 제48집 제13호, 한국경제학회, 2000.
- "산업연관 분석을 이용한 전파통신산업의 산업파급효과 분석", 중소기업연구, 제22권 제2호, 한국중소기업학회, 2000.
- "남북경협과 중소기업의 대북한 진출방안", 무역학회지, 제26권 제1호, 한국무역학회, 2001.
- "Modeling Zero Response Data from Willingness to Pay Surveys", Economics Letters, Vol. 71, No. 2, 2001.
- "Real Exchange Rate-Interest Rate Differentials : Empirical Inquiry", Journal of Korea Trade, Vol. 5, No. 1, 2001.
- "International Transmission of Economic Disturbances : Reexamined", 국제통상연구, 제7권 제1호, 한국국제통상학회, 2002.
- "An Empirical Analysis of Economic Linkages between Korea and U.S.", 산업경제연구, 제16권 제5호, 2003.
- "남북한 금융협력에 관한 연구", 국제통상연구, 제8권 제3호, 한국국제통상학회, 2003.
- "동북아허브 발전전략에 대한 고찰", 한국항만경제학회지, 제19집 제2호, 한국항만경제학회, 2003. 외 다수

APEC · ASEM · ASEAN+3 Focus

2006년 8월 5일 초판인쇄
2006년 8월 10일 초판발행

저 자 이 재 기
발행인 유 성 렬

발행처 청 목 출 판 사

150-845
서울특별시 영등포구 신길4동 233-96
전화 (02) 849-6157(代) · 2820
FAX (02) 849-0817
·등록 제 318-1994-000090/1994.2.2

·파본은 바꾸어 드립니다. 값 19,000원

http : //www.chongmok.co.kr

ISBN 89-5565-151-1